Michael Rose
Mikroprozessor 68HC11

Michael Rose

Mikroprozessor 68HC11

Architektur und Applikation

2., überarbeitete und erweiterte Auflage

Hüthig Buch Verlag Heidelberg

Michael Rose, Jahrgang 1955, war nach der Ausbildung als Energieanlagenelektroniker längere Zeit als Entwicklungsingenieur einer Firma im Bereich der industriellen Steuerungstechnik tätig. Ab Januar 1986 leitete er die Entwicklungsabteilung des gleichen Unternehmens. Im November 1991 gründete er sein eigenes Unternehmen im Bereich Hard- und Softwareentwicklung.

Titel der Vorauflage:
Steuer- und Regelungstechnik mit Single-Chip-Mikroprozessoren
Am Beispiel des MC68HC11

Die Deutsche Bibliothek - CIP-Einheitsaufnahme

Rose, Michael:
Mikroprozessor 68HC11 : Architektur und Applikation /
Michael Rose. – 2. überarb. und erw. Aufl. – Heidelberg :
Hüthig, 1994
   1. Aufl. u.d.T.: Rose, Michael: Steuer- und Regelungstechnik mit
   Single-Chip-Mikroprozessoren
   ISBN 3-7785-2277-9

Diejenigen Bezeichnungen von im Buch genannten Erzeugnissen, die zugleich eingetragene Warenzeichen sind, wurden nicht besonders kenntlich gemacht. Es kann also aus dem Fehlen der Markierung ® nicht geschlossen werden, daß die Bezeichnung ein freier Warenname ist. Ebensowenig ist zu entnehmen, ob Patente oder Gebrauchsmusterschutz vorliegen.

Verlag und Autoren haben mit größter Sorgfalt die Texte, Abbildungen und Programme erarbeitet. Dennoch können Fehler nicht völlig ausgeschlossen werden. Die Hüthig GmbH übernimmt deshalb weder eine juristische Verantwortung noch irgendeine Garantie für die Informationen, Abbildungen und Programme, weder ausdrücklich noch unausgesprochen, in Bezug auf ihre Qualität, Durchführung oder Verwendbarkeit für einen bestimmten Zweck. In keinem Fall ist die Hüthig GmbH für direkte, indirekte, verursachte oder gefolgte Schäden haftbar, die aus der Anwendung der Programme oder der Dokumentation resultieren.

© 1994 Hüthig GmbH, Heidelberg
Titelbildgrafik: Uwe Halla, Riedstadt
Druck: Neumann Druck, Heidelberg
Buchbinderische Verarbeitung: IVB, Heppenheim

Vorwort

Die zweite Auflage dieses Buches umfaßt über 100 Seiten mehr als die erste. Dies ist nicht zuletzt das Ergebnis eines engen und intensiven Kontaktes zwischen Lesern und Autor. Viele Wünsche und Vorschläge wurden im Laufe der letzten drei Jahre an mich herangetragen; soweit wie möglich habe ich mich bemüht, darauf einzugehen.

Eine der wichtigsten Veränderungen liegt in der dem Buch beiliegenden Software. Der neue Assembler ist ein ausgereiftes Industrie-Produkt. Sämtliche Kommandos werden ausführlich beschrieben, so daß auch ein Anfänger in der Assembler-Programmierung damit erfolgreich arbeiten kann.

Das Kapitel mit Beispielapplikationen wurde wesentlich erweitert. Schaltungsbeispiele zu häufig vorkommenden Aufgabenstellungen werden detailliert dargestellt, in den meisten Fällen mit der dazu passenden Software. Alle Programmbeispiele stehen auf der beiliegenden Diskette als Sourcecode zur Verfügung.

Die Emulatorplatine wurde überarbeitet und von ihren Fehlern befreit. Der verwendbare Programmspeicherbereich wurde auf volle 32 kByte vergrößert, so daß auch umfangreichere Projekte darin untergebracht werden können. Die neue Betriebssoftware erleichtert den Umgang mit dem Emulator durch einen erweiterten Kommandosatz.

Mein Dank gilt an dieser Stelle allen Lesern der ersten Auflage, die sich nicht scheuten, mir ihre Wünsche mitzuteilen, und Herrn Hans-Jürgen Wilke von Wilke Technology GmbH, der die Lizenz für den neuen Assembler zur Verfügung stellte.

Jugenheim, im Juli 1994 *Michael Rose*

Inhaltsverzeichnis

Vorwort 5

1	**Hardwarestruktur**	11
1.1	Allgemeine Beschreibung	11
1.2	Anschlußbelegung und Pindefinitionen	14
1.2.1	Versorgungsanschlüsse	15
1.2.2	Auswahl der Betriebsart	16
1.2.3	Taktoszillatoren	17
1.2.4	Reset	19
1.2.5	Interrupts	24
1.2.6	Analoge Eingänge	25
1.2.7	Ports	27
1.3	Interne Struktur	30
1.3.1	Betriebsarten	30
1.3.2	Konfiguration und Mapping	34
1.3.3	Speicherorganisation	37
1.3.4	Interruptstruktur	43
1.3.5	Parallel-Ports	47
1.3.6	SPI-System	52
1.3.7	SCI-System	56
1.3.8	Timer-Struktur	62
1.3.9	Pulse-Akkumulator	72
1.3.10	Analog/Digital-Wandler	74
2	**Programmiermodell und Adressierung**	77
2.1	Programmiermodell	77
2.1.1	Akkumulator A, B und D	78
2.1.2	Indexregister X und Y	78
2.1.3	Stackpointer SP	79
2.1.4	Program-Counter PC	80
2.1.5	Condition-Code-Register	81
2.2	Adressierungsarten	82
2.2.1	Immediate	83
2.2.2	Extended	83
2.2.3	Direct	84
2.2.4	Indexed	85
2.2.5	Inherent	86
2.2.6	Relative	86

3	**Befehlssatz**	87
4	**Assembler und Linker**	197
4.1	Installation der Software	197
4.1.1	Systemanforderungen	197
4.1.2	Installation	198
4.1.3	Einrichten des Systems	198
4.2	Assembler	198
4.2.1	Format des Quelltextes	199
4.2.1.1	Label	199
4.2.1.2	Befehl	200
4.2.1.3	Operand	200
4.2.1.4	Kommentar	200
4.2.1.5	Konstanten	201
4.2.1.6	Symbole	201
4.2.1.7	Mathematische Ausdrücke	202
4.2.2	Assembler-Anweisungen	203
4.2.3	Makros	262
4.2.4	Assembler-Aufruf	263
4.2.5	Fehlermeldungen des Assemblers	265
4.3	Linker	267
4.3.1	Menugeführter Linker-Aufruf	268
4.3.2	Kommandozeilen-Aufruf	270
4.3.3	Linker-Aufruf über Steuerdatei	271
5	**Beispielapplikationen**	273
5.1	Externe Speichererweiterung	273
5.1.1	Programmspeicher 64 k x 8	274
5.1.2	Programm- und Datenspeicher gemischt	275
5.1.3	Datenerhaltung von RAM-Speichern	275
5.1.4	Ansteuerung von EEPROM-Speichern	278
5.1.5	Banking-System für 256 k Speicher	282
5.2	Ein-/Ausgabe-Systeme	285
5.2.1	Numerische Anzeigen	285
5.2.2	Abfrage einer Tastaturmatrix	288
5.2.3	Anzeigesysteme mit serieller Ansteuerung	291
5.2.3.1	Anzeigemodul LTM8522	291
5.2.3.2	Displaytreiber MC14499	295
5.2.3.3	LCD-Treiber MSM58292	301
5.2.4	Alphanumerische LCD-Module	307
5.3	Analogsignalverarbeitung	308
5.3.1	Temperaturmessung	309
5.3.1.1	Thermoelemente	309
5.3.1.2	Widerstandsthermometer	315
5.3.1.3	Thermistoren	318

5.3.1.4	Halbleitersensoren	319
5.3.2	Feuchtemessung	321
5.3.3	Kraftmessung	323
5.3.4	16-Kanal-Datenerfassungssystem	325
5.3.5	8-Kanal-D/A-Wandler MAX529	329
5.3.6	Analogsignalerzeugung mit PWM-Signal	334
5.4	Verarbeitung digitaler Signale	336
5.4.1	Periodendauermessung	337
5.4.2	Pulsbreitenmessung	338
5.4.3	Richtungserkennung bei Drehimpulsgebern	339
5.4.4	Schrittmotoransteuerung	340
5.4.4.1	Ansteuerung der Spule	341
5.4.4.2	Betriebsarten	347
5.4.4.3	Ansteuersignale	349
5.4.4.4	Applikationsbeispiel	354
5.5	Steuerungsmodul	358
5.5.1	Schaltung des Moduls	360
5.5.2	Aufbau des Moduls	360
5.5.3	Programmierung des Moduls	362
6	**Emulationssystem**	**365**
6.1	Schaltungsbeschreibung	366
6.2	Aufbau und Bestückung der Leiterplatte	368
6.3	Inbetriebnahme des Emulators	371
6.4	Installation der Software	372
6.5	Betriebssystem des Emulators	372
7	**Programmbibliothek**	**379**
7.1	Ganzzahl-Arithmetik	379
7.2	Fließkomma-Arithmetik	381
7.3	EEPROM-Programmierung	413
8	**Störprobleme**	**419**
8.1	Elektromagnetische Verträglichkeit (EMV)	419
8.2	Störquellen	420
8.2.1	Induktive Einstreuungen	421
8.2.2	Kapazitive Einstreuungen	422
8.2.3	Erdung	422
8.3	Störschutzfilter	422
8.4	Schutz vor Überspannungen	423

Literaturverzeichnis 425
Bezugsquellennachweis 426
Stichwortverzeichnis 427

1 Hardwarestruktur

1.1 Allgemeine Beschreibung

Der Single-Chip-Mikroprozessor 68HC11 ist einer der modernsten Single-Chips, die heute auf dem Halbleitermarkt erhältlich sind. Durch die Verwendung einer HCMOS-Technologie ist die Grundlage für hohe *Verarbeitungsgeschwindigkeit* bei minimaler *Leistungsaufnahme* geschaffen. Durch den hohen Integrationsgrad an *Peripherieelementen* auf dem gleichen Halbleiter-Chip stellt der 68HC11 für viele Anwendungen bereits sämtliche benötigten Funktionen zur Verfügung. Diese Funktionen sind:

- 256 Byte RAM
- 512 Byte EEPROM
- digitale I/O-Ports
- 8-Kanal A/D-Wandler
- 16-Bit Timer-System
- serielle Schnittstelle
- Master/Slave-Schnittstelle für Multiprozessor-Systeme
- interne Prozessorüberwachung
- interner Taktoszillator mit Überwachung

Der statische Aufbau des Mikroprozessors erlaubt jede *Busfrequenz* zwischen 0 und 4 MHz. Durch zwei verschiedene Software-Kommandos, STOP und WAIT, kann der Mikroprozessor in zwei besonders energiesparende Betriebsarten geschaltet werden, wenn er nicht benötigt wird. Dies ermöglicht seinen Einsatz vor allen Dingen in batteriegestützten Systemen.

Die Familie der 68HC11-Mikroprozessoren wird laufend weiterentwickelt. Es entstehen jedes Jahr neue Typen, die für bestimmte Applikationen besonders geeignet sind. **Tabelle 1.1** und **Tabelle 1.2** zeigen den Stand von Ende 1993.

Prozessormodell	ROM	EPROM	RAM	EEPROM	Takt	I/O
68HC11A0	0	0	256	0	3 MHz	22
68HC11A1	0	0	256	512	3 MHz	22
68HC11A7	8 k	0	256	0	3 MHz	38
68HC11A8	8 k	0	256	512	3 MHz	38
68HC11D0	0	0	192	0	3 MHz	14
68HC11D3	4 k	0	192	0	3 MHz	32
68HC11E0	0	0	512	0	3 MHz	22

Tabelle 1.1: Modellvarianten des 68HC11

Prozessormodell	ROM	EPROM	RAM	EEPROM	Takt	I/O
68HC11E1	0	0	512	512	3 MHz	22
68HC11E2	0	0	512	2 k	2 MHz	38
68HC11E8	12 k	0	512	0	3 MHz	38
68HC11E9	12 k	0	512	512	3 MHz	38
68HC11F1	0	0	1 k	512	4 MHz	54
68HC11G7	24 k	0	512	0	2 MHz	38
68HC11K0	0	0	768	0	4 MHz	37
68HC11K1	0	0	768	640	4 MHz	37
68HC11K3	24 k	0	768	0	4 MHz	62
68HC11K4	24 k	0	768	640	4 MHz	62
68HC11KA0	0	0	768	0	4 MHz	26
68HC11KA1	0	0	768	640	4 MHz	26
68HC11KA3	24 k	0	768	0	4 MHz	51
68HC11KA4	24 k	0	768	640	4 MHz	51
68HC11L0	0	0	512	0	3 MHz	30
68HC11L1	0	0	512	512	3 MHz	30
68HC11L5	16 k	0	512	0	3 MHz	46
68HC11L6	16 k	0	512	512	3 MHz	46
68HC711D3	0	4 k	192	0	3 MHz	32
68HC711E9	0	12 k	512	512	3 MHz	38
68HC711G5	0	16 k	512	0	2 MHz	66
68HC711K4	0	24 k	768	640	4 MHz	62
68HC711KA4	0	24 k	768	640	4 MHz	51
68HC711L6	0	16 k	512	512	3 MHz	46
68HC711P2	0	32 k	1 k	640	3 MHz	62

Tabelle 1.2: Weitere Modellvarianten des 68HC11

Die CPU aller dieser Mikroprozessoren sowie die meisten Peripheriefunktionen sind gleich. Für die Funktionsbeschreibung wird der Typ 68HC11A8 zugrunde gelegt, der über einen internen *Programmspeicherbereich* von 8 kByte verfügt. Während der Produktentwicklungsphase kann er durch den EPROM-Typ 68HC711E9 ersetzt werden, der zu ihm pinkompatibel ist. Der 68HC711E9 verfügt über einen Programmspeicher von 12 kByte, von dem in diesem Fall nur der dem Speicher des 68HC11A8 entsprechende Bereich genutzt werden darf. **Bild 1.1** zeigt ein Blockschaltbild des 68HC11A8. Die einzelnen Funktionsblöcke des Mikroprozessors werden auf den folgenden Seiten detailliert beschrieben.

1.1 Allgemeine Beschreibung

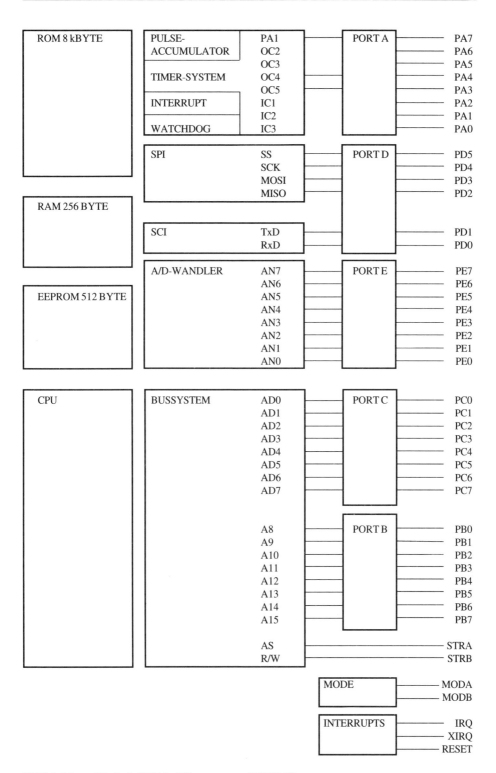

Bild 1.1: Internes Blockschaltbild des Mikroprozessors 68HC11A8

1.2 Anschlußbelegung und Pindefinitionen

Die Beschreibung der *Anschlußbelegung* bezieht sich auf die Ausführung 68HC11A8, die stellvertretend für die anderen Mitglieder der 68HC11-Familie verwandt wird. Dieser Mikroprozessor ist die ursprüngliche Version des 68HC11, aus der die weiteren Mitglieder der Familie abgeleitet wurden. Für die Beschreibung der Systemeigenschaften hat dies keine Bedeutung.

Bild 1.2 zeigt die Ausführung des Prozessors im 52-poligen PLCC-Gehäuse (PLCC = Plastic Leaded Chip Carrier), **Bild 1.3** zeigt das 48-polige DIL-Gehäuse (DIL = Dual-In-Line). Der einzige Unterschied zwischen diesen beiden Ausführungen des Mikroprozessors besteht in der geringeren Anzahl an *Analog-Eingängen* in der DIL-Version. Der eigentliche Chip ist in beiden Varianten identisch. Er wird nur unterschiedlich gebondet.

Die Versionen 68HC11A1 und 68HC11A0, die sich nur in der Speicherausstattung vom 68HC11A8 unterscheiden, haben genau die gleiche Anschlußbelegung. Dies gilt auch für die EPROM-Version 68HC711E9, die zur Software-Erprobung eingesetzt wird.

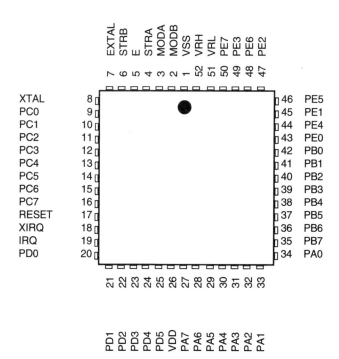

Bild 1.2: 68HC11A8 im PLCC-44

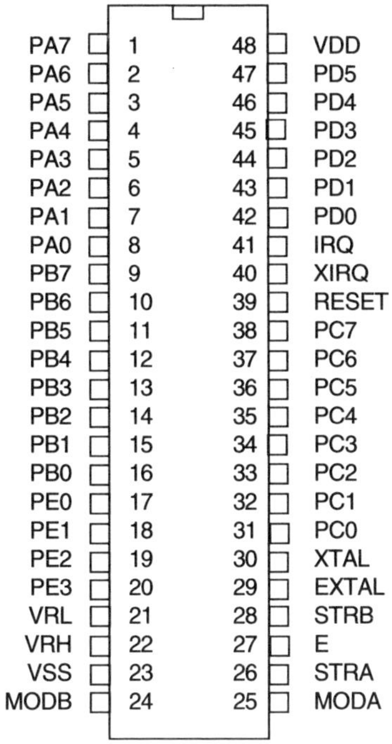

1.2 Pindefinitionen

```
PA7  [ 1      48 ] VDD
PA6  [ 2      47 ] PD5
PA5  [ 3      46 ] PD4
PA4  [ 4      45 ] PD3
PA3  [ 5      44 ] PD2
PA2  [ 6      43 ] PD1
PA1  [ 7      42 ] PD0
PA0  [ 8      41 ] IRQ
PB7  [ 9      40 ] XIRQ
PB6  [ 10     39 ] RESET
PB5  [ 11     38 ] PC7
PB4  [ 12     37 ] PC6
PB3  [ 13     36 ] PC5
PB2  [ 14     35 ] PC4
PB1  [ 15     34 ] PC3
PB0  [ 16     33 ] PC2
PE0  [ 17     32 ] PC1
PE1  [ 18     31 ] PC0
PE2  [ 19     30 ] XTAL
PE3  [ 20     29 ] EXTAL
VRL  [ 21     28 ] STRB
VRH  [ 22     27 ] E
VSS  [ 23     26 ] STRA
MODB [ 24     25 ] MODA
```

Bild 1.3: 68HC11A8 im DIL-Gehäuse

1.2.1 Versorgungsanschlüsse

Zur *Spannungsversorgung* des Mikroprozessors sind die beiden Anschlüsse **VDD** und **VSS** vorgesehen. Die Versorgungsspannung beträgt nominal 5 V, wobei VSS den Masseanschluß und VDD den positiven Versorgungsanschluß darstellt. Diese beiden Anschlüsse dienen ausschließlich zur Versorgung des Mikroprozessors, es können je nach Applikation noch weitere Versorgungsspannungen für den *A/D-Wandler* oder zur *Datenerhaltung* des internen RAM-Bereiches notwendig sein.

Die Auslegung der Versorgungsspannung und die Spannungszuführung verlangt große Sorgfalt. Durch die hohe Arbeitsfrequenz des Prozessors und die sehr kurzen Schaltzeiten entstehen Stromspitzen auf den Versorgungsleitungen, die zu einem Fehlverhalten der eingesetzten Bausteine führen können. Aus diesem Grund muß die Versorgungsspannung in möglichst direkter physikalischer und elektrischer Nähe des Mikroprozessors mit geeigneten *Abblockkondensatoren* gefiltert werden.

Es sind grundsätzlich alle Regeln der Technik für ein störungsfreies *Layout* mit ausreichend dimensionierten Masse- und Versorgungsbahnen anzuwenden, auch hinsichtlich einer ausreichenden *EMV-Sicherheit* des Entwurfs. Die alte Faustregel, pro eingesetztem Baustein einen *Bypass-Kondensator* auf der Versorgungsspannung einzusetzen, hat nach wie vor ihre Gültigkeit. Es ist allerdings auf möglichst induktions- und widerstandsarme *Leitungsführung* gerade dieser Bauteile zu achten, wenn sie ihre volle Wirkung entfalten sollen. Werden diese Regeln bereits zu Beginn eines Entwurfs beachtet, dann treten im allgemeinen keine Probleme mit Störungen auf der Spannungsversorgung mehr auf.

1.2.2 Auswahl der Betriebsart

Der Mikroprozessor 68HC11 unterstützt vier verschiedene *Betriebsarten*:

❏ Normal Single-Chip
❏ Normal Extended
❏ Special Bootstrap
❏ Special Test

Zur Auswahl der Betriebsart sind 2 Pins vorgesehen: **MODA** und **MODB**. **Tabelle 1.3** zeigt die den einzelnen Betriebsarten zugeordneten Pegel an den Pins MODA und MODB, die vor der ansteigenden Flanke des *Reset-Signals* anliegen müssen. Mit dieser Flanke werden diese Informationen in die CPU übernommen.

Eingänge		Betriebsart	HPRIO-Register			
MODA	MODB		RBOOT	SMOD	MDA	IRV
0	1	Normal Single-Chip	0	0	0	0
1	1	Normal Expanded	0	0	1	0
0	0	Special Bootstrap	1	1	0	1
1	0	Special Test	0	1	1	1

Tabelle 1.3: Auswahl der Betriebsart

Die Tabelle zeigt auch, wie unterschiedliche Bits im HPRIO-Register (HPRIO = Highest Priority Interrupt Register) durch die Auswahl der Betriebsart beeinflußt werden.

Wie fast alle Pins des 68HC11 haben auch die Pins MODA und MODB eine Doppelfunktion. Pin MODA unterstützt alternativ die *LIR-Funktion* der CPU (LIR = Load

Instruction Register), wenn die CPU nicht im Reset-Status ist. Diese Funktion ist zur *Fehlersuche* in Zusammenhang mit einem *Logic-Analyzer* gedacht. Während des ersten E-Zyklus jedes Befehls ist dieses Signal Low. Ein Logic-Analyzer kann damit auf jeden Befehl der CPU synchronisiert werden.

Da die interne Struktur des Pintreibers ein *Open-Drain-Ausgang* ist, kann dieser Pin im Single-Chip-Einsatz direkt mit Masse verbunden werden. In dieser Betriebsart hat eine Betrachtung des LIR-Signals keine sinnvolle Funktion, da der interne Speicher und die zugehörigen Busse nicht zugänglich sind.

Wird der Mikroprozessor in der Betriebsart *Expanded*, also mit externem Speicher betrieben, so wird MODA über einen Pull-Up-Widerstand mit VDD verbunden. Während der Resetphase wird so die korrekte Betriebsart ausgewählt, und während des Betriebs kann das LIR-Signal am MODA-Pin beobachtet werden.

Der Pin MODB dient gleichzeitig als Versorgungsanschluß für das interne RAM des Mikroprozessors für den Fall, daß dieses unabhängig von der Systemversorgung mit Spannung versorgt werden soll. Hier ist ein relativ hoher Hardware-Aufwand notwendig, um beide Aufgabenstellungen zu erfüllen, so daß im allgemeinen auf diese Art und Weise der *Datenerhaltung* im RAM-Bereich verzichtet wird, da der 68HC11 mit dem STOP-Befehl eine weitere effektive Methode zur Energieeinsparung kennt. Normalerweise wird MODB direkt mit VSS oder über einen *Pull-Up-Widerstand* mit VDD verbunden, je nachdem, welche Betriebsart ausgewählt werden soll.

1.2.3 Taktoszillatoren

Der *Systemtakt* des Mikroprozessors 68HC11 kann entweder aus einer externen Taktquelle stammen oder mit dem internen *Taktoszillator* erzeugt werden. Ein externer Oszillator muß CMOS-kompatible Pegel erzeugen. Als Takteingang wird der Pin **EXTAL** benutzt, der Pin **XTAL** bleibt in diesem Fall unbeschaltet (**Bild 1.4**).

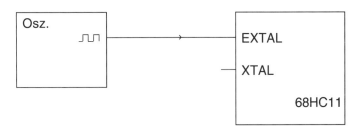

Bild 1.4: 68HC11A8 mit externem Taktoszillator

In den meisten Anwendungsfällen wird jedoch der interne Oszillator des Mikroprozessors eingesetzt. **Bild 1.5** zeigt die externe Beschaltung zusammen mit einem Teil der Innenschaltung des Mikroprozessors. Der Quarz liegt im *Rückkopplungskreis* eines Nand-Gatters und wird in *Parallel-Resonanz* betrieben. Der Parallelwiderstand, der in der Größenordnung von 1 bis 20 MΩ liegt, hält das Nand-Gatter in seinem linearen Kennlinienbereich. Die beiden Kapazitäten des Oszillatorkreises sind als an den Anschlüssen wirksame Kapazitäten aufzufassen, d.h. als Summe aus bestücktem Kondensator und *Streukapazitäten* der *Leiterplatte*. Die zu bestückenden Werte sind daher sehr stark vom Layout abhängig.

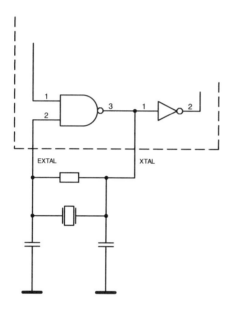

Bild 1.5: 68HC11A8 mit internem Taktoszillator

Generell ist beim Auslegen der Leitungsführung im Oszillatorkreis auf möglichst kurze und direkte Verbindungen zu achten. Auf keinen Fall dürfen signalführende Leiterbahnen aus anderen Schaltungsteilen etwa unter dem Quarz durchgeführt werden, der Oszillator könnte durch kapazitive Einkoppelungen aus dem Takt gebracht werden. Eine ringförmige Massebahn um die Komponenten des Oszillators, offen endende Massebahnen zwischen den einzelnen Bauteilpins, um Masseschleifen zu vermeiden und ein konsequent dichter Aufbau direkt in der Nähe der XTAL- und EXTAL-Pins führen zu reproduzierbaren, guten Ergebnissen (**Bild 1.6**).

Nichtbeachtung dieser Regeln führt häufig zu instabilen Oszillatoren und zu Schwierigkeiten beim *Oszillatoranlauf* nach Einschalten der Versorgungsspannung. Normalerweise arbeitet der Oszillator des 68HC11 wenige Millisekunden nach Erreichen der Betriebsspannung stabil, und da der Mikroprozessor in einem statischen CMOS-Prozess hergestellt ist, macht es ihm auch nichts aus, wenn die Frequenz langsam hochläuft (NMOS-Prozessoren verhalten sich hier wesentlich kritischer!). Die Ausführung der

1.2 Pindefinitionen

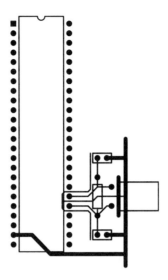

Bild 1.6: Leitungsführung für Taktoszillator nach Bild 1.5

ersten Programmschritte geschieht nur entsprechend langsamer, aber das hat in den meisten Anwendungsfällen keine negative Auswirkung auf die *Gerätefunktion*.

Ist allerdings der Aufbau des Oszillators sehr kritisch ausgeführt, so kann dies dazu führen, daß der stabile Betriebszustand nur nach längerer Zeit oder niemals erreicht wird. In solchen Fällen hilft häufig nur ein *Redesign* der Leiterplatte nach den oben genannten Gesichtspunkten.

Um Messungen am Oszillatorkreis durchzuführen, betrachtet man am besten den Systemtakt-Ausgang Pin **E**. Hier liegt das durch vier geteilte Oszillatorsignal gepuffert an, das genauso gut als Aussage über den Zustand des Oszillators herangezogen werden kann wie der Oszillator selbst. Durch eine elektrische Belastung des E-Pins findet keine *Rückwirkung* auf den Oszillator selbst statt, während eine Messung an den Pins XTAL oder EXTAL durch die Kapazitäten des *Oszilloskop-Tastkopfs* immer zu einer Veränderung des empfindlichen Schwingkreises führen muß.

1.2.4 Reset

Der *Reset-Anschluß* des 68HC11-Mikroprozessors unterscheidet sich vom üblichen Reset-Anschluß bei anderen Prozessoren. Im Gegensatz zu diesen ist er *bidirektional*, d.h. er kann nicht nur, wie üblich, als Eingang für ein extern erzeugtes Reset-Signal dienen, er ist gleichzeitig ein Ausgang, der interne Fehler des Mikroprozessors nach außen meldet.

Der Reset-Eingang wird dazu benutzt, den Mikroprozessor in einen definierten Anfangszustand zu bringen. Da für einige der intern ablaufenden Vorgänge zwingend ein Oszillatortakt benötigt wird, z.B. Einlesen der MODA/MODB-Pins, sollte ein Reset-Signal erst nach Stabilisierung des Oszillator-Kreises gegeben werden. Sobald der Prozessor die Reset-Bedingung gültig erkennt, werden alle internen Schaltungsgruppen in einen definierten *Anfangszustand* versetzt:

❑ Während der ersten drei Taktzyklen nach dem Reset-Signal lädt die CPU den Reset-Vector aus dem der gewählten Betriebsart entsprechenden Adressbereich. Dies ist $FFFE, $FFFF im *Normalbetrieb*, $BFFE, $BFFF in den Betriebsarten *Special Test* und *Bootstrap*. Mit dem Inhalt der angegebenen Speicherstellen wird der Programmcounter PC geladen, die Programmausführung wird an dieser Stelle aufgenommen. Der Stackpointer und die anderen Register der CPU sind nach dem Reset weiterhin undefiniert, nur das X- und das I-Bit im CCR-Register werden gesetzt, um undefinierte *Interrupts* zu verhindern. Das Anwenderprogramm muß diese Bits nach der Initialisierungsphase entsprechend löschen, um Interrupts im System zuzulassen. Das gleiche gilt für das S-Bit, das ebenfalls gesetzt wird, um die Betriebsart STOP zu sperren.

❑ Das INIT-Register wird beim Reset auf $01 gesetzt. Damit liegt das interne Prozessor-RAM im Adressbereich $0000 bis $00FF, die Control-Register liegen auf den Adressen $1000 bis $103F. Der Prozessor-Reset hat keinen Einfluß auf das *Mapping* der ROM- und EEPROM-Bereiche, da die beiden Bits, die die Zugriffe auf diese Bereiche kontrollieren, EEPROM-Zellen des Config-Registers sind.

❑ Durch das Reset-Signal wird das prozessorinterne *Timer-System* auf $0000 gesetzt, alle Prescaler-Bits werden gelöscht und sämtliche Output-Compare-Register erhalten den Wert $FFFF. Der Inhalt der Input-Capture-Register ist im Gegensatz dazu undefiniert. Damit keine undefinierten Signale an den I/O-Pins des Prozessors durch das Timer-System ausgegeben werden können, werden alle Output-Compare-Systeme so initialisiert, daß sie keinen Einfluß auf die logischen Zustände der zugeordneten I/O-Pins haben.

Die *Flankenerkennung* der drei Input-Capture-Register wird durch das Reset-Signal ausgeschaltet, alle dem Timer-System zugeordnete Interrupt-Flags werden gelöscht und alle neun Timer-Interrupt-Quellen werden gesperrt.

❑ Die Behandlung der I/O-Ports bei einem Reset-Signal ist von der eingestellten Betriebsart des Mikroprozessors abhängig: in der Betriebsart *Extended* sind die 18 I/O-Pins des 68HC11 den verschiedenen Bussystemen zugeordnet. In der Betriebsart *Single-Chip*, in der die I/O-Pins als Ports zur Verfügung stehen, werden alle Interrupt-Quellen, die mit den I/O-Ports in Verbindung stehen, gelöscht, so daß keine Fehlauslösung eintreten kann. Dazu gehören die Bits STAF, STAI und HNDS im PIOC-Register (Parallel Input Output Register). Die Betriebsart der I/O-Ports wird durch das gelöschte HNDS-Bit auf 'Simple Strobed I/O' festgelegt.

Port C ist nach dem Reset als Eingang definiert, sein *Datenrichtungsregister* demnach mit $00 besetzt. Port B ist als Ausgang mit auf Null gesetzten Ausgangssignalen initialisiert. Der flankenempfindliche Eingang STRA reagiert auf die ansteigende Flanke eines Signals.

❏ Die Initialisierung der *seriellen Schnittstelle* ist von der Betriebsart des Prozessors unabhängig. Nach einem Reset-Signal ist die Baud-Rate des seriellen Interfaces in jedem Fall undefiniert und muß durch das Anwenderprogramm festgelegt werden. Sämtliche Interrupt-Quellen der seriellen Schnittstelle sind deaktiviert und die Zuordnung der Empfangs- und Sendeleitungen zu den entsprechenden I/O-Pins ist aufgehoben, so daß diese Pins als normale I/O-Pins zur Verfügung stehen.

Das *Übertragungsformat* der seriellen Schnittstelle ist auf 8 Bit eingestellt. Im Statusregister des seriellen Systems werden die TDRE- und TC-Bits gesetzt. Damit wird dem Prozessor mitgeteilt, daß keine zu übertragenden Daten in einem der Register vorliegen. Alle möglichen Fehlermeldungen des Empfangssystems werden gelöscht.

❏ Das Puls-Akkumulator-System des 68HC11 ist nach einem Reset ausgeschaltet, der Eingang (PAI) ist als normaler I/O-Pin geschaltet.

❏ Die interne *Prozessorüberwachung* (COP) verhält sich entsprechend dem NOCOP-Bit im Config-Register: bei gesetztem NOCOP-Bit ist die Überwachung ausgeschaltet, dementsprechend eingeschaltet bei gelöschtem Bit. In diesem Fall wird das Time-Out-Intervall des COP-Systems auf die kleinste verfügbare Zeit gesetzt.

❏ Das serielle Peripherie-Interface (SPI) wird durch ein Reset-Signal ausgeschaltet. Die zugehörigen I/O-Leitungen stehen als normale I/O-Pins zur Verfügung.

❏ Die Definition des A/D-Wandler-Systems ist undefiniert. Nur das ADPU-Bit wird gelöscht, so daß das A/D-System deaktiviert bleibt.

❏ Sämtliche EEPROM-Steuerbits, die zur Programmierung benötigt werden, sind nach einem Reset gelöscht, so daß aus dem EEPROM nur gelesen werden kann. Dies verhindert ungewollte Schreiboperationen während des Einschaltvorgangs.

❏ Der externe Interrupt bekommt die höchste Interrupt-Priorität zugewiesen, das Interrupt-Signal wird auf pegelabhängig geschaltet, so daß ein Standard-Interruptsystem mit mehreren Quellen möglich ist.

Als Reset-Quelle steht beim 68HC11 nicht nur der externe Reset-Eingang zur Verfügung. Es gibt drei weitere interne Reset-Quellen: Power-On-Reset (POR), Watchdog-Timer (COP), Taktüberwachung (CMR). Jeder dieser Reset-Quellen ist ein eigener *Reset-Vector* zugeordnet, der auf das zugehörige Interrupt-Programm zeigt.

Power-On-Reset POR: Der Power-On-Reset (Einschalt-Reset) wird durch das Anlegen der Versorgungsspannung ausgelöst. Anders als bei gewöhnlichen Mikroprozessoren erkennt eine interne Schaltung diesen Zustand und erzeugt selbst das Reset-Signal, indem sie den Reset-Pin über einen internen N-Kanal-FET gegen Masse schaltet. Extern mit dem Reset-Pin verbundene Peripherie-Chips werden damit automatisch mit zurückgesetzt.

Das so erzeugte Reset-Signal dauert 4064 Perioden des internen Taktsignals. Damit ist das Intervall abhängig vom Taktoszillator, so daß die Anlaufzeit dieses Oszillators unkritisch ist, das Reset-Signal endet erst nach 4064 gültigen Perioden des internen PH2-Takts.

Trotz dieses internen Einschalt-Reset-Kreises wird in den meisten Anwendungsfällen nicht auf eine externe Reset-Erzeugung verzichtet, vor allen Dingen dann nicht, wenn in der Schaltung Bausteine eingesetzt sind, die auf eine stabile Versorgungsspannung angewiesen sind. In diesen Fällen empfiehlt sich eine der üblichen *Überwachungsschaltungen*. Ein Beispiel ist in **Bild 1.7** zu sehen.

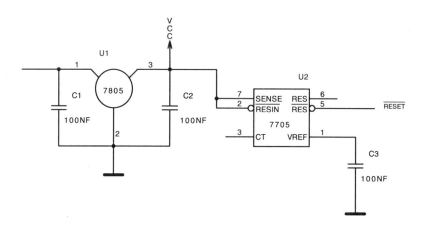

Bild 1.7: Reset-Generator TL7705

Watchdog-Timer COP: Die zweite Reset-Quelle ist der prozessorinterne *Watchdog-Schaltkreis*, der das ordnungsgemäße Arbeiten des Software-Programms sicherstellt. Die Arbeitsweise ist simpel: der Watchdog-Timer zählt mit der Taktfrequenz von einem festen Wert auf 0. Erreicht er diesen Zählerstand, so löst er einen Reset aus. Durch einen definierten Zugriff auf den Watchdog durch das Programm wird der Zähler auf seinen Startwert zurückgesetzt. Während eines normalen Programmablaufs verhindern die laufenden Zugriffe das Time-Out des Watchdog-Timers. Kommt es durch ein Ereignis zu einem undefinierten Verlassen des eigentlichen Programms, so bleiben diese kontrollierten Zugriffe aus, der Timer erreicht den Wert Null, der Prozessor führt einen Reset aus.

Das *Time-Out-Intervall* kann durch das Anwendungsprogramm angepaßt werden. **Tabelle 1.4** zeigt die Möglichkeiten, die durch die Definition der Bits CR0 und CR1 im Option-Register gegeben sind. Je nach Anwendung können Zeiten von einigen Millisekunden bis zu Sekunden gewählt werden.

1.2 Pindefinitionen

			Quarzfrequenz		
			8,388 MHz	8 MHz	4 MHz
CR0	CR1	Teilerfaktor	Time-Out-Intervall		
0	0	1	15,625 mS	16,384 mS	32,768 mS
1	0	4	62,500 mS	65,536 mS	131,070 mS
0	1	16	250,000 mS	262,140 mS	524,290 mS
1	1	64	1,000 S	1,049 S	2,100 S

Tabelle 1.4: Time-Out-Intervalle

Um den Watchdog-Timer zurückzusetzen, ist ein zweistufiger Zugriff notwendig. Dies verhindert mit hoher Wahrscheinlichkeit eine zufällige Triggerung trotz eines aufgetretenen Programmfehlers. Der erste Zugriff muß auf das COPRST-Register erfolgen. Durch Einschreiben eines fest vorgegebenen Wertes von $55 wird der eigentliche Reset-Vorgang des Watchdog-Timers überhaupt erst ermöglicht. Dieser Reset wird dann im zweiten Schritt durch das Einschreiben des *Komplements*, also $AA, in das gleiche Register ausgelöst.

Die beiden beschriebenen Zugriffe müssen nicht zwingend direkt aufeinander folgen, jede beliebige Anzahl von Programmschritten ist zwischen ihnen erlaubt, solange die korrekte Reihenfolge und das eingestellte Zeitintervall eingehalten werden.

Taktüberwachung CMR: Ein Ausfall des *Systemtakts* kann durch den Watchdog nicht erkannt werden, da der verwendete Timer vom gleichen Systemtakt abhängig ist. Für diese Fälle ist ein besonderer Schaltkreis in der 68HC11-CPU vorgesehen, die *Taktüberwachung*.

Dieser Schaltkreis stellt die dritte mögliche Reset-Quelle dar. Ein vom Systemtakt unabhängiger Zeitkreis auf Basis eines *RC-Gliedes* innerhalb der CPU überwacht den Oszillatortakt. Sinkt die Oszillatorfrequenz zu tief ab, im Extremfall bis zum Stillstand, also dem Aussetzen des Oszillators, so löst die Taktüberwachung einen Reset-Impuls aus. Die Taktüberwachung kann daher nur in Systemen mit einem Systemtakt von größer 200 kHz sicher eingesetzt werden, je nach Streuung der CPU-Typen werden niedrigere Frequenzen bereits als Fehler angesehen.

Wird in einer Applikation mit niedrigeren Taktfrequenzen gearbeitet, dann besteht die Möglichkeit, die Taktüberwachung vollkommen auszuschalten. Hierfür ist das CME-Bit im Option-Register verantwortlich.

Einsatzfälle für die Taktüberwachung finden sich in der Ergänzung des Watchdogs, der, wie bereits beschrieben, taktabhängig ist. Die Aktivierung der Taktüberwachung schließt die dadurch entstehende Lücke in der Prozessorkontrolle. Ein weiterer wichtiger

Anwendungsfall ist die Problematik, die im STOP-Befehl der CPU begründet liegt. Ein solcher Befehl hält den Oszillator des Mikroprozessors an und versetzt die CPU in einen Wartezustand, in dem sie unfähig ist, auf externe Ereignisse zu reagieren, mit Ausnahme einiger Interrupt-Funktionen. Ein solcher Befehl kann theoretisch auch einmal durch einen Störimpuls vorgetäuscht werden und den gerade aktiven Programmablauf ungewollt stoppen. Für diesen Fall ist die Taktüberwachung geeignet, das System durch einen Reset-Impuls wieder zum Laufen zu bringen.

Externer Reset: Die vierte und letzte Quelle eines Reset-Signals ist die in allen Mikroprozessor-Systemen bekannte externe Signalquelle. Jedes extern angelegte Signal, das länger als vier Taktzyklen anliegt, wird als externes Reset-Signal gewertet.

Zur Unterscheidung der verschiedenen Reset-Quellen wird beim 68HC11 ein spezielles Verfahren benutzt: Jede interne Reset-Quelle steuert den Reset-Pin über einen N-Kanal-FET für eine Zeitdauer von 4 Taktzyklen an. Nach diesen vier Zyklen wird der FET hochohmig gesteuert. Zwei Taktzyklen später fragt der Prozessor den Pegel am Reset-Pin ab. Liegt der Pegel auf High-Signal, so wird eine interne Quelle angenommen, liegt er nach wie vor auf Low, dann muß es eine externe Quelle sein. Dadurch ist der Mikroprozessor in der Lage, jeder Reset-Anforderung einen eigenen Vector zuzuordnen, der zu unterschiedlichen Service-Routinen verzweigt.

1.2.5 Interrupts

Der Mikroprozessor 68HC11 besitzt zwei Interrupt-Pins: **IRQ** und **XIRQ**. Der XIRQ-Eingang ist immer *pegelgetriggert*, der IRQ-Eingang hingegen kann wahlweise pegel- oder *flankengetriggert* arbeiten. Die Betriebsart dieses Pins wird im Option-Register bestimmt.

Nach einem Reset ist dieser Pin auf Pegeltriggerung eingestellt. Dadurch ist es möglich, mehrere Interruptquellen mit *Open-Collector-Ausgang* gemeinsam auf den IRQ- oder XIRQ-Interrupteingang zu legen. In möglichst direkter Nähe der CPU muß ein *Pull-Up-Widerstand* von etwa 4,7 KΩ gegen V_{CC} eingesetzt werden (**Bild 1.8**).

Die einzelnen Interrupt-Quellen müssen so beschaffen sein, daß sie solange den Interrupt-Eingang gegen Masse ziehen, bis der Mikroprozessor auf die Interrupt-Anforderung reagiert hat und die Anforderung quittiert. Wenn mehrere Interrupt-Quellen gleichzeitig eine Bedienung anfordern, wird die Interrupt-Leitung nach Beendigung des gerade bearbeiteten Interrupt-Programms immer noch auf Low-Potential liegen, so daß der Prozessor sofort den nächsten Interrupt auslöst.

1.2 Pindefinitionen

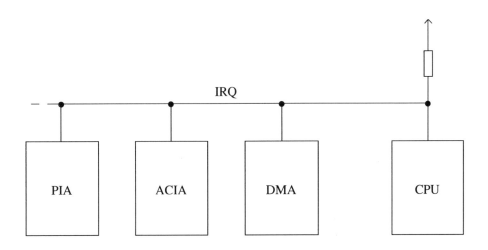

Bild 1.8: Interrupt-Verdrahtung

2.2.6 Analoge Eingänge

Die Hardware des 68HC11 beinhaltet einen *A/D-Wandler* mit vorgeschaltetem *8-Kanal-Analog-Multiplexer*. Von diesen 8 Kanälen sind in der diskreten Version allerdings nur 4 Kanäle zugänglich, da das DIL-Gehäuse nicht über ausreichend Pins verfügt (**Bild 1.9**).

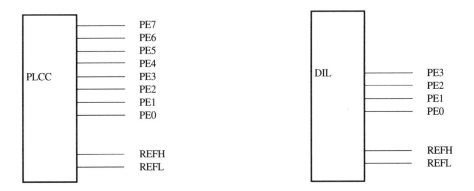

Bild 1.9: Unterschiede zwischen PLCC- und DIL-Gehäuse

Der interne Chip der beiden Gehäusevarianten ist jeweils der gleiche. In der Dual-In-Line-Ausführung werden die vier unbenutzten Eingänge nicht gebondet.

Die analogen Eingangssignale teilen sich die Pins mit dem digitalen Port E (**Bild 1.10**). Durch eine spezielle Schaltung gibt es praktisch keine Beeinflussung der analogen und digitalen Schaltungsteile.

```
A/D-WANDLER    AN7 ─────── PORT E ─────── PE7/AN7
               AN6 ───────        ─────── PE6/AN6
               AN5 ───────        ─────── PE5/AN5
               AN4 ───────        ─────── PE4AN4
               AN3 ───────        ─────── PE3/AN3
               AN2 ───────        ─────── PE2/AN2
               AN1 ───────        ─────── PE1/AN1
               AN0 ───────        ─────── PE0/AN0

               REFL ──────        ─────── REFL
               REFH ──────        ─────── REFH
```

Bild 1.10: Interne Struktur von Port E

Der A/D-Wandler des 68HC11 arbeitet mit einer *Auflösung* von 8 Bit in einem Spannungsbereich von nominell 0...5 V, das heißt, der Referenzeingang **VREFL** wird normalerweise mit VSS, der Eingang **VREFH** mit VDD verbunden. Andere *Referenzspannungen* sind denkbar, solange sie innerhalb des zulässigen Spannungsbereiches liegen, jedoch sollte die Differenz zwischen VREFH und VREFL immer mindestens 2,5 V betragen, um die volle *Genauigkeit* des A/D-Wandlers auszunutzen. Unterhalb dieser Pegeldifferenz läßt die *Linearität* und Genauigkeit des A/D-Wandlers stark nach.

Zur Vermeidung von Störeinflüssen sollten in die Verbindungen von VSS und VREFL sowie VDD und VREFH *Tiefpass-Filter* eingefügt werden (**Bild 1.11**), um die auf den Versorgungsleitungen liegenden Störspannungen vom A/D-Wandler fern zu halten.

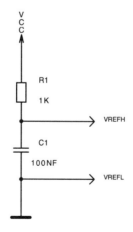

Bild 1.11: RC-Filter

Für höhere Ansprüche an die Genauigkeit kann eine Schaltung nach **Bild 1.12** eingesetzt werden, die eine Referenzspannung aus einem Referenzelement vom Typ LM336 generiert. Gleichzeitig sorgt ein *Operationsverstärker* für einen geringen dynamischen *Innenwiderstand* der Schaltung. Die Referenzspannung kann daher gleichzeitig zur Versorgung eines *Temperatursensors* herangezogen werden, so daß der A/D-Wandler eine ratiometrische Messung durchführt, das heißt, die absolute Höhe der Referenzspannung hat keinen Einfluß mehr auf das Meßergebnis.

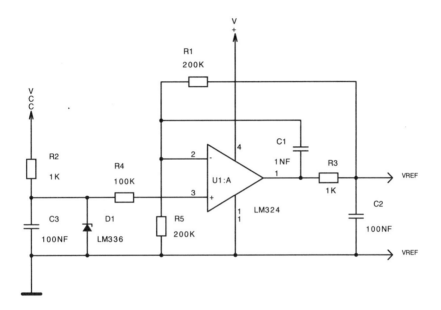

Bild 1.12: Präzisions-Referenzspannungsquelle

1.2.7 Ports

Der Mikroprozessor 68HC11A8 verfügt über fünf digitale I/O-Ports, die mit A bis E bezeichnet werden. Einige dieser Ports werden ganz oder zum Teil von anderen Funktionseinheiten mitbenutzt, wie bereits unter 1.2.6 für Port E dargestellt. Bei manchen Prozessorvarianten sind nicht alle Ports zugänglich, zum Beispiel beim 68HC11D0, dafür verfügen andere Modelle über deutlich mehr I/O-Ports als der 68HC11A8. Ein Beispiel hierfür ist der Typ 68HC11K3 mit insgesamt 62 I/O-Ports. Die nachfolgende Beschreibung bezieht sich auf den Grundtyp 68HC11A8.

Port A besteht aus drei Eingangsleitungen, vier Ausgangsleitungen und einer Leitung, die sowohl als Eingang wie als Ausgang programmiert werden kann. Gleichzeitig werden die Pins von Port A vom *Timer-System* des Mikroprozessors mitbenutzt (**Bild 1.13**).

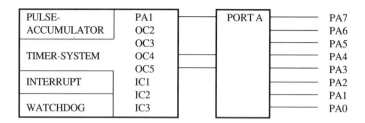

Bild 1.13: Port A und Timer-System

Die drei Eingangsleitungen Port A0, Port A1 und Port A2 sind flankengetriggerte Eingänge des Timer-Systems. Die Zuordnung ist:

❏ Port A0 - Input Capture 3
❏ Port A1 - Input Capture 2
❏ Port A2 - Input Capture 1

Die vier Ausgangsleitungen Port A3, Port A4, Port A5 und Port A6 sind den Output-Compare-Registern des Timer-Systems folgendermaßen zugeordnet:

❏ Port A3 - Output Compare 1 + Output Compare 5
❏ Port A4 - Output Compare 1 + Output Compare 4
❏ Port A5 - Output Compare 1 + Output Compare 3
❏ Port A6 - Output Compare 1 + Output Compare 2

Wenn einer dieser Ausgänge zur Verwendung durch das Timer-System programmiert ist, steht er nicht mehr als normaler I/O-Pin zur Verfügung.

Der letzte Pin von Port A, Port A7 ist programmierbar als Eingang oder als Ausgang. Auch dieser Pin hat eine Mehrfachverwendung:

❏ Port A7 - Output Compare 1 + Pulse Akkumulator Input

Port B, **Port C** und die *Handshakeleitungen* **STRA** und **STRB** gehören als funktioneller Block zusammen. Alle diese Leitungen stellen in der Betriebsart als Single-Chip-Prozessor frei verwendbare Portleitungen dar, wobei Port B über acht Ausgangsleitungen verfügt und Port C über acht wahlweise als Eingang oder als Ausgang programmierbare Leitungen. Hierbei haben die beiden Handshake-Leitungen STRA und STRB eine besondere Bedeutung: STRA ist ein flankengetriggerter Eingang (die aktive Flanke ist per Software definierbar), der den aktuellen Zustand von Port C in ein besonderes internes Latch rettet. Wird diese Funktion nicht benötigt, dann kann STRA als flankengetriggerter Interrupt-Eingang verwendet werden.

STRB ist eine den beiden Ports B und C zugeordnete Handshake-Leitung, deren spezielle Bedeutung später in 1.3.5 beschrieben wird.

In der Betriebsart *Expanded* verlieren die Ports B und C die soeben beschriebenen Funktionen. In diesem Fall werden über diese Leitungen der Adreß- und Datenbus im

1.2 Pindefinitionen

Multiplexverfahren ausgegeben (**Bild 1.14**). Hierbei stehen an Port C während der ersten Hälfte jedes Taktzyklus die Adressen und während der zweiten Hälfte die Daten an.

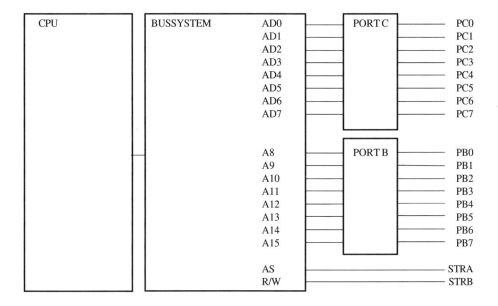

Bild 1.14: Funktionsblock Port B und Port C

Der Prozessor kann in dieser Betriebsart einen externen Speicherbereich von 64 kByte adressieren. An STRA wird das AS-Signal ausgegeben (Adress Strobe), mit dessen Hilfe die Adresse aus dem gemultiplexten Signal zurückgewonnen werden kann (**Bild 1.15**). An STRB steht das R/W-Signal zur Steuerung der Datenrichtung des externen Bussystems zur Verfügung.

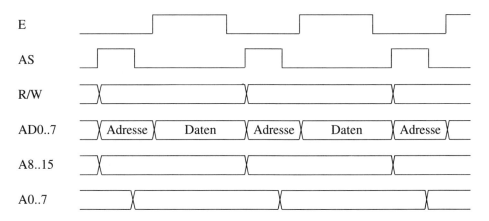

Bild 1.15: Externe Bussignale

1.3 Interne Struktur

Die Mikroprozessoren der Familie 68HC11 verfügen über vielfältige *Peripheriefunktionen*, denen entsprechende interne *Register* zugeordnet sind. Dieser sogenannte *Registerblock* ist im Speicherbereich des 68HC11 direkt nach einem Reset vom Anwender frei verschiebbar. Verzichtet der Anwender auf diese Möglichkeit, so wird der Registerblock ab Adresse $1000 aufwärts angeordnet. Aus diesem Grund beziehen sich alle angegebenen Adressen auf die Startadresse $1000.

1.3.1 Betriebsarten

Der Mikroprozessor 68HC11 unterstützt zwei grundlegende Betriebsarten: *Single Chip* und *Expanded*. Für jede dieser Betriebsarten gibt es eine normale und eine spezielle Variation, so daß insgesamt vier verschiedene Möglichkeiten bestehen. Die Auswahl der für eine Applikation gültigen Betriebsart wird während des Resetvorganges durch Abfrage der Pins **MODA** und **MODB** getroffen (siehe auch 1.2.2).

Die spezielle Variation der Betriebsart Single-Chip wird *Bootstrap-Mode* genannt. Sie erlaubt das Einlesen eines Anwenderprogramms über die serielle Schnittstelle des Mikroprozessors SCI in das interne RAM. Diese Betriebsart wird häufig benutzt, um beispielsweise *Konfigurationsdaten* in das interne EEPROM des Mikroprozessors zu übertragen. Es handelt sich hier um eine spezielle Anwenderbetriebsart, im Gegensatz zur Betriebsart *Special Test*, die an sich nur für Prüfzwecke bei der Herstellung des Mikroprozessors vorgesehen ist.

Nach Beendigung des Reset-Vorgangs kann durch Lesen des HPRIO-Registers bestimmt werden, in welcher Betriebsart sich der Prozessor befindet (**Tabelle 1.5**).

Eingänge		Betriebsart	HPRIO-Register			
MODA	MODB		RBOOT	SMOD	MDA	IRV
0	1	Normal Single-Chip	0	0	0	0
1	1	Normal Expanded	0	0	1	0
0	0	Special Bootstrap	1	1	0	1
1	0	Special Test	0	1	1	1

Tabelle 1.5: Auswahl der Betriebsart

1.3 Interne Struktur

Für die Betriebsarten Single-Chip und Expanded gilt: der Reset-Vector wird unter der Adresse $FFFE, $FFFF erwartet. Dieser Vector muß auf die *Startadresse* des Anwenderprogramms zeigen.

Single Chip: In der Betriebsart Single Chip liegen sowohl Anwenderprogramm als auch Reset-Vector im internen ROM-Bereich. In der Betriebsart Expanded entscheidet das ROMON-Bit im CONFIG-Register über die Verwendung des internen ROMs: ist es aktiviert, dann wird der Reset-Vector von hier geholt. Bei deaktiviertem internen ROM wird auf den externen Speicher unter der gleichen Adresse zugegriffen. In der Betriebsart Single Chip hingegen ist der Inhalt des ROMON-Bits bedeutungslos. Auch bei deaktiviertem internen ROM wird auf dieses zugegriffen, da sonst kein Programmspeicher zur Verfügung stehen würde.

Expanded: Die Betriebsart Expanded erlaubt den Betrieb externer Speicher und Peripherieeinheiten. Insgesamt 18 Portleitungen werden als externe Steuer- und Busleitungen verwandt. Werden diese Ports in einer Anwendung mit externen Einheiten benötigt, so können sie durch Verwendung eines besonderen Chips, des MC68HC24 aus den Steuer- und Bussignalen regeneriert werden. Dieses Chip kann auch für *Emulationszwecke* eingesetzt werden (siehe Kapitel 6).

Special Test: Die Betriebsart Special Test ist an sich nur für Testzwecke während der Herstellung des Mikroprozessors vorgesehen. Hier können interne Abläufe und Adresszugriffe an verschiedenen Portleitungen sichtbar gemacht und kontrolliert werden. Außerdem lassen sich in dieser Betriebsart die Inhalte des internen EEPROMs und des CONFIG-Registers auf einfache Art verändern.

```
*
*
* BEISPIELPROGRAMM ZUR PROGRAMMIERUNG DES CONFIG-REGISTERS
* IN DER BETRIEBSART SPECIAL TEST.
*
* VORAUSSETZUNG: SCHALTUNG NACH BILD 5.1
*
*

PORTA      EQU        $1000
PORTE      EQU        $100A
PPROG      EQU        $103B
CONFIG     EQU        $103F

           ORG        $A000
START      LDS        #$00FF      INITIALISIERE STACKPOINTER
           BSR        WARTEN      WARTEZEIT FÜR LADUNGSPUMPE
           LDAA       PORTE       DIPSCHALTER EINLESEN
           ANDA       #$0F        NUR DIE UNTEREN 4 BITS
           CMP        CONFIG      MIT AKTUELLEM CONFIG
                                  VERGLEICHEN
           BEQ        FERTIG      BEI GLEICHHEIT FERTIG
```

```
*
* CONFIG-REGISTER LÖSCHEN
*
            LDAB        #$06
            STAB        PPROG       LÖSCHEN VORBEREITEN
            STAA        CONFIG      SCHREIBZUGRIFF
            LDAB        #$07
            STAB        PPROG       EEPGM-BIT = 1
            BSR         WARTEN      LÖSCHEN ABWARTEN
            CLR         PPROG       VORGANG BEENDET
*
* CONFIG-REGISTER PROGRAMMIEREN
*
            LDAB        #$02
            STA         PPROG       SPEICHERN VORBEREITEN
            STAA        CONFIG      DATEN SCHREIBEN
            LDAB        #$03
            STAB        PPROG       EEPGM-BIT=1
            BSR         WARTEN      SCHREIBEN ABWARTEN
            CLR         PPROG       VORGANG BEENDET
*
* PROGRAMMIERUNG BEENDET
*
FERTIG      LDAA        #$01
            STA         PORTA       MELDUNG
ENDE        BRA         ENDE        ENDLOSSCHLEIFE BIS RESET
*
* UNTERPROGRAMM 10MS WARTEN
*
WARTEN      LDX         #$0D06
WARTEN1     DEX                     WARTESCHLEIFE
            BNE         WARTEN1
            RTS
*
* RESET-VECTOR
*
            ORG         $BFFE
RESET       FDB         $A000
```

1.3 Interne Struktur

Der veränderte Inhalt des CONFIG-Registers wirkt sich erst nach einem erneuten System-Reset auf den Mikroprozessor aus.

Special Bootstrap: Die Betriebsart Special Bootstrap ruft ein spezielles Programm ab Adresse $BF40 auf, um ein kurzes Anwenderprogramm mit fixer Länge von 256 Bytes über die serielle Schnittstelle zu empfangen, im RAM abzulegen und auszuführen. Diese Betriebsart kann beispielsweise dazu benutzt werden, um ein Anwenderprogramm in das interne EEPROM zu laden. Ein entsprechendes Ladeprogramm ist in Kapitel 7 dargestellt.

Die Betriebsart Special Bootstrap verlegt die Tabelle der Interrupt-Vectoren in den RAM-Bereich des Mikroprozessors, so daß diese von einem zuvor geladenen Programm genutzt werden können. Die Zuordnung der Vectoren zeigt **Tabelle 1.6**.

Interruptvector	Adresse
SCI	$00C4
SPI	$00C7
Pulse Accumulator Input Edge	$00CA
Pulse Accumulator Overflow	$00CD
Timer Overflow	$00D0
Timer Output Compare 5	$00D3
Timer Output Compare 4	$00D6
Timer Output Compare 3	$00D9
Timer Output Compare 2	$00DC
Timer Output Compare 1	$00DF
Timer Input Capture 3	$00E2
Timer Input Capture 2	$00E5
Timer Input Capture 1	$00E8
Real Time Interrupt	$00EB
IRQ	$00EE
XIRQ	$00F1
SWI	$00F4
Illegal Opcode	$00F7
COP Fail	$00FA
Clock Monitor	$00FD

Tabelle 1.6: Interrupt Vectoren in der Betriebsart Special Bootstrap

1.3.2 Konfiguration und Mapping

Die Mikroprozessoren der Familie 68HC11 besitzen eine Besonderheit. Ein als EEPROM-Zelle ausgebildetes *Konfigurationsregister* ermöglicht es, verschiedene System-Ressourcen zu nutzen oder auch nicht. Die entsprechend programmierten Bits im Config-Register bleiben auch im spannungslosen Zustand erhalten (**Bild 1.16**).

CONFIG: Adresse $103F

Bit 7	Bit 6	Bit 5	Bit 4	Bit 3	Bit 2	Bit 1	Bit 0
0	0	0	0	NOSEC	NOCOP	ROMON	EEON

Bild 1.16: Register CONFIG

❏ Das NOSEC-Bit sperrt mit einem Inhalt 0 die Verwendung sämtlicher Betriebsarten außer Single Chip und Special Bootstrap. Der Pegel am MODA-Pin wird in diesem Fall ignoriert, auch bei einem System-Reset. Durch diese Maßnahme wird es unmöglich gemacht, den Inhalt des internen Speichers durch Unbefugte auszulesen.

❏ Das NOCOP-Bit bestimmt, ob die interne *Überwachung* des Mikroprozessorsystems benutzt werden soll oder nicht. Eine 0 in diesem Bit schaltet die Überwachung ein.

❏ Das ROMON-Bit entscheidet über die Verwendung des internen ROM-Speichers. Eine 1 gibt diesen Speicher frei, eine 0 sperrt ihn. Der entsprechende Adreßbereich kann in diesem Fall anderweitig genutzt werden.

❏ Das EEON-Bit hat die gleiche Funktion für die Verwendung des EEPROM-Speichers.

Einige Mitglieder der 68HC11-Familie unterscheiden sich nur durch den Inhalt des Config-Registers:

❏ MC68HC11A8 : $0F alle Optionen zugänglich

❏ MC68HC11A1 : $0D das interne ROM ist gesperrt

❏ MC68HC11A0 : $0C ROM und EEPROM sind beide gesperrt

Bei den Versionen -A1 und -A0 handelt es sich häufig um Produktionsausfälle des Typs -A8, bei denen die Spezifikationen des ROMs oder des EEPROMs nicht eingehalten wurden.

Eine sehr wichtige Eigenschaft des 68HC11 besteht in der Möglichkeit, die *Startadressen* des internen RAM-Bereiches und des Registerblocks inclusive I/O-Adressen im gesamten

1.3 Interne Struktur

Adreßbereich beliebig zu verschieben. Dadurch kann der Mikroprozessor an die unterschiedlichsten Anforderungen angepaßt werden (**Bild 1.17**).

INIT: Adresse $103D

Bit 7	Bit 6	Bit 5	Bit 4	Bit 3	Bit 2	Bit 1	Bit 0
RAM3	RAM2	RAM1	RAM0	REG3	REG2	REG1	REG0

Bild 1.17: INIT-Register

Nach einem Reset nimmt der Mikroprozessor seine Standard-Konfiguration ein, d.h. RAM von $0000 bis $00FF und Register von $1000 bis $103F. Diese Einteilung ist für viele Fälle sinnvoll, da sie den RAM-Bereich über die besonders kurzen und schnellen Befehle der direkten Adressierungsart (siehe Kapitel 3) zugänglich macht. Für Anwendungen mit außergewöhnlich starker Verwendung der I/O-Ports kann es hingegen effektiver sein, wenn die Ports in diesem speziellen Adreßbereich liegen. In diesem Fall kann man zum Beispiel die Positionen von RAM und Registerblock gegeneinander vertauschen.

Beide Blöcke lassen sich mit einer Schrittweite von 4 KByte im gesamten Adreßbereich verschieben. Dazu wird im INIT-Register das entsprechende höherwertige Digit der gewünschten Startadresse eingetragen, RAM0 bis RAM3 für den RAM-Bereich und REG0 bis REG3 für den Registerblock. Nach dem Reset hat das INIT-Register den Inhalt $01 für die Standard-Konfiguration.

Um das INIT-Register vor unbeabsichtigten *Schreibzugriffen* zu schützen, ist es nur während der ersten 64 Taktzyklen nach einem Reset zugänglich. Danach verhindert die Prozessor-Hardware jede weitere Veränderung des Registerinhaltes.

Gegen *Adreßkonflikte* zwischen internen und externen Speicher- und Registerblöcken ist eine Prioritätslogik vorgesehen. Werden im Extremfall sowohl ein externes ROM, das interne RAM und der interne Registerblock auf die gleiche Startadresse gelegt, z.B. $E000, dann gilt folgende *Prioritätsverteilung*: Register - RAM - ROM. Dadurch bleiben sämtliche Register und I/O-Ports zugänglich im Bereich $E000 bis $E003F, das RAM ist erreichbar unter $E040 bis $E0FF und das ROM ab $E100.

Es gibt zwei weitere geschützte Bits im TMSK2-Register (**Bild 1.18**), die genau wie das INIT-Register nur während der ersten 64 Taktzyklen beschrieben werden können. Diese Bits bestimmen die *Taktrate* für das gesamte *Timer-System* des Mikroprozessors. Sämtliche Timer des 68HC11 sind von der Einstellung dieser Bits abhängig.

TMSK2: Adresse $1024

Bit 7	Bit 6	Bit 5	Bit 4	Bit 3	Bit 2	Bit 1	Bit 0
TOI	RTII	PAOVI	PAII	0	0	PR1	PR0

Bild 1.18: TMSK2-Register

Hier bestimmen die Bits PR0 und PR1 den *Teilerfaktor*, durch den der E-Takt des Mikroprozessors geteilt wird und damit die zeitliche Auflösung des Timer-Systems (**Tabelle 1.7**).

PR0	PR1	Faktor
0	0	1
1	0	4
0	1	8
1	1	16

Tabelle 1.7: Teilerfaktor des Timer-Systems

Den Abschluß der zeitgeschützten Konfigurationsbits bilden vier Bit im OPTION-Register (**Bild 1.19**).

OPTION: Adresse $1039

7	6	5	4	3	2	1	0
ADPU	CSEL	IRQE	DLY	CME	0	CR1	CR0

Bild 1.19: OPTION-Register

❏ IRQE bestimmt die Art der Interrupt-Auslösung durch den IRQ-Pin. Eine 0 macht den Prozessor pegelabhängig, d.h., eine Interrupt-Quelle muß den IRQ-Pin solange auf 0 halten, bis der Prozessor den Interrupt quittiert hat. Dies ist die Standardbetriebsart der meisten Mikroprozessoren. Sie erlaubt den Anschluß beliebig vieler Interrupt-Quellen an einem gemeinsamen Interrupt-Eingang.

1.3 Interne Struktur

Eine 1 im IRQE-Bit schaltet den Interrupt-Pin auf Flankentriggerung ohne Quittierung um. Hier kann der Prozessor nicht unterscheiden, von welcher Quelle der Interrupt kommt. Diese Betriebsart empfiehlt sich für Systeme mit nur einer Interrupt-Quelle und sehr zeitkritischen Interrupt-Routinen (keine Zeit für Quittung).

❏ DLY fügt eine Wartephase von annähernd 4000 Taktzyklen beim Systemstart ein. Diese Zeit ist als Anlaufzeit für den Taktoszillator gedacht für solche Fälle, wo sofort nach Anlauf des Programms stabile Zeitabläufe wichtig sind. Für den Prozessor selbst ist durch sein statisches Design kein Anlauf notwendig.

❏ Die Bits CR0 und CR1 bestimmen die Totzeit für den Watchdog-Timer des Mikroprozessors. Je nach Taktfrequenz und Anwendung läßt sich so eine geeignete Zeit festlegen (**Tabelle 1.8**).

			Quarzfrequenz		
			8,388 MHz	**8 MHz**	**4 MHz**
CR0	**CR1**	**Teilerfaktor**	**Time-Out-Intervall**		
0	0	1	15,625 mS	16,384 mS	32,768 mS
1	0	4	62,500 mS	65,536 mS	131,070 mS
0	1	16	250,000 mS	262,140 mS	524,290 mS
1	1	64	1,000 S	1,049 S	2,100 S

Tabelle 1.8: Time-Out-Intervalle des Watchdog-Timers

1.3.3 Speicherorganisation

Der Mikroprozessor 68HC11 verfügt über eine komplette interne Speicherstruktur: RAM, ROM und EEPROM. Neuere Versionen ersetzen den ROM-Bereich teilweise durch EPROM- oder auch EEPROM-Speicher, so daß der Anwender den Speicher selbst programmieren kann.

EPROM- oder EEPROM-Versionen eignen sich besonders gut für die Produktentwicklungsphase, da sie vielfach beschrieben und wieder gelöscht werden können. ROM-Versionen hingegen sind in jedem Fall für die Massenproduktion vorgesehen.

Tabelle 1.9 zeigt unterschiedliche Speicherausstattungen innerhalb der Familie 68HC11.

Prozessormodell	ROM	EPROM	RAM	EEPROM
68HC11A0	0	0	256	0
68HC11A1	0	0	256	512
68HC11A7	8 k	0	256	0
68HC11A8	8 k	0	256	512
68HC11D0	0	0	192	0
68HC11D3	4 k	0	192	0
68HC11E0	0	0	512	0
68HC11E1	0	0	512	512
68HC11E2	0	0	512	2 k
68HC11E8	12 k	0	512	0
68HC11E9	12 k	0	512	512
68HC11F1	0	0	1 k	512
68HC11G7	24 k	0	512	0
68HC11K0	0	0	768	0
68HC11K1	0	0	768	640
68HC11K3	24 k	0	768	0
68HC11K4	24 k	0	768	640
68HC11KA0	0	0	768	0
68HC11KA1	0	0	768	640
68HC11KA3	24 k	0	768	0
68HC11KA4	24 k	0	768	640
68HC11L0	0	0	512	0
68HC11L1	0	0	512	512
68HC11L5	16 k	0	512	0
68HC11L6	16 k	0	512	512
68HC711D3	0	4 k	192	0
68HC711E9	0	12 k	512	512
68HC711G5	0	16 k	512	0
68HC711K4	0	24 k	768	640
68HC711KA4	0	24 k	768	640
68HC711L6	0	16 k	512	512
68HC711P2	0	32 k	1 k	640

Tabelle 1.9: Speicherausstattung der Familie 68HC11

1.3 Interne Struktur

ROM: Der *ROM-Bereich* (ROM = Read Only Memory) ist, wie in jedem Mikroprozessorsystem üblich, als Speicher für das Anwenderprogramm und für feste Daten, wie zum Beispiel Konstanten und Tabellen, gedacht. Dieser Speicher kann nur während des Herstellungsprozesses programmiert werden, es handelt sich also um eine Maskenversion. Da diese Art von Mikroprozessoren nur für große Stückzahlen interessant ist, bietet der 68HC11 die Möglichkeit, den internen Speicher auszublenden und mit einem externen, vom Anwender programmierbaren Speicher zu arbeiten (siehe 1.3.2).

RAM: Der *RAM-Bereich* (RAM = Random Access Memory) des Mikroprozessors ist zur Aufnahme von Daten und *Variablen* vorgesehen. Durch das statische Design dieses Speichers kann sein Inhalt auch bei angehaltenem Prozessortakt erhalten werden. Sogar eine Akkupufferung ist möglich (siehe Pinbeschreibung 1.2.2).

EEPROM: Der *EEPROM-Speicher* (EEOROM = Electrically Erasable Read Only Memory) des 68HC11 ist der wichtigste Speicherblock dieses Mikroprozessors. Er eröffnet wesentliche neue Anwendungsmöglichkeiten, da er sowohl als Programm- wie auch als Datenspeicher benutzt werden kann. In Ausführungen mit mehreren kByte EEPROM ist es für viele Anwendungen möglich, das gesamte Programm im EEPROM unterzubringen und so auf den ROM-Bereich ganz zu verzichten.

Es ist für den Einsatz des EEPROMs wichtig, seine genaue interne Speicherstruktur zu kennen, da nur dann ein effektives Arbeiten mit diesem Speichertyp möglich ist.

Der 68HC11 stellt drei verschiedene Möglichkeiten zur Verfügung, einen Teil des EEPROM-Bereiches zu löschen: ein einzelnes Byte, eine Zeile oder den gesamten EEPROM-Speicher (mit Ausnahme des separat liegenden CONFIG-Registers). **Bild 1.20** zeigt als Beispiel die Anordnung der 512 Bytes EEPROM im 68HC11A8.

```
B60F  B60E  B601  B600  B610  B611  B61E  B61F
B62F  B62E  B621  B620  B630  B631  B63E  B63F
B64F  B64E  B641  B640  B650  B651  B65E  B65F
B66F  B66E  B661  B660  B670  B671  B67E  B67F
B68F  B68E  B681  B680  B690  B691  B69E  B69F
B6AF  B6AE  B6A1  B6A0  B6B0  B6B1  B6BE  B6BF
B6CF  B6CE  B6C1  B6C0  B6D0  B6D1  B6DE  B6DF
B6EF  B6EE  B6E1  B6E0  B6F0  B6F1  B6FE  B6FF
B70F  B70E  B701  B700  B710  B711  B71E  B71F
B72F  B72E  B721  B720  B730  B731  B73E  B73F
B74F  B74E  B741  B740  B750  B751  B75E  B75F
B76F  B76E  B761  B760  B770  B771  B77E  B77F
B78F  B78E  B781  B780  B790  B791  B79E  B79F
B7AF  B7AE  B7A1  B7A0  B7B0  B7B1  B7BE  B7BF
B7CF  B7CE  B7C1  B7C0  B7D0  B7D1  B7DE  B7DF
B7EF  B7EE  B7E1  B7E0  B7F0  B7F1  B7FE  B7FF
```

Bild 1.20: Anordnung der EEPROM-Zellen beim 68HC11A8

Eine gelöschte EEPROM-Zelle hat den Wert $FF, also alle Bits auf 1. Um ein Bit von 1 auf 0 zu ändern, ist ein *Programmiervorgang* notwendig. Um aber ein Bit von 0 auf 1 zu ändern, ist ein *Löschvorgang* notwendig. Daher ist es je nach Anwendungsfall erforderlich, vor einer Schreiboperation einen solchen Löschvorgang durchzuführen. Hier besteht nun die Möglichkeit, durch geschickte Speicherverwendung zusammenhängende Daten in einer einzelnen Zeile unterzubringen und so den Zeitvorteil einer kompletten *Zeilenlöschung* zu nutzen.

Ein wichtiges Kriterium für das Schreiben und Löschen des EEPROMs ist die *Taktfrequenz*, mit der der Mikroprozessor betrieben wird. Der 68HC11 erzeugt die zum Schreiben und Löschen des EEPROM-Speichers notwendigen hohen Versorgungsspannungen intern durch eine *Ladungspumpe* und vereinfacht so die Applikation. Da zum Aufbau der Ladungspumpe nur kleinste Kapazitäten in der Halbleiterstruktur verwendet werden können, wird eine relativ hohe Frequenz benötigt. Auch die Zeiten für die Lösch- und Programmiervorgänge werden durch diese Frequenz bestimmt. Sie betragen etwa 10 mS für eine Taktfrequenz von 2 MHz.

Wird der Mikroprozessor mit niedrigen Taktfrequenzen zwischen 0 und 1 MHz betrieben, dann ist ein sicheres Löschen der EEPROM-Zellen nicht mehr gewährleistet. Für diesen Fall besteht die Möglichkeit, die *Taktquelle* umzuschalten: wird das CSEL-Bit im OPTION-Register von 0 auf 1 verändert, so benutzt die Ladungspumpe nicht mehr den E-Takt des Prozessors als Taktquelle, sondern einen auf dem Chip vorhandenen *RC-Oszillator*, der etwa auf einer Frequenz von 2,5 MHz schwingt (mit fertigungsabhängigen Toleranzen). Wird in der gleichen Applikation auch der *A/D-Wandler* des Prozessors eingesetzt, so ist zu beachten, daß mit diesem Bit auch die Taktquelle des Wandlers umgeschaltet wird. Die Genauigkeit des A/D-Wandlers nimmt in diesem Fall allerdings deutlich ab (siehe auch 1.3.10).

Alle Schreib- und Löschvorgänge des EEPROM-Bereiches werden durch das PPROG-Register gesteuert (**Bild 1.21**).

PPROG: Adresse $103B

Bit 7	Bit 6	Bit 5	Bit 4	Bit 3	Bit 2	Bit 1	Bit 0
ODD	EVEN	0	BYTE	ROW	ERASE	EELAT	EEPGM

Bild 1.21: PPROG-Register

Es ist jederzeit möglich, dieses Register zu lesen oder zu beschreiben. Eine interne Logik schützt bereits laufende Schreib- oder Löschvorgänge vor unzulässigen Veränderungen durch Veränderungen des Registerinhaltes: zuerst wird das PPROG-Register beschrieben mit EELAT = 1 und EEPGM = 0. Im zweiten Schritt werden die zu programmierenden Daten in die Zieladresse geschrieben. Der dritte Schritt startet den eigentlichen Vorgang

1.3 Interne Struktur

mit EELAT und EEPGM = 1. Jede andere Sequenz wird von der internen Logik als fehlerhaft erkannt und ignoriert. Jeder weitere Schreibvorgang in eine EEPROM-Adresse wird während eines laufenden Vorgangs verhindert.

Ein Unterprogramm zum Schreiben eines Bytes ist nur wenige Befehle lang:

```
PPROG          EQU        $103B

*
* UNTERPROGRAMM SCHREIBEN
*
* AKKU A ENTHÄLT BEIM AUFRUF DIE ZU PROGRAMMIERENDEN DATEN
* X-REGISTER ENTHÄLT DIE EEPROM-ADRESSE
*

PROGRAM        LDAB       #$02
               STAB       PPROG      EELAT = 1, EEPROG = 0
               STAA       0,X        DATEN IN ADRESSE X
SCHREIBEN
               LDA        #$03       EELAT UND EEPROG = 1
               STAB       PPROG      VORGANG STARTEN
               JSR        WARTEN     WARTESCHLEIFE 10 MS
               CLR        PPROG      EELAT UND EEPROG = 0
               RTS
```

Wenn die zu beschreibende Adresse vor dem eigentlichen Schreibvorgang gelöscht werden muß, dann kann eines der folgenden drei Unterprogramme benutzt werden, um ein Byte, eine Zeile oder das gesamte EEPROM zu löschen:

```
PPROG          EQU        $103B

*
* UNTERPROGRAMM 1 BYTE LÖSCHEN
*
* X-REGISTER ENTHÄLT DIE EEPROM-ADRESSE
*

ERASE_B        LDAB       #$16
               STAB       PPROG      BYTE LÖSCHEN
               STAA       0,X        ADRESSE X SCHREIBEN
               LDA        #$17       LADUNGSPUMPE EIN
               STAB       PPROG      VORGANG STARTEN
               JSR        WARTEN     WARTESCHLEIFE 10 MS
```

```
               CLR      PPROG     LADUNGSPUMPE AUS
               RTS

*
* UNTERPROGRAMM 1 ZEILE LÖSCHEN
*
* X-REGISTER ENTHÄLT EINE BELIEBIGE EEPROM-ADRESSE IN DER
* ZU LÖSCHENDEN ZEILE
*

ERASE_Z        LDAB     #$0E
               STAB     PPROG     ZEILE LÖSCHEN
               STAA     0,X       ADRESSE X SCHREIBEN
               LDA      #$0F      LADUNGSPUMPE EIN
               STAB     PPROG     VORGANG STARTEN
               JSR      WARTEN    WARTESCHLEIFE 10 MS
               CLR      PPROG     LADUNGSPUMPE AUS
               RTS

*
* UNTERPROGRAMM GESAMTES EEPROM LÖSCHEN
*
* X-REGISTER ENTHÄLT EINE BELIEBIGE EEPROM-ADRESSE
*

ERASE_G        LDAB     #$06
               STAB     PPROG     ALLES LÖSCHEN
               STAA     0,X       IRGENDEINE EEPROM-ADRESSE
SCHREIBEN
               LDA      #$07      LADUNGSPUMPE EIN
               STAB     PPROG     VORGANG STARTEN
               JSR      WARTEN    WARTESCHLEIFE 10 MS
               CLR      PPROG     LADUNGSPUMPE AUS
               RTS
```

Es ist nicht zwingend notwendig, den eigentlichen Lösch- oder Schreibvorgang in einer Warteschleife abzuwarten. Während dieser Zeit können beliebige andere Programme ausgeführt werden, solange diese nicht auf die Daten im EEPROM zugreifen. Weiterhin ist sicherzustellen, daß die Zeit von 10 ms für diese Vorgänge nicht wesentlich verlängert wird (zum Beispiel durch Interrupt-Aufrufe). Eine Verlängerung der Schreib- und Löschvorgänge wirkt sich negativ auf die *Lebensdauer* der EEPROM-Zellen aus.

Die Lebensdauer einer EEPROM-Zelle wird mit 10000 Lösch-/Schreibvorgängen angegeben. Danach verlängert sich die zum Löschen oder Schreiben notwendige Zeit, gleichzeitig steigt die Wahrscheinlichkeit, daß eine programmierte Zelle ihre Information nach einer gewissen Zeit wieder verliert. In den meisten Fällen wird diese Lebensdauer niemals ausgenutzt. Viele Applikationen nutzen das EEPROM zur Ablage von Konfigurationsdaten und zur Parameterspeicherung. Ein Temperaturregler mit Selbstoptimierung wird vielleicht in der gesamten Gerätelebensdauer ein paar Dutzend mal neu parametriert. In allen diesen Fällen braucht man sich keine Gedanken über die Lebensdauer des EEPROMs machen.

Die Lebensdauer einer einzelnen EEPROM-Zelle kann dadurch verlängert werden, daß nur dann ein Löschvorgang eingeleitet wird, wenn die neu zu schreibenden Daten mindestens ein Bit von 0 auf 1 ändern würden. In den Fällen, in denen nur Bits von 1 auf 0 geändert werden müssen, ist ein vorangehender Löschvorgang nicht notwendig.

Wenn ein Programm nur einen Teil des EEPROMs nutzt, ist es sinnvoll, im Laufe der Zeit das gesamte EEPROM zur Speicherung zu verwenden, d.h., die Daten werden nacheinander an verschiedenen Positionen im EEPROM gespeichert.

1.3.4 Interruptstruktur

Praktisch jeder Mikroprozessor verfügt über eine Möglichkeit, auf Anforderung das gerade laufende Programm zu unterbrechen und ein spezielles *Unterbrechungsprogramm* aufzurufen. Häufig sind für diesen Zweck einer oder mehrere *Interrupt-Eingänge* am Mikroprozessor vorhanden. Der 68HC11 verfügt über insgesamt 21 externe und interne *Interruptquellen*. Entsprechend kompliziert ist seine Interruptstruktur ausgebildet.

Die vier Bits PSEL0...PSEL3 im HPRIO-Register (Highest Priority Register) legen fest, welche der möglichen Interrupt-Quellen die höchste *Priorität* hat (**Bild 1.22**). Damit kann der Mikroprozessor optimal an seine Aufgabenstellung angepaßt werden.

HPRIO: Adresse $103C

7	6	5	4	3	2	1	0
RBOOT	SMOD	MDA	IRV	PSEL3	PSEL2	PSEL1	PSEL0

Bild 1.22: HPRIO-Register

Die Bits PSEL0 - PSEL3 können nur bei gesetztem I-Bit im Condition-Code-Register verändert werden, also nur dann, wenn alle maskierbaren Interrupts gesperrt sind. Diese Sicherheitsmaßnahme vermeidet *Konflikte*, wenn gerade im gleichen Moment eine Interruptanforderung eintreten sollte.

Tabelle 1.10 zeigt den Zusammenhang zwischen Interruptquellen und zugehörigem Bitmuster im HPRIO-Register. Die Interruptquelle, deren Bitmuster im HPRIO-Register eingetragen ist, bekommt die höchste Priorität aller Peripherie-Interrupts.

PSEL3	PSEL2	PSEL1	PSEL0	Interrupt-Quelle
0	0	0	0	Timer-Overflow
0	0	0	1	Pulse Accumulator Overflow
0	0	1	0	Pulse Accumulator Input Edge
0	0	1	1	SPI Transfer Complete
0	1	0	0	SCI Serial System
0	1	0	1	Reserve
0	1	1	0	IRQ
0	1	1	1	Real-Time Interrupt
1	0	0	0	Timer Input Capture 1
1	0	0	1	Timer Input Capture 2
1	0	1	0	Timer Input Capture 3
1	0	1	1	Timer Output Compare 1
1	1	0	0	Timer Output Compare 2
1	1	0	1	Timer Output Compare 3
1	1	1	0	Timer Output Compare 4
1	1	1	1	Timer Output Compare 5

Tabelle 1.10: Prioritäts-Codierung

Die nicht maskierbaren Interrupts, wie Reset, CMF, COP, Illegal Opcode, XIRQ und SWI haben eine festgelegte, höhere Priorität, die nicht verändert werden kann. **Tabelle 1.11** zeigt die Reihenfolge, in der die CPU die verschiedenen Interrupts abfragt und bearbeitet.

Nach Beendigung des jeweiligen Interrupt-Programms nimmt die CPU die Arbeit an der unterbrochenen Stelle wieder auf.

1.3 Interne Struktur

Priorität	Interrupt-Quelle	Interrupt-Vector
1	RESET	$FFFE, FFFF
2	CLOCK MONITOR	$FFFC, FFFD
3	COP WATCHDOG	$FFFA, FFFB
4	XIRQ	$FFF4, FFF5
5	ILLEGAL OPCODE	$FFF8, FFF9
6	SWI	$FFF6, FFF7
7	IRQ	$FFF2, FFF3
8	REAL TIME INTERRUPT	$FFF0, FFF1
9	TIMER INPUT CAPTURE 1	$FFEE, FFEF
10	TIMER INPUT CAPTURE 2	$FFEC, FFED
11	TIMER INPUT CAPTURE 3	$FFEA, FFEB
12	TIMER OUTPUT COMPARE 1	$FFE8, FFE9
13	TIMER OUTPUT COMPARE 2	$FFE6, FFE7
14	TIMER OUTPUT COMPARE 3	$FFE4, FFE5
15	TIMER OUTPUT COMPARE 4	$FFE2, FFE3
16	TIMER OUTPUT COMPARE 5	$FFE0, FFE1
17	TIMER OVERFLOW	$FFDE, FFDF
18	PULSE ACCUMULATOR OVERFLOW	$FFDC, FFDD
19	PULSE ACCUMULATOR INPUT	$FFDA, FFDB
20	SPI	$FFD8, FFD9
21	SCI	$FFD6, FFD7

Tabelle 1.11: Reihenfolge der Interruptabfrage

Eine besonders wichtige Rolle in jedem Mikroprozessorsystem spielen die nicht maskierbaren Interrupts. Sie sind speziell für das Auslösen lebenswichtiger Funktionen vorgesehen, wie zum Beispiel zur Erkennung eines Versorgungsspannungsausfalls. Da der Mikroprozessor 68HC11 über die Möglichkeit verfügt, seine interne Organisation zu modifizieren, ist für den externen nicht maskierbaren Interrupt XIRQ ein spezielles Bit im Condition-Code-Register vorgesehen, mit dem dieser direkt nach einem Reset-Vorgang maskiert wird. Dies ist kein Widerspruch, denn wenn das Anwenderprogramm die interne Organisation (Speicheraufteilung, Festlegung des Registerblocks, Initialisierung des Stackpointers) durchgeführt hat, kann dieses Bit nur ein einziges Mal auf 0 gesetzt werden. Ein erneutes Maskieren des XIRQ ist danach nicht mehr möglich, so daß man von diesem Zeitpunkt an von einem echten nicht maskierbaren Interrupt sprechen kann.

Während der Organisationsphase ist es in jedem Fall zwingend notwendig, keinen Interrupt zuzulassen, denn ein während dieses Zeitraumes aufgerufenes Interrupt-Programm würde auf Ressourcen zurückgreifen wollen, die unter Umständen noch nicht verfügbar sind.

Eine zweite nicht maskierbare Interrupt-Quelle ist eine Erkennungsschaltung für illegale Befehlscodes (Illegal Opcode Trap). Da nicht alle möglichen Bitkombinationen mit gültigen Befehlen besetzt sind, besteht die Möglichkeit, daß die CPU durch einen Fehler im Programm oder durch einen *Störimpuls* von außen einen ungültigen Befehl bekommt. In einem solchen Fall wird ein spezieller Interruptvector angesprungen, der auf eine *Fehlerbehandlungsroutine* zeigen sollte. Wird dieser Vector nicht vom Anwender initialisiert, dann kann es passieren, daß er auf einen weiteren ungültigen Befehl zeigt und die CPU damit in eine *Endlosschleife* gerät.

Es besteht die Möglichkeit, diesen Mechanismus für eigene Erweiterungen des *Befehlssatzes* zu manipulieren. Die Fehlerbehandlungsroutine könnte den aufgetretenen Code analysieren und in ein entsprechendes Programm verzweigen. Die *Rücksprungadresse* auf dem *Stack* muß in diesem Fall vom Anwenderprogramm manipuliert werden, da sie nach dem Interrupt immer noch auf den letzten ungültigen Befehl zeigt.

Eine ähnliche Funktion hat der *Software-Interrupt* SWI, der häufig während der Test- und Emulationsphase eines Programms benutzt wird. Er stellt einen normalen gültigen Befehl der CPU dar. Der Software-Interrupt wird in erster Linie von *Emulations-Systemen* zur Manipulation des Zielprozessors benutzt (Kapitel 6).

Alle weiteren Interrupt-Quellen des 68HC11 können durch das I-Bit im Condition-Code-Register maskiert werden. Wenn dieses Bit gesetzt ist, sind alle diese Interrupt-Quellen gesperrt. Jeder Reset-Vorgang setzt dieses Bit. Es ist Aufgabe des Anwenderprogramms, den Interrupt nach sinnvoller Initialisierung des Systems gezielt freizugeben.

Jeder Eintritt in ein Interruptprogramm setzt das I-Bit, um eine weitere Unterbrechung durch einen neuen Interrupt zu verhindern. Nach Beendigung des Interruptprogramms durch einen RTI-Befehl wird es automatisch wieder gelöscht, so daß erneute Interrupts wieder zugelassen sind. Es ist allerdings auch möglich, Interrupts zu schachteln. Zu diesem Zweck kann ein Interruptprogramm das I-Bit im Condition-Code-Register bewußt auf 0 setzen. Eine solche Vorgehensweise ist im allgemeinen unüblich und sollte nur von erfahrenen Programmierern angewendet werden.

Zur Erweiterung der Interrupt-Struktur steht der Eingang IRQ zur Verfügung. Hier können beliebig viele externe Interrupt-Quellen angeschlossen werden. Zu diesem Zweck ist dieser Pin nach einem Reset auf *Pegelabhängigkeit* geschaltet, um mit externen

Peripherie-ICs kompatibel zu sein. Die Konfiguration als *flankenempfindlicher* Eingang wird seltener angewendet, da sie nur mit einer einzigen externen Interrupt-Quelle zusammenarbeiten kann.

1.3.5 Parallel-Ports

Insgesamt verfügt der 68HC11A8 über 40 frei programmierbare I/O-Pins. Die Vielzahl an Spezialfunktionen des Mikroprozessors, wie serielle Schnittstelle, A/D-Wandler und Timer-System, macht eine Mehrfachausnutzung der Gehäusepins notwendig. Dies führt dazu, daß die Ein- und Ausgänge der Spezialfunktionen auf den gleichen I/O-Pins liegen. Wird daher in einer Applikation eine dieser Funktionen benutzt, so entfällt der betroffene I/O-Pin.

Die I/O-Leitungen des 68HC11 sind in fünf *Ports* zusammengefaßt: Port A bis Port E.

❑ **Port A**, der gleichzeitig Signale des *Timer-Systems* und des *Pulse-Accumulators* verarbeitet, besitzt drei Eingänge, vier Ausgänge und eine bidirektionale Leitung, die wahlweise als Ein- oder Ausgang programmiert werden kann. Hierfür muß Bit 7 im PACTL-Register entsprechend gesetzt werden.

Port B und C werden zusammen mit den *Handshake-Leitungen* STRA und STRB als Einheit betrachtet. Im Single-Chip-Betrieb stellen sie 18 allgemeine I/O-Leitungen zur Verfügung, in der Betriebsart *Expanded* werden sie als externer Adreß-/Datenbus benutzt.

❑ **Port B** besitzt 8 Ausgangsleitungen. Lesezugriffe auf Port B liefern die letzten hineingeschriebenen Daten zurück.

❑ **Port C** besteht aus 8 bidirektionalen Leitungen. Die Funktion jeder einzelnen Leitung kann durch ein korrespondierendes Bit im Datenrichtungsregister DDRC definiert werden. Ein zusätzliches internes Latch speichert den Inhalt von Port C bei jeder aktiven Flanke am Handshakeeingang STRA. Dieses Latch (PORTCL) kann getrennt von Port C gelesen werden.

❑ **Port D:** Alle 6 Leitungen von Port D sind bidirektional. Wie vorherstehend beschrieben ist auch hier ein Datenrichtungsregister DDRD zur Definition der einzelnen Leitungen vorgesehen. Zu beachten ist, daß die Pins von Port D vom SCI- und SPI-System mit benutzt werden.

❑ **Port E** schließlich besteht aus 8 Eingangsleitungen, die gleichzeitig die analogen Eingänge des *A/D-Wandler-Systems* darstellen. Die 8 Signale von Port E stehen nur im PLCC-Gehäuse voll zur Verfügung. Das alternativ erhältliche DIL-Gehäuse bietet nur den Zugriff auf 4 Signale.

Bild 1.23 und **Bild 1.24** zeigen den Aufbau aller Ports und der zugehörigen Register.

PORTA: Adresse $1000

Bit 7	Bit 6	Bit 5	Bit 4	Bit 3	Bit 2	Bit 1	Bit 0
I/O	O	O	O	O	I	I	I

PORTB: Adresse $1004

Bit 7	Bit 6	Bit 5	Bit 4	Bit 3	Bit 2	Bit 1	Bit 0
O	O	O	O	O	O	O	O

PIOC: Adresse $1002

Bit 7	Bit 6	Bit 5	Bit 4	Bit 3	Bit 2	Bit 1	Bit 0
STAF	STAI	CWOM	HNDS	OIN	PLS	EGA	INVB

PORTC: Adresse $1003

Bit 7	Bit 6	Bit 5	Bit 4	Bit 3	Bit 2	Bit 1	Bit 0
I/O	I/O	I/O	I/O	I/O	I/O	I/O	I/O

PORTCL: Adresse $1005

Bit 7	Bit 6	Bit 5	Bit 4	Bit 3	Bit 2	Bit 1	Bit 0
PCL7	PCL6	PCL5	PCL4	PCL3	PCL2	PCL1	PCL0

DDRC: Adresse $1007

Bit 7	Bit 6	Bit 5	Bit 4	Bit 3	Bit 2	Bit 1	Bit 0
DIR7	DIR6	DIR5	DIR4	DIR3	DIR2	DIR1	DIR0

PORTD: Adresse $1008

Bit 7	Bit 6	Bit 5	Bit 4	Bit 3	Bit 2	Bit 1	Bit 0
I/O	I/O	I/O	I/O	I/O	I/O	I/O	I/O

Bild 1.23: I/O-Ports und -Register

1.3 Interne Struktur

DDRD: Adresse $1009

Bit 7	Bit 6	Bit 5	Bit 4	Bit 3	Bit 2	Bit 1	Bit 0
DIR7	DIR6	DIR5	DIR4	DIR3	DIR2	DIR1	DIR0

PORTE: Adresse $100A

Bit 7	Bit 6	Bit 5	Bit 4	Bit 3	Bit 2	Bit 1	Bit 0
I	I	I	I	I	I	I	I

PACTL: Adresse $1026

Bit 7	Bit 6	Bit 5	Bit 4	Bit 3	Bit 2	Bit 1	Bit 0
DDRA/	PAEN	PAMOD	PEDGE	0	0	RTR1	RTR0

SPCR: Adresse $1028

Bit 7	Bit 6	Bit 5	Bit 4	Bit 3	Bit 2	Bit 1	Bit 0
SPIE	SPE	DWOM	MSTR	CPOL	CPHA	SPR1	SPR0

Bild 1.24: Weitere I/O-Ports und -Register

Grundsätzlich gilt für alle Portleitungen folgendes: ein *Lesezugriff* auf einen Port liefert für alle als Eingang definierten Leitungen den Status des zugehörigen Pins, für alle als Ausgang definierten Leitungen den im internen Latch gespeicherten logischen Pegel. Dies ist wichtig für Ausgänge, die als Open-Drain konfiguriert sind. Hier kann der elektrische Status des Pins vom internen Inhalt des entsprechenden Latches abweichen.

Schreibzugriffe auf einen Port legen die geschriebenen Daten in dem zugehörigen Latch ab, auch wenn die Pins als Eingang konfiguriert wurden. Diese Daten bleiben erhalten, so daß sie sofort nach einer Konfigurationsänderung des zugehörigen *Datenrichtungsregisters* an den Pins erscheinen.

Zur Definition einer bidirektionalen Leitung muß das korrespondierende Bit im zugeordneten Datenrichtungsregister beschrieben werden: eine 0 legt einen Eingang fest, eine 1 dementsprechend einen Ausgang. Nicht immer hängt allerdings der Status eines Pins allein von seinem Datenrichtungsregister ab. Wird eine der *Zusatzfunktionen* benutzt, wie zum Beispiel das SCI, dann hat die Pindefinition dieser Spezialfunktion Vorrang gegenüber der allgemeinen Definition des Datenrichtungsregisters. Wird die Zusatzfunktion wieder ausgeschaltet, dann gilt jedoch die allgemeine Definition sofort wieder.

Eine spezielle Eigenschaft haben die Ports B und C: zusammen mit den Leitungen STRA und STRB bieten sie verschiedene Handshake-Möglichkeiten, die zur Kommunikation mehrerer Chips untereinander eingesetzt werden können. Es stehen drei verschiedene Varianten zur Verfügung:

❑ **Simple-Strobed:** Diese Betriebsart benutzt Port B als *Datenausgang* und Port C als *Dateneingang*. Hierzu muß das HNDS-Bit im PIOC-Register auf 1 gesetzt werden. Dieses Bit ist 0 nach einem Reset. Jeder Schreibvorgang auf Port B hat einen Handshakeimpuls an STRB zur Folge (**Bild 1.25**). Dieser Impuls hat eine Länge von 2 internen Zyklen des E-Taktsignals. Die Polarität dieses Impulses kann mit dem Bit INVB im PIOC-Register festgelegt werden.

Jeder Impuls an STRA führt zu einem Speichervorgang der Daten an Port C in PORTCL. Gleichzeitig wird das Bit STAF im PIOC-Register auf 1 gesetzt, um diesen Vorgang an die CPU zu melden.

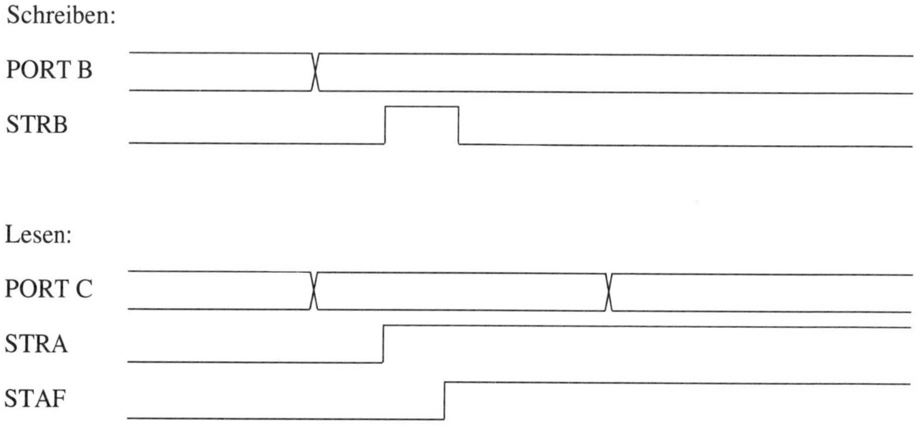

Schreiben:

PORT B

STRB

Lesen:

PORT C

STRA

STAF

Bild 1.25: Zeitdiagramm Simple-Strobed-Handshake

❑ **Full-Input Handshake:** Diese Betriebsart wird mit HNDS = 1 und OIN = 0 gewählt. STRB übernimmt hier die Funktion einer Ready/Busy-Leitung. Eine externe Datenquelle darf nur dann Daten an Port C liefern, wenn STRB aktiv ist. Ein folgender Übernahmeimpuls an STRA latcht die Daten an Port C in PORTCL und deaktiviert gleichzeitig das Ready-Signal an STRB. Erst nach erfolgter Verarbeitung der Daten wird STRB wieder aktiv und zeigt so die Bereitschaft zur erneuten Datenübernahme an (**Bild 1.26**). Zur Anpassung an die Anforderungen können die Polaritäten und aktiven Flanken der Steuersignale frei vorgegeben werden: INVB legt die Polarität von STRB fest, EGA wählt die steigende oder fallende Flanke für STRA aus.

1.3 Interne Struktur

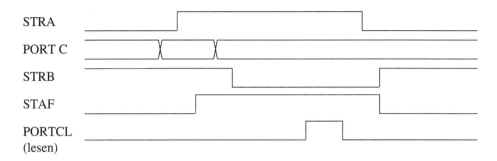

Bild 1.26: Zeitdiagramm Full-Input-Handshake

❏ **Full-Output Handshake:** Zur Auswahl dieser Betriebsart müssen HNDS und OIN beide auf 1 gesetzt werden. Port C dient in dieser Betriebsart als Datenausgang. STRB zeigt gültige Daten an Port C an, STRA erwartet einen Quittungsimpuls des externen Systems nach erfolgter Datenübernahme (**Bild 1.27**). Die auszugebenden Daten werden in dieser Betriebsart anstatt in Port C in das Latch PORTCL geschrieben. Mit diesem Schreibzugriff wird automatisch das Signal an STRB ausgelöst. Das Quittungssignal an STRA löscht STRB wieder und setzt das STAF-Bit, um der CPU die erfolgreiche Datenübertragung anzuzeigen.

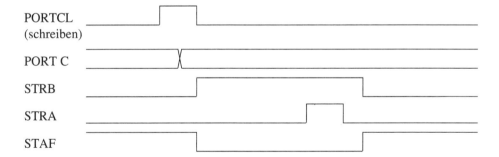

Bild 1.27: Zeitdiagramm Full-Output-Handshake

Das Register PIOC enthält die zur Auswahl der gewünschten Betriebsart notwendigen Bits sowie die Statusinformationen (**Bild 1.28**).

PIOC: Adresse $1002

Bit 7	Bit 6	Bit 5	Bit 4	Bit 3	Bit 2	Bit 1	Bit 0
STAF	STAI	CWOM	HNDS	OIN	PLS	EGA	INVB

Bild 1.28: Register PIOC

- **STAF:** Dieses Bit wird unabhängig von der gewählten Betriebsart von jeder aktiven Flanke an STRA gesetzt. Um dieses Bit zu löschen sind zwei Schritte notwendig. Der erste Schritt ist der Lesezugriff auf das PIOC-Register mit gesetztem STAF-Bit, d.h., das Erkennen der vorangegangenen Aktion. Der zweite Schritt besteht abhängig von der gewählten Betriebsart in einem Lese- oder Schreibzugriff auf das PORTCL-Register.

- **STAI:** Dieses Bit bestimmt, ob durch das Setzen des STAF-Bits ein *Interrupt* ausgelöst werden soll oder nicht. Eine 1 in diesem Bit erlaubt Interrupts.

- **CWOM:** Eine 0 in diesem Bit konfiguriert den Ausgangstreiber von Port C als normalen Push-Pull-Ausgang. Wird dieses Bit auf 1 gesetzt, dann ändert Port C seine Konfiguration auf Open-Drain.

- **HNDS:** HNDS = 0 wählt die Betriebsart Simple-Strobed aus, eine 1 aktiviert die Handshake-Betriebsarten.

- **OIN:** Wenn HNDS auf 1 gesetzt ist wählt dieses Bit zwischen Output- und Input-Handshake. Bei HNDS = 0 hat dieses Bit keine Funktion.

- **PLS:** Das PLS-Bit legt fest, ob STRB ein statisches Handshake-Signal ausgibt oder nur einen kurzen Impuls von 2 internen Taktzyklen Länge.

- **EGA:** Das EGA-Bit wählt die aktive Flanke für die STRA-Leitung aus.

- **INVB:** Das INVB-Bit wählt die Polarität des STRB-Signals aus.

Auch ohne die Verwendung der Handshake-Betriebsarten kann der STRA-Eingang als externer Interrupt-Eingang benutzt werden, da jede aktive Flanke das STAF-Bit setzt.

1.3.6 SPI-System

Das serielle Peripherie-Interface SPI kann für verschiedene *Kommunikationszwecke* eingesetzt werden. Viele auf dem Markt erhältliche Peripherie-Bausteine verschiedener Hersteller unterstützen serielle *Datenprotokolle* zur Ansteuerung ihrer Funktionen. Das SPI-System des 68HC11 ist äußerst flexibel und läßt sich an die meisten dieser Übertragungsprotokolle problemlos anpassen. Eine weitere Anwendung ergibt sich in einer *Multiprozessor-Umgebung*. Hier ist es von Vorteil, daß man den 68HC11 sowohl als *Master* als auch als *Slave* konfigurieren kann.

Das grundsätzliche Verfahren ist einfach: Alle Daten und Befehle werden mit einem synchronen Takt übertragen. Es sind daher an sich nur zwei Signalleitungen notwendig: eine *Daten-* und eine *Taktleitung*. Der 68HC11 verfügt allerdings über zwei Datenleitungen: MOSI (Master Out, Slave In) und MISO (Master In, Slave Out), da er auf diese Weise gleichzeitig senden und empfangen kann. Polaritäten und aktive Flanken der Takt- und

1.3 Interne Struktur

Datensignale lassen sich frei programmieren, so daß eine Zusammenarbeit mit Bausteinen verschiedener Hersteller kein Problem darstellt.

Jede Übertragung bezieht sich auf ein gemeinsames 8-Bit *Datenregister*. Dessen Inhalt wird synchron zum Takt ausgegeben. Gleichzeitig werden die empfangenen Daten in dieses Register hinein geschoben. Nach erfolgter Übertragung haben Master und Slave praktisch ihre Daten miteinander getauscht.

Zur Verbindung von Master und Slave stehen insgesamt 4 Pins zur Verfügung, die entsprechend ihrer Aufgabe definiert werden müssen:

❏ **SCK:** Dieser Pin ist der *Taktausgang* beim Master und der *Takteingang* beim Slave. Taktrate und aktive Flanken lassen sich beliebig einstellen.

❏ **MISO** und **MOSI:** Bei einem als Master konfigurierten Prozessor ist der Pin MISO der Dateneingang und MOSI der Datenausgang. Bei Konfiguration als Slave vertauschen sich die beiden Funktionen. Auf diese Weise sind *Multiprozessorsysteme* möglich, bei denen alle gleichlautenden Pins des SPI zusammengefaßt werden. Ein Prozessor übernimmt dann jeweils die Master-Funktion, während die anderen als Slave arbeiten.

❏ **SS:** Dieser Eingang hat eine ähnliche Funktion wie ein Chip-Select-Signal. Ein als Slave konfigurierter Prozessor nimmt nur dann an der *Datenübertragung* teil, wenn dieser Eingang auf Low liegt.

Alle 4 SPI-Pins können als *Open-Drain-Ausgänge* konfiguriert werden. Dadurch führen *Buskonflikte* bei mehreren miteinander verbundenen Prozessoren zu keinen Beschädigungen.

Zur Definition der SPI-Pins muß das Datenrichtungsregister von Port D entsprechend programmiert werden, da das SPI-System Pins von Port D mitbenutzt. Relevant hierfür sind ausschließlich die Pins 2...5 (**Bild 1.29**). Die restlichen Pins von Port D können frei verwendet werden.

Port D: Adresse $1008

Bit 7	Bit 6	Bit 5	Bit 4	Bit 3	Bit 2	Bit 1	Bit 0
-	-	SS	SCK	MOSI	MISO	-	-

Bild 1.29: Belegung von Port D durch das SPI-System

In der Betriebsart *Slave* ist PORT D Pin 5 der SS-Eingang. Der Inhalt von DDRD5 ist in diesem Fall nicht länger relevant. Ist der Prozessor jedoch als Master konfiguriert, dann ist die Funktion dieses Pins wieder vom Bit DDRD5 abhängig: eine 0 macht diesen Pin zu einem *Fehlererkennungs-Eingang*. Wird in einem Multiprozessorsystem von einem zweiten Master versucht, diesen Prozessor als Slave anzusprechen, dann wird dieser Eingang Low und löst eine Fehlermeldung aus, die sofort alle SPI-Pins hochohmig schaltet.

Bit 4 des Datenrichtungsregisters DDRD muß bei einem SPI-Master auf 1 gesetzt sein, damit an PORTD4 der SPI-Takt ausgegeben werden kann, für Bit 3 gilt das gleiche bezogen auf die Funktion des Datenausgangs.

Bit 2 des Datenrichtungsregisters DDRD muß bei einem SPI-Slave auf 1 gesetzt werden, damit PORTD2 als Datenausgang verwendet werden kann.

Die gewünschte Konfiguration des SPI-Systems wird durch die Bits im SPI-Control-Register SPCR festgelegt (**Bild 1.30**).

SPCR: Adresse $1028

Bit 7	Bit 6	Bit 5	Bit 4	Bit 3	Bit 2	Bit 1	Bit 0
SPIE	SPE	DWOM	MSTR	CPOL	CPHA	SPR1	SPR0

Bild 1.30: Register SPCR

- **SPIE:** Dieses Bit erlaubt oder sperrt die Auslösung eines Interrupts durch das SPI-System (SPI Interrupt Enable).
- **SPE:** Bit 6 aktiviert das gesamte SPI-System (SPI System Enable). Mit SPE = 0 steht die normale Portfunktion von Port D wieder zur Verfügung.
- **DWOM:** Das DWOM-Bit wählt zwischen normaler Funktion von Port D und Open-Drain-Ausgängen.
- **MSTR:** Bit 4 entscheidet zwischen 0 = Slave und 1 = Master.
- **CPOL:** Das CPOL-Bit bestimmt die Polarität des Taktsignals: 0 = Ruhezustand Low, Signal aktiv High, 1 = Ruhezustand High, Signal aktiv Low.
- **CPHA:** Bit 2 bestimmt die Phasenlage des Taktsignals. Damit ist es möglich, zusammen mit dem CPOL-Bit jede gewünschte Polarität und Phasenbeziehung zwischen Datensignal und Taktsignal zu programmieren.

Zur Festlegung der Taktfrequenz des SPI-Systems werden die beiden Bits SPR0 und SPR1 benutzt. Es lassen sich somit 4 verschiedene Faktoren auswählen, durch den das prozessorinterne E-Takt-Signal geteilt wird, um die gewünschte SPI-Taktrate zu generieren (**Tabelle 1.12**).

1.3 Interne Struktur

SPR1	SPR0	Teilerfaktor
0	0	2
0	1	4
1	0	16
1	1	32

Tabelle 1.12: Teilerfaktoren

Alle Aktivitäten des SPI-Systems wirken sich auf das SPI-Status-Register SPSR aus. Der Mikroprozessor kann dieses Register abfragen, um das SPI-System zu kontrollieren (**Bild 1.31**).

SPSR: Adresse $1029

Bit 7	Bit 6	Bit 5	Bit 4	Bit 3	Bit 2	Bit 1	Bit 0
SPIF	WCOL	0	MODF	0	0	0	0

Bild 1.31: Register SPSR

❑ **SPIF:** Dieses Bit wird automatisch von der SPI-Hardware am Ende jedes Übertragungszyklus gesetzt. Es wird gelöscht durch einen Lesezugriff mit gesetztem Bit, gefolgt von einem Lesezugriff auf das SPI-Datenregister.

❑ **WCOL:** Bit 6 wird gesetzt durch einen unerlaubten Schreibzugriff auf das SPI-Datenregister während einer noch aktiven Übertragung. Der Löschvorgang entspricht dem vorher geschilderten.

❑ **MODF:** Bit 4 wird durch einen Buskonflikt gesetzt, wenn der Prozessor als Master konfiguriert ist. Jedes Low-Signal am SS-Eingang löst diese Fehlermeldung aus, die sofort das gesamte SPI-System per Prozessorhardware deaktiviert, d.h. alle Leitungen hochohmig schaltet und dann einen Interrupt zur Fehlerbehandlung auslöst.

Alle übrigen Bits des SPSR-Registers sind nicht benutzt und werden als 0 gelesen.

1.3.7 SCI-System

Der 68HC11 gehört zu den Mikroprozessoren, die bereits eine komplette *serielle Schnittstelle* auf dem gleichen Chip beinhalten. Das SCI-System des 68HC11 stellt eine genormte serielle Schnittstelle zur Kommunikation mit einem PC oder Terminal dar.

Das SCI-System des 68HC11 beinhaltet sämtliche benötigte Komponenten mit Ausnahme der Leitungstreiber zur Umsetzung in die gewünschte Übertragungsnorm, wie zum Beispiel RS 232 oder RS 485. *Empfänger*, *Sender* und *Baudrate-Generator* sind auf dem Chip vorhanden. Es kann eine *Voll-Duplex-Verbindung* aufgebaut werden, d.h. gleichzeitiges Senden und Empfangen ist möglich.

Zum Betrieb des SCI-Systems sind fünf Register vorgesehen:

- BAUD
- SCCR1
- SCCR2
- SCSR
- SCDR.

Da sich das SCI-System die Anschlüsse mit Port D teilt, ist auch die Definition dieses Ports betroffen (**Bild 1.32**).

PORTD: Adresse $1008

Bit 7	Bit 6	Bit 5	Bit 4	Bit 3	Bit 2	Bit 1	Bit 0
(-)	(-)	(-)	(-)	(-)	(-)	TxD	RxD

Bild 1.32: Register PORTD

Wenn das SCI-System aktiviert ist, wird die Port-Definition von Bit 0 durch das SCI-System überlagert. Diese Leitung wird zum Eingang des seriellen Empfängers, auch wenn sie an sich durch das *Datenrichtungsregister* DDRD als Ausgang programmiert sein sollte. Ein ähnliches Verhalten zeigt die Sendeleitung TxD, die mit Port D Bit 1 identisch ist. Bei aktiviertem SCI-System ist diese Leitung auf jeden Fall ein Ausgang, unabhängig von der Definition in DDRD.

Zur Definition der Übertragungsgeschwindigkeit ist das BAUD-Register vorgesehen. Es gilt die gleiche Übertragungsgeschwindigkeit für Sender und Empfänger, die normalerweise während der Initialisierungsphase des Programms festgelegt wird. Die resultierende Übertragungsrate errechnet sich aus der *Quarzfrequenz* des Mikroprozessors sowie aus einem mit den Bits SCP0, SCP1, SCR0, SCR1 und SCR2 festgelegten Teilerfaktor. **Tabelle 1.13** zeigt alle möglichen Kombinationen für einige gängige Quarzfrequenzen. Standard-Übertragungsraten sind dabei **fett** gedruckt.

1.3 Interne Struktur

SCP1	SCP0	SCR2	SCR1	SCR0	Quarzfrequenz [MHz]				
					8,3886	8,0000	4,9152	4,0000	3,6864
0	0	0	0	0	131072	125000	76800	62500	57600
0	0	0	0	1	65536	62500	38400	31250	28800
0	0	0	1	0	32768	31250	**19200**	15625	14400
0	0	0	1	1	16384	15625	**9600**	7812	**7200**
0	0	1	0	0	8192	7812	**4800**	3906	3600
0	0	1	0	1	4096	3906	**2400**	1953	1800
0	0	1	1	0	2048	1953	**1200**	977	900
0	0	1	1	1	1024	977	**600**	488	450
0	1	0	0	0	43691	41666	25600	20833	**19200**
0	1	0	0	1	21845	20833	21800	10417	**9600**
0	1	0	1	0	10923	10417	6400	5208	**4800**
0	1	0	1	1	5461	5208	3200	2604	**2400**
0	1	1	0	0	2731	2604	1600	1302	**1200**
0	1	1	0	1	1365	1302	800	651	**600**
0	1	1	1	0	683	651	400	326	**300**
0	1	1	1	1	341	326	200	163	150
1	0	0	0	0	32768	31250	**19200**	15625	14400
1	0	0	0	1	16384	15625	**9600**	7812	**7200**
1	0	0	1	0	8192	7812	**4800**	3906	3600
1	0	0	1	1	4096	3906	**2400**	1953	1800
1	0	1	0	0	2048	1953	**1200**	977	900
1	0	1	0	1	1024	977	**600**	488	450
1	0	1	1	0	512	488	**300**	244	225
1	0	1	1	1	256	244	150	122	112
1	1	0	0	0	10082	**9600**	5908	**4800**	4431
1	1	0	0	1	5041	**4800**	2954	**2400**	2215
1	1	0	1	0	2521	**2400**	1477	**1200**	1108
1	1	0	1	1	1260	**1200**	738	**600**	554
1	1	1	0	0	630	**600**	369	**300**	277
1	1	1	0	1	315	**300**	185	150	138
1	1	1	1	0	158	150	92	75	69
1	1	1	1	1	79	75	46	38	35

Tabelle 1.13: Teilerfaktoren

Bild 1.33 zeigt die Lage der SPC- und SCR-Bits innerhalb des BAUD-Registers. Die Bits TCLR und RCKB des BAUD-Registers werden nur zum *Test* des Mikroprozessors während der Herstellung benutzt.

BAUD: Adresse $102B

Bit 7	Bit 6	Bit 5	Bit 4	Bit 3	Bit 2	Bit 1	Bit 0
TCLR	0	SCP1	SCP0	RCKB	SCR2	SCR1	SCR0

Bild 1.33: Register BAUD

Das SCI-System wird in seiner Funktion hauptsächlich von zwei Registern kontrolliert: SCCR1 und SCCR2. Hierbei sind im SCCR1 nur vier Bits benutzt. Die ungenutzten Bits werden als 0 gelesen (**Bild 1.34**).

SCCR1: Adresse $102C

Bit 7	Bit 6	Bit 5	Bit 4	Bit 3	Bit 2	Bit 1	Bit 0
R8	T8	0	M	WAKE	0	0	0

Bild 1.34: Register SCCR1

❏ **R8:** Das Bit R8 ist eine Verlängerung des Empfangsregisters RDR für Übertragungsformate mit 9 Bit Datenlänge. Dieses Bit enthält das höchstwertige Bit des empfangenen Datums.

❏ **T8:** Das Bit T8 stellt das entsprechende Äquivalent für den Sender dar. Hier wird das höchstwertige Bit des zu übertragenden Datums bei einer Länge von 9 Bit untergebracht. Bei aufeinanderfolgenden Übertragungen mit gleichartigem Bit 9 braucht dieses Bit nur ein einziges Mal geschrieben werden, da sein Inhalt bei der Übertragung nicht verloren geht.

❏ **M:** Zur Auswahl des gewünschten Übertragungsformats ist das M-Bit vorgesehen:
M = 0 wählt 1 *Startbit*, 8 Datenbits, 1 *Stopbit*.
M = 1 wählt 1 Startbit, 9 Datenbits, 1 Stopbit.
Andere Datenformate sind mit dem SCI-System des 68HC11 nicht möglich.

❏ **WAKE:** Das WAKE-Bit bestimmt die Methode, durch die der Empfänger aktiviert werden soll. WAKE = 0 aktiviert den Empfänger, wenn die Empfangsleitung für mindestens eine Zeichenlänge in den aktiven Status wechselt. WAKE = 1 aktiviert den Empfänger, wenn das höchste Bit eines gesendeten Zeichens auf High gesetzt ist.

Alle weiteren Definitionen des SCI-Systems sind im SCCR2-Register zusammengefaßt (**Bild 1.35**).

SCCR2: Adresse $102D

Bit 7	Bit 6	Bit 5	Bit 4	Bit 3	Bit 2	Bit 1	Bit 0
TIE	TCIE	RIE	ILIE	TE	RE	RWU	SBK

Bild 1.35: Register SCCR2

- **TIE:** Mit dem Inhalt von Bit 7 wird festgelegt, ob ein *Interrupt* bei leerem Senderegister ausgelöst werden soll oder nicht. Eine 1 aktiviert den Interrupt.

- **TCIE:** Bit 6 kontrolliert die Interruptauslösung nach vollendeter Sendung eines Zeichens, eine 1 erlaubt diesen Interrupt.

- **RIE:** Die Interruptauslösung durch ein empfangenes Zeichen wird entsprechend durch Bit 5 definiert.

- **ILIE:** Bit 4 regelt die Interruptauslösung durch eine aktive Empfangsleitung.

- **TE:** Bit 3 des SCCR2-Registers schaltet den Sender ein und aus. Eine gerade laufende Sendung kann nicht unterbrochen werden, der Ausschaltvorgang wird in jedem Fall so lange verzögert, bis die laufende Übertragung komplett ist.

- **RE:** Mit Bit 2 kann der Empfänger des SCI-Systems ein- und ausgeschaltet werden. Ein gerade empfangenes Zeichen wird noch vollständig eingelesen.

- **RWU:** Wird Bit 1 von 0 (Normalbetrieb) auf 1 gesetzt, dann ist das gesamte SCI-System im *Stand-By-Betrieb*. Durch welche Methode der Empfänger wieder aktiviert werden soll, bestimmt das WAKE-Bit im SCCR1-Register (siehe dort).

- **SBK:** Bit 0 erlaubt oder sperrt die Aussendung von *Break-Zeichen* zwischen den einzelnen Übertragungen (alle Datenbits eines Break-Zeichens sind 0).
  SBK = 0 erzeugt eine freie Leitung mit Stop-Polarität (High) zwischen einzelnen Zeichen und Sendungen.
  SBK = 1 veranlaßt den Mikroprozessor, zwischen einzelnen Sendungen pausenlos ein Zeichen $00 = Break zu übermitteln, um dem Empfänger seine andauernde Bereitschaft mitzuteilen.

Jede Aktivität des SCI-Systems hat eine direkte Auswirkung auf das SCI-Status-Register SCSR (**Bild 1.36**).

SCSR: Adresse $102E

Bit 7	Bit 6	Bit 5	Bit 4	Bit 3	Bit 2	Bit 1	Bit 0
TDRE	TC	RDRF	IDLE	OR	NF	FE	0

Bild 1.36: Register SCSR

- ❏ **TDRE:** Das Bit TDRE zeigt an, ob das *Senderegister* leer ist. Normalerweise wird dieses Bit vom Anwenderprogramm abgefragt, bevor neue Daten in das Senderegister geschrieben werden.

- ❏ **TC:** Bit 6 ist solange 0, bis der Sender seine laufende Übertragung abgeschlossen hat. Dies schließt die Übertragung von Break-Zeichen ein.

- ❏ **RDRF:** Das Bit RDRF zeigt mit einer 1 ein empfangenes Zeichen an. Dies ist die normale Meldung nach Übertragung der empfangenen Information aus dem Empfänger in das SCI-Datenregister. Weitere Informationen über die *Qualität* der empfangenen Daten stehen in den Bits 1 bis 3.

- ❏ **IDLE:** Bit 4 zeigt an, daß die Empfangsleitung RxD für mindestens eine Zeichenlänge aktiv geworden ist. Um dieses Bit zu setzen, muß die Leitung vorher unbedingt inaktiv geworden sein, d.h. wenn die Leitung nach einer Übertragung im aktiven Zustand verbleibt, wird dieses Bit nicht gesetzt.

- ❏ **OR:** Die Bits 1 bis 3 enthalten Zusatzinformationen über die empfangenen Daten. Bit 3 zeigt einen Empfängerüberlauf an, wenn es gesetzt ist. Es wurden also weitere Zeichen empfangen, bevor die letzten Zeichen vom Mikroprozessor gelesen wurden. Das zuletzt empfangene Zeichen, welches den Überlauf ausgelöst hat, geht bei dieser Bedingung verloren, nicht der vorherige Inhalt des Empfangsregisters.

- ❏ **NF:** Bit 2 ist eine Qualitätsaussage für die *Übertragungsstrecke*. Es wird gesetzt, wenn innerhalb der Übertragung *Störimpulse* auftreten, die eventuell zu einer Fehlinterpretation der Daten führen könnten. Das Anwenderprogramm kann diese Information bewerten und zum Beispiel eine Wiederholung der Übertragung auslösen.

- ❏ **FE:** Bit 1 zeigt einen möglichen Fehler im Übertragungsformat an. Wenn an der Stelle des erwarteten Stopbits eine 0 empfangen wird, setzt der Empfänger dieses Bit auf 1. Eine 0 in Bit 1 ist jedoch keine sichere Aussage für eine korrekte Übertragung, da es durchaus möglich ist, bei falschem Übertragungsformat trotzdem an der erwarteten Position eine 1 zu haben.

1.3 Interne Struktur

Das SCI-System benutzt zwei Register zur Datenübertragung: das Empfangsregister RDR und das Senderegister TDR. Diese Register sind für den Programmierer unter einer gemeinsamen Adresse zugänglich, wobei Schreibzugriffe automatisch in das Senderegister schreiben und Lesezugriffe dementsprechend das Empfangsregister lesen. Dieses kombinierte Register heißt SCDR (**Bild 1.37**).

SCDR: Adresse $102F

Bit 7	Bit 6	Bit 5	Bit 4	Bit 3	Bit 2	Bit 1	Bit 0
T/R7	T/R6	T/R5	T/R4	T/R3	T/R2	T/R1	T/R0

Bild 1.37: Register SCDR

Das folgende Programmbeispiel zeigt, wie einfach der Zugriff auf den Empfänger und den Sender durch das Anwenderprogramm ausfällt.

```
SCSR            EQU        $102E
SCDR            EQU        $102F
RDRF            EQU        $05
TDRE            EQU        $07

*
* UNTERPROGRAMM LESEN
*

LESEN           BRCLR SCSR,X,#RDRF,*
                LDAB SCDR,X
                RTS

*
* UNTERPROGRAMM SCHREIBEN
*

SCHREIBEN       BRCLR SCSR,X,#TDRE,*
                STAB SCDR,X ZEICHEN SENDEN
                RTS

*
*
*
```

1.3.8 Timer-Struktur

Der 68HC11 besitzt eine sehr mächtige *Timer-Struktur*, die weit über das hinausgeht, was man bei den meisten Mikroprozessoren findet. Das Timer-System besitzt von allen Funktionsblöcken mit Abstand die meisten Register. Entsprechend komplex ist seine optimale Programmierung.

Die Basis des Timer-Systems ist ein frei laufender 16-Bit-Zähler mit programmierbarem *Vorteiler* (**Bild 1.38**). Der Zählerstand wird von 3 *Input-Capture-Registern* zur exakten

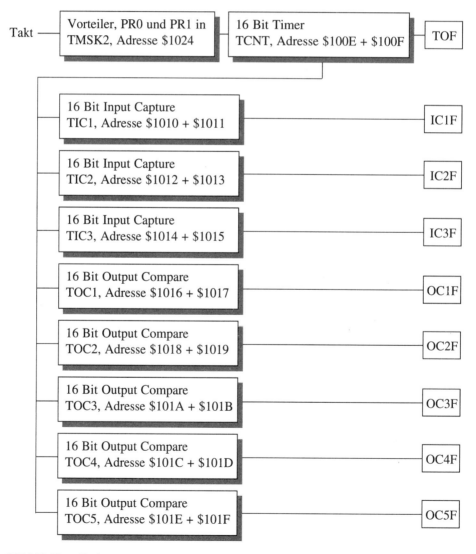

Bild 1.38: Timer-Struktur

1.3 Interne Struktur

Bestimmung des Zeitpunktes einer extern erkannten Flanke und von 5 *Output-Compare-Registern* zur Erzeugung exakter Impulse und Kurvenformen ausgewertet.

❏ **Input Capture:** Die Input-Capture-Funktion des 68HC11 ist eine der wesentlichen Bestandteile des Timer-Systems. Der Zählerstand des freilaufenden 16-Bit-Zählers wird als *Echtzeitreferenz* betrachtet, jede von der entsprechend programmierten Prozessorhardware erkannte Flanke eines externen Signals speichert den aktuellen Stand dieses Zählers und damit den genauen *Zeitpunkt* in einem der Input-Capture-Register. Auf diese Weise ist es einfach möglich, aus zwei aufeinanderfolgenden Impulsflanken eines Signals die *Periodendauer* als Differenz der Zeitpunkte zu bestimmen. Impulsbreiten können durch Verändern der aktiven Flanke nach Eintreten des ersten Ereignisses bestimmt werden.

❏ **Output Compare:** Die zweite wichtige Funktion des Timer-Systems ist die Output-Compare-Funktion. Jedes der fünf Output-Compare-Register wird laufend mit dem Zählerstand des freilaufenden Zählers verglichen. Bei Übereinstimmung wird dann exakt in diesem Moment die programmierte Reaktion ausgelöst, zum Beispiel die Ausgabe eines bestimmten Signals an einem Port. Auf diese Weise ist es möglich, ein Ausgangssignal mit der Genauigkeit und Auflösung des Timer-Systems zu einem gewünschten Zeitpunkt zu erzeugen, ohne dabei Fehler durch Software-Reaktionszeiten oder auch Verzögerungen durch Interrupt-Antwortzeiten zu haben.

Der Timer des 68HC11 besitzt eine Länge von 16 Bit (**Bild 1.39**). Aus diesem Grund muß er mit einem 16-Bit-Ladebefehl gelesen werden, da nur so sichergestellt ist, daß die beiden Bytes des Ergebnisses wirklich zusammen gehören. Werden das obere und das untere Byte getrennt voneinander gelesen, besteht kein eindeutiger Zusammenhang.

TCNT, High-Byte: Adresse $100E

Bit 15	Bit 14	Bit 13	Bit 12	Bit 11	Bit 10	Bit 9	Bit 8
T15	T14	T13	T12	T11	T10	T9	T8

TCNT, Low-Byte: Adresse $100F

Bit 7	Bit 6	Bit 5	Bit 4	Bit 3	Bit 2	Bit 1	Bit 0
T7	T6	T5	T4	T3	T2	T1	T0

Bild 1.39: Register TCNT

Nach einem Reset ist der Zählerstand des Timers $0000. Es gibt keine Möglichkeit, den Zählerstand des Timers auf einen bestimmten Wert zu setzen. Direkt nach dem Reset beginnt der Timer von $0000 an aufwärts zu zählen. Bei jedem Überlauf von $FFFF auf

$0000 wird ein *Überlauf-Bit* TOF im Register TFLG2 gesetzt, um diesen Zustand anzuzeigen. Die Anwendersoftware kann so auf einfache Weise eine *Kaskadierung* des Timers auf beliebige Wortlänge durchführen, da dieses Bit auch einen Interrupt auslösen kann.

Ein programmierbarer *Vorteiler* gestattet es, vier verschiedene *Zählfrequenzen* auszuwählen. Je nach Anwendungsfall ist der Schwerpunkt entweder auf hohe Auflösung bei kurzer Timer-Periode oder auf niedrige Auflösung mit seltenen Timer-Überläufen zu legen (**Tabelle 1.14**).

			Quarzfrequenz		
			8,3886 MHz	8,0000 MHz	4,0000 MHz
PR1	PR0	Teilerfaktor	Auflösung/Bereich	Auflösung/Bereich	Auflösung/Bereich
0	0	1	477 ns 31,25 ms	500 ns 32,77 ms	1 µs 65,54 ms
0	1	4	1,91 µs 125 ms	2 µs 131,1 ms	4 µs 262,1 ms
1	0	8	3,81 µs 250 ms	4 µs 262,1 ms	8 µs 524,3 ms
1	1	16	7,63 µs 500 ms	8 µs 524,3 ms	16 µs 1049 ms

Tabelle 1.14: Timer-Auflösung

Für die meisten Anwendungsfälle ist es sinnvoll, die längste zu messende Zeit zu bestimmen und dann den Vorteiler so zu definieren, daß innerhalb dieser Zeit kein Timer-Überlauf auftreten kann. Alle Zeitpunktberechnungen können dann mit einfacher 16 bit Arithmetik durchgeführt werden, was zu einfachen Programmen und schnellen Reaktionen führt. Man darf nicht übersehen, daß das Timer-System mit 16 Bit auflöst, das heißt, der Fehler bezogen auf eine Periode ist 1/65536 entsprechend 0,0015%. Diese *Genauigkeit* ist für fast alle Anwendungen ausreichend. Erhöht man die Taktrate des Timer-Systems und arbeitet mit höherer Auflösung, dann addieren sich Software-Reaktionszeiten, die zu häufig wesentlich größeren Fehlern führen.

Zur Bestimmung des Teilerfaktors werden die Bits PR0 und PR1 im TMSK2-Register gesetzt (**Bild 1.40**). Nach einem Reset steht hier jeweils ein Wert von 0, so daß die höchste Taktrate ausgewählt ist. Diese beiden Bits können nur direkt nach einem Reset verändert werden, danach ist jeder weitere Zugriff gesperrt. Diese besondere Eigenschaft des Mikroprozessors 68HC11 verhindert ungewollte Veränderungen an der Timer-Auflösung durch unzulässige Zugriffe, die während des Betriebs durch Störimpulse von außen ausgelöst werden könnten.

1.3 Interne Struktur

TMSK2: Adresse $1024

Bit 7	Bit 6	Bit 5	Bit 4	Bit 3	Bit 2	Bit 1	Bit 0
TOI	RTII	PAOVI	PAII	0	0	PR1	PR0

Bild 1.40: Register TMSK2

Wenn es wirklich unumgänglich ist, den Timer auf mehr als 16 bit Wortbreite zu erweitern, kann die Aussage des Überlauf-Bits im TFLG2-Register benutzt werden. Bei jedem Überlauf des Timers von $FFFF auf $0000 wird dieses Bit gesetzt (**Bild 1.41**).

TFLG2: Adresse $1025

Bit 7	Bit 6	Bit 5	Bit 4	Bit 3	Bit 2	Bit 1	Bit 0
TOF	RTIF	PAOVF	PAIF	0	0	0	0

Bild 1.41: Register TFLG2

Das TOF-Bit muß vom Anwenderprogramm gezielt wieder gelöscht werden. Wird das Auslösen eines Interrupts bei jedem Timer-Überlauf gewünscht, dann kann das zum TOF-Bit korrespondierende TOI-Bit im TFLG2-Register auf 1 gesetzt werden.

Häufig wird in einem Mikroprozessorprogramm eine feste Zeitbasis zur Steuerung bestimmter Abläufe benötigt. Für diesen Zweck besitzt der 68HC11 einen speziellen *Real-Time-Interrupt*, der von den Bits RTII im Register TMSK2 und RTIF im Register TFLG2 gesteuert wird. Nach Ablauf einer vordefinierten Zeitspanne wird das Bit RTIF im TFLG2-Register gesetzt. Zur Auslösung eines Interrupts muß auch hier das korrespondierende RTII-Bit im TMSK2-Register auf 1 gesetzt sein. Das RTIF-Bit muß zwingend vom Interrupt-Programm durch Schreiben einer 1 an diese Stelle wieder gelöscht werden, da sonst sofort der nächste Interrupt ausgelöst würde. Zur Definition der Periodendauer des Real-Time-Interrupts sind zwei Bit im PACTL-Register vorgesehen (**Bild 1.42**).

PACTL: Adresse $1026

Bit 7	Bit 6	Bit 5	Bit 4	Bit 3	Bit 2	Bit 1	Bit 0
DDRA7	PAEN	PAMOD	PEDGE	-	-	RTR1	RTR0

Bild 1.42: Register PACTL

Mit diesen beiden Bits kann eine von vier verschiedenen Perioden ausgewählt werden, die der Problemstellung am besten entspricht (**Tabelle 1.15**).

			Quarzfrequenz		
RTR1	RTR0	Teilerfaktor	8,3886 MHz	8,0000 MHz	4,0000 MHz
0	0	1	3,91 ms	4,10 ms	8,19 ms
0	1	2	7,81 ms	8,19 ms	16,38 ms
1	0	4	15,62 ms	16,38 ms	32,77 ms
1	1	8	31,25 ms	32,77 ms	65,54 ms

Tabelle 1.15: Periodendauer des Real-Time-Interrupts

Weitere Register des Timer-Systems sind zur Steuerung der *Input-Capture-Funktionen* vorgesehen. Jede einzelne Input-Capture-Funktion beinhaltet ein 16-Bit-Latch, in dem der Zeitpunkt eines Ereignisses festgehalten werden kann. Die notwendige *Synchronisation* zwischen asynchronem externen Ereignis und internem E-Takt wird von der Prozessor-Hardware unsichtbar für den Anwender vorgenommen. Der hierdurch entstehende Fehler ist klein gegen die Timer-Auflösung.

Der Transfer des Timer-Inhalts in eines der Input-Capture-Register erfolgt bei der nichtzählenden Flanke des Timer-Signals, so daß ein sicherer Wert auf jeden Fall garantiert werden kann. Die Hardware zur Übertragung des Timer-Inhaltes ist für jedes Input-Capture-Register getrennt vorhanden, so daß es erlaubt ist, alle drei Input-Capture-Eingänge gleichzeitig zu triggern.

Das Auslesen eines der Input-Capture-Register TIC1 bis TIC3 muß mit einem 16-Bit-Zugriff erfolgen, da nur so gewährleistet ist, daß die beiden Bytes des Ergebnisses wirklich zusammengehören. Bei einzelnen 8-Bit-Zugriffen könnte zwischendurch eine neue aktive Flanke erkannt werden, so daß in diesem Fall falsche Ergebnisse gelesen werden.

Wird der Inhalt eines der Input-Capture-Register nicht gelesen und tritt dann ein weiteres Ereignis ein, so wird der alte Wert überschrieben. Der Inhalt dieser Register repräsentiert also immer das letzte aufgetretene Ereignis. Je ein Bit im TMSK1- und TFLG1-Register sind als Schnittstelle zum Anwenderprogramm vorgesehen (**Bild 1.43** und **Bild 1.44**).

TMSK1: Adresse $1022

Bit 7	Bit 6	Bit 5	Bit 4	Bit 3	Bit 2	Bit 1	Bit 0
OC1I	OC2I	OC3I	OC4I	OC5I	IC1I	IC2I	IC3I

Bild 1.43: Register TMSK1

1.3 Interne Struktur

TFLG1: Adresse $1023

Bit 7	Bit 6	Bit 5	Bit 4	Bit 3	Bit 2	Bit 1	Bit 0
OC1F	OC2F	OC3F	OC4F	OC5F	IC1F	IC2F	IC3F

Bild 1.44: Register TFLG1

Die Bits IC1F bis IC3F werden vom Mikroprozessor gesetzt, wenn einer der drei Input-Capture-Kanäle ein Ereignis registriert. Die zugehörigen Bits IC1I bis IC3I sind jeweils zur Freigabe eines Interrupts als Reaktion vorgesehen und müssen vom Anwenderprogramm definiert werden.

Jeder der drei Kanäle kann auf verschiedene Flanken programmiert werden. Dazu sind im Register TCTL2 jeweils 2 Bit pro Capture-Kanal vorgesehen (**Bild 1.45**).

TCTL2: Adresse $1021

Bit 7	Bit 6	Bit 5	Bit 4	Bit 3	Bit 2	Bit 1	Bit 0
0	0	EDG1B	EDG1A	EDG2B	EDG2A	EDG3B	EDG3A

Bild 1.45: Register TCTL2

Tabelle 1.16 zeigt die verschiedenen Möglichkeiten, die für jeden der 3 Capture-Kanäle getrennt eingestellt werden können.

EDGxB	EDGxA	aktivierte Flanke
0	0	keine, Kanal ist ausgeschaltet
0	1	ansteigende Flanke
1	0	abfallende Flanke
1	1	beide Flanken

Tabelle 1.16: Auswahl der aktiven Flanken

Ein Beispielprogramm zeigt, wie leicht mit dem Input-Capture-System eine Periodendauermessung durchgeführt werden kann. Dazu werden zwei aufeinanderfolgende Flanken gleicher Richtung registriert. Die Periodendauer kann aus der Differenz der beiden Zeitpunkte errechnet werden.

```
*
* BEISPIELPROGRAMM ZUR PERIODENDAUERMESSUNG MIT
* DER INPUT-CAPTURE-FUNKTION DES 68HC11
*
*
ZEITPKT1        EQU             $00             VARIABLE FÜR ERSTE FLANKE
ZEITPKT2        EQU             $02             VARIABLE FÜR ZWEITE FLANKE
PERIODE         EQU             $04             VARIABLE FÜR ERGEBNIS

TIC1            EQU             $1010
TCTL2           EQU             $1021
TFLG1           EQU             $1023
                ORG             $A000

START           LDAA            #$10
                STAA            TCTL2           ANSTEIGENDE FLANKE AKTIV
                LDAA            #$04
                STAA            TFLG1           ALTES EREIGNIS LÖSCHEN

*
* WARTEN AUF ERSTE FLANKE
*

WARTEN1         BRCLR           TFLG1 $04 WARTEN1

                LDD             TIC1            ZEITPUNKT LADEN
                STD             ZEITPKT1        UND ABSPEICHERN
                LDAA            #$04
                STAA            TFLG1           QUITTIEREN

*
* WARTEN AUF ZWEITE FLANKE
*

WARTEN2         BRCLR           TFLG1 $04 WARTEN2

                LDD             TIC1            ZEITPUNKT LADEN
                STD             ZEITPKT2        UND ABSPEICHERN
                SUBD            ZEITPKT1        PERIODE BERECHNEN
                STD             PERIODE         UND ERGEBNIS ABSPEICHERN
```

1.3 Interne Struktur

Um statt der Periodendauer die Impulsbreite eines Signals zu messen, muß man die aktive Flanke des Eingangs während der Messung ändern. Diese Technik wird im nächsten Beispiel angewendet.

```
*
* BEISPIELPROGRAMM ZUR MESSUNG DER IMPULSBREITE MIT
* DER INPUT-CAPTURE-FUNKTION DES 68HC11
*

ZEITPKT1    EQU     $00         VARIABLE FÜR ERSTE FLANKE
ZEITPKT2    EQU     $02         VARIABLE FÜR ZWEITE FLANKE
BREITE      EQU     $04         VARIABLE FÜR ERGEBNIS

TIC1        EQU     $1010
TCTL2       EQU     $1021
TFLG1       EQU     $1023
            ORG     $A000

START       LDAA    #$10
            STAA    TCTL2       ANSTEIGENDE FLANKE AKTIV
            LDAA    #$04
            STAA    TFLG1       ALTES EREIGNIS LÖSCHEN

*
* WARTEN AUF ERSTE FLANKE
*

WARTEN1     BRCLR   TFLG1 $04 WARTEN1

            LDD     TIC1        ZEITPUNKT LADEN
            STD     ZEITPKT1    UND ABSPEICHERN
            LDAA    #$04
            STAA    TFLG1       QUITTIEREN
            LDAA    #$20
            STAA    TCTL2       UMSCHALTEN AUF ABFALLENDE
FLANKE

*
* WARTEN AUF ZWEITE FLANKE
*

WARTEN2     BRCLR   TFLG1 $04 WARTEN2

            LDD     TIC1        ZEITPUNKT LADEN
            STD     ZEITPKT2    UND ABSPEICHERN
            SUBD    ZEITPKT1    IMPULSBREITE BERECHNEN
            STD     BREITE      UND ERGEBNIS ABSPEICHERN
```

Das Gegenstück zur Input-Capture-Funktion ist die *Output-Compare-Funktion*. Sie kann zur Erzeugung einzelner Impulse oder auch komplexer Signalverläufe eingesetzt werden. Insgesamt sind fünf Output-Compare-Funktionen vorhanden, die jeweils ein eigenes 16-Bit-*Vergleichsregister* mit fest zugeordnetem *Komparator* besitzen. Dieser Komparator vergleicht laufend Registerinhalt und Zählerstand des Timers miteinander und löst bei Übereinstimmung das vorprogrammierte Ereignis aus. Auch hier ist je ein Bit im TMSK1- und TFLG1-Register als Schnittstelle zum Anwenderprogramm vorgesehen (**Bild 1.46**).

TMSK1: Adresse $1022

Bit 7	Bit 6	Bit 5	Bit 4	Bit 3	Bit 2	Bit 1	Bit 0
OC1I	OC2I	OC3I	OC4I	OC5I	IC1I	IC2I	IC3I

TFLG1: Adresse $1023

Bit 7	Bit 6	Bit 5	Bit 4	Bit 3	Bit 2	Bit 1	Bit 0
OC1F	OC2F	OC3F	OC4F	OC5F	IC1F	IC2F	IC3F

Bild 1.46: Register TMSK1 und TFLG1

Das zugehörige OCxF-Bit wird bei erkannter Gleichheit zwischen Register und Zähler auf 1 gesetzt, das jeweilige OCxI-Bit erlaubt oder sperrt den entsprechenden *Interrupt*. Für die Kanäle 2-5 kann im TCTL1-Register festgelegt werden, was mit dem zugeordneten Pin beim Eintreten eines Ereignisses geschehen soll (**Bild 1.47**). **Tabelle 1.17** zeigt die verschiedenen Möglichkeiten.

TCTL1: Adresse $1020

Bit 7	Bit 6	Bit 5	Bit 4	Bit 3	Bit 2	Bit 1	Bit 0
OM2	OL2	OM3	OL3	OM4	OL4	OM5	OL5

Bild 1.47: Register TCTL1

OMx	OLx	Reaktion
0	0	keine Reaktion
0	1	Polarität ändern
1	0	auf 0 setzen
1	1	auf 1 setzen

Tabelle 1.17: Auswahl der Reaktion

1.3 Interne Struktur

Ein Beispielprogramm zeigt die Anwendung dieser Funktionen. Es erzeugt ein symmetrisches Rechtecksignal an Port A, Pin 6.

```
*
* BEISPIELPROGRAMM ZUR AUSGABE EINES SYMMETRISCHEN
* RECHTECKSIGNALS MIT DER OUTPUT-COMPARE-FUNKTION
* DES MC68HC11
*
* DAS ERZEUGTE SIGNAL WIRD AN PORT A PIN 6 AUSGEGEBEN.
*
*


        BREITE      EQU       123           IMPULS-/PAUSENBREITE DES
                                             SIGNALS

        TIC1        EQU       $1010
        TOC2        EQU       $1018
        TCTL1       EQU       $1020
        TMSK1       EQU       $1022
        TFLG1       EQU       $1023

                    ORG       $A000

        START       LDAA      #$40
                    STAA      TCTL1         AUSGANGSSIGNAL WECHSELN
                    STAA      TFLG1         ALTES EREIGNIS LÖSCHEN

*
* WARTEN AUF ZEITPUNKT
*

        SCHLEIFE    BRCLR     TFLG1 $40 SCHLEIFE
                    LDD       TOC2
                    ADDD      #BREITE       NÄCHSTEN ZEITPUNKT
                                             ERRECHNEN
                    STD       TOC2          UND ABSPEICHERN
                    LDAA      #$40
                    STAA      TFLG1         QUITTIEREN
                    BRA       SCHLEIFE  SCHLEIFE
        .
        .
        .
```

Wesentlich erweiterte Möglichkeiten bietet das Output-Compare-Register 1. Mit dieser Funktion lassen sich alle Output-Compare-Pins gleichzeitig manipulieren. Dabei hat die OC1-Funktion höhere Priorität als die Funktionen OC2 bis OC5. Der OC1-Funktion sind zwei spezielle Register zugeordnet: OC1M und OC1D (**Bild 1.48**).

OC1M: Adresse $100C

Bit 7	Bit 6	Bit 5	Bit 4	Bit 3	Bit 2	Bit 1	Bit 0
OC1M7	OC1M6	OC1M5	OC1M4	OC1M3	0	0	0

OC1D: Adresse $100D

Bit 7	Bit 6	Bit 5	Bit 4	Bit 3	Bit 2	Bit 1	Bit 0
OC1D7	OC1D6	OC1D5	OC1D4	OC1D3	0	0	0

Bild 1.48: Register OC1M und OC1D

Die Bits 3 bis 7 dieser Register entsprechen direkt den Leitungen von Port A, auf denen die Output-Compare-Funktionen ausgegeben werden. Jede Leitung von Port A, die über ein Ereignis von OC1 beeinflußt werden soll, muß im Register OC1M das entsprechende Bit auf 1 gesetzt werden. Das gewünschte Bitmuster für die Datenausgabe muß in OC1D stehen. Auf diese Weise lassen sich fünf Pins exakt zeitgleich mit einem einzigen Output-Compare-Register beeinflussen.

1.3.9 Pulse-Akkumulator

Der *Pulse-Akkumulator* des 68HC11 ist ein 8-Bit-Zähler, der wahlweise als *Ereigniszähler* oder als *Zeitzähler* mit externer *Gate-Funktion* verwendet werden kann. Für beide Fälle wird der Anschluß Port A Bit 7 als Eingang für das externe Signal benutzt. Es sind zwei Möglichkeiten vorgesehen, einen Interrupt auszulösen: bei jeder aktiven Flanke dieses Eingangs oder bei Überlauf des Zählerstandes von $FF auf $00.

Wird der Pulse-Akkumulator als Zeitzähler eingesetzt, dann verarbeitet er das durch 64 geteilte Signal des internen E-Takts. Die Auflösung beträgt damit bei einer angenommenen Quarzfrequenz von 8 MHz exakt 32 µs, die längste meßbare Periode somit $256 \cdot 32\ \mu s = 8{,}192\ ms$.

1.3 Interne Struktur

Beim Einsatz als Ereigniszähler können maximal 256 Flanken gezählt werden, die zu verarbeitende Frequenz muß niedriger als der E-Takt des Mikroprozessors sein.

Die für die Interruptauslösung des Pulse-Akkumulatorsystems verantwortlichen Konfigurations- und Flagbits sind zusammen mit anderen Funktionen im TMSK2- und TFLG2-Register untergebracht (**Bild 1.49**).

TMSK2: Adresse $1024

Bit 7	Bit 6	Bit 5	Bit 4	Bit 3	Bit 2	Bit 1	Bit 0
TOI	RTII	PAOVI	PAII	0	0	PR1	PR0

TFLG2: Adresse $1025

Bit 7	Bit 6	Bit 5	Bit 4	Bit 3	Bit 2	Bit 1	Bit 0
TOF	RTIF	PAOVF	PAIF	0	0	0	0

Bild 1.49: Register TMSK2 und TFLG2

Das PAOVF-Bit im TFLG2-Register wird immer dann gesetzt, wenn ein Überlauf des Zählers von $FF auf $00 eintritt. Durch Definition des korrespondierenden Interrupt-Bits PAOVI im TMSK2-Register kann der Anwender bestimmen, ob durch dieses Ereignis ein Interrupt ausgelöst werden soll (0 = kein Interrupt). Der gleiche Mechanismus steuert mit den Bits PAIF und PAII einen möglichen Prozessor-Interrupt bei jeder aktiven Flanke am Eingang des Pulse-Akkumulators.

Damit das Pulse-Akkumulator-System überhaupt arbeiten kann, muß der externe Pin 7 von Port A als Eingang konfiguriert werden. Hierzu muß das Bit DDRA7 im PACTL-Register auf 0 gesetzt werden (**Bild 1.50**).

PACTL: Adresse $1026

Bit 7	Bit 6	Bit 5	Bit 4	Bit 3	Bit 2	Bit 1	Bit 0
DDRA7	PAEN	PAMOD	PEDGE	0	0	-	-

Bild 1.50: Register PACTL

- **PAEN:** Bit 6 dieses Registers schaltet den Pulse-Akkumulator generell ein und aus, wobei der Zählerstand nach dem Ausschalten des Systems weiter erhalten bleibt und ausgewertet werden kann.

- **PAMOD:** Das Bit PAMOD definiert die Betriebsart des Zählers: eine 0 an dieser Stelle macht ihn zum Ereigniszähler, eine 1 wählt die Zeitmessung.

- **PEDGE:** Die letzte Definition ist die Wahl der aktiven Flanke. Eine 0 in Bit 4 läßt den Zähler auf abfallende Flanken reagieren, in der Betriebsart Zeitzähler stoppt ein Low-Signal die Messung, eine 1 in Bit 4 wählt die ansteigende Flanke und ein High-Signal als Sperre für die Betriebsart Zeitzähler.

1.3.10 Analog/Digital-Wandler

Der 68HC11 verfügt über einen 16-Kanal-*A/D-Wandler* mit einer *Auflösung* von 8 Bit, von dem 8 Kanäle für den Anwender zur Verfügung stehen. Dieser A/D-Wandler arbeitet nach dem Verfahren der *sukzessiven Approximation* und benutzt anstelle eines Widerstandsnetzwerkes ein solches aus kleinen Kapazitäten. Aus diesem Grund muß das System mit einer minimalen Taktrate betrieben werden, da sonst die spezifizierte Genauigkeit nicht erreicht wird. Andererseits erübrigt sich durch diese Technik der Einsatz von zusätzlichen *S&H-Stufen*, da die Kondensatoren des A/D-Wandler-Netzwerkes den Meßwert während der Umsetzung speichern.

Der gesamte Aufbau des 68HC11 ist rein statisch, so daß er mit Taktfrequenzen ab 0 Hz betrieben werden kann. Für Taktfrequenzen unter 1 MHz (gemeint ist der interne E-Takt!) kann die korrekte Arbeitsweise des A/D-Wandler-Systems nicht mehr garantiert werden. Um den A/D-Wandler auch bei niedrigen Taktfrequenzen betreiben zu können, ist ein spezieller *RC-Oszillator* auf dem Chip mitintegriert. Dieser schwingt mit einer Frequenz von etwa 2 MHz. Die Toleranzen dieses RC-Oszillators sind allerdings relativ hoch.

Zur Auswahl der Taktquelle muß das CSEL-Bit im OPTION-Register definiert werden: eine 1 wählt den RC-Oszillator, eine 0 den E-Takt des Mikroprozessors (**Bild 1.51**). Ein weiteres Bit im OPTION-Register ist für den A/D-Wandler vorgesehen. Mit dem Bit

OPTION: Adresse $1039

Bit 7	Bit 6	Bit 5	Bit 4	Bit 3	Bit 2	Bit 1	Bit 0
ADPU	CSEL	IRQE	DLY	CME	0	CR1	CR0

Bild 1.51: Register OPTION

1.3 Interne Struktur

ADPU wird eine Ladungspumpe aktiviert, die eine interne Spannung von etwa 7 bis 8 V zur Versorgung des A/D-Wandlers erzeugt. Diese Spannung wird benötigt, damit Signale bis zu einer Höhe von 5 V gemessen werden können. Wenn der A/D-Wandler in einer Applikation unbenutzt bleibt, kann dieses Bit auf 0 gesetzt werden, um die Ladungspumpe auszuschalten.

Der A/D-Wandler des MC68HC11 besitzt vier getrennte Ergebnisregister (**Bild 1.52**). Es ist daher möglich, entweder einen einzigen Kanal viermal hintereinander zu erfassen oder vier bestimmte Kanäle in direkter Folge.

ADR1: Adresse $1031

Bit 7	Bit 6	Bit 5	Bit 4	Bit 3	Bit 2	Bit 1	Bit 0
AD7	AD6	AD5	AD4	AD3	AD2	AD1	AD0

ADR2: Adresse $1032

Bit 7	Bit 6	Bit 5	Bit 4	Bit 3	Bit 2	Bit 1	Bit 0
AD7	AD6	AD5	AD4	AD3	AD2	AD1	AD0

ADR3: Adresse $1033

Bit 7	Bit 6	Bit 5	Bit 4	Bit 3	Bit 2	Bit 1	Bit 0
AD7	AD6	AD5	AD4	AD3	AD2	AD1	AD0

ADR4: Adresse $1034

Bit 7	Bit 6	Bit 5	Bit 4	Bit 3	Bit 2	Bit 1	Bit 0
AD7	AD6	AD5	AD4	AD3	AD2	AD1	AD0

Bild 1.52: Register ADR1 - ADR4

Alle Ergebnisregister sind vollkommen gleich aufgebaut. Sie können jeweils einen Meßwert aufnehmen. Wie dies geschehen soll, kann vom Anwenderprogramm vorgegeben werden. Hierzu ist ein spezielles Steuerregister vorgesehen, das Register ADCTL (**Bild 1.53**).

ADCTL: Adresse $1030

Bit 7	Bit 6	Bit 5	Bit 4	Bit 3	Bit 2	Bit 1	Bit 0
CCF	0	SCAN	MULT	CD	CC	CB	CA

Bild 1.53: Register ADCTL

❑ **CCF:** Bit 7 dieses Registers zeigt das Ende einer Umsetzung an, d.h. alle vier Ergebnisregister haben gültige Werte.

❑ **SCAN:** Wenn Bit 5 auf 0 gesetzt ist, stoppt das A/D-Wandler-System nach einer Sequenz von vier Messungen. Ist dieses Bit jedoch auf 1 gesetzt, wird die gleiche Sequenz endlos wiederholt. Die Ergebnisregister werden in dieser Betriebsart nach jeder Messung wieder überschrieben, auch wenn das CCF-Bit bereits auf 1 gesetzt ist. Es ist Sache des Anwendungsprogramms, die Ergebnisse schnell genug zu lesen.

❑ **MULT:** Bit 4 wählt zwischen vierfacher Erfassung eines einzelnen Kanals und Erfassung von vier Kanälen einer Gruppe. Bit 4 = 0 mißt einen einzelnen Kanal, dessen Nummer in den Bits CA bis CD stehen muß. Bit 4 = 1 mißt eine Gruppe, die mit CC und CD ausgewählt wird. **Tabelle 1.18** zeigt die einzelnen Zuordnungen.

CD	CC	CB	CA	Gruppe	Kanal
0	0	0	0	1	PE0
0	0	0	1	1	PE1
0	0	1	0	1	PE2
0	0	1	1	1	PE3
0	1	0	0	2	PE4
0	1	0	1	2	PE5
0	1	1	0	2	PE6
0	1	1	1	2	PE7
1	0	0	0	3	Reserve
1	0	0	1	3	Reserve
1	0	1	0	3	Reserve
1	0	1	1	3	Reserve
1	1	0	0	4	VREFH
1	1	0	1	4	VREFL
1	1	1	0	4	1/2 VREFH
1	1	1	1	4	Reserve

Tabelle 1.18: Gruppen- und Kanalzuordnungen

2 Programmiermodell und Adressierung

Die *Zentraleinheit* des 68HC11 stellt eine Weiterentwicklung der Typen 6800 und 6801 dar. Aus diesem Grunde ist eine absolute *Aufwärtskompatibilität* gegeben, das heißt, der 68HC11 kann sämtliche Befehle der Typen 6800 und 6801 direkt ausführen, es besteht eine echte Kompatibilität sowohl im *Source-* wie auch im *Objektcode*.

Mehr als 90 neue Befehle erhöhen die Leistungsfähigkeit gegenüber seinen Vorgängern. Da die Summe der Instruktionen die Zahl 256 weit übersteigt, werden einige der neuen Befehle über ein zusätzliches Page-Select-Byte definiert.

2.1 Programmiermodell

Die Architektur des 68HC11 sieht sowohl sämtliche *Speicher* als auch alle *I/O-Elemente* als Bestandteil eines einzigen 64 kByte Speicherbereiches an. Es gibt keinerlei gesonderte I/O-Befehle. Auf Daten im Speicher wie auf I/O-Daten wird mit den gleichen Befehlen zugegriffen. Aus diesem Grund treten auch keine unterschiedlichen *Verarbeitungszeiten* auf.

Bild 2.1 zeigt das Programmiermodell der 68HC11-CPU. Die verschiedenen *Register* werden als fester Bestandteil der CPU aufgefaßt und direkt mit ihrem Namen adressiert.

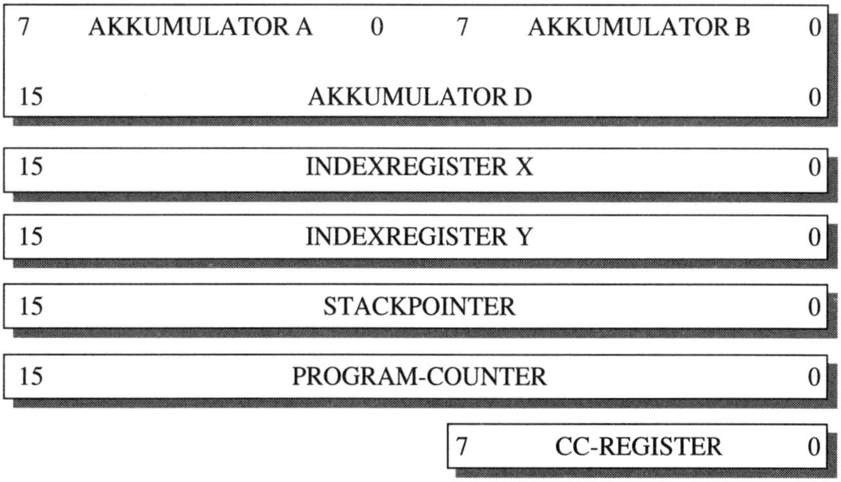

7 AKKUMULATOR A 0	7 AKKUMULATOR B 0
15 AKKUMULATOR D	0
15 INDEXREGISTER X	0
15 INDEXREGISTER Y	0
15 STACKPOINTER	0
15 PROGRAM-COUNTER	0
	7 CC-REGISTER 0

Bild 2.1: Programmiermodell

2.1.1 Akkumulator A, B und D

Die *Akkumulatoren* A und B sind allgemein verwendbare Register für den Transport von 8 bit breiten Daten. Sie finden Verwendung bei *logischen* und *arithmetischen* Operationen. Sie arbeiten als Datenquelle oder nehmen die entsprechenden Ergebnisse einer Operation auf. Durch eine Besonderheit der internen Struktur des 68HC11 kann die Kombination beider Akkumulatoren als dritter Akkumulator D mit 16 bit Wortbreite angesprochen werden. Dadurch wird die Verarbeitung von 16 bit breiten Zahlen wesentlich vereinfacht. Für viele Befehle sind Akkumulator A oder B vollkommen gleichwertig. Es gibt nur einige Ausnahmen, die sich ausschließlich auf einen der Akkumulatoren allein beziehen, z. B den DAA-Befehl.

```
ZAHL1       EQU     $00
ZAHL2       EQU     $143

            ORG     $A000

START       LDAA    ZAHL1       AKKU A <-- (ZAHL1)
            LDAB    ZAHL2       AKKU B <-- (ZAHL2)
            ABA                 AKKU A <-- AKKU A + AKKU B
            STA     ZAHL1       ZAHL1 <-- (AKKU A)
```

2.1.2 Indexregister X und Y

Die beiden 16 bit breiten *Indexregister* X und Y dienen als *Zeigerregister* für die indizierte Adressierung. Dabei wird die *effektive Adresse* des Operanden durch Addition eines 8 Bit Offsets zum Inhalt des entsprechenden Indexregisters bestimmt. Indizierte Adressierung erlaubt den einfachen Zugriff auf die einzelnen Elemente eines Speicherblocks oder einer *Tabelle*.

Es gibt nur einige wenige Befehle zur direkten arithmetischen Beeinflussung der Indexregister, so daß es besser ist, kompliziertere Adreßberechnungen in einem der Akkumulatoren der CPU durchzuführen und das Ergebnis dann in das gewünschte Indexregister zu übertragen. Speziell für diesen Zweck wurden die Befehle XGDX und XGDY entwickelt, die den Inhalt des 16 bit Akkumulators D mit dem Inhalt eines der Indexregister tauschen.

Eine häufige Anwendung der Indexregister besteht im I/O-Handling des 68HC11. Da sämtliche I/O-Ports im Adreßbereich ab Adresse $1000 liegen bietet es sich an, über einen entsprechenden Zeiger in einem der Indexregister auf diese zuzugreifen. Bei dieser

2.1 Programmiermodell

Zugriffsart werden auch die mächtigen Einzelbitbefehle der CPU voll unterstützt, die gerade für das I/O-Handling besonders wichtig sind.

```
ZAHL1       EQU     15
ZAHL2       EQU     182
TABELLE     EQU     $10

            ORG     $E000

START       LDD     ZAHL1       AKKU D <-- (ZAHL1)
            ADDD    ZAHL2       AKKU D <-- AKKU D + (ZAHL2)
            XGDX                IX <-- AKKU D
            LDAA    TABELLE,X   AKKU A <-- (TABELLE + IX)
```

2.1.3 Stackpointer SP

Der *Stackbereich* eines Mikroprozessorsystems dient zur Aufnahme temporärer Zwischenergebnisse und zur Verwaltung von *Rücksprungadressen* bei *Unterprogrammen* oder *Programmunterbrechungen* durch einen *Interrupt*. Die Stack-Architektur entspricht einer LIFO-Struktur (LIFO = last in, first out: das zuletzt Eingegebene wird zuerst wieder ausgegeben). Der *Stackpointer* zeigt immer auf das nächste freie Element des Stacks.

Die 68HC11 CPU unterstützt einen Programm-Stack beliebiger Größe an beliebiger Stelle des gesamten Adreßbereichs von 64 kByte. Direkt nach einem Programmreset wird der Stackpointer mit einem der ersten Befehle auf den entsprechenden Wert (Startadresse des Stacks) geladen. Von jetzt an erniedrigt jedes auf den Stack geschobene Byte den Stackpointer um 1, jedes zurückgeholte Byte erhöht ihn wieder. Zu jedem Zeitpunkt zeigt der Stackpointer daher auf den nächsten freien Eintrag auf dem Stack.

Unterprogramme und Interruptroutinen nutzen den Stack zum Ablegen von Rücksprungadressen und Registerinhalten. Jeder *Unterprogrammaufruf* hinterlegt automatisch die Adresse des nächsten Befehls auf dem Stack, so daß das aufrufende Programm nach Rückkehr aus dem Unterprogramm ordnungsgemäß weiterbearbeitet werden kann. Der RTS-Befehl lädt diese Adresse beim Rücksprung aus dem Unterprogramm direkt in den Programm-Counter.

Bei Auftreten eines *Interrupts* wird das gerade laufende Programm nach Beendigung des aktuellen Befehls unterbrochen. Die Adresse des folgenden Befehls wird auf dem Stack hinterlegt, genauso sämtliche CPU-Register. Der zugehörige Interrupt-Vector bestimmt den Programmteil, der jetzt als Reaktion auf den Interrupt vom Prozessor ausgeführt wird. Nach Beendigung dieses Interrupt-Programms durch den RTI-Befehl werden sämtliche Register der CPU und der Programm-Counter mit den auf dem Stack befindlichen Werten geladen, das unterbrochene Programm nimmt seine Arbeit an der zuvor unterbrochenen Stelle wieder auf.

Eine weitere Anwendung für die Stack-Struktur ist es, beliebige Zwischenwerte auf dem Stack als *temporären Speicher* abzulegen. Ein häufiges Anwendungsbeispiel ist es, alle in einem Unterprogramm veränderten Register beim Aufruf auf den Stack zu retten und vor dem Rücksprung wieder zurück zu laden. Dadurch bleibt das Unterprogramm für das aufrufende Programm transparent, es werden keine Registerinhalte verändert.

Es gibt noch eine weitere Möglichkeit, den Stack zu verwenden: Unterprogramme werden mit auf dem Stack übergebenen Parametern aufgerufen. Solche Unterprogramme sind *reentrant*, d. h. sie können sich selbst aufrufen oder von Interrupt-Programmen mitbenutzt werden, ohne daß dabei *Variableninhalte* verloren gehen.

```
        LDX     #1234       IX <-- 1234
        TXS                 SP <-- IX
        TSY                 IY <-- SP
```

2.1.4 Program-Counter PC

Der *Program-Counter* ist ein 16 bit breites Register, das immer auf den nächsten auszuführenden Befehl zeigt. Sein Inhalt wird automatisch von Befehl zu Befehl verändert. Je nach Anzahl der zu einem Befehl gehörenden Bytes erhöht er sich um 1, 2, 3 oder 4. *Sprunganweisungen* und *Interrupts* laden den Program-Counter direkt mit der ersten Adresse des aufzurufenden Programms.

Da der Program-Counter beim 68HC11 eine Wortbreite von 16 bit hat, kann er insgesamt maximal 64 kByte Speicher adressieren. Wenn für eine Anwendung ein größerer Speicher benötigt wird, so muß ein Banking-System zur Speichererweiterung eingesetzt werden.

```
                ORG     $4000
        START   NOP                     PC = $4000
                JMP     WEITER          PC <-- $5000

                ORG     $5000
        WEITER  JMP     START           PC <-- $4000
```

2.1.5 Condition-Code-Register

Das *Condition-Code-Register* hat seinen Namen von den Status-Bits, die durch die verschiedenen Befehle der CPU verändert werden (**Bild 2.2**). Zwei Interrupt- und ein Stop-Bit vervollständigen die Struktur.

CC-Register

Bit 7	Bit 6	Bit 5	Bit 4	Bit 3	Bit 2	Bit 1	Bit 0
S	X	H	I	N	Z	V	C

Bild 2.2: CC-Register

Es gibt 5 Status-Bits, die durch arithmetische und logische Funktionen verändert werden: H, N, Z, V und C.

- ❏ **H:** Das H-Bit zeigt einen Übertrag von Bit 3 auf Bit 4 während eines Additions-Befehls an (H = Half Carry). Dieses Bit kann als Hilfsmittel zur BCD-Korrektur nach einer 8 bit Addition eingesetzt werden. Das H-Bit wird ausschließlich von den Additionsbefehlen ABA, ADC und ADD beeinflußt.

- ❏ **N:** Das N-Bit gibt den Status des 7. Bits jedes Ergebnisses an (N = Negative). Für eine Zweierkomplements-Arithmetik signalisiert ein gesetztes 7. Bit das negative Vorzeichen.

- ❏ **Z:** Das Z-Bit wird bei einem Ergebnis von 0 gesetzt (Z = Zero). Da sämtliche Vergleichsoperationen auf eine interne Subtraktion zurückgeführt werden, zeigt ein gesetztes Z-Bit nach einem Vergleichsbefehl die Gleichheit der beiden Operanden an.

- ❏ **V:** Das V-Bit zeigt einen Zweierkomplements-Überlauf bei einer arithmetischen Funktion an (V = Overflow).

- ❏ **C:** Das C-Bit ist von Hause aus ein Anzeiger für einen aufgetretenen Übertrag bei Additions- und Subtraktionsbefehlen (C = Carry). Eine erweiterte Anwendung ergibt sich als Fehleranzeige bei Multiplikations- und Divisionsbefehlen.

Sämtliche fünf Bits werden von den meisten Befehlen des Mikroprozessors automatisch aktualisiert, so daß sie immer für spezielle Abfragen zur Verfügung stehen. Nur die wenigen PUSH, PULL und Tausch-Befehle lassen diese Bits unverändert stehen.

Die restlichen 3 Bits des Condition-Code-Registers haben spezielle Bedeutungen. Sie steuern die Hardware des Mikroprozessors oder werden durch diese verändert.

❏ **S:** Das S-Bit im CC-Register kann den STOP-Befehl der CPU sperren oder freigeben (S = Stop). Im Falle eines gesetzten Stopbits wird ein eventueller STOP-Befehl ignoriert und wie ein NOP behandelt (NOP = No Operation).

❏ **I:** Das I-Bit maskiert sämtliche maskierbaren Interrupt-Quellen des Systems (I = Interrupt). Interrupts, die während eines gesetzten I-Bits auftreten, werden zwar von der CPU registriert, jedoch solange nicht ausgeführt, bis das I-Bit gelöscht wird. Nach jedem Reset der CPU ist das I-Bit gesetzt und kann nur durch ein gezieltes Software-Kommando gelöscht werden. Dadurch bleibt beim Programmstart Zeit für notwendige Initialisierungen der Speicher- und I/O-Bereiche.

Jeder Interrupt setzt bei seinem Eintreten das I-Bit auf logisch 1 und verhindert so eine weitere Unterbrechung durch eine folgende Unterbrechungsanforderung. Nachdem das Interrupt-Programm durch einen RTI-Befehl beendet worden ist wird der Original-Zustand des CC-Registers wiederhergestellt und damit auch die Freigabe des nächsten Interrupts.

❏ **X:** Der 68HC11 verfügt über einen weiteren Interrupt-Eingang, der mit XIRQ bezeichnet ist. Diesem Eingang ist ein eigenes Bit im CC-Register zugeordnet, das X-Bit. Tritt ein XIRQ-Signal auf, und sowohl das I- wie auch das X-Bit sind auf 0 gesetzt, so führt die CPU das über den XIRQ-Vector bezeichnete Interrupt-Programm aus, nachdem sie sowohl das I- wie auch das X-Bit auf 1 gesetzt hat. Bei Rückkehr aus dem Interrupt-Programm mit einem RTI-Befehl werden beide Bits wieder auf 0 zurückgesetzt.

2.2 Adressierungsarten

Der Begriff Adressierung bezieht sich auf die Angabe des Operanden in einem Befehl. Hierfür sind verschiedene Möglichkeiten gegeben, die im einzelnen dargestellt werden sollen.

Die 68HC11-CPU unterstützt 6 verschiedene Adressierungsarten: *immediate*, *direct*, *extended*, *indexed*, *inherent* und *relative*. Jede dieser Adressierungsarten, mit Ausnahme der inherenten Adressierung, erzeugt eine interne 16 bit Adresse, die als effektive Adresse des Operanden aufgefaßt wird. Dieser Wert erscheint als Adresse auf dem *Adreßbus* des Mikroprozessors und bestimmt die Speicherstelle, auf die sich der ausgeübte Befehl bezieht. Die jeweils anzuwendende Adressierungsart ist bei allen Befehlen als Bestandteil des *Opcodes* fest gespeichert.

Die nachfolgenden Seiten beschreiben die einzelnen Adressierungsarten der 68HC11-CPU und erläutern die jeweils angewandte Methode zur Adreßberechnung an einem Beispiel.

2.2.1 Immediate

Bei der Adressierungsart *immediate* folgt das Argument des Befehls unmittelbar auf den Opcode. Das Register, mit dem die Operation durchgeführt werden soll, bestimmt dabei die Anzahl der für das Argument benötigten Bytes. Befehle dieser Art umfassen daher 2, 3 oder auch 4 Bytes, je nachdem, ob das Register ein 8- oder 16-bit Register ist und ob ein Page-Prebyte benötigt wird um es zu adressieren (häufig beim Y-Register).

Die Bytes, die dem Opcode folgen, stellen den Wert des Arguments dar, nicht etwa seine Adresse. Zur Angabe dieser Adressierungsart dient das #-Zeichen.

```
ZAHL1        EQU       $10
ZAHL2        EQU       $30
ERGEBNIS     EQU       $100

             ORG       $A000

START        LDAA      #ZAHL1     AKKU A <-- $10
             ADDA      #ZAHL2     AKKU A <-- AKKU A + $30
             STAA      ERGEBNIS   ERGEBNIS <-- (AKKU A)
```

Das Beispielprogramm lädt zuerst den Wert der Konstanten ZAHL1 in den Akkumulator A, um dann dazu den Wert der Konstanten ZAHL2 zu addieren. Das Ergebnis dieser Berechnung wird in der Variablen ERGEBNIS abgelegt. Hier fehlt bei der Angabe des Operanden das #-Zeichen, da es sich um eine Variable handelt, nicht um eine Konstante.

2.2.2 Extended

Bei der Adressierungsart *extended* folgt die effektive Adresse des Operanden dem Befehlscode. Diese Adresse wird als mit 16 bit dargestellt, so daß die meisten Befehle mit dieser Adressierungsart 3 oder 4 Bytes belegen.

```
ZAHL1        EQU       $100
ZAHL2        EQU       $101
ERGEBNIS     EQU       $102
```

```
                ORG       $A000
START           LDAA      ZAHL1     AKKU A <-- ($100)
                ADDA      ZAHL2     AKKU A <-- AKKU A + ($101)
                STAA      ERGEBNIS  ERGEBNIS <-- (AKKU A)
```

2.2.3 Direct

Die direkte Adressierung ist auf den Speicherbereich von Adresse $0000 bis $00FF eingeschränkt. Durch diese Beschränkung genügt eine 8 bit Adreßangabe bei allen Befehlen zur eindeutigen Bestimmung des Operanden, die Ausführungsgeschwindigkeit solcher Befehle ist dementsprechend wesentlich größer. Zusätzlich ergibt sich ein geringerer Platzbedarf für das Programm. Aus diesen Gründen ist die Länge der meisten Befehle bei direkter Adressierung nur 2 Bytes: 1 Byte für den Befehl an sich und 1 Byte für die Angabe der effektiven Adresse in Seite 0. Hierbei machen nur diejenigen Befehle eine Ausnahme, die sich auf das Y-Register beziehen und durch die Notwendigkeit eines Page-Prebytes 3 Bytes benötigen.

Die flexible Struktur des 68HC11 erlaubt eine effektive Ausnutzung der direkten Adressierung. Die Standardeinstellung des Mikroprozessors ordnet den internen RAM-Bereich in der Seite 0 an, so daß der Bereich der *Programmvariablen* vom Programmierer mit dieser Methode schnell erreicht werden kann. In den meisten Applikationen ist dies die beste Lösung.

Für Anwendungen, bei denen ein möglichst effektives I/O-Handling im Vordergrund steht, besteht die Möglichkeit, die internen Register und Prozessorports in diesen Bereich zu legen.

```
ZAHL1           EQU       $10
ZAHL2           EQU       $30

                ORG       $A000

START           LDAA      ZAHL1     AKKU A <-- ($10)
                ADDA      ZAHL2     AKKU A <-- AKKU A + ($30)
```

In diesem Beispiel wird der Akkumulator A zuerst mit dem Inhalt der Variablen ZAHL1 geladen, zu dem dann der Inhalt der Variablen ZAHL2 addiert wird. Das Ergebnis dieser Operation steht im Akkumulator A.

2.2.4 Indexed

Die indizierte Adressierung ist besonders zum schrittweisen Zugriff auf die einzelnen Elemente eines Speicherblocks oder einer Tabelle geeignet. Zu einer mit dem Befehl übergebenen Adresse wird der Inhalt eines *Indexregisters* addiert, um so die endgültige effektive Adresse des Operanden zu erhalten. Durch einfaches Inkrementieren oder Dekrementieren des Indexregisters lassen sich so alle Einträge in einer Tabelle erreichen.

Der Mikroprozessor 68HC11 verfügt über 2 Indexregister, die mit X und Y bezeichnet werden. Eine Einschränkung tritt bei der Angabe der Basisadresse auf: hier sind beim 68HC11 nur Werte zwischen 0 und 255 ($FF) zugelassen. Da die Länge beider Indexregister 16 Bit beträgt, ist es jedoch selbst mit einem Offset von 0 möglich, den gesamten Speicherbereich des Mikroprozessors zu überstreichen.

```
ANZAHL     EQU      $01
QUELLE     EQU      $1234
ZIEL       EQU      $4567

           ORG      $A000

START      LDX      #QUELLE    IX <-- $1234
           LDY      #ZIEL      IY <-- $4567
           LDAA     #100       AKKU A <-- 100
           STAA     ANZAHL     ANZAHL <-- 100
SCHLEIFE   LDAA     0,X        AKKU A <-- (0 + IX)
           STAA     0,Y        AKKU A --> 0 + IY
           INX                 IX <-- IX + 1
           INY                 IY <-- IY + 1
           DEC      ANZAHL     ANZAHL <-- ANZAHL - 1
           BNE      SCHLEIFE   WIEDERHOLE BIS ANZAHL = 0
.
.
```

Das Beispielprogramm kopiert 100 Bytes von der Adresse QUELLE an die Adresse ZIEL. Dabei wird eine RAM-Variable ANZAHL als Zähler für die zu übertragenden Zeichen benutzt. Indexregister X zeigt auf die Quelldaten, Indexregister Y zeigt auf das Ziel der Operation.

2.2.5 Inherent

Befehle mit inherenter Adressierung zeichnen sich dadurch aus, daß keine Angabe eines Operanden notwendig ist. Der Operand ist für jeden dieser Befehle eindeutig festgelegt und geht direkt aus dem Befehlswort hervor:

    INX   Inkrementiere Indexregister X

    ABA   Addiere Akkumulator A zu Akkumulator B

    TSX   Übertrage den Stackpointer in Indexregister X

Diese Befehle gehören mit zu den schnellsten Befehlen des Mikroprozessors, da keine Adreßberechnung notwendig ist und die Operanden innerhalb der CPU zur Verfügung stehen.

2.2.6 Relative

Die relative Adressierung tritt nur bei *Verzweigungsbefehlen* auf. Hier wird anstelle der absoluten *Sprungadresse* nur der Offset zum aktuellen Program-Counter angegeben. Da für diese Angabe nur ein einziges Byte zur Verfügung steht, ergibt sich hieraus ein Sprungradius von -128 bis +127 Bytes zur Adresse des auf den Sprungbefehl folgenden Befehls.

```
START      BRA      WEITER    SPRINGT ZUM NÄCHSTEN BEFEHL
WEITER     LDAA     #1        AKKU A <-- 1
           CMP      #1        AKKU A = 1 ?
           BEQ      START     SPRINGT IMMER!
```

3 Befehlssatz

Dieses Kapitel beschreibt den gesamten Befehlssatz des 68HC11. Für alle Befehle mit sämtlichen möglichen Variationen werden sowohl die Anzahl der benötigten Bytes wie auch die zur Ausführung benötigten Taktzyklen genannt. Unter Taktzyklus wird ein kompletter Zyklus des internen E-Taktes verstanden.

Weiterhin ist bei jedem Befehl detailliert angegeben, welche Bits im Condition-Code-Register auf welche Art und Weise verändert werden. Zur Darstellung der einzelnen Veränderungen werden folgende Zeichen benutzt:

✓   dieses Bit wird nicht verändert
0   dieses Bit wird auf 0 gesetzt
1   dieses Bit wird auf 1 gesetzt
✗   dieses Bit wird in Abhängigkeit der Daten verändert

Es werden außerdem folgende Abkürzungen benutzt:

ACCA	-	Akkumulator A
ACCB	-	Akkumulator B
ACCD	-	Akkumulator D
ACCX	-	Akkumulator A oder B
CC	-	Condition-Code-Register
IX	-	Indexregister X
IXH	-	Indexregister X High-Byte
IXL	-	Indexregister X Low-Byte
IY	-	Indexregister Y
IYH	-	Indexregister Y High-Byte
IYL	-	Indexregister Y Low-Byte
M	-	Memory
PC	-	Program-Counter
PCH	-	Program-Counter High-Byte
PCL	-	Program-Counter Low-Byte
SP	-	Stack-Pointer
SPH	-	Stack-Pointer High Byte
SPL	-	Stack-Pointer Low-Byte

ABA

Addiere Akkumulator A zu Akkumulator B

Funktion: ACCA <- (ACCA) + (ACCB)

Beschreibung: Addiert den Inhalt von Akkumulator A zum Inhalt von Akkumulator B. Das Ergebnis steht in Akkumulator A, der Inhalt von Akkumulator B bleibt unverändert. Durch diesen Befehl wird das H-Bit im CC-Register verändert, so daß er sehr gut für BCD-Arithmetik zu verwenden ist (siehe auch DAA-Befehl).

CC-Register:

S	X	H	I	N	Z	V	C
✓	✓	✗	✓	✗	✗	✗	✗

H : wird gesetzt bei Übertrag von Bit 3, ansonsten gelöscht

N : wird gesetzt auf das MSB des Ergebnisses

Z : wird gesetzt bei Ergebnis $00, ansonsten gelöscht

V : wird gesetzt bei einem Zweierkomplement-Übertrag, ansonsten gelöscht

C : wird gesetzt bei Entstehen eines Übertrags, ansonsten gelöscht

Source Code: ABA

Adressierungsart	Op-Code	Bytes	Zyklen
INHERENT	1B	1	2

ABX

Addiere Akkumulator B zu Index-Register X

Funktion: IX <- (IX) + (ACCB)

Beschreibung: Addiert den Inhalt von Akkumulator B vorzeichenlos zum Inhalt von Indexregister X unter Berücksichtigung eines möglichen Übertrags vom niederwertigen zum höherwertigen Byte des X-Registers. Das Ergebnis steht im Indexregister X, der Inhalt von Akkumulator B bleibt unverändert.

CC-Register:

S	X	H	I	N	Z	V	C
✓	✓	✓	✓	✓	✓	✓	✓

Das CC-Register wird nicht verändert.

Source Code: **ABX**

Adressierungsart	Op-Code	Bytes	Zyklen
INHERENT	3A	1	3

ABY — Addiere Akkumulator B zu Index-Register Y

Funktion: IY <- (IY) + (ACCB)

Beschreibung: Addiert den Inhalt von Akkumulator B vorzeichenlos zum Inhalt von Indexregister Y unter Berücksichtigung eines möglichen Übertrags vom niederwertigen zum höherwertigen Byte des Y-Registers. Das Ergebnis steht im Indexregister Y, der Inhalt von Akkumulator B bleibt unverändert.

CC-Register:

S	X	H	I	N	Z	V	C
✓	✓	✓	✓	✓	✓	✓	✓

Das CC-Register wird nicht verändert.

Source Code: ABY

Adressierungsart	Op-Code	Bytes	Zyklen
INHERENT	18 3A	2	4

ADC — Addiere mit Übertrag

Funktion: ACCX <- (ACCX) + (M) + (C)

Beschreibung: Addiert den Inhalt von Akkumulator X zum Inhalt von Speicherstelle M und C-Bit. Das Ergebnis steht in Akkumulator X, der Inhalt von Speicherstelle M bleibt unverändert. Durch diesen Befehl wird das H-Bit im CC-Register verändert, so daß er sehr gut für BCD-Arithmetik zu verwenden ist (siehe auch DAA-Befehl).

CC-Register:

S	X	H	I	N	Z	V	C
✓	✓	✗	✓	✗	✗	✗	✗

H : wird gesetzt bei Übertrag von Bit 3, ansonsten gelöscht

N : wird gesetzt auf das MSB des Ergebnisses

Z : wird gesetzt bei Ergebnis $00, ansonsten gelöscht

V : wird gesetzt bei einem Zweierkomplement-Übertrag, ansonsten gelöscht

C : wird gesetzt bei Entstehen eines Übertrags, ansonsten gelöscht

Source Code: ADCA (Operand), ADCB (Operand)

Adressierungsart	Op-Code	Bytes	Zyklen	
IMMEDIATE	89	2	2	ACCA
	C9	2	2	ACCB
EXTENDED	B9	3	4	ACCA
	F9	3	4	ACCB
DIRECT	99	2	3	ACCA
	D9	2	3	ACCB
INDEXED,X	A9	2	4	ACCA
	E9	2	4	ACCB
INDEXED,Y	18 A9	3	5	ACCA
	18 E9	3	5	ACCB

ADD

Addiere ohne Übertrag

Funktion: ACCX <- (ACCX) + (M)

Beschreibung: Addiert den Inhalt von Akkumulator X zum Inhalt von Speicherstelle M. Das Ergebnis steht in Akkumulator X, der Inhalt von Speicherstelle M bleibt unverändert. Durch diesen Befehl wird das H-Bit im CC-Register verändert, so daß er sehr gut für BCD-Arithmetik zu verwenden ist (siehe auch DAA-Befehl).

CC-Register:

S	X	H	I	N	Z	V	C
✓	✓	✗	✓	✗	✗	✗	✗

H : wird gesetzt bei Übertrag von Bit 3, ansonsten gelöscht
N : wird gesetzt auf das MSB des Ergebnisses
Z : wird gesetzt bei Ergebnis $00, ansonsten gelöscht
V : wird gesetzt bei einem Zweierkomplement-Übertrag, ansonsten gelöscht
C : wird gesetzt bei Entstehen eines Übertrags, ansonsten gelöscht

Source Code: **ADDA (Operand), ADDB (Operand)**

Adressierungsart	Op-Code	Bytes	Zyklen	
IMMEDIATE	8B	2	2	ACCA
	CB	2	2	ACCB
EXTENDED	BB	3	4	ACCA
	FB	3	4	ACCB
DIRECT	9B	2	3	ACCA
	DB	2	3	ACCB
INDEXED,X	AB	2	4	ACCA
	EB	2	4	ACCB
INDEXED,Y	18 AB	3	5	ACCA
	18 EB	3	5	ACCB

ADDD Addiere doppelten Akkumulator ohne Übertrag

Funktion: ACCD <- (ACCD) + (M:M+1)

Beschreibung: Addiert den Inhalt von Akkumulator D zum Inhalt von Speicherstellen M und M+1. Das Ergebnis steht in Akkumulator D, der Inhalt von Speicherstellen M und M+1 bleibt unverändert.

CC-Register:

S	X	H	I	N	Z	V	C
✓	✓	✓	✓	✗	✗	✗	✗

N : wird gesetzt auf das MSB des Ergebnisses
Z : wird gesetzt bei Ergebnis $0000, ansonsten gelöscht
V : wird gesetzt bei einem Zweierkomplement-Übertrag, ansonsten gelöscht
C : wird gesetzt bei Entstehen eines Übertrags, ansonsten gelöscht

Source Code: ADDD (Operand)

Adressierungsart	Op-Code	Bytes	Zyklen
IMMEDIATE	C3	3	4
EXTENDED	F3	3	6
DIRECT	D3	2	5
INDEXED,X	E3	2	6
INDEXED,Y	18 E3	3	7

AND Logisches UND

Funktion: ACCX <- (ACCX) ^ (M)

Beschreibung: Bitweise UND-Verknüpfung des Inhalts von Akkumulator X und Speicherstelle M. Das Ergebnis steht in Akkumulator X, der Inhalt von Speicherstelle M bleibt unverändert.

CC-Register:

S	X	H	I	N	Z	V	C
✓	✓	✓	✓	✗	✗	0	✓

N : wird gesetzt auf das MSB des Ergebnisses
Z : wird gesetzt bei Ergebnis $00, ansonsten gelöscht
V : wird immer gelöscht

Source Code: ANDA (Operand), ANDB (Operand)

Adressierungsart	Op-Code	Bytes	Zyklen	
IMMEDIATE	84	2	2	ACCA
	C4	2	2	ACCB
EXTENDED	B4	3	4	ACCA
	F4	3	4	ACCB
DIRECT	94	2	3	ACCA
	D4	2	3	ACCB
INDEXED,X	A4	2	4	ACCA
	E4	2	4	ACCB
INDEXED,Y	18 A4	3	5	ACCA
	18 E4	3	5	ACCB

ASL Arithmetisch links schieben

Funktion: C <- b7 b6 b5 b4 b3 b2 b1 b0 <- 0

Beschreibung: Schiebt alle Bits von Akkumulator X oder einer Speicherstelle um eine Position nach links. Das niedrigstwertige Bit wird mit 0 geladen, Bit 7 wird in das Übertragsbit C im CC-Register geschoben. Das Ergebnis der Operation steht in der Datenquelle (Akkumulator oder Speicherstelle).

CC-Register:

S	X	H	I	N	Z	V	C
✓	✓	✓	✓	✗	✗	✗	✗

N : wird gesetzt auf das MSB des Ergebnisses
Z : wird gesetzt bei Ergebnis $00, ansonsten gelöscht
V : wird gesetzt wenn (N gesetzt und C gelöscht) oder (N gelöscht und C gesetzt) ist (nach der Operation!); in jedem anderen Fall wird V gelöscht.
C : wird gesetzt auf das Bit 7 des Operanden vor der Operation

Source Code: ASLA, ASLB, ASL (Operand)

Adressierungsart	Op-Code	Bytes	Zyklen	
INHERENT	48	1	2	ACCA
	58	1	2	ACCB
EXTENDED	78	3	6	
INDEXED,X	68	2	6	
INDEXED,Y	18 68	3	7	

ASLD

Arithmetisch links schieben (doppelten Akkumulator)

Funktion: C <- b7 b6 .. b1 b0 <- b7 b6 .. b1 b0 <- 0
                   ACCA   ACCB

Beschreibung: Schiebt alle Bits von Akkumulator D um eine Position nach links. Das niedrigstwertige Bit wird mit 0 geladen, Bit 7 wird in das Übertragsbit C im CC-Register geschoben. Das Ergebnis der Operation steht in der Datenquelle.

CC-Register:

S	X	H	I	N	Z	V	C
✓	✓	✓	✓	✗	✗	✗	✗

N : wird gesetzt auf das MSB des Ergebnisses
Z : wird gesetzt bei Ergebnis $0000, ansonsten gelöscht
V : wird gesetzt wenn (N gesetzt und C gelöscht) oder (N gelöscht und C gesetzt) ist (nach der Operation!); in jedem anderen Fall wird V gelöscht.
C : wird gesetzt auf das Bit 7 des Operanden vor der Operation

Source Code: ASLD

Adressierungsart	Op-Code	Bytes	Zyklen
INHERENT	05	1	3

ASR Arithmetisch rechts schieben

Funktion: b7 -> b7 b6 b5 b4 b3 b2 b1 b0 -> C

Beschreibung: Schiebt alle Bits von Akkumulator X oder einer Speicherstelle um eine Position nach rechts. Bit 7 behält seinen Inhalt, Bit 0 wird in das Übertragsbit C im CC-Register geschoben. Das Ergebnis der Operation steht in der Datenquelle (Akkumulator oder Speicherstelle). Dieser Befehl teilt eine Zahl in Zweierkomplement-Darstellung durch 2 ohne dabei das Vorzeichen zu verändern. Das C-Bit kann zur Rundung des Ergebnisses verwandt werden.

CC-Register:

S	X	H	I	N	Z	V	C
✓	✓	✓	✓	✗	✗	✗	✗

N : wird gesetzt auf das MSB des Ergebnisses

Z : wird gesetzt bei Ergebnis $00, ansonsten gelöscht

V : wird gesetzt wenn (N gesetzt und C gelöscht) oder (N gelöscht und C gesetzt) ist (nach der Operation!); in jedem anderen Fall wird V gelöscht.

C : wird gesetzt auf das Bit 0 des Operanden vor der Operation

Source Code: ASRA, ASRB, ASR (Operand)

Adressierungsart	Op-Code	Bytes	Zyklen	
INHERENT	47	1	2	ACCA
	57	1	2	ACCB
EXTENDED	77	3	6	
INDEXED,X	67	2	6	
INDEXED,Y	18 67	3	7	

BCC

Verzweigen bei gelöschtem Übertrags-Bit

Funktion: PC <- (PC) + $0002 + rel wenn C = 0

Beschreibung: Testet den Status des C-Bits im CC-Register und springt zur angegebenen Adresse wenn dieses Bit auf 0 gesetzt ist. Die Angabe des Sprungziels erfolgt als relativer Offset zum folgenden Befehl.

CC-Register:

S	X	H	I	N	Z	V	C
✓	✓	✓	✓	✓	✓	✓	✓

Das CC-Register wird nicht verändert.

Source Code: BCC (rel)

Adressierungsart	Op-Code	Bytes	Zyklen
RELATIVE	24	2	3

BCLR — Lösche einzelne Bits in Speicherstelle

Funktion: M <- (M) ^ Maske

Beschreibung: Löscht ein oder mehrere Bits in der angegebenen Speicherstelle. Die zu löschenden Bits sind in einem Maskierungsbyte festgelegt. Alle anderen Bits bleiben unverändert.

CC-Register:

S	X	H	I	N	Z	V	C
✓	✓	✓	✓	✗	✗	0	✓

N : wird gesetzt auf das MSB des Ergebnisses
Z : wird gesetzt bei Ergebnis $00, ansonsten gelöscht
V : wird immer gelöscht

Source Code: BCLR (Operand) (Maske)

Adressierungsart	Op-Code	Bytes	Zyklen
DIRECT	15	3	6
INDEXED,X	1D	3	7
INDEXED,Y	18 1D	4	8

BCS — Verzweigen bei gesetztem Übertrags-Bit

Funktion: PC <- (PC) + $0002 + rel wenn C = 1

Beschreibung: Testet den Status des C-Bits im CC-Register und springt zur angegeben Adresse wenn dieses Bit auf 1 gesetzt ist. Die Angabe des Sprungziels erfolgt als relativer Offset zum folgenden Befehl.

CC-Register:

S	X	H	I	N	Z	V	C
✓	✓	✓	✓	✓	✓	✓	✓

Das CC-Register wird nicht verändert.

Source Code: BCS (rel)

Adressierungsart	Op-Code	Bytes	Zyklen
RELATIVE	25	2	3

BEQ

Verzweigen bei gesetztem Zero-Bit

Funktion: PC <- (PC) + $0002 + rel wenn Z = 1

Beschreibung: Testet den Status des Z-Bits im CC-Register und springt zur angegeben Adresse wenn dieses Bit auf 1 gesetzt ist. Die Angabe des Sprungziels erfolgt als relativer Offset zum folgenden Befehl.

CC-Register:

S	X	H	I	N	Z	V	C
✓	✓	✓	✓	✓	✓	✓	✓

Das CC-Register wird nicht verändert.

Source Code: BEQ (rel)

Adressierungsart	Op-Code	Bytes	Zyklen
RELATIVE	27	2	3

BGE — Verzweigen wenn größer oder gleich Null

Funktion: PC <- (PC) + $0002 + rel

Beschreibung: Testet den Status der N- und V-Bits im CC-Register. Als Folgebefehl auf einen Vergleich oder eine Subtraktion verzweigt dieser Befehl ausschließlich dann wenn die Zweierkomplementszahl des entsprechenden Akkumulators größer oder gleich der Zweierkomplementszahl des Operanden ist. Die Angabe des Sprungziels erfolgt als relativer Offset zum folgenden Befehl.

CC-Register:

S	X	H	I	N	Z	V	C
✓	✓	✓	✓	✓	✓	✓	✓

Das CC-Register wird nicht verändert.

Source Code: BGE (rel)

Adressierungsart	Op-Code	Bytes	Zyklen
RELATIVE	2C	2	3

BGT

Verzweigen wenn größer als Null

Funktion: PC <- (PC) + $0002 + rel

Beschreibung: Testet den Status der Z-, N- und V-Bits im CC-Register. Als Folgebefehl auf einen Vergleich oder eine Subtraktion verzweigt dieser Befehl ausschließlich dann, wenn die Zweierkomplementszahl des entsprechenden Akkumulators größer als die Zweierkomplementszahl des Operanden ist. Die Angabe des Sprungziels erfolgt als relativer Offset zum folgenden Befehl.

CC-Register:

S	X	H	I	N	Z	V	C
✓	✓	✓	✓	✓	✓	✓	✓

Das CC-Register wird nicht verändert.

Source Code: BGT (rel)

Adressierungsart	Op-Code	Bytes	Zyklen
RELATIVE	2E	2	3

BHI — Verzweigen wenn größer

Funktion: PC <- (PC) + $0002 + rel

Beschreibung: Testet den Status der Z- und C-Bits im CC-Register. Als Folgebefehl auf einen Vergleich oder eine Subtraktion verzweigt dieser Befehl ausschließlich dann wenn die Binärzahl des entsprechenden Akkumulators größer als die Binärzahl des Operanden ist. Die Angabe des Sprungziels erfolgt als relativer Offset zum folgenden Befehl.

CC-Register:

S	X	H	I	N	Z	V	C
✓	✓	✓	✓	✓	✓	✓	✓

Das CC-Register wird nicht verändert.

Source Code: BHI (rel)

Adressierungsart	Op-Code	Bytes	Zyklen
RELATIVE	22	2	3

BHS

Verzweigen wenn größer oder gleich

Funktion: PC <- (PC) + $0002 + rel

Beschreibung: Testet den Status des C-Bits im CC-Register. Als Folgebefehl auf einen Vergleich oder eine Subtraktion verzweigt dieser Befehl ausschließlich dann wenn die Binärzahl des entsprechenden Akkumulators größer oder gleich der Binärzahl des Operanden ist. Die Angabe des Sprungziels erfolgt als relativer Offset zum folgenden Befehl.

CC-Register:

S	X	H	I	N	Z	V	C
✓	✓	✓	✓	✓	✓	✓	✓

Das CC-Register wird nicht verändert.

Source Code: BHS (rel)

Adressierungsart	Op-Code	Bytes	Zyklen
RELATIVE	24	2	3

BIT — Speicherbits testen

Funktion: ACCX <- (ACCX) ^ (M)

Beschreibung: Bitweise UND-Verknüpfung des Inhalts von Akkumulator X und Speicherstelle M. Der Inhalt von Akkumulator X und Speicherstelle M bleiben unverändert.

CC-Register:

S	X	H	I	N	Z	V	C
✓	✓	✓	✓	✗	✗	0	✓

N : wird gesetzt auf das MSB des Ergebnisses
Z : wird gesetzt bei Ergebnis $00, ansonsten gelöscht
V : wird immer gelöscht

Source Code: BITA (Operand), BITB (Operand)

Adressierungsart	Op-Code	Bytes	Zyklen	
IMMEDIATE	85	2	2	ACCA
	C5	2	2	ACCB
EXTENDED	B5	3	4	ACCA
	F5	3	4	ACCB
DIRECT	95	2	3	ACCA
	D5	2	3	ACCB
INDEXED,X	A5	2	4	ACCA
	E5	2	4	ACCB
INDEXED,Y	18 A5	3	5	ACCA
	18 E5	3	5	ACCB

BLE

Verzweigen wenn kleiner oder gleich Null

Funktion: PC <- (PC) + $0002 + rel

Beschreibung: Testet den Status der V-, N und Z-Bits im CC-Register. Als Folgebefehl auf einen Vergleich oder eine Subtraktion verzweigt dieser Befehl ausschließlich dann wenn die Zweierkomplementszahl des entsprechenden Akkumulators kleiner oder gleich der Zweierkomplementszahl des Operanden ist. Die Angabe des Sprungziels erfolgt als relativer Offset zum folgenden Befehl.

CC-Register:

S	X	H	I	N	Z	V	C
✓	✓	✓	✓	✓	✓	✓	✓

Das CC-Register wird nicht verändert.

Source Code: BLE (rel)

Adressierungsart	Op-Code	Bytes	Zyklen
RELATIVE	2F	2	3

BLO

Verzweigen wenn kleiner

Funktion: PC <- (PC) + $0002 + rel

Beschreibung: Testet den Status der Z- und C-Bits im CC-Register. Als Folgebefehl auf einen Vergleich oder eine Subtraktion verzweigt dieser Befehl ausschließlich dann wenn die Binärzahl des entsprechenden Akkumulators kleiner als die Binärzahl des Operanden ist. Die Angabe des Sprungziels erfolgt als relativer Offset zum folgenden Befehl.

CC-Register:

S	X	H	I	N	Z	V	C
✓	✓	✓	✓	✓	✓	✓	✓

Das CC-Register wird nicht verändert.

Source Code: BLO (rel)

Adressierungsart	Op-Code	Bytes	Zyklen
RELATIVE	25	2	3

BLS

Verzweigen wenn kleiner oder gleich

Funktion: PC <- (PC) + $0002 + rel

Beschreibung: Testet den Status des C-Bits im CC-Register. Als Folgebefehl auf einen Vergleich oder eine Subtraktion verzweigt dieser Befehl ausschließlich dann wenn die Binärzahl des entsprechenden Akkumulators kleiner oder gleich der Binärzahl des Operanden ist. Die Angabe des Sprungziels erfolgt als relativer Offset zum folgenden Befehl.

CC-Register:

S	X	H	I	N	Z	V	C
✓	✓	✓	✓	✓	✓	✓	✓

Das CC-Register wird nicht verändert.

Source Code: BLS (rel)

Adressierungsart	Op-Code	Bytes	Zyklen
RELATIVE	23	2	3

BLT — Verzweigen wenn kleiner als Null

Funktion: PC <- (PC) + $0002 + rel

Beschreibung: Testet den Status der N- und V-Bits im CC-Register. Als Folgebefehl auf einen Vergleich oder eine Subtraktion verzweigt dieser Befehl ausschließlich dann wenn die Zweierkomplementszahl des entsprechenden Akkumulators kleiner als die Zweierkomplementszahl des Operanden ist. Die Angabe des Sprungziels erfolgt als relativer Offset zum folgenden Befehl.

CC-Register:

S	X	H	I	N	Z	V	C
✓	✓	✓	✓	✓	✓	✓	✓

Das CC-Register wird nicht verändert.

Source Code: BLT (rel)

Adressierungsart	Op-Code	Bytes	Zyklen
RELATIVE	2D	2	3

BMI

Verzweigen wenn Minus

Funktion: PC <- (PC) + $0002 + rel wenn N = 1

Beschreibung: Testet den Status des N-Bits im CC-Register und springt zur angegebenen Adresse wenn dieses Bit auf 1 gesetzt ist. Die Angabe des Sprungziels erfolgt als relativer Offset zum folgenden Befehl.

CC-Register:

S	X	H	I	N	Z	V	C
✓	✓	✓	✓	✓	✓	✓	✓

Das CC-Register wird nicht verändert.

Source Code: BMI (rel)

Adressierungsart	Op-Code	Bytes	Zyklen
RELATIVE	2B	2	3

BNE

Verzweigen bei gelöschtem Z-Bit

Funktion: PC <- (PC) + $0002 + rel wenn Z = 0

Beschreibung: Testet den Status des Z-Bits im CC-Register und springt zur angegebenen Adresse wenn dieses Bit auf 0 gesetzt ist. Die Angabe des Sprungziels erfolgt als relativer Offset zum folgenden Befehl.

CC-Register:

S	X	H	I	N	Z	V	C
✓	✓	✓	✓	✓	✓	✓	✓

Das CC-Register wird nicht verändert.

Source Code: BNE (rel)

Adressierungsart	Op-Code	Bytes	Zyklen
RELATIVE	26	2	3

BPL

Verzweigen wenn Plus

Funktion: PC <- (PC) + $0002 + rel wenn N = 0

Beschreibung: Testet den Status des N-Bits im CC-Register und springt zur angegebenen Adresse wenn dieses Bit auf 0 gesetzt ist. Die Angabe des Sprungziels erfolgt als relativer Offset zum folgenden Befehl.

CC-Register:

S	X	H	I	N	Z	V	C
✓	✓	✓	✓	✓	✓	✓	✓

Das CC-Register wird nicht verändert.

Source Code: BPL (rel)

Adressierungsart	Op-Code	Bytes	Zyklen
RELATIVE	2A	2	3

BRA — Immer verzweigen

Funktion: PC <- (PC) + $0002 + rel wenn N = 0

Beschreibung: Springt zur angegebenen Adresse. Die Angabe des Sprungziels erfolgt als relativer Offset zum folgenden Befehl.

CC-Register:

S	X	H	I	N	Z	V	C
✓	✓	✓	✓	✓	✓	✓	✓

Das CC-Register wird nicht verändert.

Source Code: BRA (rel)

Adressierungsart	Op-Code	Bytes	Zyklen
RELATIVE	20	2	3

BRCLR — Verzweigen wenn Bits gelöscht sind

Funktion: PC <- (PC) + $0002 + rel

Beschreibung: Springt zur angegebenen Adresse wenn die UND-Verknüpfung der angegebenen Speicherstelle mit der zugehörigen Maske 0 ergibt, d.h. alle angegebenen Bits sind 0. Die Angabe des Sprungziels erfolgt als relativer Offset zum folgenden Befehl.

CC-Register:

S	X	H	I	N	Z	V	C
✓	✓	✓	✓	✓	✓	✓	✓

Das CC-Register wird nicht verändert.

Source Code: BRCLR (Operand) (Maske) (rel)

Adressierungsart	Op-Code	Bytes	Zyklen
DIRECT	13	4	6
INDEXED,X	1F	4	7
INDEXED,Y	18 1F	5	8

BRN Verzweige niemals

Funktion: PC <- (PC) + $0002 + rel

Beschreibung: Springt niemals zur angegebenen Adresse. Die Angabe des Sprungziels erfolgt als relativer Offset zum folgenden Befehl. In der Praxis als 2-Byte NOP einzusetzen.

CC-Register:

S	X	H	I	N	Z	V	C
✓	✓	✓	✓	✓	✓	✓	✓

Das CC-Register wird nicht verändert.

Source Code: BRN (rel)

Adressierungsart	Op-Code	Bytes	Zyklen
RELATIVE	21	2	3

BRSET

Verzweigen wenn Bits gesetzt sind

Funktion: PC <- (PC) + $0002 + rel

Beschreibung: Springt zur angegebenen Adresse wenn die UND-Verknüpfung der angegebenen Speicherstelle mit der zugehörigen invertierten Maske 0 ergibt, d.h. alle angegebenen Bits sind 1. Die Angabe des Sprungziels erfolgt als relativer Offset zum folgenden Befehl.

CC-Register:

S	X	H	I	N	Z	V	C
✓	✓	✓	✓	✓	✓	✓	✓

Das CC-Register wird nicht verändert.

Source Code: **BRSET (Operand) (Maske) (rel)**

Adressierungsart	Op-Code	Bytes	Zyklen
DIRECT	12	4	6
INDEXED,X	1E	4	7
INDEXED,Y	18 1E	5	8

BSET

Setze einzelne Bits in Speicherstelle

Funktion: M <- (M) v Maske

Beschreibung: Setzt ein oder mehrere Bits in der angegebenen Speicherstelle. Die zu setzenden Bits sind in einem Maskierungsbyte festgelegt. Alle anderen Bits bleiben unverändert.

CC-Register:

S	X	H	I	N	Z	V	C
✓	✓	✓	✓	✗	✗	0	✓

N : wird gesetzt auf das MSB des Ergebnisses
Z : wird gesetzt bei Ergebnis $00, ansonsten gelöscht
V : wird immer gelöscht

Source Code: BSET (Operand) (Maske)

Adressierungsart	Op-Code	Bytes	Zyklen
DIRECT	14	3	6
INDEXED,X	1C	3	7
INDEXED,Y	18 1C	4	8

BSR

Verzweige in Unterprogramm

Funktion: STACK <- PC + 2
SP <- SP - 2
PC <- PC + (rel)

Beschreibung: Der Programmzählerinhalt plus 2 wird auf den Stack gebracht, der Stackpointer wird um 2 vermindert, der Programmzähler wird mit der Unterprogrammadresse geladen. Die Angabe des Sprungziels erfolgt als relativer Offset zum folgenden Befehl.

CC-Register:

S	X	H	I	N	Z	V	C
✓	✓	✓	✓	✓	✓	✓	✓

Das CC-Register wird nicht verändert.

Source Code: BSR (rel)

Adressierungsart	Op-Code	Bytes	Zyklen
RELATIVE	8D	2	6

BVC — Verzweigen wenn kein Überlauf

Funktion: PC <- (PC) + $0002 + rel wenn V = 0

Beschreibung: Testet den Status des V-Bits im CC-Register und springt zur angegebenen Adresse wenn dieses Bit auf 0 gesetzt ist. Die Angabe des Sprungziels erfolgt als relativer Offset zum folgenden Befehl.

CC-Register:

S	X	H	I	N	Z	V	C
✓	✓	✓	✓	✓	✓	✓	✓

Das CC-Register wird nicht verändert.

Source Code: BVC (rel)

Adressierungsart	Op-Code	Bytes	Zyklen
RELATIVE	28	2	3

BVS

Verzweigen wenn Überlauf

Funktion: PC <- (PC) + $0002 + rel wenn V = 1

Beschreibung: Testet den Status des V-Bits im CC-Register und springt zur angegebenen Adresse wenn dieses Bit auf 1 gesetzt ist. Die Angabe des Sprungziels erfolgt als relativer Offset zum folgenden Befehl.

CC-Register:

S	X	H	I	N	Z	V	C
✓	✓	✓	✓	✓	✓	✓	✓

Das CC-Register wird nicht verändert.

Source Code: BVS (rel)

Adressierungsart	Op-Code	Bytes	Zyklen
RELATIVE	29	2	3

CBA

Vergleiche Akkumulator A mit Akkumulator B

Funktion: (ACCA) - (ACCB)

Beschreibung: Vergleicht den Inhalt von Akkumulator A mit dem von Akkumulator B und setzt die entsprechenden Bits im CC-Register. Der Inhalt beider Datenquellen bleibt unverändert.

CC-Register:

S	X	H	I	N	Z	V	C
✓	✓	✓	✓	✗	✗	✗	✗

N : wird gesetzt auf das MSB des Ergebnisses
Z : wird gesetzt bei Ergebnis $00, ansonsten gelöscht
V : wird gesetzt bei einem Zweierkomplement-Übertrag, ansonsten gelöscht
C : wird gesetzt bei Entstehen eines Übertrags, ansonsten gelöscht

Source Code: CBA

Adressierungsart	Op-Code	Bytes	Zyklen
INHERENT	11	1	2

CLC — Lösche Carry-Bit

Funktion: C <- 0

Beschreibung: Setzt das C-Bit im CC-Register auf 0.

CC-Register:

S	X	H	I	N	Z	V	C
✓	✓	✓	✓	✓	✓	✓	0

Das Carry-Bit wird auf 0 gesetzt.

Source Code: CLC

Adressierungsart	Op-Code	Bytes	Zyklen
INHERENT	0C	1	2

CLI Lösche Interrupt-Bit

Funktion: I <- 0

Beschreibung: Setzt das I-Bit im CC-Register auf 0.

CC-Register:

S	X	H	I	N	Z	V	C
✓	✓	✓	0	✓	✓	✓	✓

Das I-Bit wird auf 0 gesetzt.

Source Code: CLI

Adressierungsart	Op-Code	Bytes	Zyklen
INHERENT	0E	1	2

CLR — Lösche Akkumulator oder Speicherstelle

Funktion: ACCX <- 0 oder M <- 0

Beschreibung: Setzt Akkumulator oder Speicherstelle auf Null.

CC-Register:

S	X	H	I	N	Z	V	C
✓	✓	✓	✓	0	1	0	0

N : wird immer auf 0 gesetzt
Z : wird immer auf 1 gesetzt
V : wird immer auf 0 gesetzt
C : wird immer auf 0 gesetzt

Source Code: CLRA, CLRB, CLR (Operand)

Adressierungsart	Op-Code	Bytes	Zyklen	
INHERENT	4F	1	2	ACCA
	5F	1	2	ACCB
EXTENDED	7F	3	6	
INDEXED,X	6F	2	6	
INDEXED,Y	18 6F	3	5	

CLV

Lösche Zweierkomplement Übertrags-Bit

Funktion: V <- 0

Beschreibung: Setzt das V-Bit im CC-Register auf 0.

CC-Register:

S	X	H	I	N	Z	V	C
✓	✓	✓	✓	✓	✓	0	✓

Das V-Bit wird auf 0 gesetzt.

Source Code: CLV

Adressierungsart	Op-Code	Bytes	Zyklen
INHERENT	0A	1	2

CMP — Vergleiche

Funktion: (ACCX) - (M)

Beschreibung: Vergleicht den Inhalt von Akkumulator X mit dem Inhalt einer Speicherstelle und verändert die Bits im CC-Register entsprechend dem Ergebnis. Keiner der beiden Operanden wird verändert.

CC-Register:

S	X	H	I	N	Z	V	C
✓	✓	✓	✓	✗	✗	✗	✗

N : wird gesetzt auf das MSB des Ergebnisses
Z : wird gesetzt bei Ergebnis $00, ansonsten gelöscht
V : wird gesetzt bei einem Zweierkomplement-Übertrag, ansonsten gelöscht
C : wird gesetzt bei Entstehen eines Übertrags, ansonsten gelöscht

Source Code: CMPA (Operand), CMPB (Operand)

Adressierungsart	Op-Code	Bytes	Zyklen	
IMMEDIATE	81	2	2	ACCA
	C1	2	2	ACCB
EXTENDED	B1	3	4	ACCA
	F1	3	4	ACCB
DIRECT	91	2	3	ACCA
	D1	2	3	ACCB
INDEXED,X	A1	2	4	ACCA
	E1	2	4	ACCB
INDEXED,Y	18 A1	3	5	ACCA
	18 E1	3	5	ACCB

COM Komplementiere

Funktion: ACCX <- $FF-(ACCX) oder M <- $FF-(M)

Beschreibung: Ersetzt den Inhalt der Datenquelle durch sein Einerkomplement, d. h. jedes Bit wird invertiert.

CC-Register:

S	X	H	I	N	Z	V	C
✓	✓	✓	✓	✗	✗	0	1

N : wird gesetzt auf das MSB des Ergebnisses
Z : wird gesetzt bei Ergebnis $00, ansonsten gelöscht
V : wird auf 0 gesetzt
C : wird auf 1 gesetzt

Source Code: COMA, COMB, COM (Operand)

Adressierungsart	Op-Code	Bytes	Zyklen	
INHERENT	43	2	2	ACCA
	53	2	2	ACCB
EXTENDED	73	3	6	
INDEXED,X	63	2	6	
INDEXED,Y	18 63	3	7	

CPD — Vergleiche doppelten Akkumulator

Funktion: (ACCD) - (M:M+1)

Beschreibung: Vergleicht den Inhalt von Akkumulator D mit dem Inhalt von Speicherstellen M und M+1 und verändert die Bits im CC-Register entsprechend dem Ergebnis. Keiner der beiden Operanden wird verändert.

CC-Register:

S	X	H	I	N	Z	V	C
✓	✓	✓	✓	✗	✗	✗	✗

N : wird gesetzt auf das MSB des Ergebnisses

Z : wird gesetzt bei Ergebnis $0000, ansonsten gelöscht

V : wird gesetzt bei einem Zweierkomplement-Übertrag, ansonsten gelöscht

C : wird gesetzt bei Entstehen eines Übertrags, ansonsten gelöscht

Source Code: CPD (Operand)

Adressierungsart	Op-Code	Bytes	Zyklen
IMMEDIATE	1A 83	4	5
EXTENDED	1A B3	4	7
DIRECT	1A 93	3	6
INDEXED,X	1A A3	3	7
INDEXED,Y	CD A3	3	7

CPX — Vergleiche Indexregister X

Funktion: $(X) - (M:M+1)$

Beschreibung: Vergleicht den Inhalt von Indexregister X mit dem Inhalt von Speicherstellen M und M+1 und verändert die Bits im CC-Register entsprechend dem Ergebnis. Keiner der beiden Operanden wird verändert.

CC-Register:

S	X	H	I	N	Z	V	C
✓	✓	✓	✓	✗	✗	✗	✗

N : wird gesetzt auf das MSB des Ergebnisses

Z : wird gesetzt bei Ergebnis $0000, ansonsten gelöscht

V : wird gesetzt bei einem Zweierkomplement-Übertrag, ansonsten gelöscht

C : wird gesetzt bei Entstehen eines Übertrags, ansonsten gelöscht

Source Code: CPX (Operand)

Adressierungsart	Op-Code	Bytes	Zyklen
IMMEDIATE	8C	3	4
EXTENDED	BC	3	6
DIRECT	9C	2	5
INDEXED,X	AC	2	6
INDEXED,Y	CD AC	3	7

CPY — Vergleiche Indexregister Y

Funktion: (Y) - (M:M+1)

Beschreibung: Vergleicht den Inhalt von Indexregister Y mit dem Inhalt von Speicherstellen M und M+1 und verändert die Bits im CC-Register entsprechend dem Ergebnis. Keiner der beiden Operanden wird verändert.

CC-Register:

S	X	H	I	N	Z	V	C
✓	✓	✓	✓	✗	✗	✗	✗

N : wird gesetzt auf das MSB des Ergebnisses

Z : wird gesetzt bei Ergebnis $00, ansonsten gelöscht

V : wird gesetzt bei einem Zweierkomplement-Übertrag, ansonsten gelöscht

C : wird gesetzt bei Entstehen eines Übertrags, ansonsten gelöscht

Source Code: CPY (Operand)

Adressierungsart	Op-Code	Bytes	Zyklen
IMMEDIATE	18 8C	4	5
EXTENDED	18 BC	4	7
DIRECT	18 9C	3	6
INDEXED,X	1A AC	3	7
INDEXED,Y	18 AC	3	7

DAA

Dezimal-Korrektur von Akkumulator A

Funktion: Die folgende Tabelle zeig die Funktion des DAA-Befehls für sämtliche gültige Kombinationen von Operanden. Durch die Addition eines Korrekturfaktors zum Akkumulator A wird das Ergebnis einer vorangehenden BCD-Addition zu einer gültigen BCD-Zahl inclusive Übertrags-Bit umgewandelt.

Die folgende Tabelle zeigt für alle Kombinationen von Akkuinhalt und H-Bit die zur Anwendung kommenden Korrekturwerte und den Status des C-Bits nach der DAA-Operation.

	vor Ausführung DAA			nach	
C-Bit	Bits 7-4	H-Bit	Bits 3-0	Korr.	C-Bit
0	0-9	0	0-9	$00	0
0	0-8	0	A-F	$06	0
0	0-9	1	0-3	$06	0
0	A-F	0	0-9	$60	1
0	9-F	0	A-F	$66	1
0	A-F	1	0-3	$66	1
1	0-2	0	0-9	$60	1
1	0-2	0	A-F	$66	1
0	0-3	0	0-3	$66	1

DAA (Fortsetzung)

Beschreibung: Wenn der Inhalt von Akkumulator A und der Status der C- und H-Bits im CC-Register das Ergebnis einer BCD-Addition sind, korrigiert der DAA-Befehl den Akkumulatorinhalt und das C-Bit.

CC-Register:

S	X	H	I	N	Z	V	C
✓	✓	✓	✓	✗	✗	?	

N : wird gesetzt auf das MSB des Ergebnisses
Z : wird gesetzt bei Ergebnis $00, ansonsten gelöscht
V : undefiniert
C : siehe Tabelle

Source Code: DAA

Adressierungsart	Op-Code	Bytes	Zyklen
INHERENT	19	1	2

DEC — Dekrementiere

Funktion: ACCX <- (ACCX)-1 oder M <- (M)-1

Beschreibung: Vermindert den Inhalt der Datenquelle um 1. Die N-, Z- und V-Bits im CC-Register werden entsprechend dem Ergebnis verändert. Es findet keine Beeinflussung des C-Bits statt.

CC-Register:

S	X	H	I	N	Z	V	C
✓	✓	✓	✓	✗	✗	✗	✓

N : wird gesetzt auf das MSB des Ergebnisses
Z : wird gesetzt bei Ergebnis $00, ansonsten gelöscht
V : wird gesetzt bei einem Zweierkomplement-Übertrag, ansonsten gelöscht

Source Code: DECA, DECB, DEC (Operand)

Adressierungsart	Op-Code	Bytes	Zyklen	
INHERENT	4A	1	2	ACCA
	5A	1	2	ACCB
EXTENDED	7A	3	6	
INDEXED,X	6A	2	6	
INDEXED,Y	18 6A	3	7	

DES — Dekrementiere Stack-Pointer

Funktion: SP <- (SP)-1

Beschreibung: Vermindert den Inhalt des Stackpointers um 1.

CC-Register:

S	X	H	I	N	Z	V	C
✓	✓	✓	✓	✓	✓	✓	✓

Das CC-Register wird nicht verändert.

Source Code: DES

Adressierungsart	Op-Code	Bytes	Zyklen
INHERENT	34	1	3

DEX — Dekrementiere Index-Register X

Funktion: $X \leftarrow (X) - 1$

Beschreibung: Vermindert den Inhalt des Indexregisters um 1. Das Z-Bit im CC-Register wird entsprechend dem Ergebnis verändert.

CC-Register:

S	X	H	I	N	Z	V	C
✓	✓	✓	✓	✓	✗	✓	✓

Z : wird gesetzt bei Ergebnis $00, ansonsten gelöscht

Source Code: DEX

Adressierungsart	Op-Code	Bytes	Zyklen
INHERENT	09	1	3

DEY

Dekrementiere Index-Register Y

Funktion: $Y \leftarrow (Y)-1$

Beschreibung: Vermindert den Inhalt des Indexregisters um 1. Das Z-Bit im CC-Register wird entsprechend dem Ergebnis verändert.

CC-Register:

S	X	H	I	N	Z	V	C
✓	✓	✓	✓	✓	✗	✓	✓

Z : wird gesetzt bei Ergebnis $00, ansonsten gelöscht

Source Code: DEY

Adressierungsart	Op-Code	Bytes	Zyklen
INHERENT	18 09	2	4

EOR

Logisches Exklusiv-Oder

Funktion: ACCX <- (ACCX) EOR (M)

Beschreibung: Bitweise EOR-Verknüpfung des Inhalts von Akkumulator X und Speicherstelle M. Das Ergebnis steht in Akkumulator X, der Inhalt von Speicherstelle M bleibt unverändert.

CC-Register:

S	X	H	I	N	Z	V	C
✓	✓	✓	✓	✗	✗	0	✓

N : wird gesetzt auf das MSB des Ergebnisses
Z : wird gesetzt bei Ergebnis $00, ansonsten gelöscht
V : wird immer gelöscht

Source Code: EORA (Operand), EORB (Operand)

Adressierungsart	Op-Code	Bytes	Zyklen	
IMMEDIATE	88	2	2	ACCA
	C8	2	2	ACCB
EXTENDED	B8	3	4	ACCA
	F8	3	4	ACCB
DIRECT	98	2	3	ACCA
	D8	2	3	ACCB
INDEXED,X	A8	2	4	ACCA
	E8	2	4	ACCB
INDEXED,Y	18 A8	3	5	ACCA
	18 E8	3	5	ACCB

FDIV Division

Funktion: (ACCD)/(X)
X <- Quotient
ACCD <- Rest

Beschreibung: Vorzeichenlose Division einer 16-Bit-Zahl in Akkumulator D durch eine 16-Bit Zahl im Indexregister X. Der Quotient steht im Indexregister X, der Rest im Akkumulator D. Es wird vorausgesetzt, daß die Zahl im Indexregister kleiner als die im Akkumulator ist. Im Falle des Überlaufs (Indexregister ist größer oder gleich) oder bei Division durch 0 wird der Quotient auf $FFFF gesetzt, der Rest ist in diesem Fall undefiniert.
FDIV entspricht der Division einer 32-Bit Zahl durch eine 16-Bit Zahl. Das Ergebnis ist ein binär gewichteter Bruch. Ein Ergebnis von $0001 entspricht 0,00015, ein Ergebnis

CC-Register:

S	X	H	I	N	Z	V	C
✓	-	✓	✓	✓	✗	✗	✗

von $FFFF entspricht 0,99998.

Z: wird gesetzt bei Ergebnis $0000, ansonsten gelöscht
V: wird gesetzt wenn (X) < (ACCD), ansonsten gelöscht
C: wird gesetzt wenn (X) = 0, ansonsten gelöscht

Source Code: **FDIV**

Adressierungsart	Op-Code	Bytes	Zyklen
INHERENT	03	1	41

IDIV — Integer-Division

Funktion: (ACCD)/(X)
X <- Quotient
ACCD <- Rest

Beschreibung: Vorzeichenlose Integer-Division einer 16-Bit-Zahl in Akkumulator D durch eine 16-Bit Zahl im Indexregister X. Der Quotient steht im Indexregister X, der Rest im Akkumulator D. Bei Division durch 0 wird der Quotient auf $FFFF gesetzt, der Rest ist in diesem Fall undefiniert.
IDIV entspricht der Division einer 32-Bit-Zahl durch eine 16-Bit Zahl. Das Ergebnis ist ein binär gewichteter Bruch. Ein Ergebnis von $0001 entspricht 0,00015, ein Ergebnis von $FFFF entspricht 0,99998.

CC-Register:

S	X	H	I	N	Z	V	C
✓	✓	✓	✓	✓	✗	0	✗

Z : wird gesetzt bei Ergebnis $0000, ansonsten gelöscht
V : wird immer gelöscht
C : wird gesetzt wenn (X) = 0, ansonsten gelöscht

Source Code: IDIV

Adressierungsart	Op-Code	Bytes	Zyklen
INHERENT	02	1	41

INC — Inkrementiere

Funktion: ACCX <- (ACCX)+1 oder M <- (M)+1

Beschreibung: Erhöht den Inhalt der Datenquelle um 1. Die N-, Z- und V-Bits im CC-Register werden entsprechend dem Ergebnis verändert. Es findet keine Beeinflussung des C-Bits statt.

CC-Register:

S	X	H	I	N	Z	V	C
✓	✓	✓	✓	✗	✗	✗	✓

N : wird gesetzt auf das MSB des Ergebnisses
Z : wird gesetzt bei Ergebnis $00, ansonsten gelöscht
V : wird gesetzt bei einem Zweierkomplement-Übertrag, ansonsten gelöscht

Source Code: INCA, INCB, INC (Operand)

Adressierungsart	Op-Code	Bytes	Zyklen	
INHERENT	4C	1	2	ACCA
	5C	1	2	ACCB
EXTENDED	7C	3	6	
INDEXED,X	6C	2	6	
INDEXED,Y	18 6C	3	7	

INS — Inkrementiere Stack-Pointer

Funktion: SP <- (SP)+1

Beschreibung: Erhöht den Inhalt des Stackpointers um 1.

CC-Register:

S	X	H	I	N	Z	V	C
✓	✓	✓	✓	✓	✓	✓	✓

Das CC-Register wird nicht verändert.

Source Code: INS

Adressierungsart	Op-Code	Bytes	Zyklen
INHERENT	31	1	3

INX

Inkrementiere Index-Register X

Funktion: X <- (X)+1

Beschreibung: Erhöht den Inhalt des Indexregisters um 1. Das Z-Bit im CC-Register wird entsprechend dem Ergebnis verändert.

CC-Register:

S	X	H	I	N	Z	V	C
✓	✓	✓	✓	✓	✗	✓	✓

Z : wird gesetzt bei Ergebnis $00, ansonsten gelöscht

Source Code: INX

Adressierungsart	Op-Code	Bytes	Zyklen
INHERENT	08	1	3

INY — Inkrementiere Index-Register Y

Funktion: Y <- (Y)+1

Beschreibung: Erhöht den Inhalt des Indexregisters um 1. Das Z-Bit im CC-Register wird entsprechend dem Ergebnis verändert.

CC-Register:

S	X	H	I	N	Z	V	C
✓	✓	✓	✓	✓	✗	✓	✓

Z : wird gesetzt bei Ergebnis $00, ansonsten gelöscht

Source Code: INY

Adressierungsart	Op-Code	Bytes	Zyklen
INHERENT	18 08	2	4

JMP

Sprung

Funktion: PC <- EA

Beschreibung: Springt zur angegebenen Adresse. Die Angabe des Sprungziels erfolgt als absolute Adresse.

CC-Register:

S	X	H	I	N	Z	V	C
✓	✓	✓	✓	✓	✓	✓	✓

Das CC-Register wird nicht verändert.

Source Code: JMP (Operand)

Adressierungsart	Op-Code	Bytes	Zyklen
EXTENDED	7E	3	3
INDEXED,X	6E	2	3
INDEXED,Y	18 6E	3	4

JSR

Verzweige in Unterprogramm

Funktion: STACK <- PC + 2 oder 3

SP <- SP - 2   PC <- EA

Beschreibung: Der Programmzählerinhalt plus 2 oder 3 wird auf den Stack gebracht, der Stackpointer wird um 2 vermindert, der Programmzähler wird mit der Unterprogrammadresse geladen. Die Angabe des Sprungziels erfolgt als absolute Adresse.

CC-Register:

S	X	H	I	N	Z	V	C
✓	✓	✓	✓	✓	✓	✓	✓

Das CC-Register wird nicht verändert.

Source Code: JSR (Operand)

Adressierungsart	Op-Code	Bytes	Zyklen
DIRECT	9D	2	5
EXTENDED	BD	3	6
INDEXED,X	AD	2	6
INDEXED,Y	18 AD	3	7

LDA — Lade Akkumulator

Funktion: ACCX <- (M)

Beschreibung: Lädt den Inhalt von Speicherstelle M in den Akkumulator X. Die Bits im CC-Register werden entsprechend dem Ergebnis verändert.

CC-Register:

S	X	H	I	N	Z	V	C
✓	✓	✓	✓	✗	✗	0	✓

N : wird gesetzt auf das MSB des Ergebnisses
Z : wird gesetzt bei Ergebnis $00, ansonsten gelöscht
V : wird immer gelöscht

Source Code: LDAA (Operand), LDAB (Operand)

Adressierungsart	Op-Code	Bytes	Zyklen	
IMMEDIATE	86	2	2	ACCA
	C6	2	2	ACCB
EXTENDED	B6	3	4	ACCA
	F6	3	4	ACCB
DIRECT	96	2	3	ACCA
	D6	2	3	ACCB
INDEXED,X	A6	2	4	ACCA
	E6	2	4	ACCB
INDEXED,Y	18 A6	3	5	ACCA
	18 E6	3	5	ACCB

LDD — Lade doppelten Akkumulator

Funktion: ACCD <- (M:M+1)

Beschreibung: Lädt den Inhalt von Speicherstelle M in den Akkumulator D. Die Bits im CC-Register werden entsprechend dem Ergebnis verändert.

CC-Register:

S	X	H	I	N	Z	V	C
✓	✓	✓	✓	✗	✗	0	✓

N : wird gesetzt auf das MSB des Ergebnisses
Z : wird gesetzt bei Ergebnis $0000, ansonsten gelöscht
V : wird immer gelöscht

Source Code: LDD (Operand)

Adressierungsart	Op-Code	Bytes	Zyklen
IMMEDIATE	CC	3	3
EXTENDED	FC	3	5
DIRECT	DC	2	4
INDEXED,X	EC	2	5
INDEXED,Y	18 EC	3	6

LDS — Lade Stackpointer

Funktion: SPH <- (M)
SPL <- (M+1)

Beschreibung: Lädt den Inhalt von Speicherstelle M in das höherwertige Byte des Stackpointers und den Inhalt von Speicherstelle M+1 in das niederwertige Byte. Die Bits im CC-Register werden entsprechend dem Ergebnis verändert.

CC-Register:

S	X	H	I	N	Z	V	C
✓	✓	✓	✓	✗	✗	0	✓

N : wird gesetzt auf das MSB des Ergebnisses
Z : wird gesetzt bei Ergebnis $0000, ansonsten gelöscht
V : wird immer gelöscht

Source Code: LDS (Operand)

Adressierungsart	Op-Code	Bytes	Zyklen
IMMEDIATE	8E	3	3
EXTENDED	BE	3	5
DIRECT	9E	2	4
INDEXED,X	AE	2	5
INDEXED,Y	18 AE	3	6

LDX

Lade Index-Register X

Funktion: XH <- (M)
XL <- (M+1)

Beschreibung: Lädt den Inhalt von Speicherstelle M in das höherwertige Byte des Indexregisters und den Inhalt von Speicherstelle M+1 in das niederwertige Byte. Die Bits im CC-Register werden entsprechend dem Ergebnis verändert.

CC-Register:

S	X	H	I	N	Z	V	C
✓	✓	✓	✓	✗	✗	0	✓

N : wird gesetzt auf das MSB des Ergebnisses
Z : wird gesetzt bei Ergebnis $0000, ansonsten gelöscht
V : wird immer gelöscht

Source Code: LDX (Operand)

Adressierungsart	Op-Code	Bytes	Zyklen
IMMEDIATE	CE	3	3
EXTENDED	FE	3	5
DIRECT	DE	2	4
INDEXED,X	EE	2	5
INDEXED,Y	CD EE	3	6

LDY

Lade Index-Register Y

Funktion: YH <- (M)
YL <- (M+1)

Beschreibung: Lädt den Inhalt von Speicherstelle M in das höherwertige Byte des Indexregisters und den Inhalt von Speicherstelle M+1 in das niederwertige Byte. Die Bits im CC-Register werden entsprechend dem Ergebnis verändert.

CC-Register:

S	X	H	I	N	Z	V	C
✓	✓	✓	✓	✗	✗	0	✓

N : wird gesetzt auf das MSB des Ergebnisses
Z : wird gesetzt bei Ergebnis $0000, ansonsten gelöscht
V : wird immer gelöscht

Source Code: LDY (Operand)

Adressierungsart	Op-Code	Bytes	Zyklen
IMMEDIATE	18 CE	4	4
EXTENDED	18 FE	4	6
DIRECT	18 DE	4	5
INDEXED,X	1A EE	3	6
INDEXED,Y	18 EE	3	6

LSL

Logisch links schieben

Funktion: C <- b7 b6 b5 b4 b3 b2 b1 b0 <- 0

Beschreibung: Schiebt alle Bits von Akkumulator X oder einer Speicherstelle um eine Position nach links. Das niedrigstwertige Bit wird mit 0 geladen, Bit 7 wird in das Übertragsbit C im CC-Register geschoben. Das Ergebnis der Operation steht in der Datenquelle (Akkumulator oder Speicherstelle).

CC-Register:

S	X	H	I	N	Z	V	C
✓	✓	✓	✓	✗	✗	✗	✗

- N : wird gesetzt auf das MSB des Ergebnisses
- Z : wird gesetzt bei Ergebnis $00, ansonsten gelöscht
- V : wird gesetzt wenn (N gesetzt und C gelöscht) oder (N gelöscht und C gesetzt) ist (nach der Operation!); in jedem anderen Fall wird V gelöscht.
- C : wird gesetzt auf das Bit 7 des Operanden vor der Operation

Source Code: LSLA, LSLB, LSL (Operand)

Adressierungsart	Op-Code	Bytes	Zyklen	
INHERENT	48	1	2	ACCA
	58	1	2	ACCB
EXTENDED	78	3	6	
INDEXED,X	68	2	6	
INDEXED,Y	18 68	3	5	

LSLD

Logisch links schieben (doppelten Akkumulator)

Funktion: C <- b7 b6 .. b1 b0 <- b7 b6 .. b1 b0 <- 0
                      ACCA   ACCB

Beschreibung: Schiebt alle Bits von Akkumulator D um eine Position nach links. Das niedrigstwertige Bit wird mit 0 geladen, Bit 7 wird in das Übertragsbit C im CC-Register geschoben. Das Ergebnis der Operation steht in der Datenquelle.

CC-Register:

S	X	H	I	N	Z	V	C
✓	✓	✓	✓	✗	✗	✗	✗

N : wird gesetzt auf das MSB des Ergebnisses
Z : wird gesetzt bei Ergebnis $0000, ansonsten gelöscht
V : wird gesetzt wenn (N gesetzt und C gelöscht) oder (N gelöscht und C gesetzt) ist (nach der Operation!); in jedem anderen Fall wird V gelöscht.
C : wird gesetzt auf das Bit 7 des Operanden vor der Operation

Source Code: LSLD

Adressierungsart	Op-Code	Bytes	Zyklen
INHERENT	05	1	3

LSR

Logisch rechts schieben

Funktion: 0 -> b7 b6 b5 b4 b3 b2 b1 b0 -> C

Beschreibung: Schiebt alle Bits von Akkumulator X oder einer Speicherstelle um eine Position nach rechts. Bit 7 wird mit 0 geladen, Bit 0 wird in das Übertragsbit C im CC-Register geschoben. Das Ergebnis der Operation steht in der Datenquelle (Akkumulator oder Speicherstelle). Dieser Befehl teilt eine Zahl in Zweierkomplement-Darstellung durch 2, ohne dabei das Vorzeichen zu verändern. Das C-Bit kann zur Rundung des Ergebnisses verwandt werden.

CC-Register:

S	X	H	I	N	Z	V	C
✓	✓	✓	✓	0	✗	✗	✗

N : wird immer gelöscht

Z : wird gesetzt bei Ergebnis $00, ansonsten gelöscht

V : wird gesetzt wenn (N gesetzt und C gelöscht) oder (N gelöscht und C gesetzt) ist (nach der Operation!); in jedem anderen Fall wird V gelöscht.

C : wird gesetzt auf das Bit 0 des Operanden vor der Operation

Source Code: LSRA, LSRB, LSR (Operand)

Adressierungsart	Op-Code	Bytes	Zyklen	
INHERENT	44	1	2	ACCA
	54	1	2	ACCB
EXTENDED	74	3	6	
INDEXED,X	64	2	6	
INDEXED,Y	18 64	3	7	

LSRD

Logisch rechts schieben (doppelten Akkumulator)

Funktion: 0 -> b7 b6 .. b1 b0 -> b7 b6 .. b1 b0 -> C
                      ACCA   ACCB

Beschreibung: Schiebt alle Bits von Akkumulator D um eine Position nach rechts. Das höchstwertige Bit wird mit 0 geladen, Bit 0 wird in das Übertragsbit C im CC-Register geschoben. Das Ergebnis der Operation steht in der Datenquelle.

CC-Register:

S	X	H	I	N	Z	V	C
✓	✓	✓	✓	0	✗	✗	✗

N : wird immer gelöscht
Z : wird gesetzt bei Ergebnis $0000, ansonsten gelöscht
V : wird gesetzt, wenn C nach der Operation gesetzt ist, ansonsten gelöscht
C : wird gesetzt auf das Bit 0 des Operanden vor der Operation

Source Code: LSRD

Adressierungsart	Op-Code	Bytes	Zyklen
INHERENT	04	1	3

MUL — Vorzeichenlose Multiplikation

Funktion: ACCD <- (ACCA) X (ACCB)

Beschreibung: Multipliziert zwei vorzeichenlose 8-Bit-Zahlen in Akkumulator A und B in ein vorzeichenloses Ergebnis in Akkumulator D.

CC-Register:

S	X	H	I	N	Z	V	C
✓	✓	✓	✓	✓	✓	✓	✗

C : wird gesetzt auf das höchstwertige Bit des Ergebnisses

Source Code: MUL

Adressierungsart	Op-Code	Bytes	Zyklen
INHERENT	3D	1	10

ns
NEG Negiere

Funktion: ACCX <- $00-(ACCX) oder M <- $00-(M)

Beschreibung: Ersetzt den Inhalt der Datenquelle durch sein Zweierkomplement, der Wert $80 bleibt unverändert.

CC-Register:

S	X	H	I	N	Z	V	C
✓	✓	✓	✓	✗	✗	✗	✗

N : wird gesetzt auf das MSB des Ergebnisses

Z : wird gesetzt bei Ergebnis $00, ansonsten gelöscht

V : wird gesetzt bei einem Zweierkomplement-Überlauf, d. h. wenn die Datenquelle den Inhalt $80 hat, ansonsten gelöscht

C : wird gesetzt bei Auftreten eines Übertrags, d. h. der Inhalt der Datenquelle war nicht 0, ansonsten gelöscht

Source Code: NEGA, NEGB, NEG (Operand)

Adressierungsart	Op-Code	Bytes	Zyklen	
INHERENT	40	2	2	ACCA
	50	2	2	ACCB
EXTENDED	70	3	6	
INDEXED,X	60	2	6	
INDEXED,Y	18 60	3	7	

NOP — Keine Operation

Funktion: PC <- PC + 1

Beschreibung: Dieser Befehl verändert nur den PC.

CC-Register:

S	X	H	I	N	Z	V	C
✓	✓	✓	✓	✓	✓	✓	✓

Das CC-Register wird nicht verändert.

Source Code: NOP

Adressierungsart	Op-Code	Bytes	Zyklen
INHERENT	01	1	2

ORA — Logisches ODER

Funktion: ACCX <- (ACCX) v (M)

Beschreibung: Bitweise ODER-Verknüpfung des Inhalts von Akkumulator X und Speicherstelle M. Das Ergebnis steht in Akkumulator X, der Inhalt von Speicherstelle M bleibt unverändert.

CC-Register:

S	X	H	I	N	Z	V	C
✓	✓	✓	✓	✗	✗	0	✓

N : wird gesetzt auf das MSB des Ergebnisses
Z : wird gesetzt bei Ergebnis $00, ansonsten gelöscht
V : wird immer gelöscht

Source Code: ORAA (Operand), ORAB (Operand)

Adressierungsart	Op-Code	Bytes	Zyklen	
IMMEDIATE	8A	2	2	ACCA
	CA	2	2	ACCB
EXTENDED	BA	3	4	ACCA
	FA	3	4	ACCB
DIRECT	9A	2	3	ACCA
	DA	2	3	ACCB
INDEXED,X	AA	2	4	ACCA
	EA	2	4	ACCB
INDEXED,Y	18 AA	3	5	ACCA
	18 EA	3	5	ACCB

PSH — Schiebe Daten auf den Stack

Funktion: STACK <- (ACCX)
SP <- (SP)-1

Beschreibung: Der Inhalt von Akkumulator X wird auf dem Stack gespeichert unter der Adresse, auf die der Stackpointer zeigt. Der Stackpointer wird um 1 vermindert.

CC-Register:

S	X	H	I	N	Z	V	C
✓	✓	✓	✓	✓	✓	✓	✓

Das CC-Register wird nicht verändert.

Source Code: PSHA, PSHB

Adressierungsart	Op-Code	Bytes	Zyklen	
INHERENT	36	1	3	ACCA
	37	1	3	ACCB

PSHX

Schiebe Indexregister X auf den Stack

Funktion: STACK <- (X)
SP <- (SP)-2

Beschreibung: Der Inhalt von Indexregister X wird auf dem Stack gespeichert unter der Adresse, auf die der Stackpointer zeigt. Der Stackpointer wird um 2 vermindert.

CC-Register:

S	X	H	I	N	Z	V	C
✓	✓	✓	✓	✓	✓	✓	✓

Das CC-Register wird nicht verändert.

Source Code: PSHX

Adressierungsart	Op-Code	Bytes	Zyklen
INHERENT	3C	1	4

PSHY

Schiebe Indexregister Y auf den Stack

Funktion: STACK <- (Y)
SP <- (SP)-2

Beschreibung: Der Inhalt von Indexregister Y wird auf dem Stack gespeichert unter der Adresse, auf die der Stackpointer zeigt. Der Stackpointer wird um 2 vermindert.

CC-Register:

S	X	H	I	N	Z	V	C
✓	✓	✓	✓	✓	✓	✓	✓

Das CC-Register wird nicht verändert.

Source Code: PSHY

Adressierungsart	Op-Code	Bytes	Zyklen
INHERENT	18 3C	2	5

PUL

Lade Daten vom Stack

Funktion: SP <- (SP)+1
                ACCX <- (STACK)

Beschreibung: Der Stackpointer wird um 1 erhöht, der Akkumulator X wird mit dem Inhalt der Speicherstelle geladen, auf die der Stackpointer zeigt.

CC-Register:

S	X	H	I	N	Z	V	C
✓	✓	✓	✓	✓	✓	✓	✓

Das CC-Register wird nicht verändert.

Source Code: PULA, PULB

Adressierungsart	Op-Code	Bytes	Zyklen	
INHERENT	32	1	4	ACCA
	33	1	4	ACCB

PULX

Lade Indexregister X vom Stack

Funktion: SP <- (SP)+2
X <- (STACK)

Beschreibung: Der Stackpointer wird um 2 erhöht, das Indexregister X wird mit dem Inhalt der Speicherstelle geladen, auf die der Stackpointer zeigt.

CC-Register:

S	X	H	I	N	Z	V	C
✓	✓	✓	✓	✓	✓	✓	✓

Das CC-Register wird nicht verändert.

Source Code: PULX

Adressierungsart	Op-Code	Bytes	Zyklen
INHERENT	38	1	5

PULY

Lade Indexregister Y vom Stack

Funktion: SP <- (SP)+2
Y <- (STACK)

Beschreibung: Der Stackpointer wird um 2 erhöht, das Indexregister Y wird mit dem Inhalt der Speicherstelle geladen, auf die der Stackpointer zeigt.

CC-Register:

S	X	H	I	N	Z	V	C
✓	✓	✓	✓	✓	✓	✓	✓

Das CC-Register wird nicht verändert.

Source Code: PULY

Adressierungsart	Op-Code	Bytes	Zyklen
INHERENT	18 38	1	6

ROL — Links rotieren

Funktion: C <- b7 b6 b5 b4 b3 b2 b1 b0 <- C

Beschreibung: Schiebt alle Bits von Akkumulator X oder einer Speicherstelle um eine Position nach links. Das niedrigstwertige Bit wird mit dem Inhalt des Übertragsbits C im CC-Register geladen, Bit 7 wird in das Übertragsbit C im CC-Register geschoben. Das Ergebnis der Operation steht in der Datenquelle (Akkumulator oder Speicherstelle).

CC-Register:

S	X	H	I	N	Z	V	C
✓	✓	✓	✓	✗	✗	✗	✗

N : wird gesetzt auf das MSB des Ergebnisses

Z : wird gesetzt bei Ergebnis $00, ansonsten gelöscht

V : wird gesetzt wenn (N gesetzt und C gelöscht) oder (N gelöscht und C gesetzt) ist (nach der Operation!); in jedem anderen Fall wird V gelöscht.

C : wird gesetzt auf das Bit 7 des Operanden vor der Operation

Source Code: **ROLA, ROLB, ROL (Operand)**

Adressierungsart	Op-Code	Bytes	Zyklen	
INHERENT	49	1	2	ACCA
	59	1	2	ACCB
EXTENDED	79	3	6	
INDEXED,X	69	2	6	
INDEXED,Y	18 69	3	7	

ROR

Rechts rotieren

Funktion: C -> b7 b6 b5 b4 b3 b2 b1 b0 -> C

Beschreibung: Schiebt alle Bits von Akkumulator X oder einer Speicherstelle um eine Position nach links. Bit 7 wird mit dem Inhalt des Übertragsbits C im CC-Register geladen, das niedrigstwertige Bit wird in das Übertragsbit C im CC-Register geschoben. Das Ergebnis der Operation steht in der Datenquelle (Akkumulator oder Speicherstelle).

CC-Register:

S	X	H	I	N	Z	V	C
✓	✓	✓	✓	✗	✗	✗	✗

N : wird gesetzt auf das MSB des Ergebnisses

Z : wird gesetzt bei Ergebnis $00, ansonsten gelöscht

V : wird gesetzt wenn (N gesetzt und C gelöscht) oder (N gelöscht und C gesetzt) ist (nach der Operation!); in jedem anderen Fall wird V gelöscht.

C : wird gesetzt auf das Bit 0 des Operanden vor der Operation

Source Code: RORA, RORB, ROR (Operand)

Adressierungsart	Op-Code	Bytes	Zyklen	
INHERENT	46	1	2	ACCA
	56	1	2	ACCB
EXTENDED	76	3	6	
INDEXED,X	66	2	6	
INDEXED,Y	18 66	3	7	

RTI — Rückkehr aus Programmunterbrechung

Funktion:
SP <- (SP)+1 ; CC <- (STACK)
SP <- (SP)+1 ; ACCB <- (STACK)
SP <- (SP)+1 ; ACCA <- (STACK)
SP <- (SP)+1 ; XH <- (STACK)
SP <- (SP)+1 ; XL <- (STACK)
SP <- (SP)+1 ; YH <- (STACK)
SP <- (SP)+1 ; YL <- (STACK)
SP <- (SP)+1 ; PCH <- (STACK)
SP <- (SP)+1 ; PCL <- (STACK)

Beschreibung: Die angegebenen Prozessorregister werden vom Stack geladen.

CC-Register:

S	X	H	I	N	Z	V	C
✗	✗	✗	✗	✗	✗	✗	✗

Source Code: RTI

Adressierungsart	Op-Code	Bytes	Zyklen
INHERENT	3B	1	12

RTS

Rückkehr aus Unterprogramm

Funktion: SP <- (SP)+1 ; PCH <- (STACK)
SP <- (SP)+1 ; PCL <- (STACK)

Beschreibung: Der PC wird vom Stack geladen.

CC-Register:

S	X	H	I	N	Z	V	C
✓	✓	✓	✓	✓	✓	✓	✓

Das CC-Register wird nicht verändert.

Source Code: RTS

Adressierungsart	Op-Code	Bytes	Zyklen
INHERENT	39	1	5

SBA

Subtrahiere Akkumulator B von Akkumulator A

Funktion: ACCA <- (ACCA) - (ACCB)

Beschreibung: Subtrahiert den Inhalt von Akkumulator B vom Inhalt von Akkumulator A. Das Ergebnis steht in Akkumulator A, der Inhalt von Akkumulator B bleibt unverändert.

CC-Register:

S	X	H	I	N	Z	V	C
✓	✓	✓	✓	✗	✗	✗	✗

N : wird gesetzt auf das MSB des Ergebnisses
Z : wird gesetzt bei Ergebnis $00, ansonsten gelöscht
V : wird gesetzt bei einem Zweierkomplement-Übertrag, ansonsten gelöscht
C : wird gesetzt bei Entstehen eines Übertrags, ansonsten gelöscht

Source Code: SBA

Adressierungsart	Op-Code	Bytes	Zyklen
INHERENT	10	1	2

SBC — Subtrahiere mit Übertrag

Funktion: ACCX <- (ACCX) - (M) - (C)

Beschreibung: Subtrahiert den Inhalt von Speicherstelle M und C-Bit von Akkumulator X. Das Ergebnis steht in Akkumulator X, der Inhalt von Speicherstelle M bleibt unverändert.

CC-Register:

S	X	H	I	N	Z	V	C
✓	✓	✓	✓	✗	✗	✗	✗

N : wird gesetzt auf das MSB des Ergebnisses
Z : wird gesetzt bei Ergebnis $00, ansonsten gelöscht
V : wird gesetzt bei einem Zweierkomplement-Übertrag, ansonsten gelöscht
C : wird gesetzt bei Entstehen eines Übertrags, ansonsten gelöscht

Source Code: SBCA (Operand), SBCB (Operand)

Adressierungsart	Op-Code	Bytes	Zyklen	
IMMEDIATE	82	2	2	ACCA
	C2	2	2	ACCB
EXTENDED	B2	3	4	ACCA
	F2	3	4	ACCB
DIRECT	92	2	3	ACCA
	D2	2	3	ACCB
INDEXED,X	A2	2	4	ACCA
	E2	2	4	ACCB
INDEXED,Y	18 A2	3	5	ACCA
	18 E2	3	5	ACCB

SEC

Setze Carry-Bit

Funktion: C <- 1

Beschreibung: Setzt das C-Bit im CC-Register auf 1.

CC-Register:

S	X	H	I	N	Z	V	C
✓	✓	✓	✓	✓	✓	✓	1

Setzt das C-Bit auf 1.

Source Code: SEC

Adressierungsart	Op-Code	Bytes	Zyklen
INHERENT	0D	1	2

SEI

Setze Interrupt-Bit

Funktion: I <- 1

Beschreibung: Setzt das I-Bit im CC-Register auf 1.

CC-Register:

S	X	H	I	N	Z	V	C
✓	✓	✓	1	✓	✓	✓	✓

Setzt das I-Bit auf 1.

Source Code: SEI

Adressierungsart	Op-Code	Bytes	Zyklen
INHERENT	0F	1	2

SEV Setze Zweierkomplement Übertrags-Bit

Funktion: $V \leftarrow 1$

Beschreibung: Setzt das V-Bit im CC-Register auf 1.

CC-Register:

S	X	H	I	N	Z	V	C
✓	✓	✓	✓	✓	✓	1	✓

Setzt das V-Bit auf 1.

Source Code: SEV

Adressierungsart	Op-Code	Bytes	Zyklen
INHERENT	0B	1	2

STA — Akkumulator speichern

Funktion: M <- (ACCX)

Beschreibung: Speichert den Inhalt von Akkumulator X in Speicherstelle M. Die Bits im CC-Register werden entsprechend dem Ergebnis verändert.

CC-Register:

S	X	H	I	N	Z	V	C
✓	✓	✓	✓	✗	✗	0	✓

N : wird gesetzt auf das MSB des Ergebnisses
Z : wird gesetzt bei Ergebnis $00, ansonsten gelöscht
V : wird immer gelöscht

Source Code: STAA (Operand), STAB (Operand)

Adressierungsart	Op-Code	Bytes	Zyklen	
EXTENDED	B7	3	4	ACCA
	F7	3	4	ACCB
DIRECT	97	2	3	ACCA
	D7	2	3	ACCB
INDEXED,X	A7	2	4	ACCA
	E7	2	4	ACCB
INDEXED,Y	18 A7	3	5	ACCA
	18 E7	3	5	ACCB

STD Doppelten Akkumulator speichern

Funktion: M:M+1 <- (ACCD)

Beschreibung: Speichert den Inhalt von Akkumulator D in die Speicherstellen M und M+1. Die Bits im CC-Register werden entsprechend dem Ergebnis verändert.

CC-Register:

S	X	H	I	N	Z	V	C
✓	✓	✓	✓	✗	✗	0	✓

N : wird gesetzt auf das MSB des Ergebnisses
Z : wird gesetzt bei Ergebnis $0000, ansonsten gelöscht
V : wird immer gelöscht

Source Code: LDD (Operand)

Adressierungsart	Op-Code	Bytes	Zyklen
EXTENDED	FD	3	5
DIRECT	DD	2	4
INDEXED,X	ED	2	5
INDEXED,Y	18 ED	3	6

STOP

Prozessor anhalten

Funktion: Hält den Prozessor an.

Beschreibung: Wenn das S-Bit im CC-Register gesetzt ist, wird der STOP-Befehl ignoriert. Bei gelöschtem S-Bit bewirkt der STOP-Befehl das Anhalten sämtlicher System-Takte. Das System wird in einen Betriebszustand mit minimaler Leistungsaufnahme versetzt.
Die Rückkehr aus dem STOP-Zustand kann durch einen RESET, XIRQ oder unmaskierten IRQ erfolgen.

CC-Register:

S	X	H	I	N	Z	V	C
✓	✓	✓	✓	✓	✓	✓	✓

Das CC-Register wird nicht verändert.

Source Code: STOP

Adressierungsart	Op-Code	Bytes	Zyklen
INHERENT	CF	1	2

STS Stackpointer speichern

Funktion: M <- (SPH)
M+1 <- (SPL)

Beschreibung: Speichert den Inhalt des Stackpointers in Speicherstellen M und M+1. Die Bits im CC-Register werden entsprechend dem Ergebnis verändert.

CC-Register:

S	X	H	I	N	Z	V	C
✓	✓	✓	✓	✗	✗	0	✓

N : wird gesetzt auf das MSB des Ergebnisses
Z : wird gesetzt bei Ergebnis $0000, ansonsten gelöscht
V : wird immer gelöscht

Source Code: STS (Operand)

Adressierungsart	Op-Code	Bytes	Zyklen
EXTENDED	BF	3	5
DIRECT	9F	2	4
INDEXED,X	AF	2	5
INDEXED,Y	18 AF	3	6

STX Indexregister X speichern

Funktion: M <- (XH)
M+1 <- (XL)

Beschreibung: Speichert den Inhalt des Indexregisters X in Speicherstellen M und M+1. Die Bits im CC-Register werden entsprechend dem Ergebnis verändert.

CC-Register:

S	X	H	I	N	Z	V	C
✓	✓	✓	✓	✗	✗	0	✓

N : wird gesetzt auf das MSB des Ergebnisses
Z : wird gesetzt bei Ergebnis $0000, ansonsten gelöscht
V : wird immer gelöscht

Source Code: STX (Operand)

Adressierungsart	Op-Code	Bytes	Zyklen
EXTENDED	FF	3	5
DIRECT	DF	2	4
INDEXED,X	EF	2	5
INDEXED,Y	CD EF	3	6

STY Indexregister Y speichern

Funktion: M <- (YH)
M+1 <- (YL)

Beschreibung: Speichert den Inhalt des Indexregisters Y in Speicherstellen M und M+1. Die Bits im CC-Register werden entsprechend dem Ergebnis verändert.

CC-Register:

S	X	H	I	N	Z	V	C
✓	✓	✓	✓	✗	✗	0	✓

N : wird gesetzt auf das MSB des Ergebnisses
Z : wird gesetzt bei Ergebnis $0000, ansonsten gelöscht
V : wird immer gelöscht

Source Code: STY (Operand)

Adressierungsart	Op-Code	Bytes	Zyklen
EXTENDED	18 FF	4	6
DIRECT	18 DF	3	5
INDEXED,X	1A EF	3	6
INDEXED,Y	18 EF	4	7

SUB

Subtrahiere ohne Übertrag

Funktion: ACCX <- (ACCX) - (M)

Beschreibung: Subtrahiert den Inhalt von Speicherstelle M vom Inhalt von Akkumulator X. Das Ergebnis steht in Akkumulator X, der Inhalt von Speicherstelle M bleibt unverändert.

CC-Register:

S	X	H	I	N	Z	V	C
✓	✓	✓	✓	✗	✗	✗	✗

N : wird gesetzt auf das MSB des Ergebnisses

Z : wird gesetzt bei Ergebnis $00, ansonsten gelöscht

V : wird gesetzt bei einem Zweierkomplement-Übertrag, ansonsten gelöscht

C : wird gesetzt bei Entstehen eines Übertrages, ansonsten gelöscht

Source Code: SUBA (Operand), SUBB (Operand)

Adressierungsart	Op-Code	Bytes	Zyklen	
IMMEDIATE	80	2	2	ACCA
	C0	2	2	ACCB
EXTENDED	B0	3	4	ACCA
	F0	3	4	ACCB
DIRECT	90	2	3	ACCA
	D0	2	3	ACCB
INDEXED,X	A0	2	4	ACCA
	E0	2	4	ACCB
INDEXED,Y	18 A0	3	5	ACCA
	18 E0	3	5	ACCB

SUBD

Subtrahiere doppelten Akkumulator ohne Übertrag

Funktion: ACCD <- (ACCD) - (M:M+1)

Beschreibung: Subtrahiert den Inhalt von Speicherstellen M und M+1 vom Inhalt von Akkumulator D. Das Ergebnis steht in Akkumulator D, der Inhalt von Speicherstellen M und M+1 bleibt unverändert.

CC-Register:

S	X	H	I	N	Z	V	C
✓	✓	✓	✓	✗	✗	✗	✗

N : wird gesetzt auf das MSB des Ergebnisses

Z : wird gesetzt bei Ergebnis $0000, ansonsten gelöscht

V : wird gesetzt bei einem Zweierkomplement-Übertrag, ansonsten gelöscht

C : wird gesetzt bei Entstehen eines Übertrags, ansonsten gelöscht

Source Code: SUBD (Operand)

Adressierungsart	Op-Code	Bytes	Zyklen
IMMEDIATE	83	3	4
EXTENDED	B3	3	6
DIRECT	93	2	5
INDEXED,X	A3	2	6
INDEXED,Y	18 A3	3	7

SWI — Software-Interrupt

Funktion:
PC <- (PC)+1
STACK <- PCL ; SP <- (SP)-1
STACK <- PCH ; SP <- (SP)-1
STACK <- YL ; SP <- (SP)-1
STACK <- YH ; SP <- (SP)-1
STACK <- XL ; SP <- (SP)-1
STACK <- XH ; SP <- (SP)-1
STACK <- ACCA ; SP <- (SP)-1
STACK <- ACCB ; SP <- (SP)-1
STACK <- CC ; SP <- (SP)-1
PC <- (SWI-VECTOR)

Beschreibung: Die angegebenen Prozessorregister werden auf dem Stack gespeichert, das I-Bit im CC-Register wird auf 1 gesetzt.

CC-Register:

S	X	H	I	N	Z	V	C
✓	✓	✓	1	✓	✓	✓	✓

Das I-Bit wird gesetzt.

Source Code: SWI

Adressierungsart	Op-Code	Bytes	Zyklen
INHERENT	3F	1	14

TAB — Übertrage Akkumulator A in Akkumulator B

Funktion: ACCB <- (ACCA)

Beschreibung: Kopiert den Inhalt von Akkumulator A in Akkumulator B. Der vorherige Inhalt von Akkumulator B geht verloren, Akkumulator A wird nicht verändert.

CC-Register:

S	X	H	I	N	Z	V	C
✓	✓	✓	✓	✗	✗	0	✓

N : wird gesetzt auf das MSB des Ergebnisses
Z : wird gesetzt bei Ergebnis $00, ansonsten gelöscht
V : wird immer gelöscht

Source Code: TAB

Adressierungsart	Op-Code	Bytes	Zyklen
INHERENT	16	1	2

TAP

Übertrage Akkumulator A in Status-Register

Funktion: CC <- (ACCA)

Beschreibung: Kopiert den Inhalt von Akkumulator A in das CC-Register. Der Inhalt von Akkumulator A wird nicht verändert.

CC-Register:

S	X	H	I	N	Z	V	C
✗	✗	✗	✗	✗	✗	✗	✗

Source Code: TAP

Adressierungsart	Op-Code	Bytes	Zyklen
INHERENT	06	1	2

TBA — Übertrage Akkumulator B in Akkumulator A

Funktion: ACCA <- (ACCB)

Beschreibung: Kopiert den Inhalt von Akkumulator B in Akkumulator A. Der vorherige Inhalt von Akkumulator A geht verloren, Akkumulator B wird nicht verändert.

CC-Register:

S	X	H	I	N	Z	V	C
✓	✓	✓	✓	✗	✗	0	✓

N : wird gesetzt auf das MSB des Ergebnisses
Z : wird gesetzt bei Ergebnis $00, ansonsten gelöscht
V : wird immer gelöscht

Source Code: TBA

Adressierungsart	Op-Code	Bytes	Zyklen
INHERENT	17	1	2

TPA — Übertrage Status-Register in Akkumulator A

Funktion: ACCA <- (CC)

Beschreibung: Kopiert den Inhalt des CC-Registers in den Akkumulator A. Der Inhalt des CC-Registers wird nicht verändert.

CC-Register:

S	X	H	I	N	Z	V	C
✓	✓	✓	✓	✓	✓	✓	✓

Das CC-Register wird nicht verändert.

Source Code: TPA

Adressierungsart	Op-Code	Bytes	Zyklen
INHERENT	07	1	2

TST   Test

Funktion: (ACCX)-$00 oder (M)-$00

Beschreibung: Subtrahiert $00 von Speicherstelle M oder von Akkumulator X. Der Inhalt von Akkumulator X oder Speicherstelle M bleibt unverändert. Die Bits im CC-Register werden entsprechend dem Ergebnis gesetzt.

CC-Register:

S	X	H	I	N	Z	V	C
✓	✓	✓	✓	✗	✗	0	0

N :   wird gesetzt auf das MSB des Ergebnisses
Z :   wird gesetzt bei Ergebnis $00, ansonsten gelöscht
V :   wird immer gelöscht
C :   wird immer gelöscht

Source Code: TSTA, TSTB, TST (Operand)

Adressierungsart	Op-Code	Bytes	Zyklen	
INHERENT	4D	1	2	ACCA
	5D	1	2	ACCB
EXTENDED	7D	3	6	
INDEXED,X	6D	2	6	
INDEXED,Y	18 6D	3	7	

TSX

Übertrage Stackpointer in Indexregister X

Funktion: X <- (SP)+1

Beschreibung: Kopiert den Inhalt von Stackpointer plus 1 in Indexregister X. Der Inhalt des Stackpointers bleibt unverändert.

CC-Register:

S	X	H	I	N	Z	V	C
✓	✓	✓	✓	✓	✓	✓	✓

Das CC-Register wird nicht verändert.

Source Code: TSX

Adressierungsart	Op-Code	Bytes	Zyklen
INHERENT	30	1	3

TSY Übertrage Stackpointer in Indexregister Y

Funktion: $Y \leftarrow (SP)+1$

Beschreibung: Kopiert den Inhalt von Stackpointer plus 1 in Indexregister Y. Der Inhalt des Stackpointers bleibt unverändert.

CC-Register:

S	X	H	I	N	Z	V	C
✓	✓	✓	✓	✓	✓	✓	✓

Das CC-Register wird nicht verändert.

Source Code: TSY

Adressierungsart	Op-Code	Bytes	Zyklen
INHERENT	18 30	1	4

TXS   Übertrage Indexregister X in Stackpointer

Funktion: SP <- (X)-1

Beschreibung: Kopiert den Inhalt von Indexregister X minus 1 in den Stackpointer. Der Inhalt von Indexregister X bleibt unverändert.

CC-Register:

S	X	H	I	N	Z	V	C
✓	✓	✓	✓	✓	✓	✓	✓

Das CC-Register wird nicht verändert.

Source Code: TXS

Adressierungsart	Op-Code	Bytes	Zyklen
INHERENT	35	1	3

TYS

Übertrage Indexregister Y in Stackpointer

Funktion: SP <- (Y)-1

Beschreibung: Kopiert den Inhalt von Indexregister Y minus 1 in den Stackpointer. Der Inhalt von Indexregister Y bleibt unverändert.

CC-Register:

S	X	H	I	N	Z	V	C
✓	✓	✓	✓	✓	✓	✓	✓

Das CC-Register wird nicht verändert.

Source Code: TYS

Adressierungsart	Op-Code	Bytes	Zyklen
INHERENT	18 35	1	3

WAI

Warten auf Interrupt

Funktion:
PC <- (PC)+1
STACK <- PCL ; SP <- (SP)-1
STACK <- PCH ; SP <- (SP)-1
STACK <- YL ; SP <- (SP)-1
STACK <- YH ; SP <- (SP)-1
STACK <- XL ; SP <- (SP)-1
STACK <- XH ; SP <- (SP)-1
STACK <- ACCA ; SP <- (SP)-1
STACK <- ACCB ; SP <- (SP)-1
STACK <- CC ; SP <- (SP)-1

Beschreibung: Die angegebenen Prozessorregister werden auf dem Stack gespeichert. Der Prozessor geht danach in eine Wartestellung, aus der er durch einen auftretenden Interrupt befreit wird. Das I-Bit im CC-Register wird dann auf 1 gesetzt, die entsprechende Vector-Adresse in den PC geladen und das zugehörige Programm ausgeführt.

CC-Register:

S	X	H	I	N	Z	V	C
✓	✓	✓	1	✓	✓	✓	✓

Das I-Bit wird auf 1 gesetzt.

Source Code: WAI

Adressierungsart	Op-Code	Bytes	Zyklen
INHERENT	3E	1	14

XGDX Tausche Indexregister X und Akkumulator D

Funktion: (X) <-> (ACCD)

Beschreibung: Tauscht den Inhalt von Indexregister X und Akkumulator D.

CC-Register:

S	X	H	I	N	Z	V	C
✓	✓	✓	✓	✓	✓	✓	✓

Das CC-Register wird nicht verändert.

Source Code: XGDX

Adressierungsart	Op-Code	Bytes	Zyklen
INHERENT	8F	1	3

XGDY — Tausche Indexregister Y und Akkumulator D

Funktion: (Y) <-> (ACCD)

Beschreibung: Tauscht den Inhalt von Indexregister Y und Akkumulator D.

CC-Register:

S	X	H	I	N	Z	V	C
✓	✓	✓	✓	✓	✓	✓	✓

Das CC-Register wird nicht verändert.

Source Code: XGDY

Adressierungsart	Op-Code	Bytes	Zyklen
INHERENT	18 8F	1	3

4 Assembler und Linker

Ein *Assembler* ist ein Entwicklungswerkzeug, das den vom Programmierer geschriebenen *Quelltext* in den *Maschinencode* des Zielprozessors übersetzt. Der Quelltext setzt sich dabei aus Befehlen für den Prozessor und Anweisungen für den Assembler bzw. Linker zusammen.

Der Assembler erzeugt aus dem zu verarbeitenden Quelltext einen *Objektfile*, der noch keinen direkt ausführbaren Code enthält. Dieser wird nach fehlerfreiem Assemblerdurchlauf aus einem oder mehreren Objektfiles durch den *Linker* generiert.

4.1 Installation der Software

Diesem Buch liegt eine Diskette bei, die einen Assembler und Linker der Firma 2500AD Software Inc. enthält. Diese Software entspricht in ihrem Funktionsumfang dem Originalprodukt, wie es im Handel erhältlich ist; die einzige Einschränkung besteht im Umfang des zu verarbeitenden Quelltextes, der bei der Buch-Version auf 200 Zeilen begrenzt ist. Diese Größe ist sowohl ausreichend für das Erlernen der Assembler-Sprache des 68HC11 als auch für die Durchführung kleiner Projekte. Eine Bezugsquelle für die Voll-Version des Assemblers/Linkers und weitere Software zum 68HC11, wie *C-Compiler* und *Simulator*, ist im Bezugsquellenverzeichnis zu finden.

4.1.1 Systemanforderungen

Zum Einsatz der Entwicklungswerkzeuge wird ein Computer-System mit folgenden Minimalanforderungen benötigt:

- IBM AT386 oder kompatibler Computer
- 1 Diskettenlaufwerk 3,5"
- Festplatte mit minimal 4 MB freiem Platz
- 4 MB Extended Memory
- MS-DOS Version 3.1 oder höher

4.1.2 Installation

Zur Installation der Software legen Sie die dem Buch beiliegende Diskette in Laufwerk A: ein und wechseln anschließend auf das Laufwerk, auf dem die Software installiert werden soll, zum Beispiel C:. Geben Sie jetzt ein:

A:install

Das Installationsprogramm erzeugt die notwendigen Verzeichnisse und kopiert die entsprechenden Dateien auf die Festplatte. Gleichzeitig mit der Installation des Assemblers/Linkers wird auch das Betriebssystem des *Emulators* eingerichtet (siehe Kapitel 6).

4.1.3 Einrichten des Systems

Für den Betrieb des Assemblers und des Linkers müssen verschiedene Einstellungen in der AUTOEXEC.BAT des Computer-Systems hinzugefügt werden.

❑ Erweitern Sie Ihren Suchpfad um den Pfad zum Verzeichnis des Assemblers/Linkers:

path = ...;[Laufwerk:]\2500AD\bin

❑ Fügen Sie folgende Umgebungs-Variable hinzu:

set panels = \2500AD\panels

❑ Für den Betrieb des Assemblers/Linkers unter Windows fügen Sie der Datei SYSTEM.INI folgende Zeile innerhalb des Bereichs [386Enh] hinzu:

device = [Laufwerk:]\2500AD\bin\vemd.386

Bitte beachten Sie, daß die Änderungen an AUTOEXEC.BAT und SYSTEM.INI erst nach einem Neustart des Computer-Systems wirksam werden!

4.2 Assembler

Alle folgenden Beschreibungen beziehen sich ausschließlich auf den Assembler X68C11 Version 5.01b der Firma 2500AD Software. Zukünftige Änderungen an diesem Produkt können zu einer veränderten Syntax führen. Bitte beachten Sie in diesem Fall die entsprechenden Hinweise im Handbuch.

4.2.1 Format des Quelltextes

Damit das Assemblerprogramm den Quelltext korrekt übersetzen kann, muß dieser bestimmten Vereinbarungen genügen. Die Schreibweise der Befehle und Label gehört genauso dazu wie die Einhaltung der vom Assembler verlangten Syntax bei arithmetischen und logischen Operationen.

Der Quelltext darf folgende Zeichen enthalten (mit Ausnahme des Kommentarfeldes, hier sind alle Zeichen zulässig):

- Buchstaben a...z (kein ß!),
- Buchstaben A..Z,
- Ziffern 0...9,
- Sonderzeichen $, &, ?, ., _.

Folgende Zeichen sind für Spezialzwecke reserviert:

' " + - ; \ * ( ) = und das Leerzeichen.

Grundsätzlich besteht jeder Quelltext aus einer Folge von Zeilen, die alle nach einem bestimmten Muster aufgebaut sind:

[Label]   Befehl   [Operand]   [Kommentar]

Eingeklammerte Felder [] können bei bestimmten Zeilen fehlen. Die Bedeutung der einzelnen Felder wird im folgenden beschrieben.

4.2.1.1 Label

Das Labelfeld ist das erste Feld einer Programmzeile. Es wird als Referenz benötigt, zum Beispiel bei Sprüngen oder beim Zugriff auf Tabellen. Die Länge eines Labels ist nicht begrenzt, allerdings sind nur die ersten 32 Zeichen signifikant. Groß- und Kleinschreibung werden unterschieden. Das erste Zeichen eines Labels darf keine Ziffer sein. Gültige Label sind daher:

```
START
start
_start
A12345
x12_35
```

Ungültige Label sind:

    12345
    -abcd
    ABC+-

Alle Label sind grundsätzlich global, sie können also überall im Programm aufgerufen werden.

Der X68C11-Assembler unterstützt zusätzlich zu den globalen auch lokale Label, die sich durch ein Fragezeichen als erstes oder letztes Zeichen des Namens von den globalen Labeln unterscheiden.

4.2.1.2 Befehl

Das Befehlsfeld enthält wahlweise einen Maschinenbefehl, eine Assembler-Anweisung oder einen Makrobefehl. Es ist von den anschließenden Feldern durch mindestens je ein Leerzeichen oder Tab getrennt.

4.2.1.3 Operand

Der Operand eines Befehls ist das dritte Feld einer Quelltextzeile. Operanden können Symbole oder Label sein, Konstanten, Variable oder mathematische und logische Ausdrücke. Nicht jeder Befehl benötigt einen Operanden, das Feld kann also auch leer bleiben.

4.2.1.4 Kommentar

Den Abschluß einer Quelltextzeile bildet das Kommentarfeld. Es beginnt entweder mit einem Semikolon oder einem Stern (*) und endet mit dem Zeilenende (CR). Innerhalb des Kommentarfeldes gibt es keine Beschränkungen hinsichtlich der verwendbaren Zeichen, auch reservierte Symbole dürfen hier benutzt werden.

4.2.1.5 Konstanten

Konstanten, die im Operandenfeld benutzt werden, müssen bestimmten Konventionen genügen. Die Grundeinstellung des Assemblers ist dezimal, sie kann aber je nach Wunsch auf andere Zahlensysteme umgestellt werden. Hexadezimale Ausdrücke werden in der Form $nnnn oder nnnnH notiert, dezimale Ausdrücke als nnnn oder nnnnD und Binärzahlen als nnnnnnnnB. Vom gewählten Zahlensystem abhängig ist natürlich auch der zulässige Wertebereich der Ausdrücke (**Tabelle 4.1**).

System	Zahlenbereich	Syntax
Dezimal	0..9	01234 oder 01234D
Hexadezimal	0..F	$1234 oder 1234H
Binär	0..1	00110101B
Zeichen	Alphanumerisch	'C'

Tabelle 4.1: Wertebereiche

Als Vorzeichen für Konstanten sind das Plus- und Minuszeichen zugelassen. Fehlt das Vorzeichen, so wird ein positiver Wert angenommen.

4.2.1.6 Symbole

Symbole werden ähnlich eingesetzt wie Label, sie dienen als Referenz für Variable, Konstanten oder Adressen. Das erste Zeichen eines Symbols muß ein Buchstabe sein, ansonsten gelten die gleichen Konventionen wie beim Labelfeld.

Für die Verarbeitung von ASCII-Zeichen und -Texten sind einige wichtige Sonderzeichen vordefiniert. Diese können mit der Assembler-Anweisung TWOCHAR aktiviert und verändert werden. **Tabelle 4.2** listet alle vordefinierten Sonderzeichen auf.

Zeichen	Bedeutung
"CR" oder ´CR´	Carriage Return
"LF" oder ´LF´	Line Feed
"SP" oder ´SP´	Space
"HT" oder ´HT´	Horizontal Tab
"NL" oder ´NL´	Null

Tabelle 4.2: Vordefinierte Sonderzeichen

4.2.1.7 Mathematische Ausdrücke

Mathematische Ausdrücke können Bestandteil des Operandenfelds sein. Es können beliebige Kombinationen aus Konstanten, Label und Symbolen miteinander kombiniert werden. Der Assembler erlaubt Vorwärtsreferenzen, da die Operanden erst im zweiten Durchgang der Assemblierung berechnet werden. **Tabelle 4.3** zeigt die zulässigen Operationen.

Zeichen	Operation	Beispiel
+	Addition	1 + 2, abc + def, 2 + (abc + def)
-	Subtraktion	1 - 2, abc - def, 2 - (abc - def)
*	Multiplikation	1 * 2, abc * def, 2 * abc * def
/	Division	1 / 2, abc / def, 2 / abc / def
.SHL.	Links schieben	1 .SHL. 2, abc .SHL. def, 2 .SHL. (abc .SHL. def)
.SHR.	Rechts schieben	1 .SHR. 2, abc .SHR. def, 2 .SHR. (abc .SHR. def)
.MOD.	Rest einer Div.	10 .MOD. 3, abc .MOD. def
& .AND.	Logisches UND	3 .AND. 7, abc & def
^ .OR.	Logisches ODER	3 .OR. 7, abc ^ def
.XOR.	Logisches EXOR	3 .XOR. 7, abc .XOR. def

Tabelle 4.3: Mathematische Operationen

Klammern können beliebig tief geschachtelt werden. Ausdrücke werden von links nach rechts berechnet. Der Assembler benutzt 80 bit Integer-Mathematik für sämtliche Berechnungen.

Speziell für die Adreßberechnung sind weitere Operatoren vorgesehen, die aus **Tabelle 4.4** ersichtlich sind. Diese Operatoren sind für den Zugriff auf Adressen in anderen Programm-Segmenten notwendig, deren Anordnung im Speicherbereich des Zielprozessors zum Zeitpunkt der Assemblierung noch nicht feststeht, da diese erst später durch den Linker festgelegt wird.

Zeichen	Verwendung
> .HIGH.	Erzeugt die höherwertigen 8 Bit einer 16-Bit-Adresse
< .LOW.	Erzeugt die niederwertigen 8 Bit einer 16-Bit-Adresse
.SEG.	Erzeugt die Segmentinformation einer verschiebbaren Adresse
.LOW16.	Erzeugt Bit 0...15 einer 32-Bit-Adresse
.HIGH16.	Erzeugt Bit 16...31 einer 32-Bit-Adresse

Tabelle 4.4: Spezial-Operatoren

4.2.2 Assembler-Anweisungen

Assembler-Anweisungen sind Bestandteile des Quelltextes, die zur Steuerung des Assemblierungsvorgangs dienen. Teilweise nehmen sie Einfluß auf den entstehenden Maschinencode, beispielsweise durch Zuweisung von Adressen, teilweise dienen sie der Strukturierung der Dokumentation. Der X68C11-Assembler kennt Anweisungen für folgende Anwendungsbereiche:

❏ **Speicher-Zuweisung:** ASCII, BLKB, BLKL, BLKW, BYTE, DATE, DC, DEFS, DOUBLE, END, FCC, FLOAT, LONG, MASK, ORIGIN, SQUOTE, WORD, D_ALIGN, F_ALIGN, I_ALIGN, L_ALIGN, LONGCHK, P_ALIGN.

❏ **Definitionen:** ARGCHK, ASK, EQUAL, EXTERNAL, GLOBAL, GLOBALS, LLCHAR, MACDELIM, MACEND, MACEXIT, MACFIRST, MACRO, MACSEP, MESSAGE, VAR.

❏ **Steuerung der Betriebsart:** ABSOLUTE, COMMENT, ENDMOD, ENDS, INCLUDE, LEADZERO, MODULE, RADIX, RELATIVE, SPACES, TWOCHAR.

❏ **Bedingte Assemblierung:** ELSE, ENDIF, EXIT, IF, IFABS, IFCLEAR, IFDEF, IFDIFF, IFEXT, IFFALSE, IFNABS, IFNDEF, IFNDIFF, IFNEXT, IFNFALSE, IFNMA, IFNPAGE0, IFNREL, IFNSAME, IFNTRUE, IFMA, IFPAGE0, IFREL, IFSAME, IFSSEQ, IFSSNEQ, IFTRUE, IFZ.

❏ **Steuerung des Ausdrucks:** ASCLIST, CONDLIST, LIST ON, LIST OFF, MACLIST ON, MACLIST OFF, PAGE, PASS1, PL, PW, SUBTITLE, TITLE, TOP.

❏ **Steuerung des Linkers:** COMREC, DEBUG, FILLCHAR, LINKLIST, OPTIONS, RECSIZE, SYMBOLS.

ABSOLUTE   Definiere absolute Adresse

Syntax: ABSOLUTE

Beschreibung: Die Anweisung ABSOLUTE ist aus Kompatibilitätsgründen zu älteren Versionen des Assemblers beibehalten worden. Ab Version 5 ist die Grundeinstellung des Assemblers die Betriebsart RELATIVE, die nach Möglichkeit beibehalten werden sollte.

Der Befehl ABSOLUTE kann darüberhinaus zur Definition von festen Strukturen benutzt werden.

Beispiel:

```
STRUCTURE_SECTION   SECTION
                    ABSOULTE
                    ORIGIN    <Startadresse>
NAME                DS        <Länge>
STRASSE             DS        <Länge>
ORT                 DS        <Länge>
STRUCT_SIZE         DS        0
```

Um für Datensätze mit dieser Struktur den benötigten Platz zu reservieren, wird folgende Anweisung benutzt:

```
MEYER               DS        STRUCT_SIZE
MUELLER             DS        STRUCT_SIZE
```

Nach der Verwendung des Befehls ABSOLUTE muß unbedingt in die Betriebsart RELATIVE zurückgeschaltet werden!

ASCLIST — Ein-/Ausschalten von ASCII-Texten im Listing

Syntax: ASCLIST ON
ASCLIST OFF

Beschreibung: ASCLIST ON aktiviert den Ausdruck längerer Zeichenketten, die nicht in einer einzigen Zeile des Listings dargestellt werden können. Dies ist die Standard-Einstellung des Assemblers.

ASCLIST OFF schaltet das Listing längerer Zeichenketten aus. In diesem Fall wird nur die erste Zeile des Textes ausgedruckt.

ARGCHK — Aktiviere/Deaktiviere Argumentprüfung

Syntax: ARGCHK ON
ARGCHK OFF

Beschreibung: ARGCHK ON aktiviert die Überprüfung der Anzahl an Parametern, die bei einem Macro-Aufruf übergeben werden. Dies ist die Standard-Einstellung.

ARGCHK OFF schaltet die Überprüfung aus, wenn ein Macro bewußt mit weniger Parametern aufgerufen werden soll, als es ursprünglich definiert wurde.

ASCII — Zuweisung von Zeichenketten im Speicherbereich

Syntax: [Label]   ASCII   Zeichenkette

Beschreibung: Die Anweisung ASCII legt die nachfolgende Zeichenkette im Speicher ab. Die Zeichen CR und | können nicht dargestellt werden.

Beispiel:

    TEXT   ASCII   Testtext

Der Text "Testtext" wird im Speicher abgelegt. Vorsicht ist geboten bei Kommentaren in der gleichen Zeile:

    TEXT   ASCII   Testtext   ; wichtiger Text!

In diesem Fall wird folgender Text im Speicher abgelegt: "Testtext ; wichtiger Text!"

Um diesen besonderen Effekt zu vermeiden, wird das Sonderzeichen "|" benutzt. Es dient als Endezeichen des abzulegenden Textes:

    TEXT   ASCII   Testtext| ; wichtiger Text!

In diesem Fall wird der Kommentar nicht gespeichert. Eine andere Möglichkeit der sauberen Kommentartrennung besteht darin, den Kommentar in die nächste Zeile zu verlagern:

    TEXT   ASCII   Testtext
                                 ; wichtiger Text!

ASK — Bedienerabfrage

Syntax: Label ASK Zeichenkette

Beschreibung: Die Anweisung ASK hält den Assemblerlauf an und gibt die Zeichenkette auf dem Bildschirm aus. Anschließend wartet der Computer auf die Eingabe eines einzigen Zeichens. Vom ASCII-Code dieses Zeichens wird der Wert $30 abgezogen und das Ergebnis unter dem zugeordneten Label abgespeichert.

Beispiel: TEST ASK Version 1 oder 2?:

BLKB — Reserviere einen Block aus Bytes

Syntax: [Label] BLKB Größe[, Wert]

Beschreibung: Die Anweisung BLKB reserviert einen Bereich der angegebenen Größe im Speicher des Zielprozessors und füllt ihn mit dem angegebenen Wert. Wird die Definition des Füllwertes ausgelassen, so wird der Block mit $00 gefüllt.

Beispiel:
```
PLATZ1   BLKB   10        ; 10 Byte mit $00
PLATZ2   BLKB   10,$FF    ; 10 Byte mit $FF
```

BLKL — Reserviere einen Block aus 32-Bit-Wörtern

Syntax: [Label]　BLKL　Größe[, Wert]

Beschreibung: Die Anweisung BLKL reserviert einen Bereich der angegebenen Größe im Speicher des Zielprozessors und füllt ihn mit dem angegebenen Wert. Wird die Definition des Füllwertes ausgelassen, so wird der Block mit $00000000 gefüllt.

Beispiel:
```
PLATZ1    BLKL    10
                  ; 10 Wörter mit $00000000
PLATZ2    BLKL    10,$12345678
                  ; 10 Wörter mit $12345678
```

BLKW — Reserviere einen Block aus 16-Bit-Wörtern

Syntax: [Label]　BLKW　Größe[, Wert]

Beschreibung: Die Anweisung BLKW reserviert einen Bereich der angegebenen Größe im Speicher des Zielprozessors und füllt ihn mit dem angegebenen Wert. Wird die Definition des Füllwertes ausgelassen, so wird der Block mit $0000 gefüllt.

Beispiel:
```
PLATZ1    BLKW    10
                  ; 10 Wörter mit $0000
PLATZ2    BLKW    10,$1234
                  ; 10 Wörter mit $1234
```

BYTE — Zuweisung von Zeichen im Speicherbereich

Syntax:

[Label]	BYTE	[Wert][, Wert][, Wert]...
[Label]	DB	[Wert][, Wert][, Wert]...
[Label]	DEFB	[Wert][, Wert][, Wert]...
[Label]	FCB	[Wert][, Wert][, Wert]...
[Label]	STRING	[Wert][, Wert][, Wert]...

Beschreibung: Aus Kompatibilitätsgründen verarbeitet der X68C11-Assembler außer der Anweisung BYTE die gleichwertigen Anweisungen DB, DEFB, FCB und STRING, die von Assemblern anderer Hersteller benutzt werden.

Die Anweisung BYTE oder eines ihrer Synonyme legt die nachfolgenden Zeichen in der angegebenen Reihenfolge im Speicher ab. Wird kein Zeichen angegeben, so wird ein Byte mit dem Wert $00 reserviert.

Beispiel:

TABELLE	BYTE		; reserviert $00
	BYTE	5	; 1 Byte = 5
	BYTE	6,7,8	; 3 Byte = 6,7,8
	BYTE	´Text´	; 4 Byte = Text
	BYTE	´Text´,$0D	; Text mit CR

Anführungszeichen innerhalb eines Textes müssen doppelt eingegeben werden, um sie von der Textbegrenzung zu unterscheiden:

	BYTE	´T´´T´	; 3 Byte = T´T

COMMENT Kommentarblock im Quelltext

Syntax: COMMENT X Kommentar X

Beschreibung: Die COMMENT-Anweisung dient dazu, einen längeren Block an kommentierendem Text in den Quelltext einzufügen. Dabei faßt der Assembler das erste auf das Befehlswort COMMENT folgende Zeichen als Textbegrenzung auf. Sämtlicher Text bis zum nächsten Begrenzungszeichen wird als Kommentar betrachtet und nicht assembliert. Das Begrenzungszeichen kann beliebig gewählt werden, es darf allerdings nicht innerhalb des Kommentarblocks vorkommen.

Die Anweisung COMMENT kann sehr gut dazu benutzt werden, eine beliebige Befehlsfolge zu Testzwecken aus der Assemblierung zu nehmen.

Beispiel: COMMENT #

Dies ist ein Kommentarblock. Alles bis zum nächsten Begrenzungszeichen wird als Text aufgefaßt und nicht assembliert.

#

COMREC — Kommentarblock im Object File

Syntax: COMREC   "Zeichenkette"

Beschreibung: Die Anweisung COMREC fügt einen Kommentar als Record im Motorola-Format in den Object File ein.

CONDLIST — Steuerung des Listings

Syntax: CONDLIST ON
CONDLIST OFF

Beschreibung: Mit der Anweisung CONDLIST ON wird der Ausdruck derjenigen Teile des Quelltextes, die aufgrund einer bedingten Assemblierung nicht übersetzt werden, zusammen mit dem assemblierten Teil des Quelltextes ausgedruckt. Dies ist die Standardeinstellung.

CONDLIST OFF schaltet den Ausdruck nicht assemblierter Programmteile aus.

D_ALIGN Justiere PC

Syntax: [Label] D_ALIGN

Beschreibung: Die Anweisung D_ALIGN justiert den Program Counter der folgenden Anweisung auf die Grenze zur nächsten Fließkomma-Variablen mit doppelter Genauigkeit. Diese Anweisung wird ausschließlich in Verbindung mit einem C-Compiler zur Vermeidung von Laufzeit-Fehlern benötigt.

DATE Füge Tagesdatum und Uhrzeit ein

Syntax: [Label] DATE

Beschreibung: Die Anweisung DATE fügt Datum und Zeitpunkt der Assemblierung als ASCII-Zeichenkette in den Maschinencode ein. Als Trennzeichen zwischen den einzelnen Feldern wird das Leerzeichen benutzt.

Beispiel: Test DATE

erzeugt folgende Zeichenkette:

```
Tue May 10 20:20:27 1994
```

DC — Zuweisung von Zeichen im Speicherbereich

Syntax: [Label]   DC   [Wert][, Wert][, Wert]...
              [Label]   DC   ´Zeichenkette´

Beschreibung: Die Anweisung DC legt die nachfolgenden Zeichen in der angegebenen Reihenfolge im Speicher ab. Im Gegensatz zur ansonsten gleichwertigen Anweisung BYTE wird hier beim letzten Zeichen das höchste Bit gesetzt. Die Anweisung DC ist daher besonders sinnvoll in Zusammenhang mit Zeichenketten, da hier das gesetzte Bit im letzten Zeichen als Endemarkierung eines Textes ausgenutzt werden kann.

Beispiel:

```
TABELLE   DC    ´Text 1´    ;
          DC    ´Text 2´    ;
          DC    ´Text 3´    ;
          DC    ´Text 4´    ;
          DC    ´Text 5´    ;

;
; Unterprogramm zur Textausgabe. Textnummer muß im
; Y-Register übergeben werden.
;
SUCHE     ldx   #TABELLE    ; Startadresse
SUCHE1    lda   0,x         ; Zeichen testen
          bmi   SUCHE2      ; Bit 7 = High?
          inx               ; nein,
          bra   SUCHE1      ; weiter suchen
SUCHE2    inx               ; Zeiger erhöhen
          dey               ; Nummer zählen
          beq   SUCHE3      ; fertig?
          bra   SUCHE1      ; nein, weiter
SUCHE3    lda   0,x         ; Zeichen laden
          bmi   SUCHE4      ; fertig?
          JSR   PRINT       ; nein, ausgeben
          inx               ; Zeiger erhöhen
          bra   SUCHE3      ; weiter
SUCHE4    and   $7F         ; ausmaskieren
          JSR   PRINT       ; letztes Zeichen
          RTS               ; fertig
```

DEBUG — Erzeuge Debug-Informationen

Syntax: DEBUG ASM

Beschreibung: Die Anweisung DEBUG ASM veranlaßt den Assembler, zusätzliche Informationen zur Fehlersuche in den Object File einzubauen. Diese Information wird vom Linker benutzt, um eine Symboltabelle und eine DCF-Datei für den Debugger zu erzeugen.

Das Argument ´ASM´ ist zwingend.

DEFS — Reserviere Bytes

Syntax:
[Label]   DEFS   Anzahl
[Label]   DS   Anzahl
[Label]   RMB   Anzahl

Beschreibung: Aus Kompatibilitätsgründen verarbeitet der X68C11-Assembler außer der Anweisung DEFS die gleichwertigen Anweisungen DS und RMB, die von Assemblern anderer Hersteller benutzt werden.

Die Anweisung DEFS oder eines ihrer Synonyme reserviert die angegebene Anzahl von Bytes im Programmcode, ohne in ihnen bestimmte Werte abzulegen. Wenn dieser reservierte Speicherbereich sich jedoch am Ende eines Programmsegments befindet und der Linker ausführbaren Code erzeugt und außerdem kein weiteres Programmsegment mehr durch den Linker angefügt wird, dann entfällt die Reservierung der Bytes.

DOUBLE — Konvertiere in Fließkomma-Format

Syntax: [Label]　　DOUBLE　　Wert

Beschreibung: Die Anweisung DOUBLE konvertiert den darauf folgenden Wert in ein Fließkomma-Format mit doppelter Genauigkeit. Wenn die Nachkommastellen mehr als 52 Bit benötigen werden sie auf 52 Bit gekürzt.

Beispiel: ZAHL1　　DOUBLE　　123.456

END — Ende des Quelltextes

Syntax: [Label]　　END

Beschreibung: Die Anweisung END markiert das Ende des zu übersetzenden Quelltextes. Auf diese Anweisung folgender Quelltext wird vom Assembler ignoriert.

ENDIF Ende einer bedingten Assemblierung

Syntax: [Label]   ENDIF

Beschreibung: Mit der Anweisung ENDIF wird das Ende einer bedingten Assemblierung gekennzeichnet. Zu jedem ENDIF muß zuvor die korrespondierende IF-Anweisung stehen.

Beispiel:
```
TEST:   IF    K
        JSR   TEST_PROGRAMM
        ENDIF
```

ENDMOD Ende eines Moduls

Syntax: [Label]   ENDMOD

Beschreibung: In Zusammenhang mit der Anweisung MODULE definiert die Anweisung ENDMOD das Ende eines Programm-Moduls. Beide Anweisungen finden ihre Anweisung in Zusammenhang mit dem Library Manager.

Normalerweise enthält eine Programmbibliothek viele kurze Programm-Module, die jeweils in einer eigenen Datei abgespeichert werden. Um mehrere Module zusammen in einer gemeinsamen Datei unterzubringen, werden diese mit den Anweisungen MODULE und ENDMOD voneinander abgegrenzt.

Beispiel: siehe Anweisung MODULE

ENDS — Ende eines Programm- oder Datenbereichs

Syntax: [Label]   ENDS

Beschreibung: Zusammen mit der Anweisung SECTION definiert die Anweisung ENDS einen benannten Programm- oder Datenbereich, in den durch Angabe seines Namens umgeschaltet werden kann.

Beispiel:
```
SECTION1  SECTION
          NOP
          ENDS
```

EQUAL — Wertzuweisung

Syntax:
```
Label     EQUAL    Wert
Label     EQU      Wert
```

Beschreibung: Aus Kompatibilitätsgründen verarbeitet der X68C11-Assembler außer der Anweisung EQU die gleichwertige Anweisung EQU, die von Assemblern anderer Hersteller benutzt wird.

Dem angegebenen Label wird der auf die Anweisung EQUAL folgende Wert zugeordnet. Dieser Wert kann als Zahl, Zeichen oder mathematischer Ausdruck beschrieben werden. Es dürfen keine Bezüge auf zu diesem Zeitpunkt noch nicht definierte Label auftreten.

Beispiel:
```
ZAHL1     EQU      10           ; ZAHL1 = 10
ZAHL2     EQU      $10          ; ZAHL2 = 16
ZAHL3     EQU      ZAHL2-ZAHL1  ; ZAHL3 = 6
```

ELSE — Alternative bei bedingter Assemblierung

Syntax: [Label]   ELSE

Beschreibung: Mit der Anweisung ELSE beginnt der Alternativtext bei fehlerhafter Auswertung der IF-Anweisung. Zu jedem IF...ELSE muß abschließend die korrespondierende ENDIF-Anweisung stehen.

Beispiel:
```
TEST:   IF    K
        JSR   PROGRAMM_1
        ELSE
        JSR   PROGRAMM_2
        ENDIF
```

EXIT — Abbruch der Assemblierung

Syntax: [Label]   EXIT   "Nachricht"

Beschreibung: Mit der Anweisung EXIT kann in Zusammenhang mit einer IF...ENDIF-Abfrage unter bestimmten Bedingungen der Assemblierungsvorgang abgebrochen werden. Die der Anweisung folgende Nachricht wird in diesem Fall auf dem Bildschirm ausgegeben. Der Abbruch erfolgt in Pass 1, so daß kein Code erzeugt wird.

Beispiel:
```
TEST    IFTRUE   TABELLE > 100
        EXIT     "Tabelle zu groß!"
        ENDIF
```

EXTERNAL Extern definierter Label

Syntax: EXTERNAL   Label [, Label] [, Label]...
                EXTERN   Label [, Label] [, Label]...
                XREF   Label [, Label] [, Label]...

Beschreibung: Aus Kompatibilitätsgründen verarbeitet der X68C11-Assembler außer der Anweisung EXTERNAL die gleichwertigen Anweisungen EXTERN und XREF, die von Assemblern anderer Hersteller benutzt werden.

Die Anweisung EXTERNAL oder eines ihrer Synonyme erklärt Label als extern in einem anderen Programm definiert.

F_ALIGN Justiere PC

Syntax: [Label]   F_ALIGN

Beschreibung: Die Anweisung F_ALIGN justiert den Program Counter der folgenden Anweisung auf die Grenze zur nächsten Fließkomma-Variablen mit einfacher Genauigkeit. Diese Anweisung wird ausschließlich in Verbindung mit einem C-Compiler zur Vermeidung von Laufzeit-Fehlern benötigt.

FCC — Speichere Zeichenkette

Syntax: [Label]   FCC   X Zeichenkette X

Beschreibung: Die FCC-Anweisung dient dazu, einen längeren Block an Text in den Quelltext einzufügen. Dabei faßt der Assembler das erste auf das Befehlswort FCC folgende Zeichen als Textbegrenzung auf. Sämtlicher Text bis zum nächsten Begrenzungszeichen wird als Text betrachtet und im Speicher. Das Begrenzungszeichen kann beliebig gewählt werden, es darf allerdings nicht innerhalb des Textblocks vorkommen.

Beispiel:
```
TEXT    FCC   #Diese Zeichenkette #
        FCC   /wird komplett im /
        FCC   \Speicher abgelegt.\
```

FILLCHAR — Fülle unbenutzten Speicher

Syntax: FILLCHAR   Wert

Beschreibung: Beim Zusammenfügen verschiedener Programm-Module zu einem lauffähigen Maschinenprogramm durch den Linker können ungenutzte Lücken im Speicher entstehen. Mit der Anweisung FILLCHAR kann man dem Linker einen Vorgabewert geben, mit dem er solche ungenutzte Speicherbereiche füllt.

Beispiel: FILLCHAR 0

FLOAT — Konvertiere in Fließkomma-Format

Syntax: [Label]   FLOAT   Wert

Beschreibung: Die Anweisung FLOAT konvertiert den darauf folgenden Wert in ein Fließkomma-Format mit einfacher Genauigkeit. Wenn die Nachkommastellen mehr als 24 Bit benötigen werden sie auf 24 Bit gekürzt.

Beispiel: ZAHL1   FLOAT   123.456

GLOBAL — Definiere Label als global verfügbar

Syntax: GLOBAL   Label [, Label] (, Label]...

Beschreibung: Mit der Anweisung GLOBAL werden Label für andere Programme verfügbar gemacht.

Beispiel:
GLOBAL   Zahl1
GLOBAL   Zahl2, Zahl3, Zahl4

GLOBALS — Definiere Label als global verfügbar

Syntax: GLOBALS   ON
                      GLOBALS   OFF

Beschreibung: Mit den Anweisungen GLOBALS ON und GLOBALS OFF werden Label für andere Programme verfügbar gemacht. Alle Label, die zwischen diesen beiden Anweisungen definiert werden, sind als global deklariert.

Die Standardeinstellung des Assemblers ist GLOBALS OFF, so daß ausschließlich lokale Label generiert werden. Sollen nur einzelne Label extern zugänglich gemacht werden, so empfiehlt sich der gezielte Einsatz der Anweisung GLOBAL.

Beispiel:

```
ZAHL1    EQUAL    0    ; lokale Variable
ZAHL2    EQUAL    1    ; lokale Variable

         GLOBALS  ON

ZAHL3    EQUAL    2    ; globale Variable
ZAHL4    EQUAL    3    ; globale Variable
ZAHL5    EQUAL    4    ; globale Variable

         GLOBALS  OFF

ZAHL6    EQUAL    5    ; lokale Variable
```

I_ALIGN — Justiere PC

Syntax: [Label]   I_ALIGN

Beschreibung: Die Anweisung I_ALIGN justiert den Program Counter der folgenden Anweisung auf die Grenze zur nächsten Integer-Variablen. Diese Anweisung wird ausschließlich in Verbindung mit einem C-Compiler zur Vermeidung von Laufzeit-Fehlern benötigt.

IF — Bedingte Assemblierung

Syntax:
[Label]	IF	Wert
[Label]	IFN	Wert
[Label]	IFNZ	Wert
[Label]	COND	Wert

Beschreibung: Aus Kompatibilitätsgründen verarbeitet der X68C11-Assembler außer der Anweisung IF die gleichwertigen Anweisungen IFN, IFNZ und COND, die von Assemblern anderer Hersteller benutzt werden.

Die Anweisung IF oder eines ihrer Synonyme assembliert den folgenden Programmcode nur, wenn der auf die Anweisung folgende Wert ungleich 0 ist. Der Wert kann eine Variable, ein arithmetischer Ausdruck oder eine Zeichenkette sein.

IF (Fortsetzung)

Bedingte Anweisungen können bis zu einer Tiefe von 248 geschachtelt werden. Sie müssen mit der Anweisung ENDIF abgeschlossen werden.

Beispiel:

```
ZAHL1    EQU      $45
ZAHL2    EQU      $47

TEST     IF       ZAHL1 = ZAHL2

         EXIT     "Zuweisungsfehler!"

         ENDIF
```

IFABS Bedingte Assemblierung

Syntax: [Label]   IFABS   Label

Beschreibung: Die Anweisung IFABS assembliert den folgenden Programmcode nur, wenn der auf die Anweisung folgende Label absolut definiert ist. Wenn der Label in der Symboltabelle nicht auffindbar ist, generiert die Anweisung IFABS eine Fehlermeldung.

Bedingte Anweisungen können bis zu einer Tiefe von 248 geschachtelt werden. Sie müssen mit der Anweisung ENDIF abgeschlossen werden.

Beispiel:

```
                  ORG      $1000
         PROG1    NOP               ; absolute Adresse $1000

         TEST     IFABS    PROG1
                  JSR      U_PROG
                  ENDIF
```

IFCLEAR Steuerung rekursiver Makros

Syntax: IFCLEAR

Beschreibung: Innerhalb rekursiver Makros wird die Anweisung IFCLEAR dazu benutzt, bei einem Makroabbruch die Balance zwischen IF- und ENDIF-Anweisungen trotz des Abbruchs aufrecht zu halten, so daß es zu keiner Fehlermeldung kommt.

Beispiel:

```
RESERVE   MACRO     ARG1, ARG2, ARG3, ARG4

COUNT     VAR       ARG1
          IFZ       COUNT
          IFCLEAR
          MACEXIT
          ENDIF

COUNT     VAR       COUNT-1
          BYTE      ARG2, ARG3, ARG4
          RESERVE   COUNT, ARG2, ARG3, ARG4
          MACEND
```

IFDEF — Bedingte Assemblierung

Syntax: [Label]   IFDEF   Label

Beschreibung: Die Anweisung IFDEF assembliert den folgenden Programmcode nur, wenn der auf die Anweisung folgende Label definiert ist. Wenn der Label in der Symboltabelle nicht auffindbar ist, ignoriert die Anweisung den folgenden Code bis zur nächsten ELSE- oder ENDIF-Anweisung.

Bedingte Anweisungen können bis zu einer Tiefe von 248 geschachtelt werden. Sie müssen mit der Anweisung ENDIF abgeschlossen werden.

Beispiel:
```
ZAHL1   EQU     $12

TEST    IFDEF   ZAHL1
        JSR     U_PROG
        ENDIF
```

IFDIFF — Vergleiche Zeichenketten

Syntax: [Label]   IFDIFF   Zeichenkette 1, Zeichenkette 2

Beschreibung: Die Anweisung IFDIFF vergleicht zwei Zeichenketten miteinander. Wenn die Zeichenketten nicht identisch sind, wird der folgende Programmtext bis zur nächsten ELSE- oder ENDIF-Anweisung assembliert.

Es gibt verschiedene Syntax-Regeln für Zeichenketten mit und ohne Leerzeichen, die exakt beachtet werden müssen.

Beispiel: Zeichenketten ohne Leerzeichen werden nur durch ein Komma voneinander getrennt.

```
TEST1   IFDIFF  TEXT1,TEXT2
```

Zeichenketten mit Leerzeichen müssen in Anführungszeichen gesetzt werden.

IFDIFF (Fortsetzung)

        TEST2   IFDIFF   ´TEXT 1´,´TEXT 2´

Wenn jedoch innerhalb eines Textes ein Anführungszeichen vorkommt, dann muß dieses als doppeltes Anführungszeichen dargestellt werden.

        TEST3   IFDIFF   ´Das war´´s´,´DAS WAR´´S´

IFEXT — Bedingte Assemblierung

Syntax: [Label]   IFEXT   Label

Beschreibung: Die Anweisung IFEXT assembliert den folgenden Programmcode nur, wenn der auf die Anweisung folgende Label extern definiert ist. Wenn der Label in der Symboltabelle gefunden wird, ignoriert die Anweisung den folgenden Code bis zur nächsten ELSE- oder ENDIF-Anweisung.

Bedingte Anweisungen können bis zu einer Tiefe von 248 geschachtelt werden. Sie müssen mit der Anweisung ENDIF abgeschlossen werden.

Beispiel:
```
TEST    IFEXT   ZAHL1
        JSR     U_PROG
        ENDIF
```

IFFALSE — Bedingte Assemblierung

Syntax: [Label]　　IFFALSE　　Bedingung

Beschreibung: Die Anweisung IFFALSE assembliert den folgenden Programmcode nur, wenn die auf die Anweisung folgende Bedingung nicht erfüllt wird. Ist die Bedingung jedoch erfüllt, so ignoriert die Anweisung den folgenden Code bis zur nächsten ELSE- oder ENDIF-Anweisung.

Bedingte Anweisungen können bis zu einer Tiefe von 248 geschachtelt werden. Sie müssen mit der Anweisung ENDIF abgeschlossen werden.

Beispiel:
```
ZAHL1    EQU      $15
ZAHL2    EQU      $16
TEST     IFFALSE  ZAHL1=ZAHL2
         JSR      U_PROG
         ENDIF
```

IFMA — Bedingte Assemblierung

Syntax: [Label]　　IFMA　　Wert

Beschreibung: Die Anweisung IFMA wird innerhalb eines Makros eingesetzt. Sie assembliert den folgenden Programmcode nur, wenn innerhalb des Makros ein Argument mit der angegebenen Nummer vorhanden ist.

Wird als Wert die Zahl 0 übergeben, so assembliert IFMA den folgenden Programmcode ausschließlich dann, wenn das Makro ohne Angabe von Parametern aufgerufen wird.

Bedingte Anweisungen können bis zu einer Tiefe von 248 geschachtelt werden. Sie müssen mit der Anweisung ENDIF abgeschlossen werden.

IFNABS — Bedingte Assemblierung

Syntax: [Label]　　IFNABS　　Label

Beschreibung: Die Anweisung IFNABS assembliert den folgenden Programmcode nur, wenn der auf die Anweisung folgende Label nicht absolut definiert ist. Wenn der Label in der Symboltabelle nicht auffindbar ist, generiert die Anweisung IFNABS eine Fehlermeldung.

Bedingte Anweisungen können bis zu einer Tiefe von 248 geschachtelt werden. Sie müssen mit der Anweisung ENDIF abgeschlossen werden.

Beispiel:
```
          ORG     $1000
PROG1     NOP             ; absolute Adresse $1000
TEST      IFNABS  PROG1
          JSR     U_PROG
          ENDIF
```

IFNDEF — Bedingte Assemblierung

Syntax: [Label]　　IFNDEF　　Label

Beschreibung: Die Anweisung IFNDEF assembliert den folgenden Programmcode nur, wenn der auf die Anweisung folgende Label nicht definiert ist. Wenn der Label in der Symboltabelle gefunden wird, ignoriert die Anweisung den folgenden Code bis zur nächsten ELSE- oder ENDIF-Anweisung.

Bedingte Anweisungen können bis zu einer Tiefe von 248 geschachtelt werden. Sie müssen mit der Anweisung ENDIF abgeschlossen werden.

Beispiel:
```
ZAHL1     EQU     $12

TEST      IFNDEF  ZAHL1
          JSR     U_PROG
          ENDIF
```

IFNDIFF — Vergleiche Zeichenketten

Syntax: [Label]   IFNDIFF   Zeichenkette 1, Zeichenkette 2

Beschreibung: Die Anweisung IFNDIFF vergleicht zwei Zeichenketten miteinander. Wenn die Zeichenketten identisch sind, wird der folgende Programmtext bis zur nächsten ELSE- oder ENDIF-Anweisung assembliert.

Es gibt verschiedene Syntax-Regeln für Zeichenketten mit und ohne Leerzeichen, die exakt beachtet werden müssen.

Beispiel: Zeichenketten ohne Leerzeichen werden nur durch ein Komma voneinander getrennt.

TEST1   IFNDIFF   TEXT1,TEXT2

Zeichenketten mit Leerzeichen müssen in Anführungszeichen gesetzt werden.

TEST2   IFNDIFF   ´TEXT 1´,´TEXT 2´

Wenn jedoch innerhalb eines Textes ein Anführungszeichen vorkommt, dann muß dieses als doppeltes Anführungszeichen dargestellt werden.

TEST3   IFNDIFF   ´Das war´´s´,´DAS WAR´´S´

IFNEXT Bedingte Assemblierung

Syntax: [Label]   IFNEXT   Label

Beschreibung: Die Anweisung IFNEXT assembliert den folgenden Programmcode nur, wenn der auf die Anweisung folgende Label nicht extern definiert ist. Wenn das Label jedoch innerhalb des Programms definiert ist, ignoriert die Anweisung den folgenden Code bis zur nächsten ELSE- oder ENDIF-Anweisung.

Bedingte Anweisungen können bis zu einer Tiefe von 248 geschachtelt werden. Sie müssen mit der Anweisung ENDIF abgeschlossen werden.

Beispiel:
```
TEST    IFNEXT    ZAHL1
        JSR       U_PROG
        ENDIF
```

IFNFALSE Bedingte Assemblierung

Syntax: [Label]   IFNFALSE   Bedingung

Beschreibung: Die Anweisung IFNFALSE assembliert den folgenden Programmcode nur, wenn die auf die Anweisung folgende Bedingung erfüllt wird. Ist die Bedingung jedoch nicht erfüllt, so ignoriert die Anweisung den folgenden Code bis zur nächsten ELSE- oder ENDIF-Anweisung.

Bedingte Anweisungen können bis zu einer Tiefe von 248 geschachtelt werden. Sie müssen mit der Anweisung ENDIF abgeschlossen werden.

Beispiel:
```
ZAHL1   EQU       $15
ZAHL2   EQU       $16
TEST    IFNFALSE  ZAHL1=ZAHL2
        JSR       U_PROG
        ENDIF
```

IFNMA — Bedingte Assemblierung

Syntax: [Label] IFNMA Wert

Beschreibung: Die Anweisung IFNMA wird innerhalb eines Makros eingesetzt. Sie assembliert den folgenden Programmcode nur, wenn innerhalb des Makros kein Argument mit der angegebenen Nummer vorhanden ist.

Wird als Wert die Zahl 0 übergeben, so assembliert IFMA den folgenden Programmcode ausschließlich dann, wenn das Makro mit mindestens einem Parameter aufgerufen wird.

Bedingte Anweisungen können bis zu einer Tiefe von 248 geschachtelt werden. Sie müssen mit der Anweisung ENDIF abgeschlossen werden.

IFNPAGE0 — Bedingte Assemblierung

Syntax: [Label] IFNPAGE0 Label

Beschreibung: Die Anweisung IFNPAGE0 assembliert den folgenden Programmcode nur, wenn der auf die Anweisung folgende Label als Variable außerhalb von Speicherseite 0 definiert ist. Wenn das Label jedoch als Variable in Speicherseite 0 definiert ist, ignoriert die Anweisung den folgenden Code bis zur nächsten ELSE- oder ENDIF-Anweisung.

Bedingte Anweisungen können bis zu einer Tiefe von 248 geschachtelt werden. Sie müssen mit der Anweisung ENDIF abgeschlossen werden.

Beispiel:
```
ZAHL1   EQU       $10
TEST    IFNPAGE0  ZAHL1
        JSR       U_PROG
        ENDIF
```

IFNREL — Bedingte Assemblierung

Syntax: [Label]   IFNREL   Label

Beschreibung: Die Anweisung IFNREL assembliert den folgenden Programmcode nur, wenn der auf die Anweisung folgende Label absolut definiert ist. Wenn der Label in der Symboltabelle nicht auffindbar ist, generiert die Anweisung IFNREL eine Fehlermeldung.

Bedingte Anweisungen können bis zu einer Tiefe von 248 geschachtelt werden. Sie müssen mit der Anweisung ENDIF abgeschlossen werden.

Beispiel:
```
           ORG      $1000
PROG1      NOP               ; absolute Adresse $1000
TEST       IFNREL   PROG1
           JSR      U_PROG
           ENDIF
```

IFNSAME — Vergleiche Zeichenketten

Syntax: [Label]   IFNSAME   Zeichenkette 1, Zeichenkette 2

Beschreibung: Die Anweisung IFNSAME vergleicht zwei Zeichenketten miteinander. Wenn die Zeichenketten nicht identisch sind, wird der folgende Programmtext bis zur nächsten ELSE- oder ENDIF-Anweisung assembliert.

Es gibt verschiedene Syntax-Regeln für Zeichenketten mit und ohne Leerzeichen, die exakt beachtet werden müssen.

Beispiel: Zeichenketten ohne Leerzeichen werden nur durch ein Komma voneinander getrennt.

```
TEST1      IFNSAME   TEXT1,TEXT2
```

Zeichenketten mit Leerzeichen müssen in Anführungszeichen gesetzt werden.

IFNSAME (Fortsetzung)

TEST2   IFNSAME   ´TEXT 1´,´TEXT 2´

Wenn jedoch innerhalb eines Textes ein Anführungszeichen vorkommt, dann muß dieses als doppeltes Anführungszeichen dargestellt werden.

TEST3   IFNSAME   ´Das war´´s´,´DAS WAR´´S´

IFNTRUE — Bedingte Assemblierung

Syntax: [Label]   IFNTRUE   Bedingung

Beschreibung: Die Anweisung IFNTRUE assembliert den folgenden Programmcode nur, wenn die auf die Anweisung folgende Bedingung nicht erfüllt wird. Ist die Bedingung jedoch erfüllt, so ignoriert die Anweisung den folgenden Code bis zur nächsten ELSE- oder ENDIF-Anweisung.

Bedingte Anweisungen können bis zu einer Tiefe von 248 geschachtelt werden. Sie müssen mit der Anweisung ENDIF abgeschlossen werden.

Beispiel:
```
ZAHL1   EQU      $15
ZAHL2   EQU      $16
TEST    IFNTRUE  ZAHL1=ZAHL2
        JSR      U_PROG
        ENDIF
```

IFPAGE0 — Bedingte Assemblierung

Syntax: [Label]   IFPAGE0   Label

Beschreibung: Die Anweisung IFPAGE0 assembliert den folgenden Programmcode nur, wenn der auf die Anweisung folgende Label als Variable in Speicherseite 0 definiert ist. Wenn das Label jedoch als Variable in einem anderen Speicherbereich definiert ist, ignoriert die Anweisung den folgenden Code bis zur nächsten ELSE- oder ENDIF-Anweisung.

Bedingte Anweisungen können bis zu einer Tiefe von 248 geschachtelt werden. Sie müssen mit der Anweisung ENDIF abgeschlossen werden.

Beispiel:
```
ZAHL1   EQU     $10
TEST    IFPAGE0 ZAHL1
        JSR     U_PROG
        ENDIF
```

IFREL — Bedingte Assemblierung

Syntax: [Label]   IFREL   Label

Beschreibung: Die Anweisung IFREL assembliert den folgenden Programmcode nur, wenn der auf die Anweisung folgende Label nicht absolut definiert ist. Wenn der Label in der Symboltabelle nicht auffindbar ist, generiert die Anweisung IFREL eine Fehlermeldung.

Bedingte Anweisungen können bis zu einer Tiefe von 248 geschachtelt werden. Sie müssen mit der Anweisung ENDIF abgeschlossen werden.

Beispiel:
```
        ORG     $1000
PROG1   NOP             ; absolute Adresse $1000

TEST    IFREL   PROG1
        JSR     U_PROG
        ENDIF
```

IFSAME   Vergleiche Zeichenketten

Syntax: [Label]   IFSAME   Zeichenkette 1, Zeichenkette 2

Beschreibung: Die Anweisung IFSAME vergleicht zwei Zeichenketten miteinander. Wenn die Zeichenketten identisch sind, wird der folgende Programmtext bis zur nächsten ELSE- oder ENDIF-Anweisung assembliert.

Es gibt verschiedene Syntax-Regeln für Zeichenketten mit und ohne Leerzeichen, die exakt beachtet werden müssen.

Beispiel: Zeichenketten ohne Leerzeichen werden nur durch ein Komma voneinander getrennt.

    TEST1   IFSAME   TEXT1,TEXT2

Zeichenketten mit Leerzeichen müssen in Anführungszeichen gesetzt werden.

    TEST2   IFSAME   ´TEXT 1´,´TEXT 2´

Wenn jedoch innerhalb eines Textes ein Anführungszeichen vorkommt, dann muß dieses als doppeltes Anführungszeichen dargestellt werden.

    TEST3   IFSAME   ´Das war´´s´,´DAS WAR´´S´

IFSSEQ Vergleiche Zeichenketten

Syntax: [Label] IFSSEQ Position, Zeichenkette 1, Zeichenkette 2

Beschreibung: Die Anweisung IFSSEQ vergleicht Zeichenkette 1 ab einer bestimmten Position mit dem Rest der Zeichenkette 2. Wenn diese Zeichenketten identisch sind, wird der folgende Programmtext bis zur nächsten ELSE- oder ENDIF-Anweisung assembliert.

Die Positionsangabe kann Werte zwischen 1 und der Anzahl Zeichen der Zeichenkette 2 annehmen. Eine zu große Angabe führt zu einer Fehlermeldung.

Zeichenkette 1 muß in zwei gleiche Zeichen eingeschlossen sein, die nicht innerhalb der Zeichenkette vorkommen dürfen (Ausnahmen: kein Leerzeichen und kein Tab). Leerzeichen und Tabs dürfen jedoch innerhalb der Zeichenketten verwendet werden.

Beispiel:

```
TEST    IFSSEQ   5,\TEXT\,TESTTEXT
        EXIT     "Text gefunden!"
        ENDIF
```

IFSSNEQ Vergleiche Zeichenketten

Syntax: [Label] IFSSNEQ Position, Zeichenkette 1, Zeichenkette 2

Beschreibung: Die Anweisung IFSSNEQ vergleicht Zeichenkette 1 ab einer bestimmten Position mit dem Rest der Zeichenkette 2. Wenn diese Zeichenketten nicht identisch sind, wird der folgende Programmtext bis zur nächsten ELSE- oder ENDIF-Anweisung assembliert.

Die Positionsangabe kann Werte zwischen 1 und der Anzahl Zeichen der Zeichenkette 2 annehmen. Eine zu große Angabe führt zu einer Fehlermeldung.

Zeichenkette 1 muß in zwei gleiche Zeichen eingeschlossen sein, die nicht innerhalb der Zeichenkette vorkommen dürfen (Ausnahmen: kein Leerzeichen und kein Tab). Leerzeichen und Tabs dürfen jedoch innerhalb der Zeichenketten verwendet werden.

Beispiel:

```
TEST    IFSSNEQ   5,\TEXT\,TESTTEXT
        EXIT      "Text nicht gefunden!"
        ENDIF
```

IFTRUE — Bedingte Assemblierung

Syntax: [Label]   IFTRUE   Bedingung

Beschreibung: Die Anweisung IFTRUE assembliert den folgenden Programmcode nur, wenn die auf die Anweisung folgende Bedingung erfüllt wird. Ist die Bedingung jedoch nicht erfüllt, so ignoriert die Anweisung den folgenden Code bis zur nächsten ELSE- oder ENDIF-Anweisung.

Bedingte Anweisungen können bis zu einer Tiefe von 248 geschachtelt werden. Sie müssen mit der Anweisung ENDIF abgeschlossen werden.

Beispiel:
```
ZAHL1    EQU      $15
ZAHL2    EQU      $16
TEST     IFTRUE   ZAHL1=ZAHL2
         JSR      U_PROG
         ENDIF
```

IFZ — Bedingte Assemblierung

Syntax: [Label]   IFZ   Wert

Beschreibung: Die Anweisung IFZ assembliert den folgenden Programmcode nur, wenn der auf die Anweisung folgende Wert gleich 0 ist. Der Wert kann eine Variable, ein arithmetischer Ausdruck oder eine Zeichenkette sein.

Bedingte Anweisungen können bis zu einer Tiefe von 248 geschachtelt werden. Sie müssen mit der Anweisung ENDIF abgeschlossen werden.

Beispiel:
```
ZAHL1    EQU    $45
ZAHL2    EQU    $47

TEST     IFZ    ZAHL1 = ZAHL2
         EXIT   "Zuweisungsfehler!"
         ENDIF
```

INCLUDE Einbinden einer Datei

Syntax: [Label]   INCLUDE   Dateiname

Beschreibung: Mit der Anweisung INCLUDE können weitere Dateien in einen Quelltext eingebunden werden. Dateinamen müssen komplett mit Erweiterung angegeben werden; sie können mit Pfadangabe benannt werden.

Maximal dürfen Dateien mit der Anweisung INCLUDE 20fach geschachtelt werden.

Beispiel: INCLUDE   C:\SOURCE\HC11\BIB1.ASM

L_ALIGN Justiere PC

Syntax: [Label]   L_ALIGN

Beschreibung: Die Anweisung L_ALIGN justiert den Program Counter der folgenden Anweisung auf die Grenze zur nächsten Long-Integer-Variablen. Diese Anweisung wird ausschließlich in Verbindung mit einem C-Compiler zur Vermeidung von Laufzeit-Fehlern benötigt.

LEADZERO Definition von Hex-Zahlen

Syntax: [Label]   LEADZERO ON
[Label]   LEADZERO OFF

Beschreibung: Mit der Anweisung LEADZERO ON zu Beginn eines Quelltextes wird der Assembler angewiesen, HEX-Zahlen aus den alphanumerischen Zeichen A bis F im Operandenfeld nur dann als solche zu interpretieren, wenn sie durch eine führende 0 gekennzeichnet sind.

Die Standardeinstellung des Assemblers ist LEADZERO OFF.

Beispiel:

```
                LEADZERO ON

ABC     EQU     $04   ; Var. ABC = 4
ZAHL1   EQU     ABC   ; Var. ZAHL1 = 4
ZAHL2   EQU     0ABC  ; Var. ZAHL2 = $ABC

                LEADZERO OFF

ZAHL3   EQU     ABC   ; Var. ZAHL3 = $ABC
```

LINKLIST — Aktualisiere Listing

Syntax: [Label]   LINKLIST

Beschreibung: Die Anweisung LINKLIST veranlaßt den Linker, das vom Assembler auf der Festplatte abgelegte Listing auf die durch das Linken des Programms entstandenen Laufzeit-Adressen zu aktualisieren. Der Assembler muß dazu zuvor auf 'Listing to Disk' umgeschaltet worden sein.

LIST OFF — Schalte Assemblerlisting aus

Syntax: [Label]   LIST OFF

Beschreibung: Die Anweisung LIST OFF schaltet einen durch die Anweisung LIST ON gestarteten Druckvorgang wieder aus. LIST OFF ist die Standardeinstellung des Assemblers.

LIST ON   Schalte Assemblerlisting ein

Syntax: [Label]   LIST   ON

Beschreibung: Die Anweisung LIST ON aktiviert die Ausgabe des Assembler-Listings. Dazu muß der Assembler allerdings zuvor mit der Option L aufgerufen worden sein.

Die Standardeinstellung des Assemblers ist LIST OFF.

LLCHAR   Kennzeichnung lokaler Label

Syntax: [Label]   LLCHAR   Zeichen

Beschreibung: Als Kennzeichnung lokaler Label wird normalerweise das Fragezeichen benutzt (Standardeinstellung). Mit der Anweisung LLCHAR kann jedes beliebige andere Zeichen zur Kennzeichnung ausgewählt werden.

Vorsicht ist geboten bei der Verwendung spezieller Zeichen, wie zum Beispiel ´$´.

Beispiel: LLCHAR   §

$ZAHL1   EQU $03   ; lokale Variable

LONG — Zuweisung von Zeichen im Speicherbereich

Syntax:
    [Label]   LONG   [Wert][, Wert][, Wert]...
    [Label]   LONGW   [Wert][, Wert][, Wert]...
    [Label]   LWORD   [Wert][, Wert][, Wert]...

Beschreibung: Aus Kompatibilitätsgründen verarbeitet der X68C11-Assembler außer der Anweisung LONG die gleichwertigen Anweisungen LONGW und LWORD, die von Assemblern anderer Hersteller benutzt werden.

Die Anweisung LONG oder eines ihrer Synonyme legt die nachfolgenden Werte im 32-Bit-Format in der angegebenen Reihenfolge im Speicher ab. Wird kein Zeichen angegeben, so wird ein 32-Bit-Wort mit dem Wert $00000000 reserviert.

Beispiel: TEST   LONG   123

LONGCHK — Überprüfung von Long-Integer-Werten

Syntax:
    [Label]   LONGCHK   ON
    [Label]   LONGCHK   OFF

Beschreibung: Normalerweise überprüft der Assembler 32-Bit-Werte bei Berechnungen auf Überlauf und meldet gegebenenfalls einen Fehler. Dies ist die Standardeinstellung (LONGCHK ON).

Mit der Anweisung LONGCHK OFF kann diese Überprüfung abgeschaltet werden. Diese Eigenschaft ist in Zusammenhang mit C-Compilern sinnvoll, da hier der Überlauf von 32-Bit-Werten im allgemeinen nicht als Fehler betrachtet wird.

MACDELIM Definiere Trennzeichen für Makro-Argumente

Syntax: [Label]   MACDELIM Zeichen

Beschreibung: Normalerweise werden Argumente beim Aufruf eines Makros mit Komma voneinander getrennt. Wenn eine Zeichenkette, die ein Komma enthält, als Argument übergeben werden soll, kann mit der Anweisung MACDELIM ein anderes Zeichen als Trennung gewählt werden. Zulässig sind außer dem Komma die Zeichen {, (und [.

MACEND Ende eines Makros

Syntax: [Label]   MACEND

Beschreibung: Die Anweisung MACEND definiert das Ende eines Makros.

Beispiel:

```
RESERVE  MACRO    ARG1, ARG2, ARG3, ARG4

COUNT    VAR      ARG1
         IFZ      COUNT
         IFCLEAR
         MACEXIT
         ENDIF

COUNT    VAR      COUNT-1
         BYTE     ARG2, ARG3, ARG4
         RESERVE  COUNT, ARG2, ARG3, ARG4
         MACEND
```

MACEXIT — Vorzeitige Beendigung eines Makros

Syntax: [Label]   MACEXIT

Beschreibung: Die Anweisung MACEXIT beendet ein Makro unmittelbar und ohne weitere Vorbedingung. Im Gegensatz zu MACEND wird eine Makrodefinition nicht ordnungsgemäß beendet. MACEXIT bricht das Makro sofort ab, unabhängig von seiner Position innerhalb des Makros, und läßt den Rest des Makros unausgeführt. Alle abhängigen Variablen werden auf den Wert zurückgesetzt, den sie vor Aufruf des Makros hatten.

Beispiel:

```
RESERVE   MACRO     ARG1, ARG2, ARG3, ARG4

COUNT     VAR       ARG1
          IFZ       COUNT
          IFCLEAR
          MACEXIT
          ENDIF

COUNT     VAR       COUNT-1
          BYTE      ARG2, ARG3, ARG4
          RESERVE   COUNT, ARG2, ARG3, ARG4
          MACEND
```

MACFIRST — Setze Suchpriorität auf Makros

Syntax: [Label]   MACFIRST

Beschreibung: Die Anweisung MACFIRST schaltet die Suchpriorität des Assemblers von der Mnemonic-Tabelle auf die Makro-Tabelle um.

MACLIST OFF — Schalte den Ausdruck von Makros aus

Syntax: [Label]   MACLIST   OFF
[Label]   MNLIST

Beschreibung: Aus Kompatibilitätsgründen verarbeitet der X68C11-Assembler außer der Anweisung MACLIST OFF die gleichwertige Anweisung MNLIST, die von Assemblern anderer Hersteller benutzt wird.

Die Anweisung MACLIST OFF schaltet die Ausgabe von Makros innerhalb des Assemblerlistings aus. Die Standardeinstellung ist MACLIST ON.

MACLIST ON — Schalte den Ausdruck von Makros aein

Syntax: [Label] MACLIST ON
[Label] MLIST

Beschreibung: Aus Kompatibilitätsgründen verarbeitet der X68C11-Assembler außer der Anweisung MACLIST ON die gleichwertige Anweisung MLIST, die von Assemblern anderer Hersteller benutzt wird.

Die Anweisung MACLIST ON schaltet die Ausgabe von Makros innerhalb des Assemblerlistings ein. Dies ist die Standardeinstellung.

MACRO — Beginn eines Makros

Syntax: Label MACRO

Beschreibung: Die Anweisung MACRO definiert den Beginn eines Makros.

Beispiel:

```
RESERVE   MACRO     ARG1, ARG2, ARG3, ARG4

          COUNT     VAR       ARG1
                    IFZ       COUNT
                    IFCLEAR
                    MACEXIT
                    ENDIF

          COUNT     VAR       COUNT-1
                    BYTE      ARG2, ARG3, ARG4
                    RESERVE   COUNT, ARG2, ARG3, ARG4
                    MACEND
```

MACSEP — Definiere Trennzeichen für Makro-Argumente

Syntax: [Label]   MACSEP   Zeichen

Beschreibung: Normalerweise werden Argumente beim Aufruf eines Makros mit Komma voneinander getrennt. Wenn Argumente übergeben werden sollen, die Kommas enthalten, kann mit der Anweisung MACSEP ein anderes Zeichen als Trennung gewählt werden. Alle ASCII-Zeichen sind zulässig.

Beispiel:

```
PORT1    EQU      $00
         MACSEP   *
EX_1     MACRO    arg1*arg2
         BCLR     arg1 arg2
         MACEND
```

MASK — Definiere Maske für ASCII-Zeichen

Syntax: [Label]   MASK   Wert,Wert

Beschreibung: Die Anweisung MASK definiert zwei verschiedene Konstanten, die mit sämtlichen ASCII-Zeichen und -Zeichenketten verknüpft werden. Mit jedem ASCII-Zeichen innerhalb eines Operanden wird eine logische Und-Verknüpfung mit dem ersten Maskenwert und eine logische Oder-Verknüpfung mit dem zweiten Maskenwert durchgeführt.

Die Standardwerte sind $FF und $00.

MESSAGE — Gebe Nachricht aus

Syntax: [Label]   MESSAGE   "Text"
[Label]   MESSG   "Text"

Beschreibung: Aus Kompatibilitätsgründen verarbeitet der X68C11-Assembler außer der Anweisung MESSAGE die gleichwertige Anweisung MESSG, die von Assemblern anderer Hersteller benutzt wird.

Die Anweisung MESSAGE gibt während Pass 2 den zugehörigen Text auf dem Bildschirm aus.

Beispiel: MESSAGE   "Dies ist Pass 2!"

MODULE — Beginn eines Moduls

Syntax: [Label]   MODULE

Beschreibung: In Zusammenhang mit der Anweisung ENDMOD definiert die Anweisung MODULE den Beginn eines Programm-Moduls. Beide Anweisungen finden ihre Anweisung in Zusammenhang mit dem Library Manager.

Normalerweise enthält eine Programmbibliothek viele kurze Programm-Module, die jeweils in einer eigenen Datei abgespeichert werden. Um mehrere Module zusammen in einer gemeinsamen Datei unterzubringen, werden diese mit den Anweisungen MODULE und ENDMOD voneinander abgegrenzt.

MODULE (Fortsetzung)

Beispiel:

	MODULE	JUMP_TABLE
	GLOBAL	JUMP_TABLE
	EXTERN	ROUTINE1
	EXTERN	ROUTINE2
JUMP_TABLE	WORD	ROUTINE1
	WORD	ROUTINE2
	ENDMOD	
	MODULE	ROUTINE1
	GLOBAL	ROUTINE1
ROUTINE1	NOP	
	ENDMOD	
	MODULE	ROUTINE1
	GLOBAL	ROUTINE1
ROUTINE1	NOP	
	ENDMOD	
	END	

OPTIONS   Definiere Linker-Einstellungen

Syntax: OPTIONS   Liste

Beschreibung: Mit der Anweisung OPTIONS kann die Standardeinstellung des Linkers verändert werden. Die verschiedenen Möglichkeiten sind in Kapitel 4.3 detailliert beschrieben.

ORIGIN   Setze Adresse

Syntax: [Label]   ORIGIN   Adresse
              [Label]   ORG   Adresse

Beschreibung: Aus Kompatibilitätsgründen verarbeitet der X68C11-Assembler außer der Anweisung ORIGIN die gleichwertige Anweisung ORG, die von Assemblern anderer Hersteller benutzt wird.

Die Anweisung ORIGIN setzt die Adresse für den Assembler auf den angegebenen Wert. Fehlt diese Anweisung in einem Programm, so beginnt der Assembler mit der Adresse $0000.

Beispiel: START   ORIGIN $A000

P_ALIGN   Justiere PC

Syntax: [Label]   P_ALIGN

Beschreibung: Die Anweisung P_ALIGN justiert den Program Counter der folgenden Anweisung auf die Grenze zur nächsten Zeiger-Variablen. Diese Anweisung wird ausschließlich in Verbindung mit einem C-Compiler zur Vermeidung von Laufzeit-Fehlern benötigt.

PAGE   Seitenvorschub

Syntax:
[Label]   PAGE
[Label]   PAG
[Label]   EJECT

Beschreibung: Aus Kompatibilitätsgründen verarbeitet der X68C11-Assembler außer der Anweisung PAGE die gleichwertigen Anweisungen PAG und EJECT, die von Assemblern anderer Hersteller benutzt werden.

Die Anweisung PAGE oder eines ihrer Synonyme gibt ein Zeichen LF (Line Feed) an das aktuelle Ausgabemedium aus.

PASS1 — Aktiviere Listing in Pass 1

Syntax: [Label]   PASS1   ON
[Label]   PASS1   OFF

Beschreibung: Normalerweise wird ein Assembler-Listing während Pass 2 generiert. Treten jedoch bestimmte Fehlermeldungen während Pass 2 auf, zum Beispiel, weil sich aufgrund bedingter Assemblierung Variablenadressen geändert haben, so ist es nützlich, bereits während Pass 1 einen zusätzlichen Ausdruck zur Kontrolle und Fehlersuche zu haben. Dieser Ausdruck kann mit der Anweisung PASS1 ON aktiviert werden.

Die Standardeinstellung des Assemblers ist PASS1 OFF.

PL — Definiere Seitenlänge

Syntax: [Label]   PL   Wert

Beschreibung: Die Anweisung PL definiert die Anzahl Zeilen pro Seite für sämtliche Ausdrucke des Assemblers. Sobald die eingestellte Anzahl erreicht ist, gibt der Assembler ein Form-Feed-Kommando an das aktuelle Ausgabemedium aus.

Die Standardeinstellung des Assemblers ist 61 Zeilen/Seite.

PW — Definiere Zeilenlänge

Syntax: [Label]   PW   Wert

Beschreibung: Die Anweisung PW definiert die Anzahl Zeichen pro Zeile für sämtliche Ausdrucke des Assemblers. Sobald die eingestellte Anzahl erreicht ist, gibt der Assembler ein Line-Feed-Kommando an das aktuelle Ausgabemedium aus.

Die Standardeinstellung des Assemblers ist 132 Zeichen pro Zeile.

RADIX — Definiere Zahlensystem

Syntax: [Label]   RADIX   [Wert]

Beschreibung: Die Anweisung RADIX bestimmt das Zahlensystem, in dem der Assembler rechnet. Die Standardeinstellung ist das Dezimalsystem.

Beispiel:

RADIX	2	; binär
RADIX	B	; binär
RADIX	8	; oktal
RADIX	O	; oktal
RADIX	Q	; oktal
RADIX	10	; dezimal
RADIX	D	; dezimal
RADIX		; dezimal
RADIX	16	; hexadezimal
RADIX	H	; hexadezimal

RECSIZE — Definiere Record-Größe

Syntax: [Label]　　RECSIZE　　Wert

Beschreibung: Mit der Anweisung RECSIZE kann die Standardgröße der Datenfelder in den Linker-Ausgabeformaten Intel Hex und Motorola S verändert werden. Standardgrößen sind 32 Byte für Intel Hex und 16 Byte für Motorola S.

Beispiel: RECSIZE　　64

RELATIVE — Definiere relativen Adressmodus

Syntax: RELATIVE

Beschreibung: Die Anweisung ABSOLUTE ist aus Kompatibilitätsgründen zu älteren Versionen des Assemblers beibehalten worden. Ab Version 5 ist die Grundeinstellung des Assemblers die Betriebsart RELATIVE, die nach Möglichkeit beibehalten werden sollte.

SPACES   Trennung zwischen Operanden

Syntax: [Label]   SPACES   ON
[Label]   SPACES   OFF

Beschreibung: Normalerweise werden Operanden mit Komma voneinander getrennt, Leerzeichen sind nicht erlaubt. In dieser Standard-Betriebsart des Assemblers besteht keine Notwendigkeit, Kommentare mit einem Semikolon zu beginnen.

Die Anweisung SPACES ON erlaubt Leerzeichen als Trennung zwischen Operanden, was zur Folge hat, daß Kommentare in dieser Einstellung zwingend mit einem Semikolon beginnen müssen, um sie eindeutig vom Operandenfeld unterscheiden zu können.

SQUOTE   Anführungszeichen bei Zeichenketten

Syntax: [Label]   SQUOTE   ON
[Label]   SQUOTE   OFF

Beschreibung: Die Anweisung SQUOTE ON veranlaßt den Assembler, ASCII-Zeichenketten, die mit einem Anführungszeichen beginnen, als von zwei Anführungszeichen eingeklammert zu betrachten.

Die Standardeinstellung des Assemblers ist SQUOTE OFF.

Beispiel: TEXT1   BYTE   ´Text´ ; Standardeinstellung

SQUOTE   ON   ; schalte um

TEXT2   BYTE   ´Text ; nur 1 Anführungsz.

SUBTITLE Definiere Untertitel

Syntax:

[Label]	SUBTITLE	Zeichenkette
[Label]	SUBTTL	Zeichenkette
[Label]	STTL	Zeichenkette

Beschreibung: Aus Kompatibilitätsgründen verarbeitet der X68C11-Assembler außer der Anweisung SUBTITLE die gleichwertigen Anweisungen SUBTTL und STTL, die von Assemblern anderer Hersteller benutzt werden.

Die Anweisung SUBTITLE oder eines ihrer Synonyme definiert eine Titelzeile, die im Kopf jeder Seite gedruckt wird. Ist außerdem eine Titelzeile mit der Anweisung TITLE definiert, so erscheint die mit SUBTITLE definierte Zeile unterhalb der Titelzeile.

Die mit der Anweisung SUBTITLE definierte Titelzeile kann während eines Quelltextes beliebig oft gewechselt werden. Jede Änderung wirkt sich erst auf der Folgeseite aus.

Die maximal zulässige Länge des mit SUBTITLE definierten Untertitels beträgt 8 Zeichen. Der Assembler ignoriert bis zu zwei Tabs zwischen der Anweisung SUBTITLE und dem Beginn des Textes. Alle weiteren Tabs werden mit ausgedruckt.

TITLE — Definiere Titelzeile

Syntax:

[Label]	TITLE	Zeichenkette
[Label]	TTL	Zeichenkette
[Label]	HEADING	Zeichenkette
[Label]	NAM	Zeichenkette

Beschreibung: Aus Kompatibilitätsgründen verarbeitet der X68C11-Assembler außer der Anweisung TITLE die gleichwertigen Anweisungen TTL, HEADING und NAM, die von Assemblern anderer Hersteller benutzt werden.

Die Anweisung TITLE oder eines ihrer Synonyme definiert eine Titelzeile, die im Kopf jeder Seite gedruckt wird. Ist außerdem ein Untertitel mit der Anweisung SUBTITLE definiert, so erscheint die mit SUBTITLE definierte Zeile unterhalb der Titelzeile.

Die mit der Anweisung TITLE definierte Titelzeile kann während eines Quelltextes beliebig oft gewechselt werden. Jede Änderung wirkt sich erst auf der Folgeseite aus.

Die maximal zulässige Länge der mit TITLE definierten Titelzeile beträgt 8 Zeichen. Der Assembler ignoriert bis zu zwei Tabs zwischen der Anweisung TITLE und dem Beginn des Textes. Alle weiteren Tabs werden mit ausgedruckt.

TOP Definiere Kopfzeilen

Syntax: [Label]   TOP   Anzahl

Beschreibung: Die Anweisung TOP bestimmt, wieviele Leerzeilen zu Anfang einer Seite gedruckt werden sollen. Die Standardeinstellung ist 0.

TWOCHAR Symbole für Textverarbeitung

Syntax: [Label]   TWOCHAR ON
[Label]   TWOCHAR OFF

Beschreibung: Für die Verarbeitung von ASCII-Zeichen und -Texten sind einige wichtige Sonderzeichen vordefiniert. Diese können mit der Assembler-Anweisung TWOCHAR aktiviert und verändert werden (siehe Kapitel 4.2.1.6).

VAR — Variable Zuweisung

Syntax:

Label	VAR	Wert
Label	DEFL	Wert
Label	SET	Wert

Beschreibung: Aus Kompatibilitätsgründen verarbeitet der X68C11-Assembler außer der Anweisung VAR die gleichwertigen Anweisungen DEFL und SET, die von Assemblern anderer Hersteller benutzt werden.

Zuweisungen, die mit der Anweisung VAR vorgenommen wurden, können beliebig oft innerhalb eines Programms verändert werden. Diese Anweisung sollte nicht auf als Variable definierte Label angewandt werden.

WORD — Zuweisung von Zeichen im Speicherbereich

Syntax:

[Label]	WORD	[Wert][, Wert][, Wert]...
[Label]	DW	[Wert][, Wert][, Wert]...
[Label]	DEFW	[Wert][, Wert][, Wert]...
[Label]	FDB	[Wert][, Wert][, Wert]...

Beschreibung: Aus Kompatibilitätsgründen verarbeitet der X68C11-Assembler außer der Anweisung WORD die gleichwertigen Anweisungen DW, DEFW und FDB, die von Assemblern anderer Hersteller benutzt werden.

Die Anweisung WORD oder eines ihrer Synonyme legt die nachfolgenden Werte im 16-Bit-Format in der angegebenen Reihenfolge im Speicher ab. Wird kein Zeichen angegeben, so wird ein 16-Bit-Wort mit dem Wert $0000 reserviert.

Beispiel: TEST WORD 123

4.2.3 Makros

Ein Makro ist eine Folge von Anweisungen, die mit einer einzigen Zeile in den Quelltext aufgenommen werden kann. Der Assembler fügt bei jedem einzelnen Aufruf die innerhalb des Makros definierten Zeilen in den Quelltext ein. Um dies tun zu können, muß ein Makro vor seinem ersten Aufruf definiert werden.

Jedes Makro beginnt mit einem Kopf. Dieser hat die Form

  Label MACRO [Argument] [, Argument]...

Für die Bezeichnung eines Makros gelten die gleichen Konventionen wie für Symbole.

Die Anzahl der zu übergebenden Argumente ist nicht begrenzt. Alle Argumente müssen jedoch in der Kopfzeile des Makros definiert werden. Argumente werden durch Kommas voneinander getrennt. Führende Leerzeichen oder Tabs werden ignoriert. Soll ein Argument in einem Makroaufruf weggelassen werden, so wird es ausschließlich durch das zugehörige Komma repräsentiert.

Das eigentliche Makro beginnt in der auf die Kopfzeile folgenden Quelltextzeile und wird mit dem Schlüsselwort MACEND abgeschlossen.

Beispiel:
```
RESERVE  MACRO    ARG1, ARG2, ARG3, ARG4

         COUNT    VAR      ARG1
                  IFZ      COUNT
                  IFCLEAR
                  MACEXIT
                  ENDIF

         COUNT    VAR      COUNT-1
                  BYTE     ARG2, ARG3, ARG4
                  RESERVE  COUNT, ARG2, ARG3, ARG4
                  MACEND
```

Die Anweisung MACEXIT erlaubt es, ein Makro an beliebiger Stelle zu verlassen, zum Beispiel innerhalb einer IF..ENDIF-Bedingung. Wie das Beispiel zeigt, dürfen Makros sich selbst rekursiv aufrufen.

4.2.4 Assembler-Aufruf

Es gibt zwei verschiedene Wege, den X68C11-Assembler zu benutzen: menugeführt mit Abfrage aller notwendigen Eingaben oder als Kommandozeilen-Aufruf.

Die menugeführte Version wird mit dem Namen des Assemblers ohne weitere Parameter aufgerufen:

    C:>X68C11

Daraufhin meldet sich der Assembler mit:

68c11 Macro Assembler Copyright (C) 1990 by 2500AD Software Inc. Version 5.01e

Listing Destination (N, T, D, E, L, P, <CR> = N) :_

Folgende Ausgabemöglichkeiten stehen zur Verfügung:

N	=	keine Ausgabe
T	=	Ausgabe auf Terminal (Bildschirm)
P	=	Ausgabe auf Drucker
D	=	Ausgabe auf Disk
E	=	Ausgabe ausschließlich von Fehlermeldungen
L	=	Ausgabesteuerung über LIST ON/OFF
<CR>	=	keine Ausgabe

Nach Eingabe des gewünschten Ausgabemediums fragt der X68C11-Assembler die zu verarbeitende Quelltext-Datei ab, anschließend die zu erzeugende Object-Datei:

Input Filename :_

Output Filename :_

Wurde zuvor die Ausgabesteuerung über LIST ON/OFF gewählt, so folgt eine zusätzliche Abfrage des Ausgabemediums für die zu dokumentierenden Programmzeilen:

LIST ON/OFF Listing Destination (T, P, D, <CR> = T):_

Eine ähnliche Abfrage erfolgt, wenn die Ausgabe von Fehlermeldungen gewählt wurde:

Error Only Listing Destination (T, P, D, <CR> = T):_

Soll der Assembler über eine Kommandozeile aufgerufen werden, so werden ihm in dieser Zeile sämtliche gewünschte Optionen als Parameter übergeben. Die Syntax für den Kommandozeilen-Aufruf lautet:

X68C11 [-q] input_filename [output_filename]   [-t -p -d -px -dx -d,drive: -d,\dir -et -ep -ed -lt -lp -ld -ldx]

Die verschiedenen Parameter haben dabei folgende Bedeutung:

❏ **-q Quiet mode:** In dieser Betriebsart erfolgt die Assembler-Ausgabe ausschließlich auf dem Bildschirm des Rechners.

❏ **Dateinamen:** Wenn keine Dateierweiterung angegeben wird, nimmt der Assembler die Erweiterung ASM an. Wird nur die Input-Datei spezifiziert, so erhält der Assembler-Output den gleichen Namen mit der Erweiterung OBJ.

Ausgabeoptionen: Wie beim menugeführten Aufruf lassen sich verschiedene Ausgabeoptionen einstellen.

❏ **-t Terminal:** Gibt das Assembler-Listing auf dem Bildschirm aus.

❏ **-p Printer:** Gibt das Assembler-Listing auf dem Drucker aus.

❏ **-px Printer + Cross-Referenz:** Gibt das Assembler-Listing und eine Cross-Referenz-Tabelle auf dem Drucker aus.

❏ **-d Disk:** Legt das Assembler-Listing auf der Festplatte in der Datei input_filename.LST ab.

❏ **-dx Disk + Cross-Referenz:** Legt das Assembler-Listing und eine Cross-Referenz-Tabelle auf der Festplatte in der Datei input_filename.LST ab.

❏ **-d,drive Disk:** Legt das Assembler-Listing auf dem angegebenen Laufwerk in der Datei input_filename.LST ab.

❏ **-d,dir Disk:** Legt das Assembler-Listing auf der Festplatte im angegebenen Verzeichnis in der Datei input_filename.LST ab.

❏ **-ep Error to Printer:** Gibt Fehlermeldungen auf dem Drucker aus.

❏ **-ed Error to Disk:** Legt Fehlermeldungen in der Datei input_filename.LST ab.

Wenn die Möglichkeiten der LIST ON/OFF-Steuerung des Assemblers benutzt werden sollen, so gelten weitere Parameter.

❏ **-lt Terminal:** Gibt das Assembler-Listing auf dem Bildschirm aus.

❏ **-lp Printer:** Gibt das Assembler-Listing auf dem Drucker aus.

❏ **-ld Disk:** Legt das Assembler-Listing auf der Festplatte in der Datei input_filename.LST ab.

❏ **-ldx Disk + Cross-Referenz:** Legt das Assembler-Listing und eine Cross-Referenz-Tabelle auf der Festplatte in der Datei input_filename.LST ab.

4.2.5 Fehlermeldungen des Assemblers

Der X68C11-Assembler erkennt verschiedene Fehler, die teilweise zum Abbruch der Assemblierung führen. Diese Fehlermeldungen sind in Tabelle 4.5 aufgelistet.

Fehlermeldung	Bedeutung
A Label Is Illegal On This Instruction	Bei dieser Anweisung ist keine Labelzuordnung zulässig
Attempted Division By Zero	Division durch 0
Can´t Create Output File	Zuwenig Platz auf der Festplatte oder zuwenig mögliche offene Dateien (abhängig vom Betriebssystem des Rechners)
Can´t Open Input File	Zuwenig mögliche offene Dateien (abhängig vom Betriebssystem des Rechners)
Can´t Find Filename.OBJ	Datei *.OBJ fehlt oder Beschränkung durch das Betriebssystem
Can´t Recognize Number Base	Unbekannte Zahlenbasis im Quelltext verwendet
Can´t Resolve Operand	Unbekannte Anweisung
Extra Characters At End Of Operand	Syntax Error. Zusätzliche Zeichen am Ende eines gültigen Operanden
Hex # And Symbol Are Identical	Der Operand ist mit einer Hexadezimalzahl identisch
Illegal Addressing Mode	Unzulässige Adressierungsart
Illegal Argument	Unzulässiger Operand
Illegal Ascii Designator	Falsche Zeichensetzung bei ASCII-Zeichen
Illegal Branch To An Odd Address	Unzulässiger Sprung auf eine ungerade Adresse
Illegal External Reference	Unzulässige Referenz auf ein extern definiertes Label

Tabelle 4.5: Fehlermeldungen des Assemblers

Fehlermeldung	Bedeutung
Illegal Label 1st Charakter	Unzulässiges erstes Zeichen eines Labels
Illegal Local Label	Unzulässig als lokal definiertes Label
Illegal Mnemonic	Unbekannter Assembler-Befehl oder Makro-Aufruf
Illegal Register	Unzulässiges Register für diesen Befehl
Label Value Changed Between Passes	Der Wert eines Labels ist unterschiedlich in Pass 1 und Pass 2. Dieser Fehler kann auftreten, wenn der Assembler aufgrund einer bedingten Anweisung unterschiedliche Wege in Pass 1 und Pass 2 nimmt.
Macro Stack Overflow	Überlauf des Makro-Stacks. Makros wurden zu tief geschachtelt.
Maximum External Symbol Count Exceeded	Zu viele externe Symbole
Missing Delimiters On Macro Call Line	Fehler in der Zeichensetzung bei einem Makro-Aufruf
Missing Endmod Directive	Die Anweisung ENDMOD fehlt
Multiple Externals In The Same Operand	Mehr als eine externe Referenz in einem Operanden
Missing Label	Label fehlt
Missing Module Directive	Die Anweisung MODULE fehlt
Missing Right Angle Bracket	Rechte Klammer fehlt
Multiply Defined Symbol	Symbol wurde mehrfach definiert
Must Be In Same Section	Der Operand muß in der gleichen Sektion definiert sein
Nested Conditionally Assembly Unbalance Detected	Bei einer verschachtelten bedingten Anweisung fehlt mindestens einmal die Anweisung ENDIF
Nested Section Unbalance	Bei einer verschachtelt definierten Sektion fehlt die zugehörige Anweisung ENDS

Fortsetzung **Tabelle 4.5**

Fehlermeldung	Bedeutung
Not Enough Parameters	Makro wurde mit mehr Parametern aufgerufen, als im Makro Argumente definiert sind
Non-Existing Include File	Aufruf einer nicht vorhandenen Include-Datei
Relative Jump Too Large	Relativer Sprung über einen zu großen Offset
Syntax Error	Syntax Error, zum Beispiel fehlendes Komma
Undefined Symbol	Undefiniertes Symbol
# Too Large	Zahlenwert zu groß

Fortsetzung **Tabelle 4.5**

4.3 Linker

Der *Linker* setzt das endgültige Maschinenprogramm aus verschiedenen *Modulen* zusammen. Er vergibt die endgültigen effektiven Adressen und paßt die Module an diese Speicherstruktur an. Für den Betrieb mit MS-Dos gelten dabei folgende Regeln und Einschränkungen:

❑ Jede **Objekt-Datei** darf maximal 400 Sektionen und 1025 externe Referenzen haben.

❑ Maximal 50 verschiedene **Bibliotheks-Dateien** können nach externen Referenzen durchsucht werden.

❑ Die **Größe** einzelner Sektionen ist nicht beschränkt.

Der Linker kann menügeführt, über eine Steuer-Datei oder als Kommandozeilen-Aufruf gestartet werden. Zur Steuerung des Linkers durch den Assembler stehen darüber hinaus sieben verschiedene Anweisungen zur Verfügung: COMREC, DEBUG, FILLCHAR, LINKLIST, OPTIONS, RECSIZE und SYMBOLS. Diese sind in Abschnitt 4.2.2 beschrieben.

4.3.1 Menugeführter Linker-Aufruf

Die menugeführte Version wird mit dem Namen des Linkers ohne weitere Parameter aufgerufen:

    C:>LINK

Daraufhin meldet sich der Linker mit der Frage nach der zu verarbeitenden Input-Datei:

2500 A.D. Linker Copyright (C) 1990 by 2500AD Software Inc. Version 5.01g

Input Filename :_

Die angegebene Objekt-Datei wird daraufhin vom Linker geöffnet und bearbeitet. Dabei fragt das Programm für jede gefundene Sektion nach der gewünschten Adresse:

Enter Offset for ´section name´:_

Der Linker beginnt hierbei mit vordefinierten Sektionen, wie zum Beispiel CODE und DATA. Danach kommen sämtliche innerhalb der Datei definierten Sektionen in der Reihenfolge, in der sie in der Datei stehen. Bei der Angabe der einzelnen Adressen gelten folgende Regeln:

❏ Ein **Minuszeichen** vor einer Adreßangabe weist den Linker an, diese Sektion zwar zu berechnen und die entsprechenden Referenzen zu benutzen, den Code dieser Sektion jedoch nicht in der Output-Datei einzubinden.

❏ Ein **Semikolon** nach einer Adreßangabe veranlaßt den Linker, sämtliche weiteren Sektionen direkt hintereinander an diese Sektion zu packen.

❏ Ein **<CR>** als Antwort auf die Frage nach der Adresse bindet die betreffende Sektion direkt an die vorhergehende.

Wenn innerhalb der aktuellen Input-Datei keine weiteren Sektionen mehr gefunden werden, fragt der Linker nach der nächsten Input-Datei und beginnt die Adreßzuordnung von neuem. Wird die Abfrage nach einer weiteren Input-Datei mit einem <CR> beantwortet, schließt sich die Abfrage der zu erzeugenden Output-Datei an:

Output Filename :_

Wird hier anstelle einer Dateiangabe nur ein <CR> eingegeben, so benutzt der Linker den Dateinamen der allerersten Input-Datei.

4.3 Linker

Die nächste Abfrage des Linkers bezieht sich auf die zu durchsuchenden Bibliotheks-Dateien. Bis zu 50 Dateien können maximal angegeben werden. <CR> als Antwort beendet auch diese Abfrage.

Library Filename:_

Die letzte Abfrage des Linkers bezieht sich auf das Options-Feld. Das Options-Feld gibt an, wohin der Linker die Liste mit der generierten *Adreßbelegung* schicken soll (Load map), welche Form die generierte *Symbol-Tabelle* haben soll und welche Form für die Datei mit dem endgültigen *Maschinenprogramm* gewünscht wird. Für jede dieser drei Optionen kann immer nur eine einzige Angabe gemacht werden. Die **Tabellen 4.6**, **4.7** und **4.8** listen alle möglichen Optionen auf.

Option	Beschreibung
-D	Erzeugt eine Datei, die sämtliche beim Linkvorgang aufgetretene Fehler enthält, außerdem eine alphabetisch sortierte globale Symbol-Tabelle und die Adreßliste. Diese Datei hat den gleichen Namen wie die Output-Datei; die Dateierweiterung ist .MAP.
-G	Erzeugt die gleichen Daten wie Option -D, zusätzlich eine globale Cross-Referenz-Tabelle.
-P	Gibt die Adreßliste auf dem Bildschirm aus.

Tabelle 4.6: Ausgabe der Adreßliste

Option	Beschreibung
-S	Erzeuge eine globale Symbol-Tabelle im 2500AD-Format. Dieses Format wird für das Debuggen auf Assembler-Ebene benötigt. Symbolnamen werden mit 32 signifikanten Zeichen gespeichert.
-C	Erzeuge eine globale Symbol-Tabelle für das Debuggen in der Hochsprache C.
-A	Erzeuge eine globale Symbol-Tabelle in gekürztem 2500AD-Format. Dieses Format kürzt alle Symbolnamen auf 10 Zeichen.
-M	Erzeuge eine Symbol-Tabelle im Microtek-Format.
-N	Erzeuge eine Symbol-Tabelle im erweiterten Microtek-Format.
-R	Erzeuge eine Symbol-Tabelle im Rockwell-Format.
-Z	Erzeuge eine Symbol-Tabelle im Zax-Format.

Tabelle 4.7: Formate der Symbol-Tabelle

Option	Beschreibung
-X	Erzeuge eine binäre Output-Datei.
-H	Erzeuge eine Output-Datei im Intel Hex-Format.
-E	Erzeuge eine Output-Datei im erweiterten Intel Hex-Format.
-T	Erzeuge eine Output-Datei im Tektronix Hex-Format.
-1	Erzeuge eine Output-Datei im Motorola S19-Format.
-2	Erzeuge eine Output-Datei im Motorola S28-Format.
-3	Erzeuge eine Output-Datei im Motorola S37-Format.
-H	Erzeuge eine Output-Datei im Standard-Format des Mikroprozessors.

Tabelle 4.8: Formate der Output-Datei

4.3.2 Kommandozeilen-Aufruf

Soll der Linker über eine *Kommandozeile* aufgerufen werden, so werden ihm in dieser Zeile sämtliche gewünschte Optionen als Parameter übergeben. Die Syntax für den Kommandozeilen-Aufruf lautet:

LINK [-q] -c file1 [-lnnnn...] [file2] [-lnnnn...]... [-o file] [-L file] [-] options

Die verschiedenen Parameter haben dabei folgende Bedeutung:

❏ **-q Quiet mode:** In dieser Betriebsart erfolgt die Linker-Ausgabe ausschließlich auf dem Bildschirm des Rechners.

❏ **-c command mode:** Der Parameter -c aktiviert den Kommandozeilen-Aufruf des Linkers.

❏ **file1:** Mindestens diese eine Input-Datei muß angegeben werden.

❏ **-lnnnn offset:** Für jede Sektion der Input-Datei kann ein Adreß-Offset angegeben werden. Wird dieser Parameter weggelassen, so beginnt der Linker bei Adresse 0000H. Fehlt eine Offsetangabe für eine oder mehrere Sektionen, so werden diese jeweils direkt an die vorhergehende Sektion angeschlossen.

❏ **file2:** Zweite Input-Datei. Der Linker verarbeitet beliebig viele Input-Dateien. Es gelten für die Adreßangaben die gleichen Regeln wie für die erste Input-Datei.

❏ **-o file:** Output-Datei. Wird keine Output-Datei genannt, so benutzt der Linker den Dateinamen der ersten Input-Datei (file1).

❏ **-L file:** Bibliotheks-Datei. Bis zu 50 Bibliotheks-Dateien können angegeben werden, in denen der Linker nach externen Modulen sucht.

❏ **-:** Dieses Minuszeichen kennzeichnet den Beginn des Options-Feldes. Wird keine Angabe gemacht, so fragt der Linker die gewünschten Optionen im Dialog ab.

❏ **options:** Das Options-Feld gibt an, wohin der Linker die Liste mit der generierten Adreßbelegung schicken soll (Load map), welche Form die generierte Symbol-Tabelle haben soll und welche Form für die Datei mit dem endgültigen Maschinenprogramm gewünscht wird. Für jede dieser drei Optionen kann immer nur eine einzige Angabe gemacht werden. Die Optionen sind aus den **Tabellen 4.6** bis **4.8** ersichtlich.

4.3.3   Linker-Aufruf über Steuerdatei

Für größere Projekte ist es sehr umständlich, bei jedem Assembler-Durchgang alle Linker-Optionen einzugeben. Die empfohlene Vorgehensweise ist daher die Steuerung des Linkers über eine Datei. Diese Datei wird projektbezogen mit einem beliebigen *Texteditor* erstellt und enthält alle Optionen und Linker-Anweisungen, die für das spezifische Projekt notwendig sind.

Um den Linker in dieser Betriebsart zu benutzen, wird er wie folgt aufgerufen:

    LINK Steuerdatei

Die Datei-Erweiterung für die *Steuerdatei* muß .LNK sein. Der Linker öffnet die Steuerdatei und befolgt die Anweisungen in der Reihenfolge, in der sie in der Datei stehen. Die Anweisungen erfolgen dabei nach dem gleichen Schema wie in den beiden zuvor besprochenen Betriebsarten.

Beispiel:

DATEI1	1. Input-Datei
2000	Sektion CODE ab Adresse $2000
4000	Sektion DATA ab Adresse $4000
DATEI2	2. Input-Datei
-	keine Adreßangabe; Programmcode wird an vorangegangene Sektion CODE angeschlossen
-	keine Adreßangabe; Datenbereich wird an vorangegangene Sektion DATA angeschlossen
-	keine weitere Input-Datei
-	keine spezielle Output-Datei
-	keine Bibliothek
d3	erzeuge Datei im Motorola S37-Format

5 Beispielapplikationen

Die in diesem Kapitel beschriebenen Applikationsbeispiele zeigen den Mikroprozessor 68HC11A1 in verschiedenen Anwendungsbereichen. Dazu gehören:

- Ansteuerung von numerischen und alphanumerischen Anzeigesystemen
- Tastaturinterface
- Verarbeitung analoger Signale
- Verarbeitung digitaler Signale
- Ansteuerung von Leistungsstellgliedern

5.1 Externe Speichererweiterung

Der 68HC11A1 verfügt intern über keinen *Programmspeicher*. Dieser muß daher extern vorgesehen werden. Dabei werden die Ports B und C als Adreß- und Datenbus benutzt (**Bild 5.1**). Mit dem Baustein 68HC24 können die verlorenen Portleitungen bei Bedarf wieder regeneriert werden.

Das Timing des externen Bussystems zeigt **Bild 5.2**.

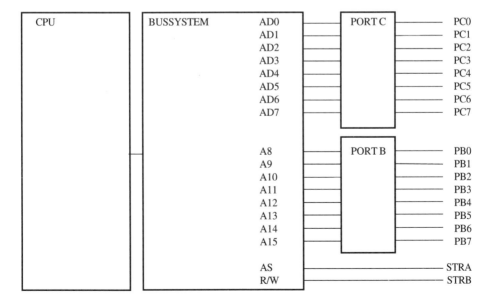

Bild 5.1: Externes Bussystem des 68HC11

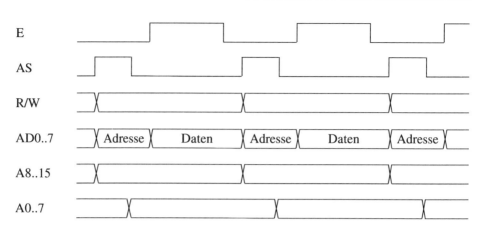

Bild 5.2: Timing des Bussystems

5.1.1 Programmspeicher 64 k x 8

In den meisten Fällen wird man den Mikroprozessor 68HC11 nur um einen externen Programmspeicher erweitern. Als externer Speicherbaustein wird in der Beispielschaltung (**Bild 5.3**) ein EPROM vom Typ 27C512 eingesetzt. Als maximale Zugriffszeit für den Speicher gilt bei 8 MHz Oszillatorfrequenz ein Wert von 250 ns.

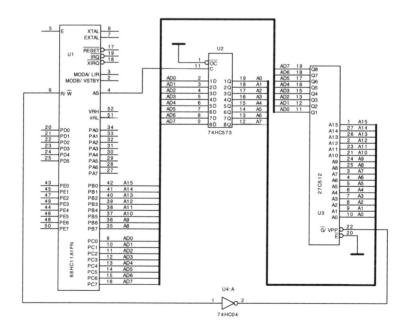

Bild 5.3: Externer Programmspeicher 64 k x 8

5.1.2 Programm- und Datenspeicher gemischt

Für die Bereitstellung zusätzlichen *Datenspeichers* kann der externe Bus genauso gut benutzt werden. Die Aufteilung eines gemischten Speichers in RAM- und ROM-Bereiche kann vollkommen willkürlich erfolgen, der Einfachheit halber wurde bei der Beispielschaltung in **Bild 5.4** der verfügbare Adreßbereich halbiert. Von Adresse 0000 bis 7FFF liegt der Datenspeicher in einem RAM vom Typ 62256, von Adresse 8000 bis FFFF der Programmspeicher in einem EPROM vom Typ 27C256.

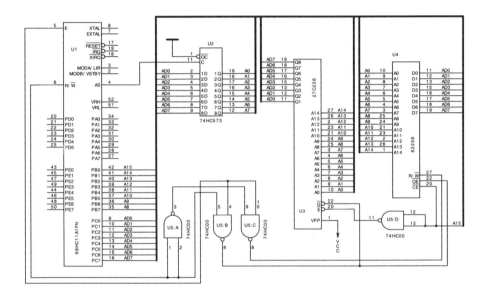

Bild 5.4: Externer Programm- und Datenspeicher

5.1.3 Datenerhaltung von RAM-Speichern

Für viele Applikationen ist es notwendig, die Daten im RAM eines Mikroprozessor-Systems auch bei Ausfall der Stromversorgung über einen längeren Zeitraum zu erhalten. Dazu werden in erster Linie *Lithium-Batterien* eingesetzt, die auch nach zehn Jahren ohne Benutzung noch über 90 % ihrer ursprünglichen Kapazität zur Verfügung stellen. Diese sind für diesen Zweck auf jeden Fall besser geeignet als Nickel-Cadmium-Akkus.

Um eine sichere Datenerhaltung zu gewährleisten, müssen verschiedene Funktionen von der Hardware zur Verfügung gestellt werden:

❑ rechtzeitige Umschaltung der Versorgungsspannung aller RAM-Speicher auf die Batterieversorgung, vor allen Dingen ist eine unterbrechungsfreie Umschaltung wichtig;

❑ Unterdrückung aller Zugriffsversuche des Mikroprozessors während Power-Up und Power-Down, da während dieser Vorgänge oft unkontrollierte Signale auf den Bussystemen der Mikroprozessoren auftreten.

Diese Funktionen können in diskreter Schaltungstechnik aufgebaut werden, besser ist aber der Einsatz spezieller Schaltkreise, die für diese Aufgabe zur Verfügung stehen. **Bild 5.5** zeigt eine entsprechende Applikation mit dem MAX691. Dieser Schaltkreis

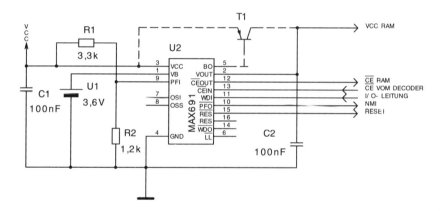

Bild 5.5: Versorgungsspannungs-Überwachung mit MAX691

enthält einen Überwachungsschaltkreis für die Spannungsversorgung, der bei Werten unter 4,65 V den Mikroprozessor im Reset-Zustand hält und den Speicher von allen Steuersignalen des Mikroprozessors isoliert. Eine zusätzliche Überwachung kann über den Eingang PFI durchgeführt werden. Dieser Eingang hat eine Schwelle von 1,3 V. Unterschreitet die Spannung an diesem Eingang diese Schwelle, so gibt der MAX691 an seinem Ausgang PFO ein Interrupt-Signal aus, das dazu benutzt werden kann, alle relevanten Daten in das batteriegesicherte RAM zu retten. Justiert man den Spannungsteiler am PFI-Eingang so, daß dieser bei einer Systemspannung von 4,8 V schaltet, so steht der Zeitraum zur Verfügung, in dem die Versorgungsspannung von 4,8 V auf 4,65 V sinkt (einige ms, je nach Netzteil). Diese Zeit ist auf jeden Fall ausreichend, um beim PIC17C42 sämtliche Register ins externe RAM zu kopieren. **Bild 5.6** zeigt die Zusammenhänge zwischen Versorgungsspannung und daraus abgeleiteten Signalen. Die Zeitspanne zwischen dem PFO-Signal und dem endgültigen Reset, der den Prozessor sperrt, ist

5.1 Externe Speichererweiterung

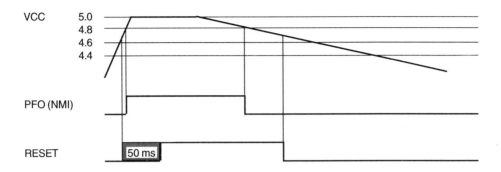

Bild 5.6: Signaldiagramm zu Bild 5.5

deutlich zu sehen. Innerhalb dieser Zeitspanne können alle Daten gerettet werden, die für den weiteren Ablauf relevant sind. Die einfachste Methode hierfür besteht darin, den gesamten Registerblock des Mikroprozessors in das externe RAM zu kopieren.

```
Wed Jun 01 20:46:22 1994     Page    1

2500 A.D. 68c11 Macro Assembler      -      Version 5.01e
--------------------------------------------------------------------------------

        Input  Filename : retten.asm
        Output Filename : retten.obj

 1         title     'RAM_SAVE'
 2
 3      2000                  extram    equ    $2000       ; Startadresse für exter. RAM
 4
 5      C000                            org    $c000
 6      C000  0E              start     cli                ; Interrupt scharf
 7      C001  7E C0 18                  jmp    anwendung   ; Sprung in die Anwendung
 8
 9         ;
10         ; Interrupt-Programm zur Rettung aller Register ins externe RAM
11         ;
12
13      C004  0F              nmi       sei                ; kein weiterer Interrupt
14      C005  B7 20 00                  staa   extram      ; Akku A retten
15      C008  F7 20 01                  stab   extram+1    ; Akku B retten
16      C00B  FF 20 02                  stx    extram+2    ; X-Register retten
17      C00E  18 FF 20 04               sty    extram+4    ; Y-Register retten
18      C012  BF 20 06                  sts    extram+6    ; Stackpointer retten
19      C015  20 FE           nmi_wait  bra    nmi_wait    ; Endlosschleife!
20
21      C017  3B              rti       rti                ; RTI für nicht benutzte IRQs
22
23         ;
24         ; Hier folgt das eigentliche Anwendungsprogramm
25         ;
26
27      C018  01              anwendung nop
28      C019  01                        nop
29      C01A  20 FC                     bra    anwendung
30
```

```
Wed Jun 01 20:46:22 1994      Page       2

2500 A.D. 68c11 Macro Assembler        -       Version 5.01e
--------------------------------------------------------------------------------

31        ;
32        ; Interrupt-Vectoren
33        ;
34
35        FFF4                              org     $fff4
36
37        FFF4    C004            xirq      dw      nmi
38        FFF6    C017            swi       dw      rti
39        FFF8    C017                      dw      rti
40        FFFA    C017                      dw      rti
41        FFFC    C017                      dw      rti
42        FFFE    C000                      dw      start
43

          Lines Assembled : 43 Errors : 0
```

5.1.4 Ansteuerung von EEPROM-Speichern

Eine Alternative zum batteriegepufferten RAM-Speicher sind EEPROM-Bausteine, die ihre Information je nach Fabrikat zwischen 10 und 100 Jahren ohne Spannungsversorgung halten. Als Nachteil ist die lange *Schreibzeit* zu nennen, die im Bereich von 1...10 ms liegt. Außerdem ist die Anzahl der garantierten Schreibzyklen pro Byte begrenzt auf 10000...100000 mal. Trotz dieser Beschränkungen gibt es eine große Anzahl Applikationen, wo der Einsatz dieser Bausteine von Vorteil ist.

Die Applikationsschaltung in **Bild 5.7** verbindet den EEPROM-Baustein auf die gleiche Art mit dem 68HC11, wie in Abschnitt 5.1.3 der externe RAM-Baustein angeschlossen wurde.

Als Schnittstelle zum Mikroprozessor wird das Standardbusinterface benutzt, das heißt Port B und C. Die zum Beschreiben der EEPROM-Zellen benötigte höhere Spannung von 12 V erzeugt der eingesetzte Baustein 28C256 intern aus seiner 5 V-Versorgung.

Das EEPROM kann grundsätzlich durch den Mikrocontroller gelesen werden wie jeder andere Speicherbaustein auch. Beim Schreiben allerdings unterscheidet sich das EEPROM von RAM und ROM. Für die Dauer des internen *Schreibvorgangs* ist der Zugriff auf den Speicher verwehrt. Der Baustein zeigt einen aktiven internen Schreibvorgang durch ein invertiertes siebtes Bit des Datenbytes an, das zuletzt geschrieben wurde.

Es ist daher notwendig, entweder das Ende jedes Schreibvorgangs in einer Warteschleife abzuwarten oder spezielle Schreib- und Leseroutinen zu benutzen, die den Eigenheiten des EEPROMs Rechnung tragen. Die erste Methode hat den Nachteil, daß mit der Wartezeit kostbare *Rechenleistung* verschwendet wird. Dafür läßt sie beliebig schnelle Lesezyklen zu. Sie bietet sich dann an, wenn das EEPROM selten beschrieben und häufig gelesen werden muß.

5.1 Externe Speichererweiterung

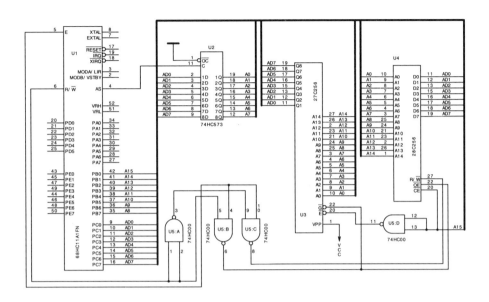

Bild 5.7: Anschluß von EEPROM-Speicher

Die zweite Methode verlangsamt die Lesezyklen, da in jedem Fall zuvor der Status des EEPROMs getestet werden muß. Sie führt auch zu unvorhersehbaren Laufzeitveränderungen eines Programms, da nicht vorhergesagt werden kann, ob ein Lesezugriff zeitlich in einen noch aktiven Schreibvorgang fällt, so daß dessen Ende abgewartet werden muß.

Das folgende Programmbeispiel zeigt beide möglichen Verfahren.

```
Sun Jun 05 11:28:35 1994     Page     1

2500 A.D. 68c11 Macro Assembler      -      Version 5.01e
--------------------------------------------------------------------------------
Input  Filename : eeprom.asm
Output Filename : eeprom.obj


1
2     0000                  last_adr    equ   $00       ; Adresse für EEPROM-
                                                        ; Schreibzugriff
3     0002                  last_byte   equ   $02       ; Speicher für zuletzt
4                                                       ; geschriebenes Byte
5     0003                  ee_status   equ   $03       ; Status des EEPROMS
6     0080                  busy        equ   $80       ; Busy-Flag ist Bit 7
7     4000                  eeprom      equ   $4000     ; Startadresse für externes
                                                        ; EEPROM
8
9
10    C000                              org   $c000
11    C000    0F            start       sei             ; keine Interrupts benötigt
```

Sun Jun 05 11:28:35 1994   Page   2

2500 A.D. 68c11 Macro Assembler   -   Version 5.01e

Input Filename : eeprom.asm
Output Filename : eeprom.obj

```
12      C001    01                              nop
13      C002    01                              nop
14
15              ;
16              ; Beispiel 1: Schreiben und warten. Dieses kurze Programm benötigt
17              ;             je nach EEPROM-Typ und -Hersteller zwischen 1 und 10 ms.
18              ;
19
20      C003    86 05           beisp1    ldaa  #$05         ; diese Zahl soll geschrieben
                                                             ; werden
21      C005    CE 40 2D                  ldx   #eeprom+45   ; an die Adresse 402DH
22      C008    A7 00                     staa  ,x           ; schreibe ins EEPROM
23      C00A    E6 00           beisp1_1  ldab  ,x           ; lese Datenbyte zurück
24      C00C    11                        cba                ; vergleiche Akku A mit B
25      C00D    26 FB                     bne   beisp1_1     ; nicht gleich, also warten
26
27      C00F    01                        nop                ; fertig, weiter im Programm
28      C010    01                        nop                ;
29      C011    CE 40 2D                  ldx   #eeprom+45   ; lese aus Adresse 402DH
30      C014    A6 00                     ldaa  ,x           ; Schreibvorgang kann nicht
                                                             ; aktiv sein!
31      C016    01                        nop                ;
32      C017    01                        nop                ;

33
34              ;
35              ; Beispiel 2: Lesen und Schreiben über spezielle Routinen.
36              ;
37

38      C018    86 05           beisp2    ldaa  #05          ; diese Zahl soll geschrieben
                                                             ; werden
39      C01A    CE 40 2D                  ldx   #eeprom+45   ; an die Adresse 402DH
40      C01D    BD C0 2F                  jsr   write        ; Unterprogramm startet
                                                             ; Schreibvorgang
41                                                           ; und kommt sofort zurück,
                                                             ; wenn kein
42                                                           ; Schreibvorgang mehr aktiv
                                                             ; ist.
43                                                           ; Im anderen Fall wird das
                                                             ; Ende des vorherigen
44                                                           ; Schreibvorgangs abgewartet.
45      C020    01                        nop                ;
46      C021    01                        nop                ; weiter im Programm
47      C022    01                        nop                ;
48      C023    01                        nop                ;
49      C024    CE 40 2D                  ldx   #eeprom+45   ; lese aus Adresse 402DH
50      C027    BD C0 47                  jsr   read         ; Unterprogramm liest, wenn
                                                             ; kein
51                                                           ; Schreibvorgang aktiv ist.
52                                                           ; Bei noch aktivem
                                                             ; Schreibvorgang wird
53                                                           ; dessen Ende abgewartet.
54      C02A    01                        nop                ;
55      C02B    01                        nop                ;
56
57      C02C    7E C0 00                  jmp   start        ; Endlosschleife nur für Demo!
58
```

5.1 Externe Speichererweiterung

```
Sun Jun 05 11:28:35 1994    Page    3

2500 A.D. 68c11 Macro Assembler      -      Version 5.01e
--------------------------------------------------------------------------------
Input  Filename : eeprom.asm
Output Filename : eeprom.obj


59                 ;==============================================================
60                 ;
61                 ; Unterprogramme
62                 ;
63
64     C02F  D6 03      write    ldab    ee_status   ; Status lesen
65     C031  2A 0D               bpl     write_2     ; kein Schreibvorgang aktiv
66     C033  18 DE 00            ldy     last_adr    ; sonst letzte Schreibadresse
                                                     ; laden
67     C036  D6 02      write_1  ldab    last_byte   ; letztes Byte laden
68     C038  18 E1 00            cmpb    ,y          ; und vergleichen
69     C03B  26 F9               bne     write_1     ; nicht gleich, warten
70     C03D  7F 00 03            clr     ee_status   ; Schreibvorgang beendet
71     C040  A7 00      write_2  staa    ,x          ; Daten schreiben
72     C042  C6 80               ldab    #busy       ; Busy-Flag laden
73     C044  D7 03               stab    ee_status   ; und Status melden
74     C046  39                  rts
75
76     C047  D6 03      read     ldab    ee_status   ; Status lesen
77     C049  2A 0D               bpl     read_2      ; kein Schreibvorgang aktiv
78     C04B  18 DE 00            ldy     last_adr    ; sonst letzte Schreibadresse
                                                     ; laden
79     C04E  D6 02      read_1   ldab    last_byte   ; letztes Byte laden
80     C050  18 E1 00            cmpb    ,y          ; und vergleichen
81     C053  26 F9               bne     read_1      ; nicht gleich, warten
82     C055  7F 00 03            clr     ee_status   ; Schreibvorgang beendet
83     C058  A6 00      read_2   ldaa    ,x          ; Byte lesen
84     C05A  39                  rts                 ; und fertig
85
86
87     FFFE              org     $fffe
88     FFFE  C000        reset   dw      start       ; Reset-Vector
89


       Lines Assembled : 89  Errors : 0
```

Beide Unterprogramme werten die Tatsache aus, daß der EEPROM-Baustein während der zur eigentlichen Programmierung intern benötigten Zeitspanne das Bit 7 des gerade geschriebenen Bytes invertiert ausgibt. Der Programmiervorgang ist damit in dem Moment beendet, wo der Lesezugriff auf das Byte den Originalwert zurückliefert. So lange warten beide Unterprogramm in einer Abfrageschleife. Anschließend wird das durch den Schreibvorgang gesetzte Busy-Flag im EEPROM-Status-Register zurückgesetzt, um eine schnelle Abfrage für weitere Lese- oder Schreibzugriffe zu ermöglichen.

5.1.5 Banking-System für 256 k Speicher

Für alle die Fälle, in denen 64 k Programmspeicher nicht ausreicht, wird nachfolgend ein einfaches Konzept vorgestellt, den 68HC11 ohne großen Schaltungsaufwand auf maximal 256 k externen Programmspeicher aufzurüsten. Mit Ausnahme der Speicherbausteine wird nur ein einziges zusätzliches IC benötigt.

Aus dem Schaltbild in **Bild 5.8** ist ersichtlich, daß die drei Portleitungen Port A 3...5 als zusätzliche Auswahlleitungen zur Bestimmung der gewünschten *Speicherbank* benutzt werden. Der nachgeschaltete Demultiplexer vom Typ 74HC138 setzt diese 3-bit-Information in eines von 8 möglichen Auswahlsignalen um, die mit Bank1...Bank8 bezeichnet sind. Jede Speicherbank für sich besteht aus einem EPROM vom Typ 27C256.

Die Konzeption dieser Schaltung geht davon aus, daß der Programmstart in Bank 0 durchgeführt wird. Aus diesem Grund sind die drei Portleitungen von Port A mit je einem Pull-Down-Widerstand beschaltet. Diese Widerstände sorgen während des Resetvorgangs dafür, daß der Demultiplexer während dieser Phase Bank 1 anwählt.

Das wichtigste an einem Banking-System ist die zu seinem Betrieb notwendige Software. Gerade auf Mikroprozessoren mit wenig Stack ist es schwierig, ein solches System zu

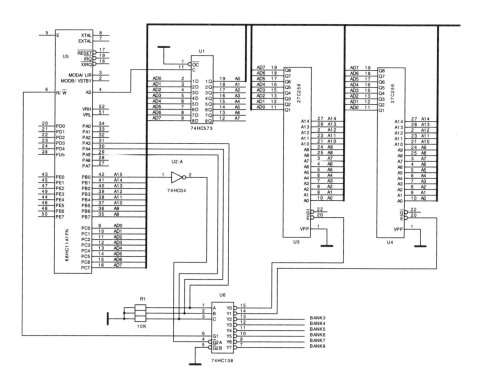

Bild 5.8: Banking-System

5.1 Externe Speichererweiterung

installieren. Man muß deshalb versuchen, den Umfang und die Möglichkeiten des Speichermanagements auf das benötigte Mindestmaß zu reduzieren.

Das nachfolgende Beispielprogramm geht deshalb von ganz bestimmten Voraussetzungen aus:

- ❑ Das gesamte Hauptprogramm steht in Bank 0.
- ❑ Alle anderen Speicherbänke enthalten nur Unterprogramme.
- ❑ Alle Unterprogramme werden nur von Bank 0 aus aufgerufen oder sind nur lokal innerhalb einer Speicherbank gültig.

Durch diese Beschränkungen verbraucht das Banking-System nur einen einzigen Eintrag auf dem Stack des Mikroprozessors.

```
Sun Jun 05 14:06:46 1994     Page      1

2500 A.D. 68c11 Macro Assembler       -       Version 5.01e
--------------------------------------------------------------------------------

Input  Filename : banking.asm
Output Filename : banking.obj


1
2    0000                    bank        equ     $00          ; aktuelle Bank
3    0001                    prog_nr     equ     $01          ; Zeiger auf Unterprogramm
4    1000                    porta       equ     $1000        ;
5
6    C000                                org     $c000        ;
7    C000    0F              start       sei                  ; Interrupt aus
8    C001    7F 00 00                    clr     bank         ; Start in Bank 0
9    C004    7F 00 01                    clr     prog_nr      ;
10   C007    01                          nop                  ;
11   C008    01                          nop                  ;

12
13   ;
14   ; An dieser Stelle folgt das Hauptprogramm der Anwendung. Aus diesem
15   ; Hauptprogramm können Unterprogramme in anderen Speicherbänken
16   ; aufgerufen werden. Die folgenden Zeilen stellen einen solchen
17   ; Aufruf dar:
18   ;
19
20   C009    86 03                       ldaa    #$03         ; Unterprogramm Nr. 3
21   C00B    97 01                       staa    prog_nr      ; abspeichern
22   C00D    86 05                       ldaa    #$05         ; Speicherbank Nr. 5
23   C00F    97 00                       staa    bank         ; abspeichern
24   C011    BD E0 00                    jsr     bankswitch   ; Umschalten in Speicherbank
25                                                            ; und Programm ausführen
26
27   C014    01                          nop                  ; Nach Ausführung des
                                                              ; Unterprogramms
28                                                            ; kehrt das Programm mit einem
                                                              ; RTS-Befehl
29                                                            ; an diese Stelle zurück.
30
31   C015    7E C0 15        demo_end    jmp     demo_end     ; Ende des Programms
32
```

```
Sun Jun 05 14:06:46 1994    Page     2

2500 A.D. 68c11 Macro Assembler      -     Version 5.01e
--------------------------------------------------------------------------------

Input  Filename : banking.asm
Output Filename : banking.obj


   33       ;===============================================================
   34       ;
   35       ; Unterprogramme ohne Inhalt nur zur Demonstration
   36       ;
   37
   38       C018   01              u_prog1    nop           ;
   39       C019   01                         nop           ;
   40       C01A   01                         nop           ;
   41       C01B   7E E0 1F                   jmp    zurueck ; fertig, zurück zur
                                                            ; Verwaltung
   42
   43       C01E   01              u_prog2    nop           ;
   44       C01F   01                         nop           ;
   45       C020   01                         nop           ;
   46       C021   7E E0 1F                   jmp    zurueck ; fertig, zurück zur
                                                            ; Verwaltung
   47
   48       C024   01              u_prog3    nop           ;
   49       C025   01                         nop           ;
   50       C026   01                         nop           ;
   51       C027   7E E0 1F                   jmp    zurueck ; fertig, zurück zur
                                                            ; Verwaltung
   52
   53       C02A   01              u_prog4    nop           ;
   54       C02B   01                         nop           ;
   55       C02C   01                         nop           ;
   56       C02D   7E E0 1F                   jmp    zurueck ; fertig, zurück zur
                                                            ; Verwaltung
   57
   58       C030   01              u_prog5    nop           ;
   59       C031   01                         nop           ;
   60       C032   01                         nop           ;
   61       C033   7E E0 1F                   jmp    zurueck ; fertig, zurück zur
                                                            ; Verwaltung
   62
   63       ;===============================================================
   64       ;
   65       ; Das Speicherverwaltungsprogramm muß in jeder Bank
   66       ; an der gleichen Startadresse stehen, damit während
   67       ; des Umschaltvorgangs keine Störungen auftreten.
   68       ;
   69
   70       E000                              org    $e000  ;
   71       E000   96 00           bankswitch ldaa   bank   ; Ziel laden
   72       E002   B7 10 00                   staa   porta  ; und Adresse ausgeben
   73       E005   01                         nop           ;
   74       E006   96 01                      ldaa   prog_nr ; Programmnummer laden
   75       E008   48                         lsla          ; * 2
   76       E009   9B 01                      adda   prog_nr ; * 3
   77       E00B   C3 E0 10                   addd   #tabelle ; Akku D = Offset
   78       E00E   6E 00                      jmp    ,x     ; Zielprogramm aufrufen
                                  ;
                                  ;
   79       E010   7E C0 18        tabelle    jmp    u_prog1 ; Aufruf Programm 1
   80       E013   7E C0 1E                   jmp    u_prog2 ; Aufruf Programm 2
   81       E016   7E C0 24                   jmp    u_prog3 ; Aufruf Programm 3
   82       E019   7E C0 2A                   jmp    u_prog4 ; Aufruf Programm 4
   83       E01C   7E C0 30                   jmp    u_prog5 ; Aufruf Programm 5
```

```
84
85      ;
86      ; Rücksprung in Bank 0
87      ;
88
89      E01F    7F 10 00        zurueck clr     porta   ; Bank 0 aktivieren
90      E022    01                      nop             ;
91      E023    39                      rts             ; Rücksprung ins aufrufende
                                                        ; Programm
92
93      FFFE                            org     $fffe   ;
94      FFFE    C000            reset   dw      start   ; Reset-Vector
95

        Lines Assembled : 95 Errors : 0
```

5.2 Ein-/Ausgabesysteme

Gerade in den typischen Anwendungsbereichen von Single-Chip-Mikroprozessoren müssen sehr häufig bestimmte Prozeßwerte angezeigt und Bedienungstasten abgefragt werden. Diese Aufgaben gehören also zu den Standardproblemstellungen beim Einsatz dieser Bausteine.

5.2.1 Numerische Anzeigen

Zur Anzeige rein numerischer Werte werden in den allermeisten Fällen Siebensegmentanzeigen auf der Basis von hell leuchtenden *Leuchtdioden* eingesetzt. Diese sind robust und auch unter schwierigen Umgebungslichtbedingungen gut ablesbar.

Zur Ansteuerung von Siebensegmentanzeigen wird fast immer das *Zeitmultiplexverfahren* angewandt, das heißt, es leuchtet immer nur eine Stelle der Anzeige. Alle Stellen werden nacheinander zyklisch angesteuert. Das menschliche Auge wird hierbei durch eine entsprechend hohe Wiederholfrequenz getäuscht.

Da mit diesem Typ Anzeige nur numerische Werte dargestellt werden sollen, kann man durch die Verwendung eines externen BCD-/Siebensegment-Dekoders die Anzahl benötigter Portleitungen gering halten (**Bild 5.9**). Die Bauelementeanzahl der Schaltung wird dadurch nicht erhöht, da der Siebensegment-Dekoder gleichzeitig den *Leistungstreiber* enthält, der die notwendige elektrische Leistung zur Ansteuerung des Displays aufbringt.

Zur Ansteuerung der Kathoden wird pro Stelle eine weitere Portleitung benötigt. Die elektrische Leistung wird auch hier von einem externen Treiberbaustein aufgebracht. Es

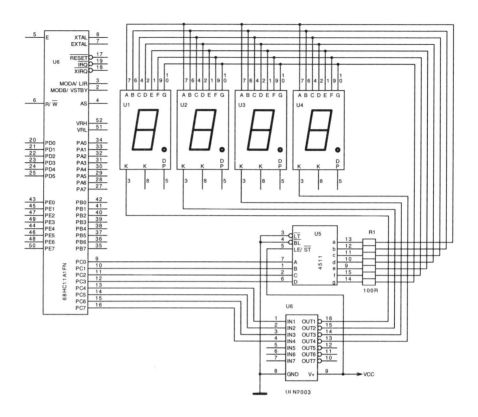

Bild 5.9: Ansteuerung numerischer LED-Anzeigen

können an dieser Stelle aber auch Einzeltransistoren mit entsprechender Beschaltung eingesetzt werden.

Ein kurzes Programmbeispiel demonstriert dieses relativ einfache Verfahren.

```
Sun Jun 05 15:10:43 1994    Page     1

2500 A.D. 68c11 Macro Assembler    -    Version 5.01e
--------------------------------------------------------------------------------

Input  Filename : led_mux.asm
Output Filename : led_mux.obj


  1    0000                    display  equ    $00        ; Anzeige-Register
  2    0004                    disvec   equ    $04        ; Zeiger auf aktuelle Stelle
  3    0005                    mux      equ    $05        ; Bitmuster für Multiplex
  4
  5    1002                    pioc     equ    $1002      ;
  6    1003                    portc    equ    $1003      ;
  7
```

5.2 Ein-/Ausgabe-Systeme

```
Sun Jun 05 15:10:43 1994     Page      2

2500 A.D. 68c11 Macro Assembler       -     Version 5.01e
--------------------------------------------------------------------------------

Input  Filename : led_mux.asm
Output Filename : led_mux.obj

 8     C000                                org      $c000         ;
 9     C000   86 FF           start        ldaa     #$ff          ;
10     C002   B7 10 02                     staa     pioc          ; Port C als Ausgang
11     C005   01                           nop                    ;
12
13                          ;
14                          ; An dieser Stelle folgt das Hauptprogramm der Anwendung. Das Display-
15                          ; Programm kann über einen beliebigen Timer-Interrupt aufgerufen werden.
16                          ;
17
18     C006   01                           nop                    ;
19     C007   7E C0 07        demo_end     jmp      demo_end      ;
20
21                          ;
22                          ; Interrupt-Programm zur Multiplexausgabe an Port C. Das Programm
23                          ; gibt die in den Variablen display...display+3 stehenden BCD-Zahlen
24                          ; an Port C zur Ansteuerung eines externen Decoders Typ 4511 aus.
25                          ;
26
27     C00A   36              anzeige      psha                   ; rette Akku A auf Stack
28     C00B   07                           tpa                    ; kopiere Status-Register
29     C00C   36                           psha                   ; rette Status-Register auf
                                                                  ; Stack
30     C00D   3C                           pshx                   ; rette Indexregister auf
                                                                  ; Stack
31     C00E   7C 00 04                     inc      disvec        ; erhöhe Zeiger
32     C011   96 04                        ldaa     disvec        ; lade Ergebnis
33     C013   84 03                        anda     #$03          ; 4 Stellen
34     C015   97 04                        staa     disvec        ; und wieder abspeichern
35     C017   26 04                        bne      anzeige_1     ; nicht 0
36     C019   86 10                        ldaa     #$10          ; Start von vorn
37     C01B   97 05                        staa     mux           ; mit erster Stelle beginnen
38     C01D   DE 04           anzeige_1    ldx      disvec        ; Zeiger in X-Register
39     C01F   A6 00                        ldaa     display,x     ; Zeichen laden
40     C021   B7 10 03                     staa     portc         ; Zeichen ausgeben,
                                                                  ; Kathodentreiber
41                                                                ; ausgeschaltet
42     C024   9A 05                        oraa     mux           ; Kathodentreibersignal
                                                                  ; einbauen
43     C026   01                           nop                    ; Einschwingzeit
                                                                  ; Segmenttreiber
44     C027   B7 10 03                     staa     portc         ; Kathodentreiber aktivieren
45
46     C02A   38                           pulx                   ; lade Indexregister zurück
47     C02B   32                           pula                   ; lade Status-Register zurück
48     C02C   06                           tap                    ; kopiere Register
49     C02D   32                           pula                   ; lade Akku A zurück
50
51     C02E   3B                           rti                    ; fertig
52
53     FFFE                                org      $fffe         ;
54     FFFE   C000            reset        dw       start         ; Reset-Vector
55

       Lines Assembled : 55  Errors : 0
```

5.2.2 Abfrage einer Tastaturmatrix

In Kombination mit der zuvor beschriebenen Multiplexansteuerung von numerischen Anzeigen läßt sich auf einfache Weise eine *Tastaturmatrix* abfragen. Die gleichen Steuerleitungen, die zur Aktivierung der einzelnen Stellen benutzt werden, aktivieren gleichzeitig jeweils eine Spalte der Matrix (**Bild 5.10**). Das Schaltbild ist als Ergänzung zu Bild 5.9 gedacht, es sind daher nur die verwendeten Portleitungen entsprechend bezeichnet.

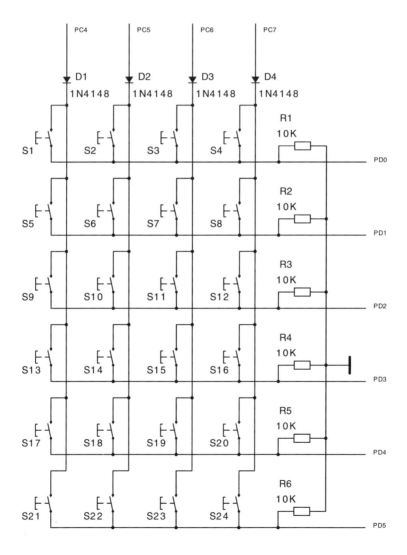

Bild 5.10: Anschluß einer Tastaturmatrix

5.2 Ein-/Ausgabe-Systeme

Je eine Diode pro Taste entkoppelt die einzelnen Spalten voneinander, so daß keine Fehlansteuerungen auftreten können, wenn mehr als eine Taste gleichzeitig betätigt wird. Die Pull-Down-Widerstände sorgen für definierte Pegelverhältnisse.

Das Programmbeispiel zur Displayansteuerung muß nur relativ wenig verändert werden, um die Tastatur zusätzlich zu bedienen. Die hinzugefügten Zeilen ermitteln die Nummer der gedrückten Taste aus den Signalen an Port D in Abhängigkeit der momentan aktiven Spalte. Diese Nummer wird in einer Variablen hinterlegt, die vom übergeordneten Programm abgefragt und wieder gelöscht werden muß. Dadurch, daß die Interruptroutine bei jeder Betätigung diese Variable überschreibt, wird vom Hauptprogramm immer die zuletzt betätigte Taste gelesen.

```
Thu Jun 09 11:50:39 1994      Page     1

2500 A.D. 68c11 Macro Assembler       -       Version 5.01e
-------------------------------------------------------------------------------

Input  Filename : tastatur.asm
Output Filename : tastatur.obj


1       0000    display         equ     $00             ; Anzeige-Register
2       0004    disvec          equ     $04             ; Zeiger auf aktuelle Stelle
3       0005    mux             equ     $05             ; Bitmuster für Multiplex
4       0006    keycode         equ     $06             ; Tastaturcode
5
6       1002    pioc            equ     $1002           ;
7       1003    portc           equ     $1003           ;
8       1008    portd           equ     $1008           ;
9
10      C000                    org     $c000           ;
11      C000    86 FF   start   ldaa    #$ff            ;
12      C002    B7 10 02        staa    pioc            ; Port C als Ausgang
13      C005    01              nop                     ;
14
15              ;
16              ; An dieser Stelle folgt das Hauptprogramm der Anwendung. Das Display-
17              ; Programm kann über einen beliebigen Timer-Interrupt aufgerufen werden.
18              ;
19
20      C006    01              nop                     ;
21      C007    7E C0 07 demo_end jmp   demo_end        ;
22
23              ;
24              ; Interrupt-Programm zur Multiplexausgabe an Port C. Das Programm
25              ; gibt die in den Variablen display...display+3 stehenden BCD-Zahlen
26              ; an Port C zur Ansteuerung eines externen Decoders Typ 4511 aus.
27              ;
28              ; Zusätzlich wird eine an Port D angeschlossene Tastaturmatrix
29              ; abgefragt. Die ermittelte Taste wird in der Variablen keycode
30              ; übergeben. Die Matrix umfaßt 24 Tasten, es können also
31              ; Tastaturcodes im Bereich 0...23 erzeugt werden. Das Hauptprogramm
32              ; fragt die Variable keycode ab und setzt sie auf FFH zurück, um
33              ; eine erneute Betätigung erkennen zu können.
34              ;
35
36      C00A    36      anzeige psha                    ; rette Akku A auf Stack
37      C00B    07              tpa                     ; kopiere Status-Register
38      C00C    36              psha                    ; rette Status-Register auf
                                                        ; Stack
```

```
Thu Jun 09 11:50:39 1994     Page       2

2500 A.D. 68c11 Macro Assembler      -      Version 5.01e
--------------------------------------------------------------------------------

Input  Filename : tastatur.asm
Output Filename : tastatur.obj

  39      C00D    3C                         pshx                    ; rette Indexregister auf
                                                                     ; Stack
  40      C00E    7C 00 04                   inc     disvec          ; erhöhe Zeiger
  41      C011    96 04                      ldaa    disvec          ; lade Ergebnis
  42      C013    84 03                      anda    #$03            ; 4 Stellen
  43      C015    97 04                      staa    disvec          ; und wieder abspeichern
  44      C017    26 04                      bne     anzeige_1       ; nicht 0
  45      C019    86 10                      ldaa    #$10            ; Start von vorn
  46      C01B    97 05                      staa    mux             ; mit erster Stelle beginnen
  47      C01D    DE 04          anzeige_1   ldx     disvec          ; Zeiger in X-Register
  48      C01F    A6 00                      ldaa    display,x       ; Zeichen laden
  49      C021    B7 10 03                   staa    portc           ; Zeichen ausgeben,
                                                                     ; Kathodentreiber
  50                                                                 ; ausgeschaltet
  51      C024    9A 05                      oraa    mux             ; Kathodentreibersignal
                                                                     ; einbauen
  52      C026    01                         nop                     ; Einschwingzeit
                                                                     ; Segmenttreiber
  53      C027    B7 10 03                   staa    portc           ; Kathodentreiber aktivieren
  54
  55      C02A    B6 10 08                   ldaa    portd           ; Port D abfragen
  56      C02D    84 3F                      and     #$3f            ; nur 6 Leitungen
  57      C02F    27 18                      beq     anzeige_5       ; fertig wenn keine Taste
                                                                     ; gedrückt
  58
  59      C031    7F 00 06                   clr     keycode         ; mit 0 beginnen
  60      C034    44             anzeige_2   lsra                    ; Bit 0 in Carry
  61      C035    25 05                      bcs     anzeige_3       ; Bit gefunden
  62      C037    7C 00 06                   inc     keycode         ; Nummer erhöhen
  63      C03A    20 F8                      bra     anzeige_2       ; und wieder testen
  64      C03C    DE 04          anzeige_3   ldx     disvec          ; aktuelle Spalte laden
  65      C03E    27 09                      beq     anzeige_5       ; fertig bei Spalte 0
  66      C040    86 06          anzeige_4   ldaa    #$06            ; 6 Tasten pro Spalte
  67      C042    9B 06                      adda    keycode         ; zum Code addieren
  68      C044    97 06                      staa    keycode         ; und abspeichern
  69      C046    09                         dex                     ; Spalten zählen
  70      C047    26 F7                      bne     anzeige_4       ; weiter bis 0
  71
  72      C049    38             anzeige_5   pulx                    ; lade Indexregister zurück
  73      C04A    32                         pula                    ; lade Status-Register zurück
  74      C04B    06                         tap                     ; kopiere Register
  75      C04C    32                         pula                    ; lade Akku A zurück
  76
  77      C04D    3B                         rti                     ; fertig
  78
  79      FFFE                               org     $fffe           ;
  80      FFFE    C000           reset       dw      start           ; Reset-Vector
  81

          Lines Assembled : 81 Errors : 0
```

5.2.3 Anzeigesysteme mit serieller Ansteuerung

Die zuvor beschriebene Methode, numerische Anzeigen durch einen Mikroprozessor anzusteuern, ist sicherlich die preiswerteste. Manchmal gibt es aber gute Gründe, statt passiver Displays mit Multiplexansteuerung externe Display-Controller einzusetzen:

- ❏ wesentlich verringerte Anzahl an Portleitungen,
- ❏ Entlastung des Mikroprozessors durch Hardwaremultiplex des externen Controllers,
- ❏ einfache Umstellung auf andere Fabrikate ohne Hardwareänderung durch Anpassung der Treibersoftware möglich.

Der externe Controller kann hierbei als IC zur Ansteuerung normaler passiver Displays ausgeführt sein oder aber zusammen mit mehreren Displays eine einzige Einheit bilden.

5.2.3.1 Anzeigemodul LTM8522

Numerische Displays mit eingebautem Controller sind von verschiedenen Herstellern erhältlich. Als Applikationsbeispiel wurde die dreistellige Anzeige LTM8522 gewählt. Dieser Baustein ist sehr gut für Anzeigen im Bereich *Prozeßsteuerung* geeignet, da seine 14 mm großen helleuchtenden Ziffern auch unter schlechten Umgebungsbedingungen gut abgelesen werden können.

Von der Ansteuerung her arbeitet der LTM8522 wie ein Standard-Anzeigentreiber M5040, der von verschiedenen Halbleiterherstellern angeboten wird. Es sind nur zwei Steuerleitungen notwendig, eine Takt- und eine Datenleitung (**Bild 5.11**). Der zusätzliche Enable-Eingang kann zur Auswahl eines spezifischen Bausteins bei größeren Anzeigesystemen eingesetzt werden.

Bild 5.11: Anzeigebaustein LTM 8522

Das Datenprotokoll des M5040 ist einfach gehalten. Mit jeder steigenden Flanke des Taktsignals wird das am Dateneingang stehende Bit eingelesen. Das Datentelegramm muß mit einem zusätzlichen *Startbit* begonnen werden (**Bild 5.12**). Dieses Bit sorgt intern nach dem 36. Taktimpuls für die Übernahme der eingelesenen Informationen in die Anzeige selbst. Da der M5040 für jedes Segment der Anzeige ein eigenes Bit bereitstellt, muß die Kodierung der Segmente per Software vorgenommen werden. Dies bietet den zusätzlichen Vorteil, beliebige *Sonderzeichen* darstellen zu können.

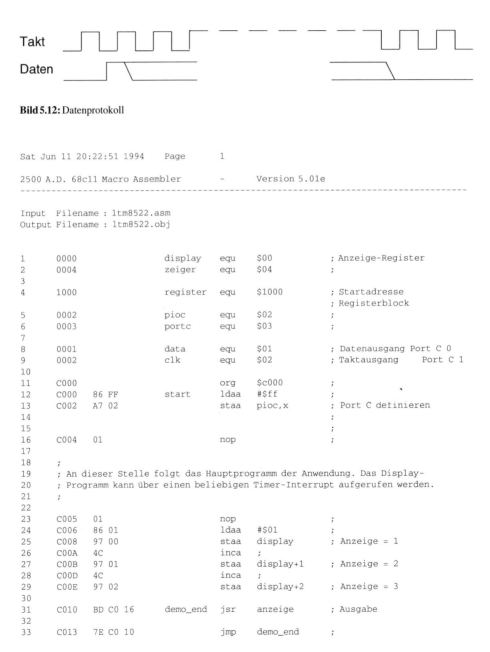

Bild 5.12: Datenprotokoll

```
Sat Jun 11 20:22:51 1994      Page     1

2500 A.D. 68c11 Macro Assembler      -      Version 5.01e
--------------------------------------------------------------------------------
Input  Filename : ltm8522.asm
Output Filename : ltm8522.obj


  1    0000                      display   equ    $00          ; Anzeige-Register
  2    0004                      zeiger    equ    $04          ;
  3
  4    1000                      register  equ    $1000        ; Startadresse
                                                               ; Registerblock
  5    0002                      pioc      equ    $02          ;
  6    0003                      portc     equ    $03          ;
  7
  8    0001                      data      equ    $01          ; Datenausgang Port C 0
  9    0002                      clk       equ    $02          ; Taktausgang    Port C 1
 10
 11    C000                                org    $c000        ;
 12    C000   86 FF     start              ldaa   #$ff         ;
 13    C002   A7 02                        staa   pioc,x       ; Port C definieren
 14                                                            ;
 15                                                            ;
 16    C004   01                           nop                 ;
 17
 18          ;
 19          ; An dieser Stelle folgt das Hauptprogramm der Anwendung. Das Display-
 20          ; Programm kann über einen beliebigen Timer-Interrupt aufgerufen werden.
 21          ;
 22
 23    C005   01                           nop                 ;
 24    C006   86 01                        ldaa   #$01         ;
 25    C008   97 00                        staa   display      ; Anzeige = 1
 26    C00A   4C                           inca                ;
 27    C00B   97 01                        staa   display+1    ; Anzeige = 2
 28    C00D   4C                           inca                ;
 29    C00E   97 02                        staa   display+2    ; Anzeige = 3
 30
 31    C010   BD C0 16  demo_end           jsr    anzeige      ; Ausgabe
 32
 33    C013   7E C0 10                     jmp    demo_end     ;
```

5.2 Ein-/Ausgabe-Systeme

Sat Jun 11 20:22:51 1994   Page   2

2500 A.D. 68c11 Macro Assembler   -   Version 5.01e

Input Filename : ltm8522.asm
Output Filename : ltm8522.obj

```
34
35          ;
36          ; Unterprogramm zur Ausgabe serieller Anzeigedaten an Port C.
37          ; Das Programm gibt die in den Variablen display...display+2
38          ; stehenden BCD-Zahlen an Port C zur Ansteuerung eines externen
39          ; Anzeigebausteins Typ LTM8522 oder jeder Kombination aus passiven
40          ; Displays mit dem Dekoder MN5040 aus. Das in display+3 stehende
41          ; Bitmuster wird auf die freien Ausgänge BIT0...BIT7 des LTM8522
42          ; übertragen und kann zur Ansteuerung von 8 LED benutzt werden.
43          ;
44          ; Die Umkodierung von BCD-Ziffern auf die gewünschten Segmentmuster
45          ; wird mit einer Tabelle vorgenommen. Hier kann eine
46          ; Anpassung an die Gegebenheiten erfolgen.
47          ;
48          ;
49          ;
50
51   C016  1C 03 01    anzeige    bset   portc,x,#data ; beginnen mit Startbit
52   C019  01                     nop                  ; der MN5450 ist nicht sehr
                                                       ; schnell!
53   C01A  01                     nop                  ;
54   C01B  1C 03 02               bset   portc,x,#clk  ; Taktsignal High
55   C01E  01                     nop                  ;
56   C01F  01                     nop                  ;
57   C020  01                     nop                  ;
58   C021  1D 03 02               bclr   portc,x,#clk  ; Taktsignal Low
59   C024  7F 00 04               clr    zeiger        ; Zeiger löschen
60   C027  18 DE 04    anzeige_1  ldy    zeiger        ; Y-Register laden
61   C02A  18 EC 00               ldd    display,y     ; Zeichen laden
62   C02D  C3 C0 90               addd   #tabelle      ; Startadresse
                                                       ; Zeichentabelle
63   C030  18 8F                  xgdy                 ; Übertrage Adresse in
                                                       ; Y-Register
64   C032  18 A6 00               ldaa   ,y            ; Bitmuster aus Tabelle
65   C035  18 CE 00 08            ldy    #$08          ; 7 Segmente + DP
66   C039  44          anzeige_2  lsra                 ; schiebe Bit in Carry
67   C03A  24 05                  bcc    anzeige_3     ; Bit ist Low
68   C03C  1C 03 01               bset   portc,x,#data ; Bit ist High
69   C03F  20 03                  bra    anzeige_4     ; fertig
70   C041  1D 03 01    anzeige_3  bclr   portc,x,#data ; Bit ist Low
71   C044  01          anzeige_4  nop                  ; Wartezeit für MN5040
72   C045  01                     nop                  ;
73   C046  1C 03 02               bset   portc,x,#clk  ; Taktsignal High
74   C049  01                     nop                  ;
75   C04A  01                     nop                  ;
76   C04B  01                     nop                  ;
77   C04C  1D 03 02               bclr   portc,x,#clk  ; Taktsignal Low
78   C04F  18 09                  dey                  ; Bits zählen
79   C051  26 E6                  bne    anzeige_2     ; nächstes Bit
80   C053  7C 00 04               inc    zeiger        ; Zeichen zählen
81   C056  96 04                  ldaa   zeiger        ;
82   C058  81 03                  cmpa   #$03          ; 3 Digit
83   C05A  26 CB                  bne    anzeige_1     ; nächstes Zeichen
84          ;
85          ; Bitmuster in display+3 übertragen
86          ;
87   C05C  96 03                  ldaa   display+3     ; Bitmuster laden
88   C05E  18 CE 00 08            ldy    #$08          ; 8 Bit
```

Sat Jun 11 20:22:51 1994   Page   3

2500 A.D. 68c11 Macro Assembler   -   Version 5.01e

Input Filename : ltm8522.asm
Output Filename : ltm8522.obj

```
 89    C062  44                    anzeige_5  lsra                     ; schiebe Bit in Carry
 90    C063  24 05                            bcc    anzeige_6         ; Bit ist Low
 91    C065  1C 03 01                         bset   portc,x,#data     ; Bit ist High
 92    C068  20 03                            bra    anzeige_7         ; fertig
 93    C06A  1D 03 01   anzeige_6  bclr   portc,x,#data     ; Bit ist Low
 94    C06D  01         anzeige_7  nop                      ; Wartezeit für MN5040
 95    C06E  01                    nop                      ;
 96    C06F  1C 03 02              bset   portc,x,#clk      ; Taktsignal High
 97    C072  01                    nop                      ;
 98    C073  01                    nop                      ;
 99    C074  01                    nop                      ;
100    C075  1D 03 02              bclr   portc,x,#clk      ; Taktsignal Low
101    C078  18 09                 dey                      ; Bits zählen
102    C07A  26 E6                 bne    anzeige_5         ; nächstes Bit
103           ;
104           ; 5 abschließende Taktimpulse ausgeben
105           ;
106    C07C  18 CE 00 05           ldy    #$05              ; 5 Impulse
107    C080  1C 03 02   anzeige_8  bset   portc,x,#clk      ; Taktsignal High
108    C083  01                    nop                      ;
109    C084  01                    nop                      ;
110    C085  01                    nop                      ;
111    C086  1D 03 02              bclr   portc,x,#clk      ; Taktsignal Low
112    C089  01                    nop                      ;
113    C08A  01                    nop                      ;
114    C08B  18 09                 dey                      ; Bits zählen
115    C08D  26 F1                 bne    anzeige_8         ; nächstes Bit
116    C08F  39                    rts
117
118           ;
119           ; Tabelle zur Umcodierung von BCD auf Siebensegmentcode
120           ;
121
122    C090  3F         tabelle    byte   $3f               ; 0
123    C091  06                    byte   $06               ; 1
124    C092  5B                    byte   $5b               ; 2
125    C093  4F                    byte   $4f               ; 3
126    C094  66                    byte   $66               ; 4
127    C095  6D                    byte   $6d               ; 5
128    C096  7D                    byte   $5d               ; 6
129    C097  07                    byte   $07               ; 7
130    C098  7F                    byte   $7f               ; 8
131    C099  6F                    byte   $6f               ; 9
132    C09A  00                    byte   $00               ; blank
133    C09B  00                    byte   $00               ; blank
134    C09C  00                    byte   $00               ; blank
135    C09D  00                    byte   $00               ; blank
136    C09E  00                    byte   $00               ; blank
137    C09F  00                    byte   $00               ; blank
138
139    FFFE                        org    $fffe             ;
140    FFFE  C000       reset      dw     start             ; Reset-Vector
141

       Lines Assembled : 141       Errors : 0
```

5.2.3.2 Displaytreiber MC14499

Eine Alternative zum LTM8522 stellt die folgende Applikation mit dem Treiber-IC MC14499 von Motorola dar (**Bild 5.13**). Dieses IC beinhaltet die komplette Schaltung zur *Multiplexansteuerung* einer vierstelligen Siebensegment-Anzeige. Zur Verbindung mit

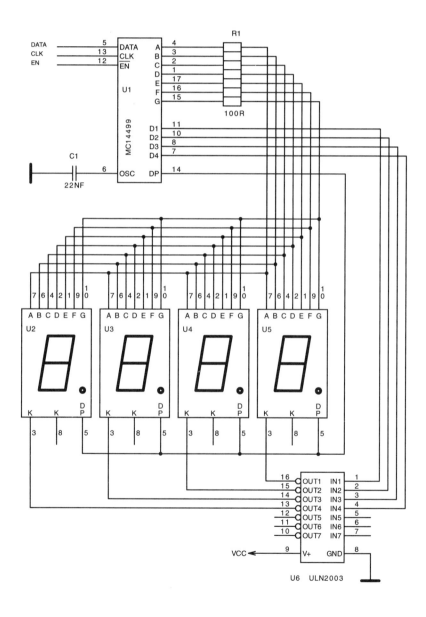

Bild 5.13: Display-Treiber MC14499

dem steuernden Mikroprozessor dient eine serielle Dreileiter-Schnittstelle, die der begrenzten Anzahl I/O-Pins von Mikrocontrollern sehr entgegen kommt.

Der MC14499 besteht intern aus folgenden Funktionsblöcken:

- ❏ Schieberegister mit 20 bit Länge für 4 BCD-Ziffern und 4 bit Dezimalpunkt-Information.
- ❏ 20 bit Latch zur Speicherung der eingelesenen Daten
- ❏ Siebensegment-Dekoder
- ❏ Multiplexer und Treiber

Bild 5.14 zeigt die Pinbelegung des Bausteins, Tabelle 5.1 nennt die zugehörigen Funktionen.

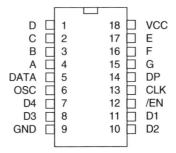

Bild 5.14: Pinbelegung

Pin	Name	Funktion
1	D	Anode Segment D
2	C	Anode Segment C
3	B	Anode Segment B
4	A	Anode Segment A
5	DATA	Eingang Datensignal
6	OSC	Taktoszillator zur Multiplexsteuerung
7	D4	Treibersignal Digit 4
8	D3	Treibersignal Digit 3
9	GND	Versorgung Masse
10	D2	Treibersignal Digit 2
11	D1	Treibersignal Digit 1
12	/EN	Steuersignal Datenübernahme
13	CLK	Steuersignal Takt
14	DP	Anode Dezimalpunkt
15	G	Anode Segment G
16	F	Anode Segment F
17	E	Anode Segment E
18	VCC	Versorgung +5 V

Tabelle 5.1: Pinfunktionen

5.2 Ein-/Ausgabe-Systeme 297

Für größere Anzeigen kann der MC14499 beliebig lang kaskadiert werden (**Bild 5.15**). In diesem Fall wird der Ausgang DP des vorhergehenden Bausteins als Datenausgang für den nachfolgenden Baustein benutzt, es können daher bei kaskadierten ICs keine Dezimalpunkte mehr angezeigt werden. Zur Umschaltung der Funktion werden im

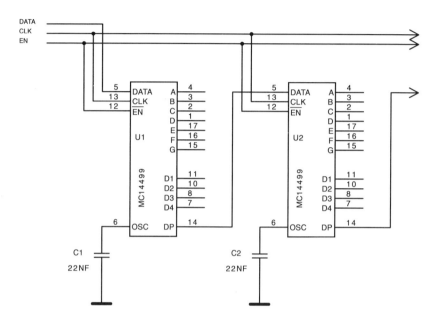

Bild 5.15: Kaskadierung mehrerer MC14499

Telegramm der Datenübertragung sämtliche DP-Bits auf High gesetzt. Sobald der Baustein die Information 1111 in seinem internen Latch für die Dezimalpunktausgabe registriert, schaltet er den Treiberausgang DP intern ab und verbindet den Pin DP mit dem internen Ausgang des Schieberegisters. Das komplette serielle Telegramm für den MC14599 zeigt **Bild 5.16**.

A4 B4 C4 D4	A3 B3 C3 D3	A2 B2 C2 D2	A1 B1 C1 D1	DP4 DP3 DP2 DP1
Digit 4	Digit 3	Digit 2	Digit 1	Dezimalpunkt

Bild 5.16: Telegramm MC14599

Die Datenübertragung vom steuernden Mikroprozessor her beschränkt sich auf die serielle Ausgabe der Daten und die Erzeugung eines dazu synchronen Taktsignals. Ein Ladeimpuls zum Schluß übernimmt die eingelesenen Daten in den internen Speicher und bringt ihn zur Anzeige.

Das folgende Beispielprogramm enthält Routinen zur BCD-Konvertierung und Ausgabe der Daten im korrekten Format für eine vierstellige Anzeige mit Dezimalpunkt.

```
Thu Jun 16 20:32:37 1994     Page      1

2500 A.D. 68c11 Macro Assembler     -      Version 5.01e
-------------------------------------------------------------------------------

Input  Filename : mc14499.asm
Output Filename : mc14499.obj


   1      ;
   2      ; Display-Ansteuerung mit Motorola MC14499
   3      ;
   4      ; MC14499.ASM
   5      ;
   6      ; Das Unterprogramm display konvertiert die in der Variablen zahl1
   7      ; stehende Binärzahl in das BCD-Format und überträgt sie anschließend
   8      ; an den MC14499. Die Variable darf Werte zwischen 0 und 9999 annehmen.
   9      ; Das Unterprogramm nimmt keine Bereichsprüfung vor.
  10      ;
  11      ; Das in der Variablen dp stehende Bitmuster wird in die Dezimalpunkt-
  12      ; register des MC14499 übertragen.
  13      ;
  14   0000
  15   0000                zahl1    equ   $00      ;
  16   0002                digit1   equ   $02      ;
  17   0003                digit2   equ   $03      ;
  18   0004                digit3   equ   $04      ;
  19   0005                digit4   equ   $05      ;
  20   0006                bits     equ   $06      ;
  21   0007                dp       equ   $07      ;
  22   0008                hilf     equ   $08      ;
  23
  24   1000                register equ   $1000    ; Startadresse Registerblock
  25   0004                portb    equ   $04      ;
  26
  27   0001                data     equ   $01      ; Datenleitung Port B 0
  28   0002                clk      equ   $02      ; Taktleitung Port B 1
  29   0004                enable   equ   $04      ; Enable Port B 2
  30
  31
  32   C000                         org   $c000    ;
  33   C000  CE 10 00      init     ldx   #register ; Offset zu Register-Block
                                                    ; laden
  34                                                ;
  35   C003  7F 00 00               clr   zahl1    ; beginne mit 0
  36   C006  7F 00 01               clr   zahl1+1  ;
  37
  38   C009  BD C0 28      demo     jsr   display  ; zeige Wert an
  39   C00C  7C 00 00               inc   zahl1    ; erhöhe Wert
  40   C00F  26 03                  bne   demo_1   ; nicht 0
  41   C011  7C 00 01               inc   zahl1+1  ; High-Byte
  42   C014  86 27         demo_1   ldaa  #$27     ; 9999 = 270FH
  43   C016  91 01                  cmpa  zahl1+1  ;
  44   C018  26 EF                  bne   demo     ; nicht erreicht
  45   C01A  86 0F                  ldaa  #$0f     ;
  46   C01C  91 00                  cmpa  zahl1    ;
  47   C01E  26 E9                  bne   demo     ; nicht erreicht
  48   C020  7F 00 00               clr   zahl1    ; auf 0 zurücksetzen
  49   C023  7F 00 01               clr   zahl1+1  ;
  50   C026  20 E1                  bra   demo     ; und von vorn!
  51
```

5.2 Ein-/Ausgabe-Systeme

```
Thu Jun 16 20:32:37 1994     Page      2

2500 A.D. 68c11 Macro Assembler          -         Version 5.01e
--------------------------------------------------------------------------------

Input  Filename : mc14499.asm
Output Filename : mc14499.obj


   52        ;
   53        ; Unterprogramm zur BCD-Wandlung und Ausgabe auf MC14499
   54        ;
   55
   56        C028    7F 00 02        display     clr   digit1       ; Variablen löschen
   57        C02B    7F 00 03                    clr   digit2       ;
   58        C02E    7F 00 04                    clr   digit3       ;
   59        C031    7F 00 05                    clr   digit4       ;
   60
   61        C034    DC 00                       ldd   zahl1        ; Anzeigewert laden
   62        C036    DD 08                       std   hilf         ; und kopieren
   63
   64        C038    7C 00 05        display_1   inc   digit4       ; Tausenderstelle +1
   65        C03B    DC 08                       ldd   hilf         ; Wert laden
   66        C03D    83 03 E8                    subd  #$3e8        ; ziehe 1000 ab
   67        C040    2A F6                       bpl   display_1    ; Ergebnis ist positiv
   68        C042    7A 00 05                    dec   digit4       ; Ergebnis war negativ,
                                                                    ; korrigieren
   69        C045    DC 08                       ldd   hilf         ;
   70        C047    C3 03 E8                    addd  #$3e8        ;
   71        C04A    DD 08                       std   hilf         ;
   72
   73        C04C    7C 00 04        display_2   inc   digit3       ; Hunderterstelle +1
   74        C04F    DC 08                       ldd   hilf         ; Wert laden
   75        C051    83 00 64                    subd  #$64         ; ziehe 100 ab
   76        C054    2A F6                       bpl   display_2    ; Ergebnis ist positiv
   77        C056    7A 00 04                    dec   digit3       ; Ergebnis war negativ,
                                                                    ; korrigieren
   78        C059    DC 08                       ldd   hilf         ;
   79        C05B    C3 00 64                    addd  #$64         ;
   80        C05E    DD 08                       std   hilf         ;
   81
   82        C060    7C 00 03        display_3   inc   digit2       ; Zehnerstelle +1
   83        C063    96 08                       ldaa  hilf         ; Wert laden
   84        C065    80 0A                       suba  #$0a         ; ziehe 10 ab
   85        C067    2A E3                       bpl   display_2    ; Ergebnis ist positiv
   86        C069    7A 00 04                    dec   digit3       ; Ergebnis war negativ,
                                                                    ; korrigieren
   87        C06C    96 08                       ldaa  hilf         ;
   88        C06E    8B 0A                       adda  #$0a         ;
   89        C070    97 02                       staa  digit1       ; Rest ist Einerstelle
   90
   91        ;
   92        ; Ausgabe über Dreileiter-Bus
   93        ;
   94
   95        C072    18 CE 00 04                 ldy   #4           ; Start mit 4 DPs
   96        C076    96 07                       ldaa  dp           ; lade DPs
   97        C078    97 08                       staa  hilf         ; und kopiere
   98
   99        C07A    1C 04 01        out_1       bset  portb,x,#data  ; Start mit High
  100        C07D    12 08 00 03                 brset hilf,0,out_2   ; teste Bit
  101        C081    1D 04 01                    bclr  portb,x,#data  ; Bit war Low
  102
  103        C084    1C 04 02        out_2       bset  portb,x,#clk   ; Taktsignal High
  104        C087    1D 04 02                    bclr  portb,x,#clk   ; Taktsignal Low
  105        C08A    74 00 08                    lsr   hilf           ; nächstes Bit
  106        C08D    18 09                       dey                  ; Bits zählen
```

Thu Jun 16 20:32:37 1994   Page   3

2500 A.D. 68c11 Macro Assembler   -   Version 5.01e

Input Filename : mc14499.asm
Output Filename : mc14499.obj

```
107    C08F   26 E9                     bne    out_1        ; noch nicht fertig
108
109    C091   18 CE 00 04               ldy    #4           ; 4 Bit pro Digit
110    C095   1C 04 01         out_3    bset   portb,x,#data ; Start mit High
111    C098   12 02 00 03              brset   digit1,0,out_4 ; teste Bit
112    C09C   1D 04 01                  bclr   portb,x,#data ; Bit war Low
113
114    C09F   1C 04 02         out_4    bset   portb,x,#clk  ; Taktsignal High
115    C0A2   1D 04 02                  bclr   portb,x,#clk  ; Taktsignal Low
116    C0A5   74 00 02                  lsr    digit1        ; nächstes Bit
117    C0A8   18 09                     dey                  ; Bits zählen
118    C0AA   26 E9                     bne    out_3         ; noch nicht fertig
119
120    C0AC   1C 04 01         out_5    bset   portb,x,#data ; Start mit High
121    C0AF   12 03 00 03              brset   digit2,0,out_6 ; teste Bit
122    C0B3   1D 04 01                  bclr   portb,x,#data ; Bit war Low
123
124    C0B6   1C 04 02         out_6    bset   portb,x,#clk  ; Taktsignal High
125    C0B9   1D 04 02                  bclr   portb,x,#clk  ; Taktsignal Low
126    C0BC   74 00 03                  lsr    digit2        ; nächstes Bit
127    C0BF   18 09                     dey                  ; Bits zählen
128    C0C1   26 E9                     bne    out_5         ; noch nicht fertig
129
130    C0C3   1C 04 01         out_7    bset   portb,x,#data ; Start mit High
131    C0C6   12 04 00 03              brset   digit3,0,out_8 ; teste Bit
132    C0CA   1D 04 01                  bclr   portb,x,#data ; Bit war Low
133
134    C0CD   1C 04 02         out_8    bset   portb,x,#clk  ; Taktsignal High
135    C0D0   1D 04 02                  bclr   portb,x,#clk  ; Taktsignal Low
136    C0D3   74 00 04                  lsr    digit3        ; nächstes Bit
137    C0D6   18 09                     dey                  ; Bits zählen
138    C0D8   26 E9                     bne    out_7         ; noch nicht fertig
139
140    C0DA   1C 04 01         out_9    bset   portb,x,#data ; Start mit High
141    C0DD   12 05 00 03              brset   digit4,0,out_10 ; teste Bit
142    C0E1   1D 04 01                  bclr   portb,x,#data ; Bit war Low
143
144    C0E4   1C 04 02        out_10    bset   portb,x,#clk  ; Taktsignal High
145    C0E7   1D 04 02                  bclr   portb,x,#clk  ; Taktsignal Low
146    C0EA   74 00 05                  lsr    digit4        ; nächstes Bit
147    C0ED   18 09                     dey                  ; Bits zählen
148    C0EF   26 E9                     bne    out_9         ; noch nicht fertig
149
150    C0F1   1D 04 04                  bclr   portb,x,#enable ; Daten übernehmen
151    C0F4   1C 04 04                  bset   portb,x,#enable ;
152    C0F7   39                        rts                  ;
153
154
155
156    FFFE                              org    $fffe        ;
157    FFFE   C000             reset    dw     init         ; Reset-Vector
158
```

Lines Assembled : 158   Errors : 0

5.2.3.3 LCD-Treiber MSM58292

Die Firma OKI produziert einen statischen *LCD-Treiber*, der ein maximal 5-stelliges numerisches LCD-Display ansteuern kann. Der Baustein beinhaltet sämtliche Funktionsblöcke, die dazu benötigt werden: Schieberegister, Speicher, Taktgenerator für Backplane, Siebensegment-Decoder mit erweitertem Darstellungsbereich für Hexadezimalziffern.

Die Pinbelegung des 56-poligen Bausteins zeigt **Bild 5.17**. **Tabelle 5.2** erläutert die zugehörigen Pinfunktionen.

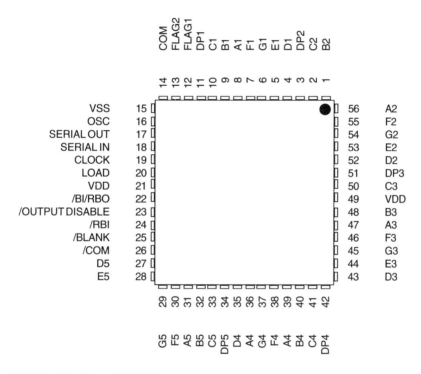

Bild 5.17: LCD-Treiber MSM58292

Pin	Name	Funktion
1	B2	Segment B Digit 2
2	C2	Segment C Digit 2
3	DP2	Segment DP Digit 2
4	D1	Segment D Digit 1
5	E1	Segment E Digit 1
6	G1	Segment G Digit 1
7	F1	Segment F Digit 1

Tabelle 5.2: Pinfunktionen

Pin	Name	Funktion
8	A1	Segment A Digit 1
9	B1	Segment B Digit 1
10	C1	Segment C Digit 1
11	DP1	Segment DP Digit 1
12	FLAG1	Segment FLAG 1
13	FLAG2	Segment FLAG 2
14	COM	Backplane-Signal COM
15	VSS	Versorgung Masse
16	OSC	Eingang Oszillator
17	SERIAL OUT	serieller Datenausgang zur Kaskadierung mehrerer Bausteine
18	SERIAL IN	serieller Dateneingang
29	CLOCK	Takt für Datenübertragung
20	LOAD	Übernahmesignal für internen Speicher
21	VDD	Versorgung +5 V
22	/BI/RBO	als /BI-Eingang: Ein Low-Signal unterdrückt alle führende Nullen in der Anzeige. als /RBO-Ausgang: Der Ausgang wird Low, wenn sämtliche Digits des Displays eine 0 beinhalten.
23	/OUTP. DIS.	High-Signal aktiviert Ausgangstreiber COM, Low-Signal macht COM zu einem Eingang (für Kaskadierung)
24	/RBI	Ein Low-Signal unterdrückt führende Nullen
25	/BLANK	Ein Low-Signal schaltet das gesamte Display dunkel, unabhängig von der darzustellenden Information.
26	/COM	Gegentaktsignal zu COM
27	D5	Segment D Digit 5
28	E5	Segment E Digit 5
29	G5	Segment G Digit 5
30	F5	Segment F Digit 5
31	A5	Segment A Digit 5
32	B5	Segment B Digit 5
33	C5	Segment C Digit 5
34	DP5	Segment DP Digit 5
35	D4	Segment D Digit 4
36	E4	Segment E Digit 4
37	G4	Segment G Digit 4
38	F4	Segment F Digit 4
39	A4	Segment A Digit 4
40	B4	Segment B Digit 4
41	C4	Segment C Digit 4
42	DP4	Segment DP Digit 4

Fortsetzung **Tabelle 5.2**

5.2 Ein-/Ausgabe-Systeme

Pin	Name	Funktion
43	D3	Segment D Digit 3
44	E3	Segment E Digit 3
45	G3	Segment G Digit 3
46	F3	Segment F Digit 3
47	A3	Segment A Digit 3
48	B3	Segment B Digit 3
49	VDD	Versorgung +5 V
50	C3	Segment C Digit 3
51	DP3	Segment DP Digit 3
52	D2	Segment D Digit 2
53	E2	Segment E Digit 2
54	G2	Segment G Digit 2
55	F2	Segment F Digit 2
56	A2	Segment A Digit 2

Fortsetzung **Tabelle 5.2**

Die Informationsmenge, die der MSM58292 benötigt, beträgt genau 32 bit. **Bild 5.18** zeigt den Telegrammaufbau.

Digit 5	Digit 4	Digit 3	Digit 2	Digit 1	Dezimalpunkt	Flag	Blank
4 bit	4 bit	4 bit	4 bit	4 bit	5 bit	2 bit	5 bit

Bild 5.18: Telegramm MSM58292

❏ **Digit 1...Digit 5** sind BCD-Ziffern, erweitert um die hexadezimalen Werte $A...$F

❏ Die Position des **Dezimalpunktes** wird durch ein Bit pro Digit definiert; es können also auch mehrere DPs gleichzeitig eingeschaltet werden.

❏ 2 **Flag-Ausgänge** sind zur Ansteuerung von Sonderzeichen innerhalb des LCDs vorgesehen, zum Beispiel AM/FM bei Radiogeräten oder AM/PM bei Uhren. Für jeden Ausgang ist ein korrespondierendes Flag-Bit vorhanden.

❏ 5 **Blank-Bits** gestatten es, ungenutzte Stellen eines Displays zu deaktivieren. Jedes gesetzte Bit schaltet das zugehörige Digit unabhängig vom anzuzeigenden Inhalt ab.

Das folgende Beispielprogramm enthält ein Unterprogramm zur Konvertierung einer 16 bit-Zahl in das Format des MSM58292.

```
Fri Jun 17 08:40:42 1994    Page       1

2500 A.D. 68c11 Macro Assembler       -      Version 5.01e
--------------------------------------------------------------------------------

Input  Filename : msm58292.asm
Output Filename : msm58292.obj


 1           ;
 2           ; Display-Ansteuerung mit OKI MSM 58292
 3           ;
 4           ; MSM58292.ASM
 5           ;
 6           ;
 7   0000
 8   0000                  zahl1    equ    $00         ;
 9   0002                  digit1   equ    $02         ;
10   0003                  digit2   equ    $03         ;
11   0004                  digit3   equ    $04         ;
12   0005                  digit4   equ    $05         ;
13   0006                  digit5   equ    $06         ;
14   0007                  dp       equ    $07         ;
15   0008                  hilf     equ    $08         ;
16
17   1000                  register equ    $1000       ; Startadresse Registerblock
18   0004                  portb    equ    $04         ;
19
20   0001                  data     equ    $01         ; Datenleitung Port B 0
21   0002                  clk      equ    $02         ; Taktleitung Port B 1
22   0004                  load     equ    $04         ; Load Port B 2
23   0000                  testbit  equ    $00         ;
24
25
26   C000                           org    $c000       ;
27   C000  CE 10 00        init     ldx    #register   ; Offset zu Register-Block
                                                       ; laden
28                                                     ;
29   C003  7F 00 00                 clr    zahl1       ; beginne mit 0
30   C006  7F 00 01                 clr    zahl1+1     ;
31   C009  86 01                    ldaa   #$01        ; Muster für DP
32   C00B  97 07                    staa   dp          ; DP ganz rechts
33
34   C00D  BD C0 1A        demo     jsr    display     ; zeige Wert an
35   C010  7C 00 00                 inc    zahl1       ; erhöhe Wert
36   C013  26 F8                    bne    demo        ; nicht 0
37   C015  7C 00 01                 inc    zahl1+1     ; High-Byte
38   C018  20 F3                    bra    demo        ;
39
40
41           ;
42           ; Unterprogramm zur BCD-Wandlung und Ausgabe auf MSM58292
43           ;
44
45   C01A  7F 00 02        display  clr    digit1      ; Variablen löschen
46   C01D  7F 00 03                 clr    digit2      ;
47   C020  7F 00 04                 clr    digit3      ;
48   C023  7F 00 05                 clr    digit4      ;
49   C026  7F 00 06                 clr    digit5      ;
50
51   C029  DC 00                    ldd    zahl1       ; Anzeigewert laden
52   C02B  DD 08                    std    hilf        ; und kopieren
53
54   C02D  7C 00 06        display_1 inc   digit5      ; Zehntausenderstelle +1
55   C030  DC 08                    ldd    hilf        ; Wert laden
56   C032  83 27 10                 subd   #$2710      ; ziehe 10000 ab
57   C035  2A F6                    bpl    display_1   ; Ergebnis ist positiv
```

5.2 Ein-/Ausgabe-Systeme

```
Fri Jun 17 08:40:42 1994     Page     2

2500 A.D. 68c11 Macro Assembler      -     Version 5.01e
--------------------------------------------------------------------------------

Input  Filename : msm58292.asm
Output Filename : msm58292.obj

58      C037    7A 00 06                    dec     digit5       ; Ergebnis war negativ,
                                                                 ; korrigieren
59      C03A    DC 08                       ldd     hilf         ;
60      C03C    C3 27 10                    addd    #$2710       ;
61      C03F    DD 08                       std     hilf         ;
62
63      C041    7C 00 05        display_2   inc     digit4       ; Tausenderstelle +1
64      C044    DC 08                       ldd     hilf         ; Wert laden
65      C046    83 03 E8                    subd    #$3e8        ; ziehe 1000 ab
66      C049    2A F6                       bpl     display_2    ; Ergebnis ist positiv
67      C04B    7A 00 05                    dec     digit4       ; Ergebnis war negativ,
                                                                 ; korrigieren
68      C04E    DC 08                       ldd     hilf         ;
69      C050    C3 03 E8                    addd    #$3e8        ;
70      C053    DD 08                       std     hilf         ;
71
72      C055    7C 00 04        display_3   inc     digit3       ; Hunderterstelle +1
73      C058    DC 08                       ldd     hilf         ; Wert laden
74      C05A    83 00 64                    subd    #$64         ; ziehe 100 ab
75      C05D    2A F6                       bpl     display_3    ; Ergebnis ist positiv
76      C05F    7A 00 04                    dec     digit3       ; Ergebnis war negativ,
                                                                 , korrigieren
77      C062    DC 08                       ldd     hilf         ;
78      C064    C3 00 64                    addd    #$64         ;
79      C067    DD 08                       std     hilf         ;
80
81      C069    7C 00 03        display_4   inc     digit2       ; Zehnerstelle +1
82      C06C    96 08                       ldaa    hilf         ; Wert laden
83      C06E    80 0A                       suba    #$0a         ; ziehe 10 ab
84      C070    2A F7                       bpl     display_4    ; Ergebnis ist positiv
85      C072    7A 00 04                    dec     digit3       ; Ergebnis war negativ,
                                                                 ; korrigieren
86      C075    96 08                       ldaa    hilf         ;
87      C077    8B 0A                       adda    #$0a         ;
88      C079    97 02                       staa    digit1       ; Rest ist Einerstelle
89
90              ;
91              ; Ausgabe über Bussystem
92              ;
93
94      C07B    18 CE 00 07                 ldy     #$07         ; Start mit 5 Blank- und 2
                                                                 ; Flag-Bits
95      C07F    1D 04 01                    bclr    portb,x,#data ; diese Bits alle Low
                                                                 ; ausgeben
96      C082    1C 04 02        out_1       bset    portb,x,#clk  ; Taktsignal High
97      C085    1D 04 02                    bclr    portb,x,#clk  ; Taktsignal Low
98      C088    18 09                       dey                  ; Bits zählen
99      C08A    26 F6                       bne     out_1        ; noch nicht fertig
100
101     C08C    96 07                       ldaa    dp           ; Position DP laden
102     C08E    97 08                       staa    hilf         ; und kopieren
103     C090    18 CE 00 05                 ldy     #$05         ; 5 DPs möglich
104
105     C094    1D 04 01        out_2       bclr    portb,x,#data ; Start mit Low
106     C097    13 08 00 03                 brclr   hilf,#testbit,out_3 ; Teste Bit
107     C09B    1C 04 01                    bset    portb,x,#data ; Bit war High
108
109     C09E    1C 04 02        out_3       bset    portb,x,#clk  ; Taktsignal High
110     C0A1    1D 04 02                    bclr    portb,x,#clk  ; Taktsignal Low
```

```
Fri Jun 17 08:40:42 1994     Page      3

2500 A.D. 68c11 Macro Assembler        -     Version 5.01e
--------------------------------------------------------------------------------

Input  Filename : msm58292.asm
Output Filename : msm58292.obj

111     C0A4    74 00 08                  lsr     hilf            ; nächstes Bit
112     C0A7    18 09                     dey                     ; Bit zählen
113     C0A9    26 E9                     bne     out_2           ; noch nicht fertig
114
115     C0AB    18 CE 00 04               ldy     #$04            ; 4 Bit pro Digit
116     C0AF    1D 04 01         out_4    bclr    portb,x,#data   ; Start mit Low
117     C0B2    13 02 00 03              brclr    digit1,#testbit,out_5 ; Teste Bit
118     C0B6    1C 04 01                  bset    portb,x,#data   ; Bit war High
119
120     C0B9    1C 04 02         out_5    bset    portb,x,#clk    ; Taktsignal High
121     C0BC    1D 04 02                  bclr    portb,x,#clk    ; Taktsignal Low
122     C0BF    74 00 02                  lsr     digit1          ; nächstes Bit
123     C0C2    18 09                     dey                     ; Bit zählen
124     C0C4    26 E9                     bne     out_4           ; noch nicht fertig
125
126     C0C6    18 CE 00 04               ldy     #$04            ; 4 Bit pro Digit
127     C0CA    1D 04 01         out_6    bclr    portb,x,#data   ; Start mit Low
128     C0CD    13 03 00 03              brclr    digit2,#testbit,out_7 ; Teste Bit
129     C0D1    1C 04 01                  bset    portb,x,#data   ; Bit war High
130
131     C0D4    1C 04 02         out_7    bset    portb,x,#clk    ; Taktsignal High
132     C0D7    1D 04 02                  bclr    portb,x,#clk    ; Taktsignal Low
133     C0DA    74 00 03                  lsr     digit2          ; nächstes Bit
134     C0DD    18 09                     dey                     ; Bit zählen
135     C0DF    26 E9                     bne     out_6           ; noch nicht fertig
136
137     C0E1    18 CE 00 04               ldy     #$04            ; 4 Bit pro Digit
138     C0E5    1D 04 01         out_8    bclr    portb,x,#data   ; Start mit Low
139     C0E8    13 04 00 03              brclr    digit3,#testbit,out_9 ; Teste Bit
140     C0EC    1C 04 01                  bset    portb,x,#data   ; Bit war High
141
142     C0EF    1C 04 02         out_9    bset    portb,x,#clk    ; Taktsignal High
143     C0F2    1D 04 02                  bclr    portb,x,#clk    ; Taktsignal Low
144     C0F5    74 00 04                  lsr     digit3          ; nächstes Bit
145     C0F8    18 09                     dey                     ; Bit zählen
146     C0FA    26 E9                     bne     out_8           ; noch nicht fertig
147
148     C0FC    18 CE 00 04               ldy     #$04            ; 4 Bit pro Digit
149     C100    1D 04 01         out_10   bclr    portb,x,#data   ; Start mit Low
150     C103    13 05 00 03              brclr    digit4,#testbit,out_11 ; Teste Bit
151     C107    1C 04 01                  bset    portb,x,#data   ; Bit war High
152
153     C10A    1C 04 02         out_11   bset    portb,x,#clk    ; Taktsignal High
154     C10D    1D 04 02                  bclr    portb,x,#clk    ; Taktsignal Low
155     C110    74 00 05                  lsr     digit4          ; nächstes Bit
156     C113    18 09                     dey                     ; Bit zählen
157     C115    26 E9                     bne     out_10          ; noch nicht fertig
158
159     C117    18 CE 00 04               ldy     #$04            ; 4 Bit pro Digit
160     C11B    1D 04 01         out_12   bclr    portb,x,#data   ; Start mit Low
161     C11E    13 06 00 03              brclr    digit5,#testbit,out_13 ; Teste Bit
162     C122    1C 04 01                  bset    portb,x,#data   ; Bit war High
163
164     C125    1C 04 02         out_13   bset    portb,x,#clk    ; Taktsignal High
165     C128    1D 04 02                  bclr    portb,x,#clk    ; Taktsignal Low
166     C12B    74 00 06                  lsr     digit5          ; nächstes Bit
167     C12E    18 09                     dey                     ; Bit zählen
168     C130    26 E9                     bne     out_12          ; noch nicht fertig
169
```

5.2 Ein-/Ausgabe-Systeme

```
Fri Jun 17 08:40:42 1994    Page     4

2500 A.D. 68c11 Macro Assembler      -      Version 5.01e
--------------------------------------------------------------------------------
Input  Filename : msm58292.asm
Output Filename : msm58292.obj

170       C132    1C 04 04              bset    portb,x,#load    ; Daten übernehmen
171       C135    1D 04 04              bclr    portb,x,#load    ;
172
173       C138    39                    rts                      ;
174
175
176
177       FFFE                          org     $fffe            ;
178       FFFE    C000          reset   dw      init             ; Reset-Vector
179

          Lines Assembled : 179         Errors : 0
```

5.2.4 Alphanumerische LCD-Module

Mit dem Begriff *LCD-Anzeige* sind hier nicht die einfachen Ziffernanzeigen gemeint, wie sie in Uhren und ähnlichen Konsumartikeln eingesetzt werden, sondern alphanumerische und graphische Module, die für die Darstellung komplexer Zusammenhänge benötigt werden. Gerade in Kombination mit Mikroprozessoren werden solche Anzeigesysteme überwiegend eingesetzt.

Viele dieser Module arbeiten intern mit dem LCD-Controller HD44780 der Firma Hitachi. Dadurch kann für Module mit diesem Controller ein einziger Software-Treiber benutzt werden. Die einzigen Anpassungen sind durch die unterschiedlichen Dimensionen der jeweiligen LCD notwendig.

Der LCD-Controller HD44780 stellt eine Reihe Kommandos zur Verfügung, mit denen die Anzeige gesteuert werden kann:

- Anzeigefeld löschen
- Cursor in Ausgangsposition (obere linke Ecke)
- Anzeige ein/aus
- Bewegungskommandos für den Cursor
- Auswahl des Zeichengenerators
- Daten schreiben und lesen
- Zeichengenerator definieren

Die Anbindung dieser Module, die bereits die gesamte Kontrollogik für das eigentliche LCD beinhalten, gestaltet sich sehr einfach, da sie in den meisten Fällen über eine 8-bit Mikroprozessorschnittstelle verfügen (**Bild 5.19**). Es müssen also nur die benötigten Portleitungen zur Verfügung gestellt werden.

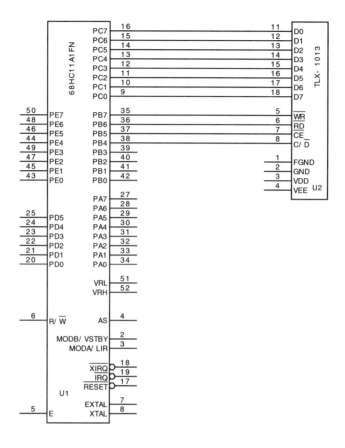

Bild 5.19: Graphisches LCD-Modul am 68HC11

5.3 Analogsignalverarbeitung

Da Single-Chip-Mikroprozessoren häufig im Bereich der *Meßdatenerfassung* eingesetzt werden, ist die Verarbeitung analoger Meßwerte eine häufig vorkommende Aufgabenstellung. Durch den eingebauten A/D-Wandler ist der 68HC11 sehr gut für Applikationen in der Meß- und Regeltechnik geeignet. Es müssen nur die für die jeweilige Meßaufgabe notwendigen *Sensoranpassungen* und *Signalaufbereitungs-Schaltungen* hinzugefügt werden.

Die Beispiele in diesem Kapitel stellen keine kompletten Lösungen dar, sondern sind als Teilschaltungen für bestimmte Aufgabenstellungen gedacht. Für eine konkrete Entwicklung können die benötigten Einzelschaltungen kombiniert werden.

5.3 Analogsignalverarbeitung

Alle Schaltungen gehen von einem 68HC11 im Single-Chip-Betrieb aus, für den sie entweder Meßwerte aufbereiten oder durch den sie gesteuert werden müssen. Der Mikroprozessor selbst taucht in den Schaltungsbeispielen nicht auf. Es sind nur die jeweils angeschlossenen Portleitungen aufgeführt, soweit dies für das Verständnis der Schaltung notwendig ist. Alle analogen Schaltungsbeispiele sind für den Eingangsspannungsbereich 0...5 V des 68HC11 ausgelegt.

Der 68HC11 kann die eigene Versorgungsspannung als *Referenzspannung* für den internen A/D-Wandler benutzen. Dies ist jedoch nur dann sinnvoll, wenn entweder die Genauigkeitsanforderungen der Schaltung gering sind oder durch besondere Schaltungsmaßnahmen eine entsprechende Präzision der Versorgungsspannung erzielt werden kann. In jedem anderen Fall wird die Verwendung eines externen Referenzelementes dringend empfohlen. Die Schaltungsbeispiele gehen nicht auf die Erzeugung der Referenzspannung ein.

Wenn die Genauigkeit und Auflösung des internen A/D-Wandlers für eine bestimmte Anwendung nicht mehr ausreicht, können die Meßschaltungen auch mit externen A/D-Wandlern, wie dem in Abschnitt 5.3.4 vorgestellten AD7876, kombiniert werden.

5.3.1 Temperaturmessung

Schaltungen zur *Temperaturmessung* sind mit die am häufigsten benötigten Sensoranpassungen. Mit den meisten industriellen Prozessen ist die Überwachung oder Regelung einer Temperatur verbunden. Die hierbei geforderten Meßbereiche und Genauigkeiten sind stark unterschiedlich.

Als Sensorelemente werden in der industriellen Meß- und Regeltechnik *Thermoelemente*, *Widerstandsthermometer*, *Thermistoren* und in letzter Zeit vermehrt *Halbleitersensoren* eingesetzt.

5.3.1.1 Thermoelemente

Eine Meßschaltung zum Anschluß an Thermoelemente zeigt **Bild 5.20**. In diesem Beispiel ist gleichzeitig eine elektronische *Vergleichsstellenkompensation* mit Hilfe eines Halbleitersensors dargestellt. Das Ausgangssignal des LM335 beträgt exakt 10 mV/K. Durch den nachgeschalteten Spannungsteiler R3 / R4 wird dieses Signal an den *Seebeck-Koeffizienten* des jeweiligen Thermoelementes angepaßt.

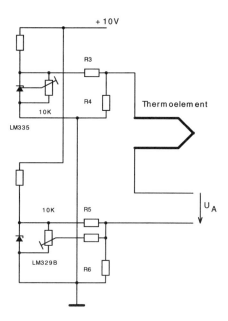

Bild 5.20: Vergleichsstellenkompensation

Eine wirksame Kompensation setzt voraus, daß der Sensor mechanisch exakt an der Stelle plaziert wird, wo die Thermoleitung mit der Schaltung verbunden wird (**Bild 5.21**). Beim Leiterplattendesign ist daher auf eine optimale Bauteileanordnung zu achten. Vor allen Dingen ist eine geringstmögliche thermische Beeinflussung der Vergleichsstelle wichtig.

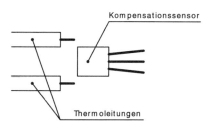

Bild 5.21: Anordnung der Vergleichsstelle

Da der Halbleitersensor ein zum absoluten Nullpunkt proportionales Signal abgibt, das heißt 2,73 V bei 0 °C, muß dieser Wert vom Ausgangssignal der Schaltung abgezogen werden, um einen Meßwert in Grad Celsius zu bekommen. Für diesen Zweck ist das Referenzspannungselement LM329B vorgesehen, das eine temperaturstabile Spannung von 6,95 V liefert. Der Temperaturkoeffizient dieser Referenz ist extrem gering. Je nach Aufgabenstellung sind selektierte Versionen mit 0,01 - 0,005 - 0,002 - 0,001 %/°C zu bekommen.

5.3 Analogsignalverarbeitung

Auch in diesem Fall sorgt ein nachgeschalteter Spannungsteiler R5 / R6 für die notwendige Anpassung an den Seebeck-Koeffizienten des verwendeten Fühlers. Für die Widerstände R3 - R6 sind Metallschichtwiderstände mit einem maximalen TK von 10 ppm vorzusehen. Die notwendigen Werte errechnen sich zu

$$R3 = \frac{SK}{10 mV/°C} \cdot R3$$

und

$$R6 = \frac{-T_0 \cdot SK}{V_z} \cdot 0{,}95 \cdot R5$$

mit $V_z = 6{,}95$ V (Referenzspannung des LM329B)

$T_0 = -273{,}16$ °C (absoluter Nullpunkt)

Mit einem frei gewählten Wert von 200 KΩ für R3 und R5 ergeben sich die in **Tabelle 5.3** genannten Widerstandswerte für die verschiedenen Typen von Thermoelementen.

Element	Typ	Empfindlichkeit (V/°C)	R4 (Ω)	R5 (Ω)
Eisen - Kupfernickel	J	52,3	1050	385
Kupfer - Kupfernickel	T	42,8	856	315
Nickelchrom - Nickelaluminium	K	40,8	816	300
Platin - Platin 10% Rhodium	S	6,4	128	46,3

Tabelle 5.3: Bauteilwerte für die Schaltung in Bild 5.20

Ein Nachteil der Schaltung nach Bild 5.20 ist die Reihenschaltung des Fühlerelements mit dem Ausgang und das nach wie vor sehr kleine Ausgangssignal. Die Schaltung in **Bild 5.22** beseitigt diesen Nachteil durch den Einsatz eines *Operationsverstärkers* und verstärkt das Signal gleichzeitig auf die vereinbarte Ausgangsspannung von 10 mV/°C, die dann für die Weiterverarbeitung in einem A/D-Wandler geeignet ist.

In dieser Schaltung finden sich im Prinzip die gleichen Elemente wie in Bild 5.20, ein LM335 als Temperaturfühler für die elektronische Vergleichsstellenkompensation und ein Referenzelement vom Typ LM329B zur Nullpunktverschiebung. Hier sind selbstverständlich auch andere geeignete Typen jederzeit einsetzbar.

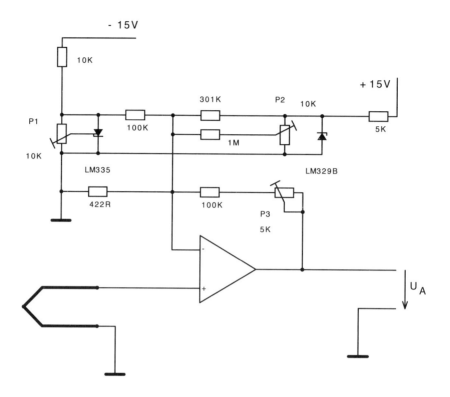

Bild 5.22: Meßschaltung mit Operationsverstärker

Zum *Abgleich* der Schaltung sind drei *Trimmpotentiometer* notwendig. P1 korrigiert die Fertigungsstreuungen des Halbleitersensors, so daß er exakt die Temperatur des absoluten Nullpunktes abgibt. P2 wird zum Abgleich der Schaltung auf 0V am Ausgang bei 0 C° Meßtemperatur verwandt. P3 trimmt die Verstärkung, so daß eine Ausgangsspannung von genau 10 mV/°C erzeugt wird. Werden andere Bereiche gewünscht, kann die Verstärkung des Operationsverstärkers durch Verändern der Beschaltung leicht angepaßt werden.

Der Meßbereich beträgt mit der angegebenen Dimensionierung 0 bis 500 °C für eine Ausgangsspannung von 0 bis 5 V. Mit dem 8 Bit A/D-Wandler des 68HC11 errechnet sich daraus eine Auflösung von ungefähr 2 °C.

Der maximale Fehler dieser Schaltung, hervorgerufen durch die Nichtlinearität des Thermoelementes, beträgt im Bereich von 0 °C bis 1300 °C etwa 2,5 %. **Tabelle 5.4** zeigt den Zusammenhang zwischen Temperaturmeßwert und Fehler der Schaltung. Für Temperaturen bis 300 °C bleibt dieser Fehler unter 1 °C.

5.3 Analogsignalverarbeitung

Meßwert (°C)	Fehler (°C)	Meßwert (°C)	Fehler (°C)
10	-0,3	200	-0,1
20	-0,4	210	-0,2
30	-0,4	220	-0,4
40	-0,4	240	-0,6
50	-0,3	260	-0,5
60	-0,2	280	-0,4
70	0,0	300	-0,1
80	0,2	350	1,2
90	0,4	400	2,8
100	0,6	500	7,1
110	0,8	600	11,8
120	0,9	700	15,7
130	0,9	800	17,6
140	0,9	900	17,1
150	0,8	1000	14,0
160	0,7	1100	8,3
170	0,5	1200	-0,3
180	0,3	1300	-13,0
190	0,1		

Tabelle 5.4: Nichtlinearität der Schaltung nach Bild 5.22

Wenn diese Abweichungen, die immerhin maximal einen Betrag von fast 18 °C annehmen, für die vorgesehene Anwendung zu groß sind, dann bietet sich zur Korrektur eine *Interpolationstabelle* im Programm des Rechners an. Eine weitergehende analoge Korrektur wäre schwierig und würde die Kosten der Schaltung wesentlich erhöhen. Das zeigt sich schnell, wenn man allein den Einfluß des verwendeten Operationsverstärkers auf das Ergebnis betrachtet.

Der vorgesehene Fühler vom Typ K hat nach Tabelle 5.3 eine Empfindlichkeit von etwa 40 µV/°C. Daraus folgt, daß beim Einsatz eines Standard-Operationsverstärkers, wie zum Beispiel eines LM308, bereits ein Fehler von 1 °C pro 8 °C Änderung in der Umgebungstemperatur der Schaltung zu berücksichtigen ist, denn der LM308 hat eine spezifizierte *Offsetdrift* von 5 µV/°C.

Nimmt man eine übliche Spezifikation des Endprodukts, in dem die Schaltung zum Einsatz kommen soll, von -25 °C bis +60 °C an, dann ergibt sich bereits ein Fehler von über 10 °C! Es ist deutlich zu erkennen, daß der durch die Schaltung hervorgerufene Fehler schnell in die Größenordnung der Nichtlinearität kommen kann. Nur durch Verwendung speziell auf niedrige Offsetdrift ausgesuchter Operationsverstärker können diese Schaltungsfehler niedrig gehalten werden.

Bisher unberücksichtigt blieben Meßfehler, die aus eingestreuten *Störsignalen* in die Fühlerzuleitungen resultieren. In der heutigen Zeit ist der Einsatz von hochempfindlichen Systemen zur Meßwerterfassung in der direkten Nachbarschaft großer elektrischer Verbraucher der Normalfall. Man kann also bei der Entwicklung solcher Systeme immer von einer Beeinflussung ausgehen und muß die dadurch entstehenden Probleme lösen. Im Falle des Thermoelements können einigen Millivolt Nutzsignal mehrere Volt Störsignal überlagert sein.

Hierbei sind zwei grundsätzliche Probleme zu lösen: die Beeinflussung des Meßwertes durch das Störsignal und der Schutz der Elektronik vor Zerstörung durch energiereiche Impulse (EMV). Für beide Aufgaben ist nach Möglichkeit ein und dieselbe Schaltung zu verwenden, um den dadurch entstehenden Meßfehler klein zu halten. **Bild 5.23** zeigt ein Schaltungsbeispiel.

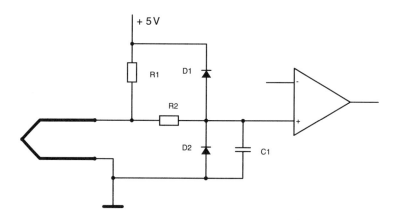

Bild 5.23: Schutzbeschaltung und Filter

Es wurde versucht, die Anzahl der zusätzlichen Bauteile im Eingangskreis zu minimieren. Aus diesem Grund hat der Widerstand R2 zwei Aufgaben zu lösen: zusammen mit den Dioden D1 und D2 bildet er eine wirksame Begrenzung der durch die Zuleitungen eingeschleppten Störspannungsspitzen auf ein für den Operationsverstärker verträgliches Maß. Gleichzeitig bildet er mit dem Kondensator C1 ein Eingangsfilter für den Verstärker, das eingestreutes Netzbrummen und Rauschen auf einen erträglichen Wert reduziert.

5.3 Analogsignalverarbeitung

Die Auslegung eines solchen Filters kann nur ein Kompromiß sein. Man kann an dieser Stelle nur ein passives Filter einsetzen, muß aber wirksam verhindern, daß etwa Signale auf den Eingang des Verstärkers gelangen, die ihn übersteuern können. Damit würde eine unerträgliche Verfälschung des Meßwertes einhergehen. In einem solchen Fall hilft nur die Aufteilung der Verstärkung auf zwei Stufen, zwischen die man dann ein aktives Filter beliebiger Ordnung schalten kann (**Bild 5.24**).

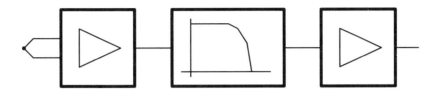

Bild 5.24: Blockschaltung aktives Filter

Bei den meisten Anwendungen kommt man jedoch mit der einfacheren Schaltung nach Bild 5.23 aus, wenn man einige wichtige Regeln beachtet. Der Widerstand R1 muß so klein dimensioniert werden, daß der durch den *Eingangsoffsetstrom* des Operationsverstärkers hervorgerufene Fehler klein gegenüber der geforderten Meßgenauigkeit bleibt. Notfalls ist ein entsprechend ausgewählter Operationsverstärker zu verwenden.

Zu klein darf der Widerstand R1 allerdings auch nicht gemacht werden, da sonst eine Überlastung der beiden Dioden auftreten kann. Störspitzen von über 2000 V auf Signalleitungen sind keine Seltenheit (siehe IEC 801).

Die Dioden D1 und D2 sollten schnelle Typen mit äußerst geringem Leckstrom sein, diese Forderung gilt natürlich auch für den Filterkondensator C1. Nur ein Folienkondensator bester Qualität kann hier eingesetzt werden, auf keinen Fall darf es ein Tantal- oder Elektrolytkondensator sein.

5.3.1.2 Widerstandsthermometer

Mindestens genauso verbreitet wie Thermoelemente sind *Widerstandsthermometer*. Ihre Vorteile liegen in der Normung der Kennlinien und der erreichbaren höheren Genauigkeit. Der Einsatztemperaturbereich ist allerdings etwas geringer, der Bereich höchster Temperaturen über 800 °C bleibt dem Thermoelement vorbehalten.

Zur Temperaturmessung mit einem Platin-Widerstandsthermometer PT100 wird dieser Fühler mit Konstantstrom betrieben. Mit steigender Temperatur nimmt der TK dieses

Fühlertyps ab, so daß die sich einstellende Spannung am Sensorelement unterhalb der idealen Kurve liegt (**Bild 5.25**).

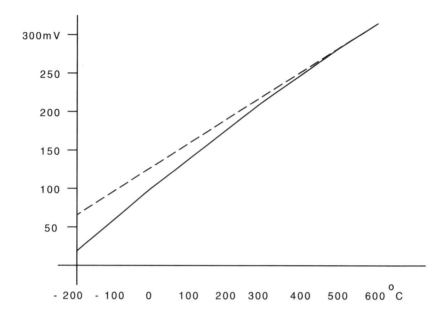

Bild 5.25: Kennlinienverlauf

Aus diesem Grunde wird an Stelle einer einfachen Konstantstromquelle ein Stromgenerator benutzt, der dem Meßwiderstand einen Strom mit der folgenden Funktion einprägt:

$$I = I0 + c \cdot Rt$$

mit c = Konstante, $c > 0$, $c \cdot R_t \ll I0$.

Dadurch ergibt sich eine geringe quadratische Korrektur der Meßspannung U0:

$$U0 = Rt \cdot I0 + c \cdot Rt^2$$

Die zugehörige Schaltung zeigt **Bild 5.26**. Der Meßbereich wurde ausgelegt auf 0 bis 500 °C, die erzielte Ausgangsspannung ist wieder 10 mV/ °C und damit für die direkte Weiterverarbeitung im A/D-Wandler des Mikroprozessors geeignet.

5.3 Analogsignalverarbeitung

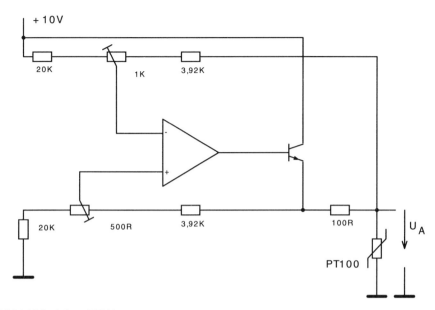

Bild 5.26: Meßschaltung PT100

Der Operationsverstärker ist mit seiner externen Beschaltung als *Stromquelle* beschaltet. Der zusätzliche Transistor T1 entkoppelt ihn von der Fühlerleitung. Dadurch, daß der Spannungsteiler am nichtinvertierenden Eingang des Operationsverstärkers nicht gegen Masse, sondern gegen den Ausgang geschaltet ist, ergibt sich die gewünschte quadratische Abhängigkeit des Stroms vom Meßwert. Mit steigender Signalspannung steigt auch die Sollwertvorgabe am nichtinvertierenden Eingang des Operationsverstärkers, der daraufhin mit einem entsprechend höheren Ausgangsstrom reagiert. Der Widerstand von 100 Ω stellt den Kompensationswiderstand bezogen auf eine Temperatur von 0 °C dar.

Für verschiedene Temperaturbereiche wurden die maximalen Fehler dieser Schaltung ermittelt. **Tabelle 5.5** gibt einen Überblick über die erstaunlich genauen Ergebnisse dieser an sich doch recht einfachen Methode zur Kompensation.

Temperaturbereich (°C)	maximaler relativer Fehler (%)
0 bis 150	0,095
0 bis 200	0,097
0 bis 250	0,10
0 bis 300	0,11
0 bis 350	0,15
0 bis 400	0,19
0 bis 450	0,22
0 bis 500	0,25

Tabelle 5.5: Fehler der Schaltung nach Bild 5.26

Bei der Berechnung dieser Werte wurde von einem idealen Operationsverstärker ausgegangen. In der Praxis addieren sich die durch den Operationsverstärker verursachten Fehler, wie zum Beispiel Offsetspannungen, -ströme und -drift. Die Auswahl eines geeigneten Operationsverstärkers ist daher von der für ein spezifisches Produkt geforderten Genauigkeit abhängig.

Das Schaltbild in Bild 5.26 berücksichtigt nicht die Anschlußweise des *Sensors*. Für hochgenaue Applikationen ist sicherlich nur die *Vierleitertechnik* sinnvoll anzuwenden. Ein entsprechendes Anschlußbild zeigt **Bild 5.27**. Die Stromquelle speist hier den Fühlerwiderstand mit einem extra Leitungspaar. Die Weiterverarbeitung des Meßsignals geschieht über die übrigen beiden Adern der Zuleitung. Die Impedanzen der Zuleitungen werden mit dieser Methode optimal kompensiert.

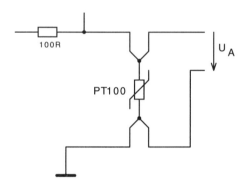

Bild 5.27: Vierleiterschaltung

Bei der Weiterverarbeitung des Meßwertes ist ein wichtiger Unterschied im Vergleich zum Thermoelement festzustellen: durch die relativ hohe Signalspannung des Widerstandthermometers haben Einstreuungen von Störsignalen einen wesentlich geringeren Einfluß auf die Signalqualität. Eine Filterung des Signals in der Eingangsschaltung wird hierdurch wesentlich erleichtert.

5.3.1.3 Thermistoren

Der *Thermistor* stellt an sich von der Schaltungstechnik her ähnliche Anforderungen wie ein Widerstandsthermometer. Die Unterschiede zu diesem Sensorelement liegen in einigen seiner speziellen Eigenschaften begründet. Im Gegensatz zum Widerstandsthermometer handelt es sich beim Thermistor in den meisten Fällen um einen *NTC-Widerstand* (NTC = Negative Temperature Coefficient), das heißt, sein Widerstand

5.3 Analogsignalverarbeitung

nimmt mit steigender Temperatur ab. Außerdem handelt es sich bei einem Thermistor um ein Bauteil mit weitaus größeren Toleranzen und Streuungen. Der Einsatz des Thermistors kann deshalb nur da erfolgen, wo es nicht auf sehr große Genauigkeit ankommt.

In der Schaltung nach **Bild 5.28** ist der Thermistor R1 in einer *Brückenschaltung* eingebaut. Der Parallelwiderstand R2 bewirkt eine relativ grobe Linearisierung des Kennlinienverlaufs, die aber für diesen Anwendungsfall ausreicht. Der dem Fühler nachgeschaltete Operationsverstärker sorgt für die Pegelanpassung auf 10 mV/°C. Die Schaltung ist mit dieser Dimensionierung im Bereich 0 bis 100 °C sinnvoll einzusetzen. Erreichbare Genauigkeiten liegen in der Größenordnung von einigen Prozent.

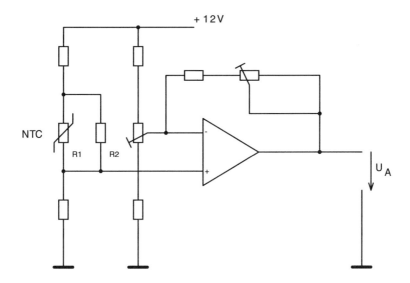

Bild 5.28: Meßschaltung mit Thermistor

5.3.1.4 Halbleitersensoren

Halbleitersensoren sind von Hause aus sehr gut zur Temperaturmessung geeignet, da sie in vielen Fällen bereits ein lineares Signal abgeben. Nachteilig ist ihr geringer Einsatzbereich, der durch das verwendete Halbleitermaterial Silizium bestimmt wird.

Der Halbleitersensor LM335 stellt bereits ein Signal von 10 mV/°C zur Verfügung, allerdings bezogen auf den absoluten Nullpunkt. Die Beschaltung beschränkt sich daher darauf, einen entsprechenden Offset von 2,73 V entsprechend 273 K zur Verfügung zu stellen und das entstehende Signal auf Masse zu beziehen. Wie **Bild 5.29** zeigt, sind dazu nur wenige Bauteile notwendig.

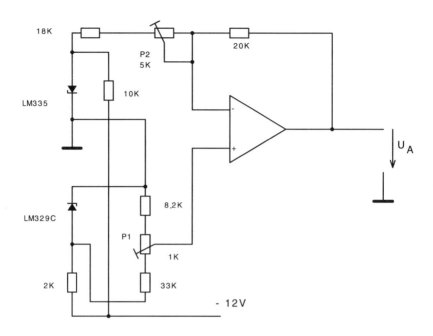

Bild 5.29: Meßschaltung mit Halbleitersensor

Ein *Referenzelement* vom Typ LM329C erzeugt eine geeignete Referenzspannung, die mit dem Trimmpotentiometer P1 auf genau 2,73 V abgeglichen werden kann. Das Trimmpotentiometer P2 dient zum Ausgleich von Bauteilstreuungen des Temperatursensors und zum Abgleich auf genau 10 mV/°C am Ausgang des Operationsverstärkers. Genauigkeiten von besser 0,5 % sind mit dieser Schaltung bei sorgfältigem Abgleich zu erreichen.

Bei längeren Zuleitungen zum Sensorelement spielt der Leitungswiderstand manchmal bereits eine Rolle. Die entstehenden Spannungsabfälle verfälschen den Meßwert. Für diese Fälle gibt es eine abgewandelte Variante des Halbleitersensors, eine temperaturabhängige *Stromquelle*, die einen echten Zweipol darstellt. Unabhängig von der anliegenden Versorgungsspannung liefert diese Art Sensor einen zur Umgebungstemperatur proportionalen Strom. Dadurch beeinflussen die an den Zuleitungen auftretenden Spannungsabfälle die Messung nicht.

Die Schaltung in **Bild 5.30** zeigt die einfache Beschaltung dieses Sensortyps. Der Halbleitersensor LM334 liefert in der angegebenen Dimensionierung einen Strom von 1 mA/K. Damit entsteht am Widerstand R1 eine Spannung von 10 mV/K, die, wie bereits in der vorausgehenden Schaltung beschrieben, nach Nullpunktkorrektur am Ausgang des Operationsverstärkers als Spannung mit 10 mV/°C gegenüber Masse zur Verfügung steht.

Durch den großen zulässigen Betriebsspannungsbereich des Sensors von 1 bis 40 V spielen Leitungslänge und Güte der Versorgungsspannung kaum eine Rolle. Es ist nur zu

5.3 Analogsignalverarbeitung

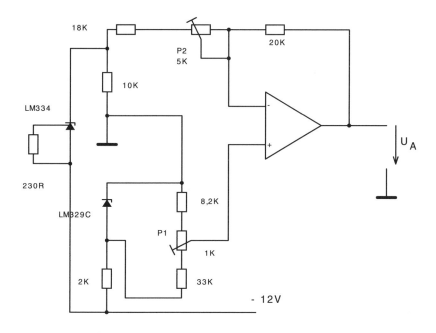

Bild 5.30: Meßschaltung mit temperaturabhängiger Stromquelle

beachten, daß sich der Sensor nicht infolge zu hoher Versorgungsspannung unzulässig aufheizt und somit den Meßwert verfälscht. Eine Erhöhung der Spannung um 1 V bei einem Strom von 1 mA hat zum Beispiel bereits eine Erhöhung der Chiptemperatur um etwa 0,4 °C zur Folge.

Zum Schutz des Sensors und der Schaltung sollte eine verdrillte Zuleitung verwendet werden, vor allen Dingen dann, wenn die Leitungen in der Nähe starkstromführender Kabel verlegt werden müssen. In extremen Fällen kann sogar der Einsatz abgeschirmter Zuleitungen notwendig sein.

5.3.2 Feuchtesensoren

Feuchtesensoren dienen zur Bestimmung der Wasserkonzentration in Gasen. Eine solche Messung ist zum Beispiel bei Klimamessungen oder -regelungen zwingend erforderlich. Unterscheiden muß man die verschiedenen Angaben zur Feuchte:

❑ **Absolute Feuchte** gibt die vorhandene Wassermenge in einem bestimmten Luftvolumen an.

❑ **Sättigungsfeuchte** ist das Maß für die maximal mögliche Wassermenge in einem bestimmten Luftvolumen bei einer bestimmten Temperatur. Sie nimmt mit steigender Temperatur zu.

❑ **Relative Feuchte** ist das Verhältnis von absoluter Feuchte zu Sättigungsfeuchte. Dies ist der allgemein übliche Wert, da die meisten durch die Luftfeuchte ausgelösten Reaktionen mit der relativen Feuchte verknüpft sind.

Zur Messung von Feuchte sind nur sehr wenige Sensorelemente auf dem Markt erhältlich. Der kapazitive Feuchtesensor nutzt die feuchteabhängige Änderung der *Dielektrizitätskonstante* einer speziellen Kunststoff-Folie aus. Diese Folie ist beidseitig mit einer dünnen Goldschicht bedampft. Die beiden Goldschichten stellen zusammen mit der Folie einen Plattenkondensator dar. Durch den Einfluß der Luftfeuchte auf die Folie ändert sich die Dielektrizitätskonstante und damit die Kapazität des Kondensators. Diese Veränderung wird in einer speziellen Meßschaltung erfaßt und ausgewertet (**Bild 5.31**).

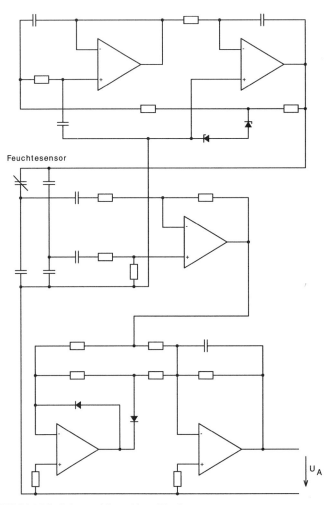

Bild 5.31: Meßschaltung mit kapazitivem Feuchtesensor

5.3 Analogsignalverarbeitung

Ein aus zwei Operationsverstärkern gebildeter *Sinusoszillator* speist eine kapazitive Meßbrücke mit einer Frequenz von etwa 200 kHz. Eines der Brückenelemente wird durch den Feuchtesensor gebildet. Der Trimmkondensator erlaubt einen Abgleich der Brücke auf den Sensor. Durch die sich einstellende Kapazitätsveränderung des Feuchtesensors wird die Brücke verstimmt.

Der nachfolgende *Differenzverstärker* erhöht das geringe Brückenausgangssignal soweit, daß es mit einem aktiven *Zweiweggleichrichter* in eine zur Feuchte proportionale Gleichspannung umgewandelt werden kann. Am Ausgang der Schaltung steht eine Gleichspannung zur Verfügung, die zur relativen Luftfeuchte proportional ist.

Solche Schaltungen sind nicht leicht zu beherrschen, da die erhältlichen Sensoren leider nur geringe Kapazitäten aufweisen. Dadurch spielen parasitäre Schaltungskapazitäten eine relativ große Rolle. Außerdem müssen relativ hohe Frequenzen im Bereich von einigen 100 kHz benutzt werden, die in der Folge entsprechend schnelle und präzise Operationsverstärker voraussetzen. Ein sorgfältiges Layout, nach Hochfrequenz-Gesichtspunkten ausgeführt und eine lokale Entkopplung der Versorgungsspannungen an den ICs sind wesentliche Voraussetzungen für eine genaue Messung.

Trotzdem ist mit diesem Schaltungskonzept eine genaue Erfassung der relativen Luftfeuchte möglich. Die restliche Nichtlinearität der Sensorkurve (**Bild 5.32**) wird man sinnvollerweise innerhalb der Software mit Hilfe einer Tabelle und entsprechenden *Interpolationsverfahren* lösen.

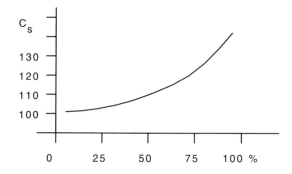

Bild 5.32: Sensorkennlinie

5.3.3 Kraftmessung

Kraftmessung wird bei vielen Applikationen benötigt. Glücklicherweise stellt die Industrie heute ausgereifte Sensoren für die Erfassung statischer und dynamischer Kräfte zur Verfügung, so daß sich der Systementwickler nur noch mit deren Einbindung in sein System beschäftigen muß.

Die nachfolgend beschriebene Schaltung benutzt eine *Kraftmeßdose* mit integrierten *Dehnungsmeßstreifen* als Sensorelement. Die Impedanz dieser Kraftmeßdose beträgt nur 350 Ω. Aus diesem Grund muß die Stromversorgung für den Sensor eine relativ hohe Leistung aufbringen (**Bild 5.33**).

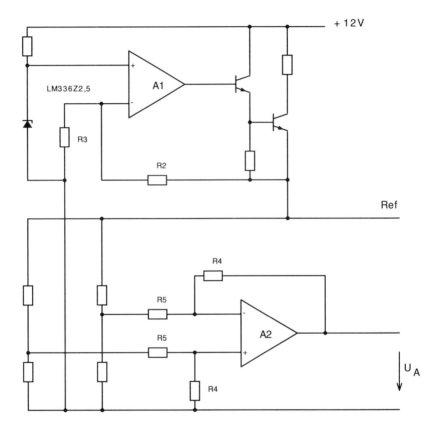

Bild 5.33: Meßschaltung für Kraftmeßdose

Aus einer Referenzspannungsquelle vom Typ LM336Z2.5 wird die Versorgung der Wägezelle abgeleitet. Der Operationsverstärker regelt diese Spannung aus, die beiden nachgeschalteten Transistoren bringen die notwendige Leistung auf. Der zusätzliche Widerstand im Versorgungskreis sorgt im Kurzschlußfall für eine Strombegrenzung.

Die Ausgangsspannung dieser Versorgung errechnet sich zu

$$U_{Brücke} = U_{ref} \cdot (1 + \frac{R2}{R3}).$$

5.3 Analogsignalverarbeitung

Das Brückensignal wird von dem mit A2 aufgebauten Differenzverstärker auf den gewünschten Pegel verstärkt und steht am Ausgang für die weitere Verarbeitung zur Verfügung. Der Verstärkungsfaktor errechnet sich zu

$$A = \frac{R4}{R5}.$$

Die Empfindlichkeit der Wägezelle wird mit 3 mV/V der Versorgungsspannung angegeben. Bei 10 V Versorgung ergeben sich also 30 mV Signal bei voller Belastung. Da die Ausgangsspannung aller Meßschaltungen 5 V bei Vollaussteuerung betragen soll, muß die Verstärkung des Differenzverstärkers 5 V/30 mV = 166,7 betragen. Daher werden die Widerstände R4 mit 167 K und R5 mit 1 K dimensioniert. Beide Werte sind der Normreihe E96 entnommen.

Die Brückenversorgung wird dem folgenden Schaltungsteil mit A/D-Wandler als Referenzspannung zur Verfügung gestellt, so daß sich Schwankungen nicht auf das Meßergebnis auswirken können. Dabei ist auf eine saubere Masseführung zu achten, da der Querstrom durch die Brücke mit etwa 30 mA relativ hoch ist. Es können also sehr schnell zusätzliche Spannungsabfälle entstehen, die einen Meßfehler zur Folge haben. Am wirkungsvollsten ist es, den Fußpunkt der Meßbrücke als Bezugspunkt für das analoge Massepotential zu benutzen (**Bild 5.34**).

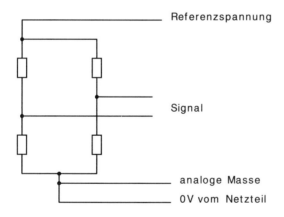

Bild 5.34: Masseführung

5.3.4 16-Kanal-Datenerfassungssystem

Wenn die Auflösung des internen A/D-Wandlers nicht mehr ausreicht, müssen externe Bausteine benutzt werden. Zusätzliche externe Multiplexer erweitern außerdem die zur Verfügung stehende Kanalzahl auf den gewünschten Wert. **Bild 5.35** zeigt eine Beispielapplikation mit dem 12 bit A/D-Wandler AD7876 und dem Multiplexer AD7506.

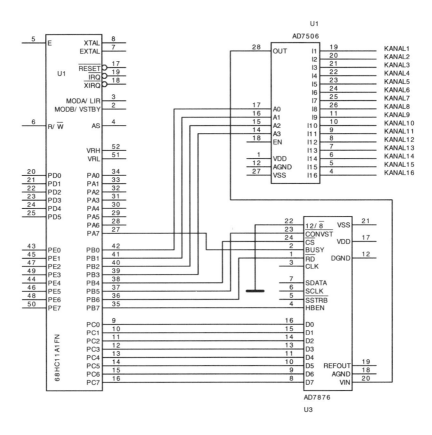

Bild 5.35: 16-Kanal-Datenerfassungssystem

Die Ansteuerung des AD7876 über Portleitungen des 68HC11 ist nicht weiter schwierig. Da das Businterface des A/D-Wandlers auf schnelle Mikroprozessoren ausgelegt ist, kann auch bei hohen Taktfrequenzen die volle Geschwindigkeit des Mikroprozessors ausgenutzt werden.

Ein dem A/D-Wandler vorgeschalteter *Analogmultiplexer* ermöglicht die Verarbeitung von insgesamt 16 Meßwerten. In diesem Fall kommt eine spezielle Eigenschaft des A/D-Wandlers AD7876 zum Tragen: er besitzt einen internen *Track-And-Hold-Verstärker*, der für die Aufrechterhaltung der vollen Geschwindigkeit und Wandlungsrate auch im Multiplexerbetrieb garantiert.

Mit dem Start jeder Umsetzung schaltet der Track-And-Hold-Verstärker automatisch in den Halte-Modus, so daß bereits in diesem Moment, während also noch der Meßwert des letzten Kanals verarbeitet wird, der Multiplexer auf den nächsten Kanal umgeschaltet werden kann. Auf diese Weise werden sämtliche Einschwingzeiten des Analogteils in den Zeitraum der Wandlung geschoben. Es stehen hierfür minimal 8 µs zur Verfügung (die Umschaltzeit des AD7506 beträgt nur etwa 2,5 µs!).

5.3 Analogsignalverarbeitung

Das Beispielprogramm zeigt diese Verfahrensweise. Es mißt jeden der 16 Kanäle zyklisch 16 mal hintereinander und bildet für jeden Kanal den arithmetischen Mittelwert aus diesen 16 Messungen. Die Ergebnisse werden in dem Array mwert[0]...mwert[15] abgelegt.

```
Thu Jun 16 15:52:37 1994      Page     1

2500 A.D. 68c11 Macro Assembler       -       Version 5.01e
-----------------------------------------------------------------------------

Input   Filename : ad7876.asm
Output  Filename : ad7876.obj


 1      0000                    counter    equ    $00          ;
 2      0001                    mwert      equ    $01          ;
 3
 4      1000                    register   equ    $1000        ; Startadresse Registerblock
 5      0000                    porta      equ    $00          ;
 6      0002                    pioc       equ    $02          ;
 7      0003                    portc      equ    $03          ;
 8      0004                    portb      equ    $04          ;
 9      0026                    pactl      equ    $26          ;
10
11      0010                    cs         equ    $10          ; Chip-Auswahl
12      0020                    start      equ    $20          ; Startsignal
13      0040                    rd         equ    $40          ; Lesesignal
14      0080                    hben       equ    $80          ; High-Byte
15      0080                    busy       equ    $80          ; Busy
16
17
18      C000                               org    $c000        ;
19      C000    CE 10 00        init       ldx    #register    ; Offset zu Register-Block
                                                               ; laden
20      C003    86 00                      ldaa   #$00         ;
21      C005    A7 02                      staa   pioc,x       ; Port C definieren
22      C007    86 80                      ldaa   #$80         ;
23      C009    A7 26                      staa   pactl,x      ; Port A 7 als Ausgang
                                                               ; definieren
24                                                             ;
25                                                             ;
26      C00B    01                         nop                 ;
27      C00C    BD C0 11                   jsr    messen       ; Unterprogramm mißt alle
                                                               ; Kanäle
28      C00F    20 FE           demo_end   bra    demo_end     ;
29
30              ;
31              ; Unterprogramm zur A/D-Wandlung mit AD7876 und AD7506
32              ;
33              ; Das Programm mißt 16 Kanäle je 16 mal und berechnet für
34              ; jeden Kanal den arithmetischen Mittelwert. Das Ergebnis
35              ; wird in dem Array mwert[0]...mwert[15] abgelegt.
36              ;
37
38      C011    86 00           messen     ldaa   #00          ; 16 x 16 Durchgänge = 256
39      C013    97 00                      staa   counter      ; Zähler starten
40      C015    18 CE 00 1F                ldy    #31          ; Array hat 32 Byte
41
42      C019    18 6F 01        messen1    clr    mwert,y      ; Array löschen
43      C01C    18 09                      dey                 ; Zeiger -1
44      C01E    2A F9                      bpl    messen1      ; noch nicht fertig
45
46      C020    1D 04 20        messen2    bclr   portb,x,#start   ; A/D-Wandler starten
47      C023    1C 04 20                   bset   portb,x,#start   ;
```

Thu Jun 16 15:52:37 1994   Page   2

2500 A.D. 68c11 Macro Assembler   -   Version 5.01e

Input Filename : ad7876.asm
Output Filename : ad7876.obj

```
48      C026    96 00                   ldaa    counter         ; Zähler laden
49      C028    4C                      inca                    ; auf den nächsten Kanal
                                                                ; erhöhen
50      C029    84 0F                   anda    #$0f            ; nur 4 Bit Adresse!
51      C02B    8A F0                   oraa    #$f0            ; alle anderen Leitungen High
52      C02D    A7 04                   staa    portb,x         ; Adresse ausgeben
53
54      C02F    96 00                   ldaa    counter         ; Zähler erneut laden
55      C031    84 0F                   anda    #$0f            ;
56      C033    48                      lsla                    ; * 2
57      C034    36                      psha                    ; schiebe Zeiger auf Stack
58      C035    4F                      clra                    ;
59      C036    36                      psha                    ; High-Byte = 0
60      C037    18 38                   puly                    ; Zeiger in Y-Register
61
62      C039    1E 00 80 FC     messen3 brset   porta,x,#busy,messen3
63                                                              ; warte auf A/D-Wandler
64      C03D    1D 04 80                bclr    portb,x,#hben   ; Low-Byte zuerst lesen
65      C040    1D 04 10                bclr    portb,x,#cs     ; Chip aktivieren
66      C043    1D 04 40                bclr    portb,x,#rd     ; Lesesignal
67      C046    A6 03                   ldaa    portc,x         ; Low-Byte lesen
68      C048    0C                      clc                     ; lösche Carry
69      C049    18 A9 01                adca    mwert,y         ; zu altem Wert addieren
70      C04C    18 A7 01                staa    mwert,y         ; Ergebnis abspeichern
71      C04F    1C 04 80                bset    portb,x,#hben   ; High-Byte lesen
72      C052    A6 03                   ldaa    portc,x         ;
73      C054    18 A9 02                adca    mwert+1,y       ; zu altem Wert addieren
74      C057    18 A7 02                staa    mwert+1,y       ; Ergebnis abspeichern
75      C05A    18 08                   iny                     ; Zeiger auf nächsten Eintrag
76      C05C    18 08                   iny                     ;
77
78      C05E    1C 04 40                bset    portb,x,#rd     ; Lesesignal aus
79      C061    1C 04 10                bset    portb,x,#cs     ; Chip deaktivieren
80
81      C064    7C 00 00                inc     counter         ; Messung zählen
82      C067    26 B7                   bne     messen2         ; nicht fertig, nächste
                                                                ; Messung
83
84      ;
85      ; Das Array mwert[0]...mwert[15] enthält jetzt die Summe von
86      ; 16 aufeinanderfolgenden Messungen. Zur Mittelwertbildung wird
87      ; jeder Wert durch 16 geteilt.
88      ;
89
90      C069    18 CE 00 1E             ldy     #30             ; 16 Meßwerte
91      C06D    18 64 02        messen4 lsr     mwert+1,y       ; High-Byte nach rechts
92      C070    18 66 01                ror     mwert,y         ; in Low-Byte schieben
93      C073    18 64 02                lsr     mwert+1,y       ;
94      C076    18 66 01                ror     mwert,y         ;
95      C079    18 64 02                lsr     mwert+1,y       ;
96      C07C    18 66 01                ror     mwert,y         ;
97      C07F    18 64 02                lsr     mwert+1,y       ;
98      C082    18 66 01                ror     mwert,y         ;
99      C085    18 09                   dey                     ; Meßwert zählen
100     C087    18 09                   dey                     ;
101     C089    2A E2                   bpl     messen4         ; weiter
102     C08B    39                      rts
103
104
```

5.3 Analogsignalverarbeitung

```
Thu Jun 16 15:52:37 1994     Page     3

2500 A.D. 68c11 Macro Assembler      -       Version 5.01e
--------------------------------------------------------------------------------
Input  Filename : ad7876.asm
Output Filename : ad7876.obj
105
106
107    FFFE                        org    $fffe      ;
108    FFFE   C000        reset    dw     init       ; Reset-Vector
109

       Lines Assembled : 109        Errors : 0
```

5.3.5 8-Kanal-D/A-Wandler MAX529

Der Mikroprozessor 68HC11 verfügt über keine Möglichkeit zur Erzeugung analoger Ausgangssignale. Zur Erzeugung von präzisen analogen Spannungen muß daher ein externer D/A-Wandler angeschlossen werden. Für die Verwendung zusammen mit dem 68HC11 eignet sich der Typ MAX529 des Herstellers Maxim sehr gut, da er über ein serielles Interface und insgesamt 8 Kanäle mit eingebautem Buffer verfügt. Er ist in einem 20-poligen DIL-Gehäuse untergebracht (**Bild 5.36**). **Tabelle 5.6** zeigt die zugehörigen Pinfunktionen.

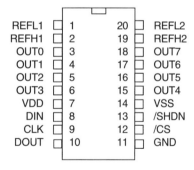

Bild 5.36: D/A-Wandler MAX529

Pin	Name	Funktion
1	REFL1	Referenzeingang 1 Low
2	REFH1	Referenzeingang 1 High
3	OUT0	Ausgang Kanal 0, bezogen auf Referenz 1
4	OUT1	Ausgang Kanal 1, bezogen auf Referenz 1
5	OUT2	Ausgang Kanal 2, bezogen auf Referenz 1
6	OUT3	Ausgang Kanal 3, bezogen auf Referenz 1

Tabelle 5.6: Pinfunktionen

Pin	Name	Funktion
7	VDD	positive Versorgung
8	DIN	serieller Dateneingang
9	CLK	Takteingang für Datenübertragung
10	DOUT	serieller Datenausgang
11	GND	Versorgung Masse
12	/CS	Chip-Select
13	/SHDN	Shutdown-Eingang, für Normalbetrieb High
14	VSS	negative Versorgung
15	OUT4	Ausgang Kanal 4, bezogen auf Referenz 2
16	OUT5	Ausgang Kanal 5, bezogen auf Referenz 2
17	OUT6	Ausgang Kanal 6, bezogen auf Referenz 2
18	OUT7	Ausgang Kanal 7, bezogen auf Referenz 2
19	REFH2	Referenzeingang 2 High
20	REFL2	Referenzeingang 2 Low

Fortsetzung **Tabelle 5.6**

Der D/A-Wandler wird über drei verschiedene Kommandos von je 16 Bit Länge programmiert. Jeder Befehl setzt sich aus einem Adreß-Pointer-Byte und einem Daten-Byte zusammen.

Jeder Kanal des Bausteins wird durch eines der Adreßbits A0...A7 repräsentiert. Ist das Adreßbit eines bestimmten Kanals gesetzt, so bezieht sich der zugeordnete Befehl auf diesen Kanal. Ist das Adreßbit eines Kanals nicht gesetzt, so hat der zugeordnete Befehl auf diesen Kanal keine Auswirkung.

NOP:

A7	A6	A5	A4	A3	A2	A1	A0
0	0	0	0	0	0	0	0

D7	D6	D5	D4	D3	D2	D1	D0
0	X	X	X	X	X	X	X

Der Befehl NOP (NOP = No Operation) bewirkt nichts. Er dient dazu, bei mehreren verketteten D/A-Wandlern Lücken im Telegramm aufzufüllen, wenn einer der D/A-Wandler nicht angesprochen werden soll.

SET DAC:

A7	A6	A5	A4	A3	A2	A1	A0
A7	A6	A5	A4	A3	A2	A1	A0

D7	D6	D5	D4	D3	D2	D1	D0
D7	D6	D5	D4	D3	D2	D1	D0

SET DAC ist der Befehl, der die Ausgänge der 8 D/A-Wandler beeinflußt. Dabei repräsentieren die Datenbits D0...D7 einen Zahlenwert, der in diejenigen D/A-Wandler geladen wird, deren Adreßbit im Adreßfeld des Befehls auf 1 gesetzt ist.

SET BUFFER:

A7	A6	A5	A4	A3	A2	A1	A0
0	0	0	0	0	0	0	0

D7	D6	D5	D4	D3	D2	D1	D0
1	x	0&1	2&3	0/3	4&5	6&7	4/7

SET BUFFER beeinflußt die Betriebsart der Ausgänge, wobei bestimmte Gruppen zusammengefaßt sind.

- ❑ **0&1:** Buffer Enable für Kanal 0 und 1
- ❑ **2&3:** Buffer Enable für Kanal 2 und 3
- ❑ **0/3:** 0 = nur Source-Buffer, 1 = Source- und Sink-Buffer für Kanäle 0...3
- ❑ **4&5:** Buffer Enable für Kanal 4 und 5
- ❑ **6&7:** Buffer Enable für Kanal 6 und 7
- ❑ **4/7:** 0 = nur Source-Buffer, 1 = Source- und Sink-Buffer für Kanäle 4...7

Eine komplette Beschreibung der verschiedenen Betriebsarten findet sich im Handbuch des MAX529.

Zum Anschluß des MAX529 an den 68HC11 werden nur drei Leitungen benötigt: DIN, CLK und START (**Bild 5.37**). Zur Kaskadierung von mehreren Bausteinen werden diese mit den Signalen DOUT und DIN verkettet. Die Signale CLK und START werden allen verketteten Bausteinen parallel zugeführt.

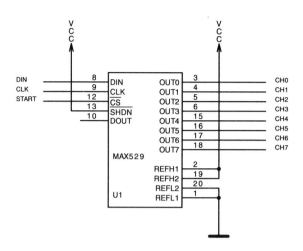

Bild 5.37: Anschluß des MAX529

```
Fri Jun 17 14:17:02 1994    Page      1

2500 A.D. 68c11 Macro Assembler      -     Version 5.01e
--------------------------------------------------------------------------------

Input  Filename : max529.asm
Output Filename : max529.obj


1       ;
2       ; 8-Kanal D/A-Wandler MAX529
3       ;
4       ; MAX529.ASM
5       ;
6       ;
7       0000
8       0000                    schiebe    equ    $00         ;
9       0003                    daten      equ    $03         ;
10      0004                    adresse    equ    $04         ;
11      0005                    saegezahn  equ    $05         ;
12
13      1000                    register   equ    $1000       ; Startadresse Registerblock
14      0004                    portb      equ    $04         ;
15
16      0001                    din        equ    $01         ; Datenleitung Port B 0
17      0002                    clk        equ    $02         ; Taktleitung Port B 1
18      0004                    start      equ    $04         ; Load Port B 2
19      0000                    serout     equ    $00         ;
20
21      0001                    kanal0     equ    $01         ;
22      0002                    kanal1     equ    $02         ;
23      0004                    kanal2     equ    $04         ;
24      0008                    kanal3     equ    $08         ;
25      0010                    kanal4     equ    $10         ;
26      0020                    kanal5     equ    $20         ;
27      0040                    kanal6     equ    $40         ;
28      0080                    kanal7     equ    $80         ;
29      00BF                    buf_en     equ    $bf         ;
30
```

5.3 Analogsignalverarbeitung

```
Fri Jun 17 14:17:02 1994    Page     2

2500 A.D. 68c11 Macro Assembler      -      Version 5.01e
--------------------------------------------------------------------------------

Input  Filename : max529.asm
Output Filename : max529.obj

31      C000                              org     $c000       ;
32      C000    CE 10 00        init      ldx     #register   ; Offset zu Register-Block
                                                              ; laden
33                                                            ;
34
35      C003    86 00                     ldaa    #$0         ; Adresse 0 bei Befehlen
36      C005    97 04                     staa    adresse     ;
37      C007    86 BF                     ldaa    #buf_en     ; Kommando "Buffer Enable"
38      C009    97 03                     staa    daten       ;
39      C00B    BD C0 6E                  jsr     senden      ; D/A-Wandler aktivieren
40
41              ;
42              ; Demo-Programm gibt phasenverschobene Sägezahnsignale auf allen
43              ; 8 Kanälen des D/A-Wandlers aus.
44              ;
45      C00E
46      C00E    7F 00 05                  clr     saegezahn   ; beginne mit 0
47
48      C011    86 01           demo      ldaa    #kanal0     ; Kanal 0 ausgeben
49      C013    97 04                     staa    adresse     ;
50      C015    96 05                     ldaa    saegezahn   ;
51      C017    97 03                     staa    daten       ;
52      C019    BD C0 6E                  jsr     senden      ; Wert senden und ausgeben
53
54      C01C    86 02                     ldaa    #kanal1     ; Kanal 1 ausgeben
55      C01E    97 04                     staa    adresse     ;
56      C020    96 05                     ldaa    saegezahn   ;
57      C022    97 03                     staa    daten       ;
58      C024    BD C0 6E                  jsr     senden      ; Wert senden und ausgeben
59
60      C027    86 02                     ldaa    #kanal1     ; Kanal 1 ausgeben
61      C029    97 04                     staa    adresse     ;
62      C02B    96 05                     ldaa    saegezahn   ;
63      C02D    97 03                     staa    daten       ;
64      C02F    BD C0 6E                  jsr     senden      ; Wert senden und ausgeben
65
66      C032    86 04                     ldaa    #kanal2     ; Kanal 2 ausgeben
67      C034    97 04                     staa    adresse     ;
68      C036    96 05                     ldaa    saegezahn   ;
69      C038    97 03                     staa    daten       ;
70      C03A    BD C0 6E                  jsr     senden      ; Wert senden und ausgeben
71
72      C03D    86 08                     ldaa    #kanal3     ; Kanal 3 ausgeben
73      C03F    97 04                     staa    adresse     ;
74      C041    96 05                     ldaa    saegezahn   ;
75      C043    97 03                     staa    daten       ;
76      C045    BD C0 6E                  jsr     senden      ; Wert senden und ausgeben
77
78      C048    86 10                     ldaa    #kanal4     ; Kanal 4 ausgeben
79      C04A    97 04                     staa    adresse     ;
80      C04C    96 05                     ldaa    saegezahn   ;
81      C04E    97 03                     staa    daten       ;
82      C050    BD C0 6E                  jsr     senden      ; Wert senden und ausgeben
83
84      C053    86 20                     ldaa    #kanal5     ; Kanal 5 ausgeben
85      C055    97 04                     staa    adresse     ;
86      C057    96 05                     ldaa    saegezahn   ;
87      C059    97 03                     staa    daten       ;
88      C05B    BD C0 6E                  jsr     senden      ; Wert senden und ausgeben
```

```
Fri Jun 17 14:17:02 1994     Page      3

2500 A.D. 68c11 Macro Assembler      -      Version 5.01e
--------------------------------------------------------------------------------

Input  Filename : max529.asm
Output Filename : max529.obj

 89
 90   C05E   86 40                   ldaa    #kanal6      ; Kanal 6 ausgeben
 91   C060   97 04                   staa    adresse      ;
 92   C062   96 05                   ldaa    saegezahn    ;
 93   C064   97 03                   staa    daten        ;
 94   C066   BD C0 6E                jsr     senden       ; Wert senden und ausgeben
 95
 96   C069   7C 00 05                inc     saegezahn    ; erhöhe Wert
 97   C06C   20 A3                   bra     demo         ;
 98
 99        ;
100        ; Unterprogramm zur Ausgabe an D/A-Wandler MAX529
101        ;
102
103   C06E   1D 04 04      senden    bclr    portb,x,#start   ; Datenübertragung
                                                              ; starten
104   C071   18 CE 00 10             ldy     #$10         ; 16 Bits ausgeben
105
106   C075   1D 04 01      senden_1  bclr    portb,x,#din     ; beginne mit Low
107   C078   13 03 00 03             brclr   daten,#serout,senden_2 ; Teste Bit
108   C07C   1C 04 01                bset    portb,x,#din     ; Bit ist High
109
110   C07F   1C 04 02      senden_2  bset    portb,x,#clk     ; Taktsignal High
111   C082   1D 04 02                bclr    portb,x,#clk     ; Taktsignal Low
112
113   C085   74 00 04                lsr     adresse      ; nächstes Bit
114   C088   76 00 03                ror     daten        ;
115
116   C08B   18 09                   dey                  ; Bits zählen
117   C08D   26 E6                   bne     senden_1     ; noch nicht fertig
118
119   C08F   1C 04 04                bset    portb,x,#start   ; Datenübertragung
                                                              ; beendet
120   C092   39                      rts
121
122
123   FFFE                           org     $fffe        ;
124   FFFE   C000          reset     dw      init         ; Reset-Vector
125

         Lines Assembled : 125        Errors : 0
```

5.3.6 Analogsignalerzeugung mit PWM-Signal

Man kann analoge Signale auch ohne externen D/A-Wandler erzeugen, vorausgesetzt, die benötigte Bandbreite ist nicht zu groß, da sonst der notwendige Filteraufwand unwirtschaftlich hoch wird. Das in **Bild 5.38** gezeigte Schaltungsbeispiel zeigt einen *Tiefpaß* vierter Ordnung, der einem normalen Portausgang nachgeschaltet ist. Per Software wird

5.3 Analogsignalverarbeitung

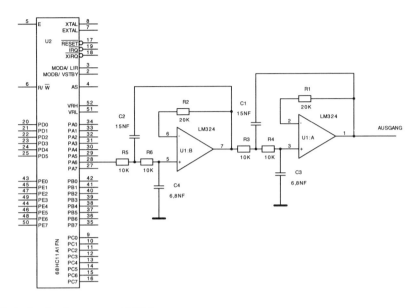

Bild 5.38: Analogsignalerzeugung mit PWM

an diesem Pin ein pulsweitenmoduliertes Rechtecksignal erzeugt, dessen Mittelwert der gewünschten Analogspannung entspricht.

Die ausnutzbare Bandbreite der zu erzeugenden Analogsignale beschränkt sich auf sehr niedrige Frequenzen oder quasistatische Signale.

```
Fri Jun 17 15:42:46 1994    Page     1

2500 A.D. 68c11 Macro Assembler      -      Version 5.01e
--------------------------------------------------------------------------------

Input  Filename : pwm_demo.asm
Output Filename : pwm_demo.obj


 1          ;
 2          ; PWM-Erzeugung an Port A 6
 3          ;
 4          ;
 5          ;
 6    0000
 7    0005  saegezahn    equ       $05      ;
 8
 9    1000  register     equ       $1000    ; Startadresse Registerblock
10    0000  porta        equ       $00      ;
11    0010  tic1         equ       $10      ;
12    0018  toc2         equ       $18      ;
13    0022  tctl1        equ       $22      ;
14    0023  tflg1        equ       $23      ;
15
```

```
Fri Jun 17 15:42:46 1994    Page    1

2500 A.D. 68c11 Macro Assembler     -     Version 5.01e
--------------------------------------------------------------------------------

Input  Filename : pwm_demo.asm
Output Filename : pwm_demo.obj

  16
  17   C000                              org     $c000       ;
  18   C000   CE 10 00      init         ldx     #register   ; Offset zu Register-Block
                                                             ; laden
  19                                                         ;
  20
  21
  22         ;
  23         ; Demo-Programm gibt ein Sägezahnsignal auf Port A 6 aus.
  24         ;
  25   C003
  26   C003   7F 00 05                   clr     saegezahn   ; beginne mit 0
  27
  28   C006   86 40         demo         ldaa    #$40        ; Ausgangssignal wechseln
  29   C008   A7 22                      staa    tctl1,x     ;
  30   C00A   A7 23                      staa    tflg1,x     ; altes Ereignis löschen
  31
  32   C00C   1F 23 40 FC   demo_1       brclr   tflg1,x,#$40,demo_1 ; warte auf Flanke
  33   C010   EC 18                      ldd     toc2,x      ; Zählerstand laden
  34   C012   D3 05                      addd    saegezahn   ; neuen Zeitpunkt berechnen
  35   C014   ED 18                      std     toc2,x      ; und abspeichern
  36   C016   86 40                      ldaa    #$40        ;
  37   C018   A7 23                      staa    tflg1,x     ; quittieren
  38
  39   C01A   1F 23 40 FC   demo_2       brclr   tflg1,x,#$40,demo_2 ; warte auf Flanke
  40   C01E   96 05                      ldaa    saegezahn   ; Signal laden
  41   C020   43                         coma                ; invertieren für Rest des
                                                             ; Impulses
  42   C021   C6 00                      ldab    #$00        ; High-Byte = 0
  43   C023   E3 18                      addd    toc2,x      ; Zählerstand addieren
  44   C025   ED 18                      std     toc2,x      ; und abspeichern
  45   C027   86 40                      ldaa    #$40        ;
  46   C029   A7 23                      staa    tflg1,x     ; quittieren
  47
  48   C02B   7C 00 05                   inc     saegezahn   ; erhöhe Wert
  49   C02E   20 D6                      bra     demo_1      ;
  50
  51
  52   FFFE                              org     $fffe       ;
  53   FFFE   C000          reset        dw      init        ; Reset-Vector
  54

        Lines Assembled : 54 Errors : 0
```

5.4 Verarbeitung digitaler Signale

Bei der Verarbeitung digitaler Signale geht es in erster Linie um die Programmierung des Mikroprozessors, weniger um die externe Beschaltung. Die je nach Aufgabenstellung notwendige *Signalaufbereitung* und -umsetzung in die digitale Form wird für die vorgestellten Programmbeispiele vorausgesetzt.

5.4 Verarbeitung digitaler Signale

5.4.1 Periodendauermessung

Zur *Periodendauermessung* kann das Timer/Capture-System des 68HC11 in Verbindung mit Timer 1 genutzt werden:

```
Fri Jun 17 17:50:56 1994     Page       1

2500 A.D. 68c11 Macro Assembler       -     Version 5.01e
--------------------------------------------------------------------------------
Input  Filename : periode.asm
Output Filename : periode.obj

1       ;
2       ; Periodendauermessung mit der
3       ; Input-Capture-Funktion des 68HC11
4       ;
5       ;
6
7       0000                  ZEITPKT1   EQU    $00         VARIABLE FÜR ERSTE FLANKE
8       0002                  ZEITPKT2   EQU    $02         VARIABLE FÜR ZWEITE FLANKE
9       0004                  PERIODE    EQU    $04         VARIABLE FÜR ERGEBNIS
10
11      0010                  TIC1       EQU    $10
12      0021                  TCTL2      EQU    $21
13      0023                  TFLG1      EQU    $23
14      1000                  REGISTER   EQU    $1000
15
16      C000                             ORG    $C000
17
18      C000  CE 10 00        START      LDX    #REGISTER
19      C003  86 10                      LDAA   #$10
20      C005  97 21                      STAA   TCTL2         ANSTEIGENDE FLANKE AKTIV
21      C007  86 04                      LDAA   #$04
22      C009  97 23                      STAA   TFLG1         ALTES EREIGNIS LÖSCHEN
23
24              *
25              * WARTEN AUF ERSTE FLANKE
26              *
27
28      C00B  1F 23 04 FC     WARTEN1    BRCLR  TFLG1,X,#$04,WARTEN1
29
30      C00F  DC 10                      LDD    TIC1          ZEITPUNKT LADEN
31      C011  DD 00                      STD    ZEITPKT1      UND ABSPEICHERN
32      C013  86 04                      LDAA   #$04
33      C015  97 23                      STAA   TFLG1         QUITTIEREN
34
35              *
36              * WARTEN AUF ZWEITE FLANKE
37              *
38
39      C017  1F 23 04 FC     WARTEN2    BRCLR  TFLG1,X,#$04,WARTEN2
40
41      C01B  DC 10                      LDD    TIC1          ZEITPUNKT LADEN
42      C01D  DD 02                      STD    ZEITPKT2      UND ABSPEICHERN
43      C01F  93 00                      SUBD   ZEITPKT1      PERIODE BERECHNEN
44      C021  DD 04                      STD    PERIODE       UND ERGEBNIS ABSPEICHERN
45
46      C023                             END

        Lines Assembled : 46  Errors : 0
```

5.4.2 Pulsbreitenmessung

Das vorstehende Programm kann mit kleinen Modifikationen zur Messung der *Impulsbreite* eines Signals benutzt werden. Der Mikroprozessor 68HC11 besitzt für diesen Zweck die Möglichkeit, die aktive Flanke des Eingangspins per Software zu verändern. Die minimale Impulsbreite, die so erfaßt werden kann, errechnet sich aus der Anzahl der Befehle zwischen der Erkennung der ansteigenden und dem Zeitpunkt der Umprogrammierung des Capture-Systems auf die abfallende Flanke.

```
Fri Jun 17 17:50:24 1994      Page      1

2500 A.D. 68c11 Macro Assembler      -       Version 5.01e
--------------------------------------------------------------------------------
Input  Filename : breite.asm
Output Filename : breite.obj


1        ;
2        ; Messung der Impulsbreite mit
3        ; der Input-Capture-Funktion des 68HC11
4        ;
5
6        0000                    ZEITPKT1   EQU     $00        VARIABLE FÜR ERSTE FLANKE
7        0002                    ZEITPKT2   EQU     $02        VARIABLE FÜR ZWEITE FLANKE
8        0004                    BREITE     EQU     $04        VARIABLE FÜR ERGEBNIS
9
10       0010                    TIC1       EQU     $10
11       0021                    TCTL2      EQU     $21
12       0023                    TFLG1      EQU     $23
13       1000                    REGISTER   EQU     $1000
14
15       C000                               ORG     $C000
16
17       C000   CE 10 00         START      LDX     #REGISTER
18       C003   86 10                       LDAA    #$10
19       C005   97 21                       STAA    TCTL2      ANSTEIGENDE FLANKE AKTIV
20       C007   86 04                       LDAA    #$04
21       C009   97 23                       STAA    TFLG1      ALTES EREIGNIS LÖSCHEN
22
23       *
24       * WARTEN AUF ERSTE FLANKE
25       *
26
27       C00B   1F 23 04 FC      WARTEN1    BRCLR   TFLG1,X,#$04,WARTEN1
28
29       C00F   DC 10                       LDD     TIC1       ZEITPUNKT LADEN
30       C011   DD 00                       STD     ZEITPKT1   UND ABSPEICHERN
31       C013   86 04                       LDAA    #$04
32       C015   97 23                       STAA    TFLG1      QUITTIEREN
33       C017   86 20                       LDAA    #$20
34       C019   97 21                       STAA    TCTL2      UMSCHALTEN AUF ABFALLENDE
                                                               FLANKE
35
36       *
37       * WARTEN AUF ZWEITE FLANKE
38       *
39
40       C01B   1F 23 04 FC      WARTEN2    BRCLR   TFLG1,X,#$04,WARTEN2
41
```

5.4 Verarbeitung digitaler Signale

```
Fri Jun 17 17:50:24 1994    Page      2

2500 A.D. 68c11 Macro Assembler       -    Version 5.01e
--------------------------------------------------------------------------------
Input  Filename : breite.asm
Output Filename : breite.obj

  42     C01F    DC 10            LDD   TIC1       ZEITPUNKT LADEN
  43     C021    DD 02            STD   ZEITPKT2   UND ABSPEICHERN
  44     C023    93 00            SUBD  ZEITPKT1   IMPULSBREITE BERECHNEN
  45     C025    DD 04            STD   BREITE     UND ERGEBNIS ABSPEICHERN

         Lines Assembled : 45 Errors : 0
```

5.4.3 Richtungserkennung bei Drehimpulsgebern

Zur Positionsabfrage von Antrieben werden häufig Drehimpulsgeber eingesetzt. Diese liefern zwei um 90° versetzte Impulsfolgen (**Bild 5.39**), wobei die Auflösung, das heißt, die Anzahl abgegebener Impulse pro Umdrehung, je nach Anwendungsfall stark schwanken kann. Die mit dieser Technik erzielbare Auflösung ist recht hoch; 1024 Impulse pro Umdrehung sind als Standardauflösung zu betrachten.

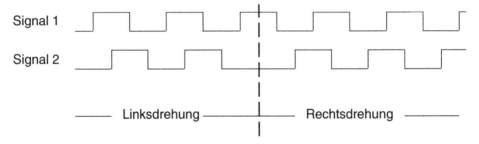

Bild 5.39: Ausgangssignale eines Drehimpulsgebers

Durch die Verknüpfung beider Ausgangssignale kann die Drehrichtung der Achse ermittelt werden, so daß über einen Vorwärts-/Rückwärtszähler die absolute Position ermittelt werden kann. Diese Funktion kann recht einfach per Software ausgeführt werden, vorausgesetzt, die zu verarbeitende Impulsfrequenz ist nicht zu hoch.

Als Signaleingang kann dazu jeder beliebige Eingangsport des Mikrocontrollers benutzt werden, da keiner der internen Timer/Counter als Zähler verwendet wird.

```
Fri Jun 17 18:27:42 1994      Page        1

2500 A.D. 68c11 Macro Assembler      -     Version 5.01e
--------------------------------------------------------------------------------

Input  Filename : dreh_imp.asm
Output Filename : dreh_imp.obj


   1      ;
   2      ; PWM-Erzeugung an Port A 6Drehimpulsgeber
   3      ;
   4      ;
   5      ;
   6      0000
   7      0000                  zaehler   equ    $00        ;
   8
   9      1000                  register  equ    $1000      ; Startadresse Registerblock
  10      0000                  porta     equ    $00        ;
  11
  12      0001                  phase1    equ    $01        ; Signal Phase 1
  13      0002                  phase2    equ    $02        ; Signal Phase 2
  14
  15      C000                            org    $c000      ;
  16      C000   CE 10 00       init      ldx    #register  ; Offset zu Register-Block laden
  17      ;
  18
  19      ;
  20      ; Programmbeispiel zur Abfrage eines Drehimpulsgebers an PA 0/1.
  21      ;
  22
  23      C003   1E 00 01 FC    abfrage   brset  porta,x,#phase1,abfrage ; warte auf
                                                                          ; abfallende Flanke
  24      C007   1F 00 01 FC    abfrage1  brclr  porta,x,#phase1,abfrage1 ; warte auf
                                                                           ; ansteigende Flanke
  25      C00B   1F 00 02 05              brclr  porta,x,#phase2,abfrage2 ; 90°-Signal
                                                                           ; testen
  26      C00F   7C 00 00                 inc    zaehler    ; Signal ist High
  27      C012   20 EF                    bra    abfrage    ;
  28      C014   7A 00 00       abfrage2  dec    zaehler    ; Signal ist Low
  29      C017   20 EA                    bra    abfrage    ;
  30
  31
  32      FFFE                            org    $fffe      ;
  33      FFFE   C000           reset     dw     init       ; Reset-Vector
  34

          Lines Assembled : 34 Errors : 0
```

5.4.4 Schrittmotoransteuerung

Viele Maschinen und Produktionseinrichtungen verlangen heute einen leistungsfähigen Antrieb für das Verfahren bestimmter Einrichtungen und Werkstücke. In diesen Bereichen setzt sich der *Schrittmotor* immer weiter durch, unterstützt auch durch das vermehrte Aufkommen von Robotereinrichtungen, die ohne solche Antriebe nicht denkbar wären.

Der Schrittmotor bietet den Vorteil der exakten Positionierbarkeit ohne Rückmeldeeinrichtung. Durch die Zerlegung der gewünschten Bewegung in einzelne Schritte lassen sich dynamische Verhaltensweisen programmieren, die mit keinem anderen Antriebssystem realisierbar sind.

5.4.4.1 Ansteuerung der Spule

Zur Ansteuerung von Schrittmotoren stehen verschiedene Verfahren zur Verfügung, die je nach Anwendungsfall ausgewählt werden müssen.

Ein Schrittmotor macht nur dann einen Schritt, wenn ein Magnetfeld seiner beiden Feldwicklungen durch Änderung der Stromflußrichtung der zugehörigen *Feldspule* umpolt. Dieses Umpolen des Magnetfeldes kann auf zwei Arten verursacht werden (**Bild 5.40**):

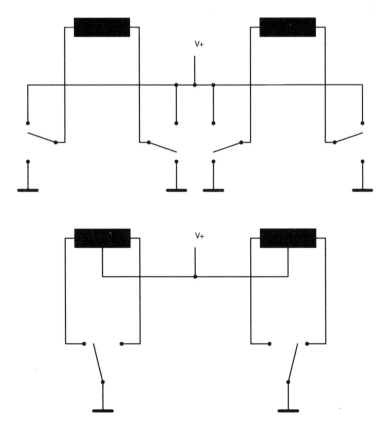

Bild 5.40: Ansteuerung von Schrittmotoren

❏ mittels einer Feldspule und zwei Umschaltern, die gegensinnig angesteuert werden. Diese Art der Ansteuerung nennt man *bipolar*.

❏ mittels zwei getrennter Feldspulen und nur einem Umschalter. Diese Art der Ansteuerung wird als *unipolar* bezeichnet.

Als Vorteil der *Bipolarschaltung* ist die Tatsache zu nennen, daß sie mit einer einzigen Feldspule auskommt. Diese hat einen relativ geringen ohmschen Widerstand bei einem guten Füllfaktor. Als Nachteil, zumindest bei einem diskreten Schaltungsaufbau, ist der doppelte Umschalter zu sehen, der einen erhöhten Halbleiteraufwand bedeutet.

Die *Unipolarschaltung* kommt mit einem einfachen Umschalter aus. Der Schaltungsaufwand halbiert sich dadurch. Große Nachteile ergeben sich allerdings aus der Tatsache, daß auf gleichem verfügbaren Wicklungsraum jetzt zwei Spulen untergebracht werden müssen. Bei gleicher Windungszahl bedeutet dies einen wesentlich dünneren Draht und damit einen erhöhten ohmschen Widerstand der Wicklung.

Trotz dieser Tatsache ist die Unipolarschaltung in der Praxis weit verbreitet. Die Ursache hierfür ist in der Unkenntnis vieler Entwickler über die Zusammenhänge zwischen Motorgröße, Hochgeschwindigkeits-Drehmomentverlauf und Systemgesamtkosten zu suchen.

Das häufig benutzte Argument des wesentlich höheren Bauteileaufwands bei bipolarer Ansteuerung des Schrittmotors im Vergleich zur unipolaren Lösung stammt noch aus der Zeit der diskreten Lösungen. Im Zeitalter der Leistungsintegration trifft diese Denkweise nicht mehr zu. Dies ist bereits aus der Gegenüberstellung zweier integrierter Ansteuerbausteine zu erkennen, wie sie heute zur Verfügung stehen (**Bild 5.41**). In beiden Fällen wird die gesamte Ansteuerung von je einem einzigen Leistungs-IC durchgeführt.

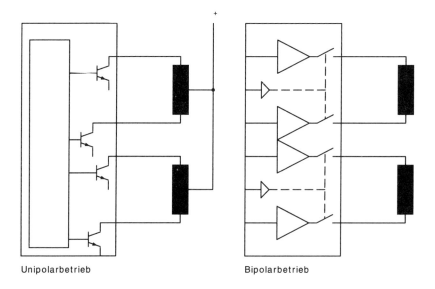

Bild 5.41: Unipolar- und Bipolarschaltung

5.4 Verarbeitung digitaler Signale

Das *Drehmoment* eines Schrittmotors wird durch die magnetische *Feldstärke* der Statorwicklungen bestimmt. Es kann nur durch eine Erhöhung der Windungszahl oder des fließenden Stromes erhöht werden. Hierbei ist die natürliche Grenze, die in der Sättigung des Eisenkerns liegt, zu beachten. Sie spielt allerdings in der Praxis nur eine untergeordnete Rolle. Wesentlich kritischer ist die Erwärmung des Motors durch die in den Statorwicklungen umgesetzte elektrische Leistung.

Hier zeigt sich bereits einer der Vorteile der Bipolaransteuerung. Durch den nur halb so großen Kupferwiderstand der Wicklung läßt sich der Motorstrom bei gleicher gegebener maximaler Verlustleistung um den Faktor 1,41 erhöhen. Durch den direkten Zusammenhang zwischen erreichbarem Drehmoment und fließendem Motorstrom wirkt sich diese Erhöhung proportional auf das Drehmoment aus. Bipolare Motoren liefern damit im Grenzbereich bis zu 40 % mehr Leistung als Unipolarantriebe (**Bild 5.42**). Selbstverständlich läßt sich dieser Vorteil auch zur Leistungsreduzierung ausnutzen, falls in der Anwendung kein höheres Drehmoment benötigt wird. Häufig kann dadurch die benötigte Motormasse wesentlich verkleinert werden.

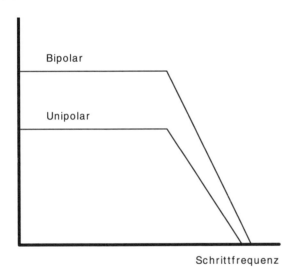

Bild 5.42: Drehmomentverläufe

Jede Schrittmotoransteuerung muß dafür Sorge tragen, daß der maximal zulässige Wicklungsstrom unter allen Umgebungsbedingungen nicht überschritten wird. Eine häufig angewandte Lösung besteht darin, die Versorgungsspannung so auszulegen, daß unter Worst-Case-Bedingungen nicht mehr als der zulässige Strom fließen kann. Dies hat allerdings eine nicht optimale Ausnutzung der Motorleistung zur Folge, da sich der Wicklungswiderstand durch die Wicklungstemperatur stark verändert und während des Betriebes zu einer Abnahme der umgesetzten Leistung führt. Dieser Nachteil kann durch Einfügen einer *Konstantstromquelle* beseitigt werden, die den Motorstrom unabhängig vom Innenwiderstand der Motorwicklungen auf seinem konstanten Wert hält (**Bild 5.43**). Die Folge ist eine wesentlich höhere Betriebsspannung als bei Konstantspannungsbetrieb und damit ein verschlechterter Wirkungsgrad des Gesamtsystems.

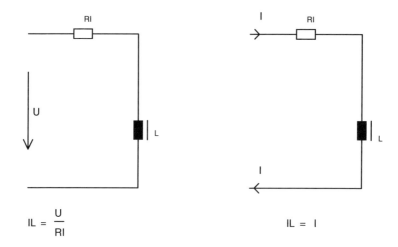

Bild 5.43: Betriebsarten

Die vorstehenden Überlegungen gelten vor allen Dingen im statischen Betrieb des Antriebs. Während einer Bewegung, das heißt, unter dynamischen Bedingungen treten zusätzliche Effekte auf. Betrachtet man einen Schrittmotor in der Bewegung, so erkennt man, daß der Motorstrom bei jedem zweiten Schritt in jeder Wicklung umgepolt wird. Die Änderungsgeschwindigkeit des Spulenstroms ist dabei abhängig von der Wicklungsinduktivität und der anliegenden Spannung. Der Kurvenverlauf folgt einer e-Funktion.

Geht man jetzt von Konstantspannungsbetrieb aus (**Bild 5.44**), dann erkennt man, daß bei höheren Drehzahlen der maximal mögliche Motorstrom aufgrund der begrenzten Änderungsgeschwindigkeit nicht mehr erreicht werden kann. Dies führt zum bekannten Nachlassen der Motorleistung von Schrittmotoren bei hohen Geschwindigkeiten.

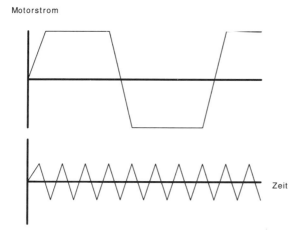

Bild 5.44: Motorstrom bei Konstantspannungsbetrieb

5.4 Verarbeitung digitaler Signale

Dieser Effekt kann durch den Konstantstrombetrieb vermindert werden, vorausgesetzt, die Versorgungsspannung ist wesentlich größer als die vom Motor maximal verlangte Spannung. Da die Konstantstromquelle erst dann die an der Wicklung liegende Spannung begrenzt, wenn der eingestellte maximale Wicklungsstrom erreicht ist, wird eine wesentlich höhere Stromanstiegsgeschwindigkeit erreicht (**Bild 5.45**). Damit kann der Maximalstrom in den Motorwicklungen bis zu wesentlich höheren Schrittfrequenzen aufrecht erhalten werden, was ein deutlich verbessertes Drehmoment im Bereich hoher Geschwindigkeiten zur Folge hat.

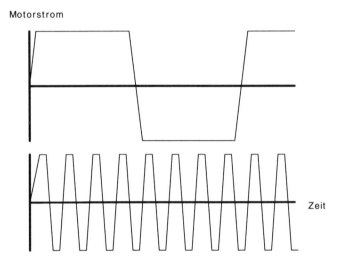

Bild 5.45: Motorstrom bei Konstantstrombetrieb

Bild 5.46 zeigt die Gegenüberstellung beider Ansteuervarianten. Es ist deutlich zu sehen, daß der Leistungsgewinn vor allem im Bereich hoher Drehzahlen erfolgt, also genau dort, wo er in der Praxis benötigt wird.

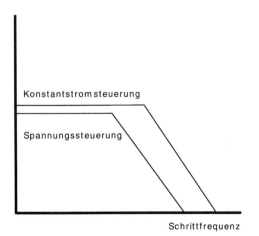

Bild 5.46: Drehmomentverläufe

Mit der Erhöhung der Versorgungsspannung und dem Konstantstromprinzip ist jedoch ein Nachteil verbunden: der Wirkungsgrad im statischen Betrieb sinkt stark ab. Dies ist vor allen Dingen deswegen problematisch, da der Motor im Stillstand praktisch keine Energie abgibt. Die Energiebilanz ist extrem schlecht.

Abhilfe bringt hier der Einsatz einer getakteten Stromquelle, also eines *Schaltreglers*, der die Induktivität der *Statorwicklungen* ausnutzt. In **Bild 5.47** ist das Prinzip ersichtlich. Die Motorwicklung ist direkt auf die Versorgungsspannung geschaltet. Der fließende

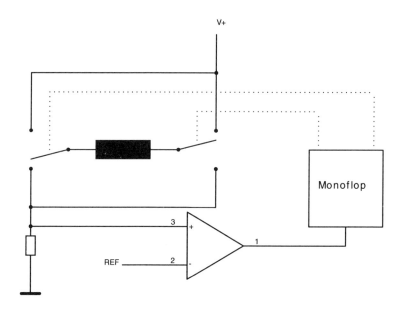

Bild 5.47: Schaltregler

Strom wird in einem niederohmigen Widerstand gemessen. Erreicht dieser Strom eine eingestellte Schwelle, die dem Maximalstrom entspricht, so wechsel der Schalter, der die Wicklung mit der Versorgungsspannung verbindet, seine Stellung und schließt die Wicklung kurz. Jetzt hält die in der Wicklung magnetisch gespeicherte Energie den Stromfluß aufrecht, der Wicklungsstrom läßt langsam wieder nach. Ein *Monoflop* bestimmt den Zeitpunkt, an dem der Schalter wieder in seine Ausgangsstellung zurückfällt und den magnetischen Energiespeicher wieder auflädt.

Bei diesem Verfahren reduzieren sich die Verluste zu Sättigungsverlusten der Halbleiterschalter und Wicklungsverlusten durch den Wicklungswiderstand. Der erzielbare Gesamtwirkungsgrad ist sehr hoch. Durch das Schaltwandlerprinzip wird zusätzlich der in der Versorgungsleitung fließende Strom erheblich reduziert, wodurch auch das Netzteil entlastet wird.

Diese Steuerung des Wicklungsstroms muß natürlich für jede Wicklung getrennt erfolgen und macht nur durch ihre vollständige Integrierbarkeit auf dem Leistungsschalter-IC einen Sinn.

5.4 Verarbeitung digitaler Signale

Wollte man das gleiche Prinzip auf die Konstantstromregelung der Unipolarschaltung anwenden, so würde man schnell die Sinnlosigkeit erkennen. Hier wären zum Kurzschließen der Wicklung zwei weitere Schalter notwendig. Damit wäre der Schaltungsaufwand nicht mehr geringer als bei der Bipolarschaltung, ohne jedoch den Vorteil des höheren Drehmoments zu bieten.

Die einzige Möglichkeit, das dynamische Verhalten der Unipolarschaltung zu verbessern, zeigt **Bild 5.48**. Bei diesem Schaltungskonzept werden beide Wicklungen des Motors für eine kurze Zeit mit einer zweiten, wesentlich höheren Versorgungsspannung verbunden. Damit erhöht sich die Stromanstiegsgeschwindigkeit erheblich und erreicht etwa das Niveau des Konstantstromprinzips. Mit dieser Schaltung lassen sich auch mit einem Unipolarantrieb vernünftige Werte im praktischen Betrieb erreichen, allerdings bleiben hier die Faktoren Versorgungsspannungsschwankungen, thermischer Widerstand der Wicklungen und Gegen-EMK ohne Berücksichtigung.

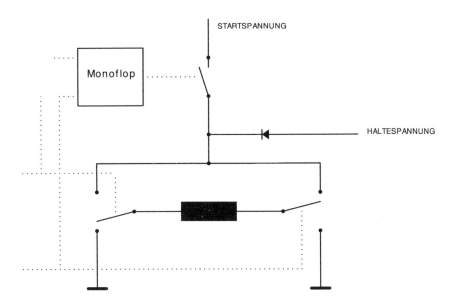

Bild 5.48: Ansteuerung mit Monoflop

5.4.4.2 Betriebsarten

Die Anzahl möglicher Schritte eines Schrittmotors ist durch seine mechanische Konstruktion festgelegt. Trotzdem läßt sich durch die Wahl der Ansteuerung die erreichbare *Auflösung* erhöhen, wenn man bestimmte Bedingungen beachtet.

Eine weit verbreitete Variante ist der Betrieb des Motors im *Halbschritt*. Dadurch verdoppelt sich praktisch die erzielbare Auflösung, aus einem 3,6 Grad Motor wird ein 1,8 Grad Motor, man erzielt also 200 Schritte pro Umdrehung.

Die Gründe für die Wahl der Betriebsart Halbschritt sind aber nicht nur in der höheren Auflösung zu suchen. Viel häufiger ist man gezwungen im Halbschritt zu fahren, um Betriebsstörungen durch *Motorresonanzen* zu vermeiden. Diese Resonanzen können so stark sein, daß der Schrittmotor in bestimmten Frequenzbereichen überhaupt kein Drehmoment mehr abgibt und sogar seine Position verliert. **Bild 5.49** zeigt eine aufgenommene Drehmomentkurve in Abhängigkeit von der Schrittfrequenz.

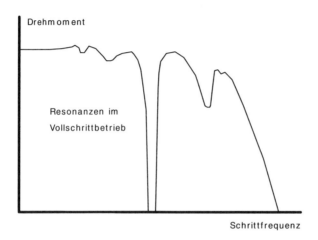

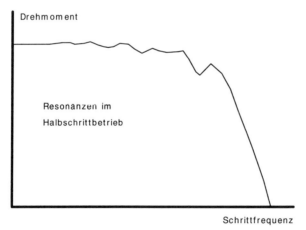

Bild 5.49: Drehmomentkurven

Ursache für diesen Effekt ist die Masse des Rotors, die zusammen mit dem wechselnden Magnetfeld des Stators ein Feder-Masse-System bildet, das zum Schwingen angeregt werden kann. Die angetriebene Last kann dämpfend auf dieses System wirken, dies setzt aber genügend Reibungskräfte voraus.

Der Halbschrittbetrieb bringt in solchen Fällen meist die gewünschte Verbesserung, da die Anregung des Systems durch die halbierte Strecke pro Schritt wesentlich geringer ist (untere Kurve in **Bild 5.49**). Trotzdem hat sich der Halbschrittbetrieb nicht als die dominierende Antriebsart durchgesetzt. Das liegt an bestimmten Nachteilen:

❏ Es wird die doppelte Anzahl Schritte für die gleiche zurückgelegte Wegstrecke benötigt; die *Schrittfrequenz* verdoppelt sich bei gleicher Geschwindigkeit.

❏ In der Halbschrittposition sinkt das Motordrehmoment auf die Hälfte des Drehmoments bei Vollschrittposition.

Aus diesen Gründen wird in vielen Systemen während des Betriebs nur dann auf Halbschritt umgeschaltet, wenn die Motortaktfrequenz sich einem gefährdeten Bereich nähert.

Der Nachteil des Drehmomentverlustes in der Halbschrittposition kann durch Überhöhung des Versorgungsstromes um den Faktor 1,41 in dieser Position erfolgen. Dies ist auch dann zulässig, wenn der vom Hersteller angegebene Maximalstrom überschritten wird, da sich diese Angabe immer auf die gleichzeitige Belastung beider Wicklungen bezieht. Durch diese Maßnahme können bis zu 90% des normalen Drehmoments in dieser Position erreicht werden. Zu beachten ist nur, daß kein Stop in einer Halbschrittposition erfolgen darf, da sonst eine thermische Überlastung einer einzelnen Motorwicklung entstehen kann.

5.4.4.3 Ansteuersignale

Ein Gleichstrommotor benötigt nur eine Versorgungsspannung um zu laufen. Bei einem Schrittmotor ist dagegen ein kompliziertes *Kommutierungssignal* notwendig.

Als Quelle dieser Signale dient in den meisten Fällen ein Mikroprozessor. In der einfachsten Form der Ansteuerung genügen bereits zwei um 90 Grad in der Phase versetzte *Rechtecksignale*, die mit zwei Portleitungen erzeugt werden können (**Bild 5.50**). Je nachdem, welche Phase der anderen voreilt, dreht sich der Motor mit oder gegen den Uhrzeigersinn, wobei die Drehzahl direkt proportional zur Schrittfrequenz ist.

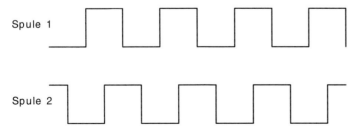

Bild 5.50: Ansteuerung Vollschritt

Etwas komplexer wird die Ansteuerung in der Betriebsart *Halbschritt*. Hier werden bereits sechs Ansteuersignale benötigt (**Bild 5.51**). Durch die festen Beziehungen aller Signale zueinander ist es natürlich auch möglich, sie mit einer einfachen Hardware-Logik zu erzeugen. Die Grenzen dieser Technik sind allerdings bei umschaltbaren Systemen zu

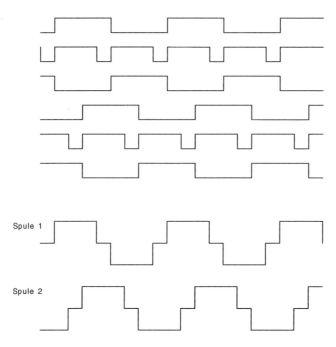

Bild 5.51: Ansteuerung Halbschritt

sehen, die während des Betriebs von Voll- auf Halbschritt umgeschaltet werden können. Hier empfiehlt sich der Einsatz einer integrierten Schaltung, die den Mikroprozessor weitgehend von der Erzeugung der verschiedenen Taktsignale entlastet. Einen typischen Baustein für diese Anwendungen zeigt **Bild 5.52**. Er enthält die notwendige Logik zur getakteten *Konstantstromregelung* der Wicklungsströme. Ein gemeinsamer Oszillator für beide Phasenwicklungen erzeugt die Schaltfrequenz. Als frequenzbestimmendes Bauteil wird ein externes RC-Glied benötigt.

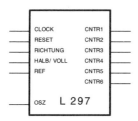

Bild 5.52: Motortreiber L297

5.4 Verarbeitung digitaler Signale

Der L297 benötigt nur noch vier Signale zum Betrieb des Motors:

- **CLOCK:** Taktsignal zur Schrittfortschaltung
- **RESET:** Setzen einer definierten Startposition
- **RICHTUNG:** Drehrichtung des Motors
- **HALB/VOLL:** Wahl der Betriebsart Halb- oder Vollschritt

Mit der abfallenden Flanke des Oszillatortaktes wird ein der Phase zugeordnetes Flipflop gesetzt. Sein Ausgang gibt über zwei Logikgatter den Weg frei für den aktuellen Status der Treiberlogik. Die Ausgänge dieser Gatter steuern direkt die nachgeschalteten Leistungstreiber an.

In der Motorwicklung steigt als Folge der Strom linear an. Erreicht der Spannungsabfall am Meßwiderstand die eingestellte Komparatorschwelle, so schaltet der Komparator in seinen aktiven Zustand und löscht das Flipflop. Dadurch schalten die beiden Gatter in einen Zustand, in dem beide Endstufenzweige gleichzeitig aktiviert sind. Die Motorwicklung ist dadurch kurzgeschlossen, so daß der Stromfluß so lange wie möglich aufrecht erhalten wird. Erst mit der nächsten Oszillatorperiode schaltet die Brücke wieder in den normalen Leitzustand zurück.

Die Verwendung eines gemeinsamen Oszillators für beide Spulen vermeidet Interferenzen zwischen unterschiedlichen Schaltfrequenzen. Aus den Impulsdiagrammen in **Bild 5.53** ist der Zusammenhang zwischen Oszillatorfrequenz, Motorstrom und Einschaltzeiten ersichtlich.

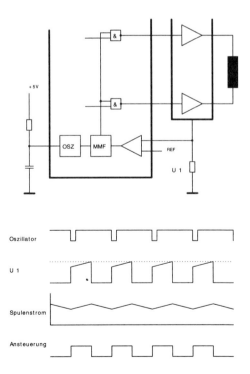

Bild 5.53: Impulsdiagramm L297

Durch die erzwungene Stellung des Flipflops während der Low-Phase des Oszillators wird die immer vorhandene parisitäre Stromspitze beim Einschalten der Endstufentransistoren wirksam unterdrückt. Das in anderen Schaltungen häufig anzutreffende RC-Glied in der Sense-Leitung kann entfallen. Sämtliche Spannungsüberschwinger am Sense-Widerstand, die durch Sperrverzögerungszeiten der Freilaufdioden in den Endstufen hervorgerufen werden, sind dadurch unwirksam. Ein fehlerhaftes, verfrühtes Rücksetzen des Flipflops tritt mit dieser Schaltung nicht auf.

Aus der vorstehenden Beschreibung läßt sich ableiten, daß sich der Motorstrom durch eine Beeinflussung der Referenzspannung des Steuerbausteins verändern läßt. Hier kann auf einfache Art und Weise eine der Situation angepaßte Motorstromsteuerung realisiert werden. Nicht in allen Betriebszuständen wird die volle Leistung des Motors benötigt, wie zum Beispiel während Brems- und Beschleunigungsvorgängen. Bei kontinuierlichem Lauf oder in Haltepositionen kann die Energie bei vielen Applikationen wesentlich reduziert werden.

Die einfachste Art für eine Kontrolle des Motorstroms zeigt **Bild 5.54**. Hier wird über einen einfachen Kleinleistungstransistor die *Referenzspannung* zwischen zwei Werten umgeschaltet. Hohe Referenzspannung und damit hoher Motorstrom für alle dynamischen Vorgänge, niedrige Referenz und niedriger Strom für konstante Bewegung und Stillstand.

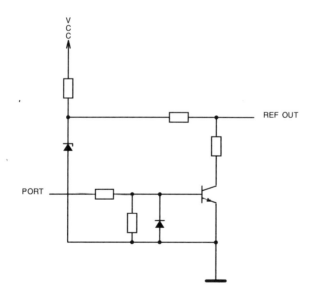

Bild 5.54: Umschaltbare Referenz

Bild 5.55 zeigt als Beispiel das *Phasenstrombild* eines Positioniervorgangs. Ersetzt man die einfache Transistorschaltung aus Bild 5.54 durch einen vom Mikroprozessor aus steuerbaren *D/A-Wandler*, so lassen sich wesentlich komplexere Phasenstromverläufe realisieren.

5.4 Verarbeitung digitaler Signale

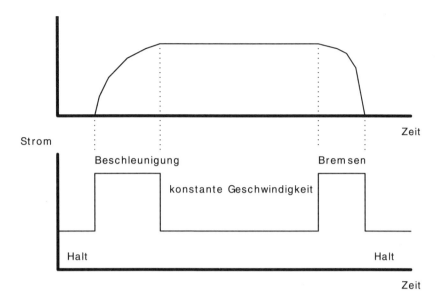

Bild 5.55: Positioniervorgang

Ausgehend von einem D/A-Wandler ergibt sich schnell die Idee, den Motorstrom nicht mehr in relativ groben Schritten zu schalten, sondern ihn stufenlos zu steuern. Diese Überlegungen führen zur Anwendung des *Minischritts*, bei dem der Schrittmotor mit zwei um 90 Grad gegeneinander versetzten *Sinussignalen* angesteuert wird. Durch dieses Verfahren ergibt sich eine wesentlich erhöhte Auflösung gegenüber Voll- oder Halbschrittbetrieb. Weitere Vorteile sind:

❑ keine Resonanzerscheinungen mehr
❑ drastisch reduzierte Geräuschentwicklung
❑ Schonung der angeschlossenen Getriebe und Lasten

Da jetzt der Mikroprozessor selbst die Phasensignale erzeugen muß, ergeben sich relativ geringe Geschwindigkeiten. Daher geht man dazu über, mit steigender Drehzahl die ausgenutzten Schritte des D/A-Wandlers immer weiter zu reduzieren, bis man bei hohen Drehzahlen wieder beim Vollschrittbetrieb ankommt. Hieraus ergibt sich kein Nachteil, da sich der Motorstrom bei hohen Frequenzen sowieso immer mehr einer Dreieckform annähert.

Bei Sinusansteuerung darf man die Grenzen der erreichbaren Auflösung nicht übersehen. Durch den wesentlich flacheren Verlauf der Drehmomentkurve (**Bild 5.56**) ergibt sich bei gleicher Belastung ein entsprechend größerer *Positionierfehler* gegenüber einem Motor mit höherer Auflösung. Außerdem ist nicht jeder Schrittmotor für Sinusbetrieb geeignet, da bei vielen Motoren kein streng linearer Zusammenhang zwischen Stromkurve und Position besteht. Deshalb sollten nur speziell für diese Anwendung konstruierte Motoren zum Einsatz kommen.

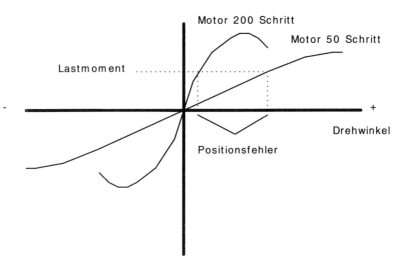

Bild 5.56: Drehmomentverläufe

5.4.4.4 Applikationsbeispiel

Die folgende Applikation benutzt die Ansteuer-ICs L6506 und L6203 von SGS-Thomson. Der L6506 stellt das Mikroprozessor-Interface dar, zwei Bausteine vom Typ L6203 werden als Leistungsschalter eingesetzt (**Bild 5.57**). Zur Verbindung mit dem steuernden Mikrocontroller werden nur die vier Phasensteuersignale PH1...PH4 benötigt.

Der Leistungsschalter L6203 kann maximal 5 A bei 48 V schalten. Damit sind Motoren bis 240 W mit dieser Schaltung ansteuerbar. Die Verlustleistung im L6203 bleibt durch den niedrigen Innenwiderstand von 0,3 Ω mit 1,5 W sehr niedrig, so daß sich ein hoher Wirkungsgrad ergibt. Bei Ausnutzung der vollen Leistung muß der L6203 allerdings gekühlt werden. Sein Multiwatt-Gehäuse ist für das Anschrauben eines Kühlkörpers vorbereitet.

Die Kondensatoren C2 und C3 bzw. C6 und C7 dienen als *Ladungspumpen* für die intern benötigte hohe Gate-Ansteuerspannung der Ausgangstransistoren. Dadurch entfällt die Notwendigkeit einer zusätzlichen externen Versorgungsspannung. Die Widerstände R1 bzw. R5 sind für die Messung des Spulenstroms vorgesehen. Zwei Komparatoren im L6506 vergleichen die Spannungsabfälle an diesen Widerständen mit den beiden Referenzspannungen REF1 und REF2, die beide durch den Spannungsteiler R3/R4 auf etwa 0,5 V eingestellt sind. Damit begrenzen die Komparatoren den Spulenstrom auf etwa 2 A. Zur Anpassung an andere Motore sollten die Meßwiderstände entsprechend verändert werden. Die Referenzspannung ist mit 0,5 V im optimalen Bereich.

Das RC-Glied R2/C8 legt die Taktfrequenz der Stromregelung fest. Mit dem Signal OSC werden beide Leistungsstufen synchronisiert.

5.4 Verarbeitung digitaler Signale

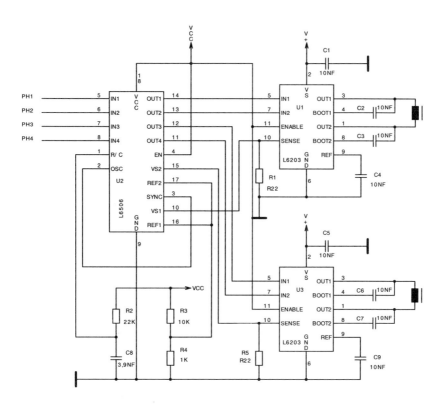

Bild 5.57: Applikationsschaltung

Der im Schaltbild nicht gezeigte Mikrocontroller übernimmt die Erzeugung der Phasensignale PH1...Ph4. Die Schaltung kann TTL-Signale direkt verarbeiten.

```
Sun Jun 19 12:59:12 1994     Page      1

2500 A.D. 68c11 Macro Assembler      -       Version 5.01e
-------------------------------------------------------------------------------

Input  Filename : schritt.asm
Output Filename : schritt.obj


1        ;
2        ; Schrittmotor-Ansteuerung Mit L6506 und L6203
3        ;
4        ;
5        ;
6        0000
7        0000                 position    equ     $00    ; aktuelle Position des
                                                         ; Antriebs
8        0002                 neu         equ     $02    ; neue Position des Antriebs
9        0004                 counter     equ     $04    ;
```

```
Sun Jun 19 12:59:12 1994     Page      2

2500 A.D. 68c11 Macro Assembler       -      Version 5.01e
--------------------------------------------------------------------------------

Input  Filename : schritt.asm
Output Filename : schritt.obj

10
11     1000                     register   equ    $1000    ; Startadresse Registerblock
12     0004                     portb      equ    $04      ;
13
14     0001                     phase1     equ    $01      ; Signal Phase 1
15     0002                     phase2     equ    $02      ; Signal Phase 2
16     0004                     phase3     equ    $04      ; Signal Phase 3
17     0008                     phase4     equ    $08      ; Signal Phase 4
18
19     0080                     d_time     equ    $80      ; Verzögerungszeit für Antrieb
20
21     C000                                org    $c000    ;
22     C000   CE 10 00          init       ldx    #register ; Offset zu Register-Block
                                                           ; laden
23     ;
24
25     ;
26     ; Programmbeispiel zur Positionierung eines Schrittmotors.
27     ;
28
29     C003   7F 00 00                     clr    position  ; Start mit 0
30     C006   7F 00 01                     clr    position+1 ;
31
32     C009   CC 12 34          demo       ldd    #$1234   ; neue Position
33     C00C   DD 02                        std    neu      ; abspeichern
34     C00E   BD C0 19                     jsr    fahren   ; Motor in Position fahren
35     C011   CC FE DC                     ldd    #$fedc   ; Alternativposition
36     C014   BD C0 19                     jsr    fahren   ; Motor in Position fahren
37     C017   20 F0                        bra    demo     ; und von vorn!
38
39     ;
40     ; Unterprogramm zur Positionierung des Motors
41     ;
42     ; Verfährt den Motor in die in der Variablen 'neu' angegebene Position
43     ;
44
45     C019   DC 00             fahren     ldd    position  ; aktuelle Position laden
46     C01B   1A 93 02                     cpd    neu       ; und vergleichen
47     C01E   26 01                        bne    fahren_1  ; nicht gleich
48     C020   39                           rts              ; keine Veränderung notwendig
49
50     C021   93 02             fahren_1   subd   neu       ; Richtung festlegen
51     C023   24 32                        bcc    vorwaerts ; nach vorn
52
53     C025   18 DE 00          zurueck    ldy    position  ; Position in Y-Register
54
55     C028   1C 04 04          zurueck_1  bset   portb,x,#phase3 ;
56     C02B   1D 04 08                     bclr   portb,x,#phase4 ;
57     C02E   BD C0 89                     jsr    delay     ; Schrittzeit abwarten
58
59     C031   1C 04 01                     bset   portb,x,#phase1 ;
60     C034   1D 04 02                     bclr   portb,x,#phase2 ;
61     C037   BD C0 89                     jsr    delay     ; Schrittzeit abwarten
62
63     C03A   1D 04 04                     bclr   portb,x,#phase3 ;
64     C03D   1C 04 08                     bset   portb,x,#phase4 ;
65     C040   BD C0 89                     jsr    delay     ; Schrittzeit abwarten
66
67     C043   1D 04 01                     bclr   portb,x,#phase1 ;
```

5.4 Verarbeitung digitaler Signale

```
Sun Jun 19 12:59:12 1994     Page     3

2500 A.D. 68c11 Macro Assembler      -      Version 5.01e
--------------------------------------------------------------------------------

Input  Filename : schritt.asm
Output Filename : schritt.obj

 68    C046    1C 04 02                  bset   portb,x,#phase2 ;
 69    C049    BD C0 89                  jsr    delay        ; Schrittzeit abwarten
 70
 71    C04C    18 09                     dey                 ; Schritt zählen
 72    C04E    18 9C 02                  cpy    neu          ; Position erreicht?
 73    C051    26 D5                     bne    zurueck_1 ; nein, weiter verfahren
 74
 75    C053    18 DF 00                  sty    position     ; neue Position abspeichern
 76    C056    39                        rts                 ;
 77
 78    C057    18 DE 00   vorwaerts      ldy    position     ; Position in Y-Register
 79
 80    C05A    1C 04 01   vorwaerts_1 bset portb,x,#phase1 ;
 81    C05D    1D 04 02                  bclr   portb,x,#phase2 ;
 82    C060    BD C0 89                  jsr    delay        ; Schrittzeit abwarten
 83
 84    C063    1C 04 04                  bset   portb,x,#phase3 ;
 85    C066    1D 04 08                  bclr   portb,x,#phase4 ;
 86    C069    BD C0 89                  jsr    delay        ; Schrittzeit abwarten
 87
 88    C06C    1D 04 01                  bclr   portb,x,#phase1 ;
 89    C06F    1C 04 02                  bset   portb,x,#phase2 ;
 90    C072    BD C0 89                  jsr    delay        ; Schrittzeit abwarten
 91
 92    C075    1D 04 04                  bclr   portb,x,#phase3 ;
 93    C078    1C 04 08                  bset   portb,x,#phase4 ;
 94    C07B    BD C0 89                  jsr    delay        ; Schrittzeit abwarten
 95
 96    C07E    18 08                     iny                 ; Schritt zählen
 97    C080    18 9C 02                  cpy    neu          ; Position erreicht?
 98    C083    26 D5                     bne    vorwaerts_1 ; nein, weiter verfahren
 99
100    C085    18 DF 00                  sty    position     ; neue Position abspeichern
101    C088    39                        rts                 ;
102
103            ;
104            ; Unterprogramm Zeitverzögerung
105            ;
106
107    C089    86 80      delay          ldaa   #d_time      ; Schrittzeit laden
108    C08B    97 04                     staa   counter      ; in Zähler speichern
109
110    C08D    7A 00 04   delay_1        dec    counter      ; Zeit zählen
111    C090    26 FB                     bne    delay_1      ; nicht 0
112    C092    39                        rts                 ;
113
114    FFFE                              org    $fffe        ;
115    FFFE    C000       reset          dw     init         ; Reset-Vector
116

       Lines Assembled : 116         Errors : 0
```

5.5 Steuerungsmodul

Zur einfachen Realisierung von Steuerungskonzepten mit dem 68HC11 wurde ein aufsteckbares Steuerungsmodul entwickelt (**Bild 5.58**). Die nur scheckkartengroße Leiterplatte enthält den Mikrocontroller 68HC11A1FN, 32 kByte Programmspeicher

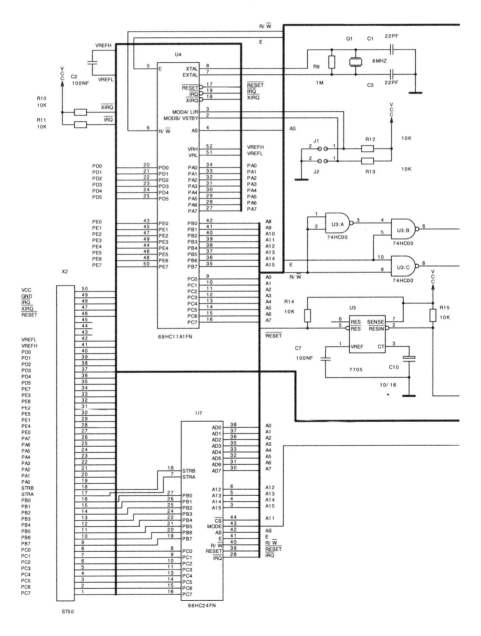

Bild 5.58: Schaltung des Moduls

5.5 Steuerungsmodul

(EPROM oder EEPROM), die Port Replacement Unit 68HC24, einen Reset-Generator und eine serielle Schnittstelle RS 232. Über zwei Jumper J1 und J2 kann die Betriebsart des Mikrocontrollers gewählt werden.

Mit diesem Modul können Applikationen mit dem 68HC11 auf einfache Weise umgesetzt werden. Der komplexe Schaltungsteil rund um den Mikrocontroller ist praktisch vorgefertigt. Das Modul kann über Steckverbinder auf die eigentliche Applikationsplatine

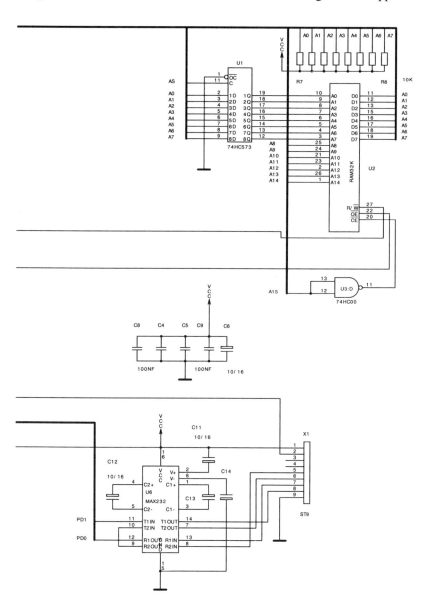

aufgesteckt werden. In sehr vielen Fällen kann die Applikationsplatine durch den Wegfall der Mikrocontroller-Schaltung als einseitige Leiterplatte ausgeführt werden, wodurch Zeit und Kosten eingespart werden können.

5.5.1 Schaltung des Moduls

Der Mikrocontroller wird mit externem Programmspeicher betrieben. Die Ports B und C werden als Businterface benutzt. Der Quarzoszillator mit 8 MHz sorgt für eine Busfrequenz von 2 MHz, so daß Speicherbausteine mit einer Zugriffszeit < 250 ns eingesetzt werden müssen.

Ein Latch vom Typ 74HC573 (U1) wird als Demultiplexer für das Low-Byte der Adresse benutzt. Zur Synchronisation dient das Steuersignal AS des Mikrocontrollers. Die Erzeugung getrennter Schreib-/Lesesignale aus dem R/W-Signal des Mikrocontrollers und die Synchronisation dieser Signale mit dem Bustakt E wird von den drei Nand-Gattern U3:A, U3:B und U3:C durchgeführt.

Um die verlorengegangenen Portleitungen von Port B und C zu regenerieren, wird die Port Replacement Unit 68HC24 eingesetzt. Dieser Spezialbaustein erzeugt die fehlenden Portleitungen ohne jede Einschränkung aus dem Bussignal des 68HC11.

Als Reset-Generator wird der Typ TL7705 von Texas Instruments benutzt. Das Reset-Signal steht auf dem Stecker X2-46 zur Verfügung und kann für weitere Teile der Anwendungsschaltung verwandt werden. Genausogut ist es möglich, ein in der Anwendungsschaltung erzeugtes Reset-Signal zum Rücksetzen des 68HC11-Moduls zu verwenden. Dieses Signal muß an Stecker X2-2 eingespeist werden.

Eine serielle Schnittstelle mit dem RS 232-Baustein MAX232 kann für die Kommunikation mit der Außenwelt eingesetzt werden. Der MAX232 besitzt zwei interne Ladungspumpen zur Erzeugung der benötigten Spannungen von +12 V und -12 V. Die Schnittstellensignale sind auf X2-5 bis X2-9 verfügbar.

Für den Speicherbaustein U2 kann wahlweise ein EPROM oder ein EEPROM eingesetzt werden. Bei Verwendung eines EEPROMs kann der Programmspeicher durch den Mikrocontroller selbst verändert werden.

5.5.2 Aufbau des Moduls

Um die Abmessungen klein zu halten, wurde das Modul in SMD-Technik entflochten (**Bild 5.59**). Nur für den Programmspeicher ist ein Dual-In-Line-Sockel vorgesehen.

5.5 Steuerungsmodul

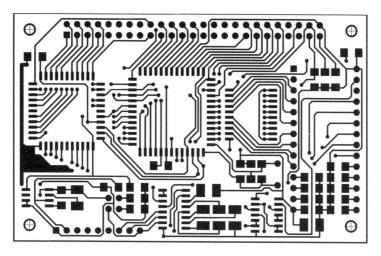

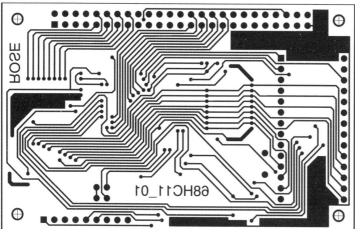

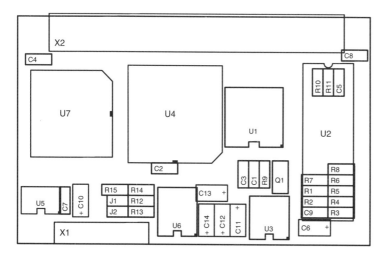

Bild 5.59: Aufbau des Moduls

Sämtliche Ein- und Ausgangssignale sind auf den beiden Steckerleisten X1 und X2 zugänglich, mit denen das Modul in die Anwendungsschaltung eingesteckt wird. Zur Befestigung des Moduls dienen vier Bohrungen in den Ecken der Leiterplatte.

Die Steckerleisten X1 und X2 sind als Stiftleisten im Raster 2,54 mm ausgeführt. Sie können entweder in die Anwendungsplatine eingelötet oder in die entsprechenden Buchsenleisten gesteckt werden.

5.5.3 Programmierung des Moduls

Wenn das Modul mit einem EPROM-Speicher ausgerüstet wird, muß dieser Baustein in einem externen *Programmiergerät* programmiert werden. Wird jedoch ein EEPROM als Speicher benutzt, so kann das Modul mit der Software des in Kapitel 6 besprochenen *Emulators* programmiert werden. Zum Anschluß wird nur die serielle RS 232-Schnittstelle benötigt. Die Jumper J1/J2 müssen zur Programmierung im *Special Bootstrap Mode* gesteckt sein.

Damit Programme auf dem Steuerungsmodul lauffähig sind, müssen sie unbedingt für die aus **Tabelle 5.7** ersichtliche *Adreßbelegung* assembliert werden.

Objekt	Adreßbereich
RAM	$0000 - 00FF
I/O	$1000 - 10FF
EPROM	$8000 - FFFF

Tabelle 5.7: Adreßbelegung

Während der Programmentwicklung kann anstelle des EEPROMs ein RAM vom Typ 62256 (32 k x 8) verwendet werden. Die Programmierroutine der Emulations-Software erkennt den eingesetzten Bausteintyp selbsttätig. An der Adreßbelegung ändert sich dadurch nichts.

Die Programmierroutine startet das Anwenderprogramm durch einen Sprung auf die Adresse $8000. An dieser Stelle muß also unbedingt die Initialisierungsroutine des Anwenderprogramms stehen. Der Inhalt des Reset-Vectors in Adresse $FFFE/FFFF wird von der Programmierroutine nicht beachtet.

Sobald das Modul eigenständig arbeiten soll, werden die Jumper in den *Normal Expanded Mode* umgesteckt. Jetzt startet der Mikrocontroller an der Adresse, an die er durch den Reset-Vector verwiesen wird.

Eine Bezugsquelle für das Steuerungsmodul findet sich im Bezugsquellennachweis.

6 Emulationssystem

Zu diesem Buch gehört eine Leiterplatte, auf der ein Minimalsystem mit dem 68HC11 aufgebaut werden kann. Dieses System besteht aus folgenden Hauptkomponenten:

- Mikroprozessor 68HC11A1
- Port Replacement Unit 68HC24
- 32 KByte Speicher, wahlweise RAM oder EEPROM
- serielle Schnittstelle RS 232
- 50-polige Steckverbindung mit sämtlichen relevanten Prozessorsignalen

Dieser Emulator unterstützt auf einfache Weise alle Betriebsarten des Mikroprozessors: die Signale MODA und MODB sind auf Jumper geführt, so daß jede gewünschte Konfiguration gesteckt werden kann. **Bild 6.1** zeigt den Aufbau der Leiterplatte.

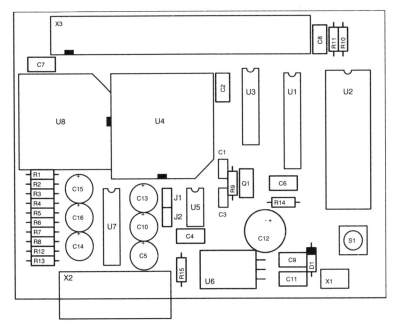

Bild 6.1: Emulationssystem

Sämtliche Mikrocontrollersignale sind auf dem Stecker X3 am oberen Platinenrand zugänglich. Die serielle Schnittstelle wird über den 9-poligen DSUB-Stecker X2 angeschlossen. Eine externe *Stromversorgung* von 9 V muß an die Lötpads X1 angeschlossen werden. Der Emulator verfügt über einen *Verpolungsschutz*.

Mit der Taste S1 kann ein Reset des Emulators ausgelöst werden. Dies ist zur Synchronisation mit dem zugehörigen PC-Programm notwendig.

6.1 Schaltungsbeschreibung

Bild 6.2 zeigt das gesamte Schaltbild des Emulators. Der Mikroprozessor wird in der Betriebsart Extended betrieben. In dieser Betriebsart haben die Ports B und C die Funktion

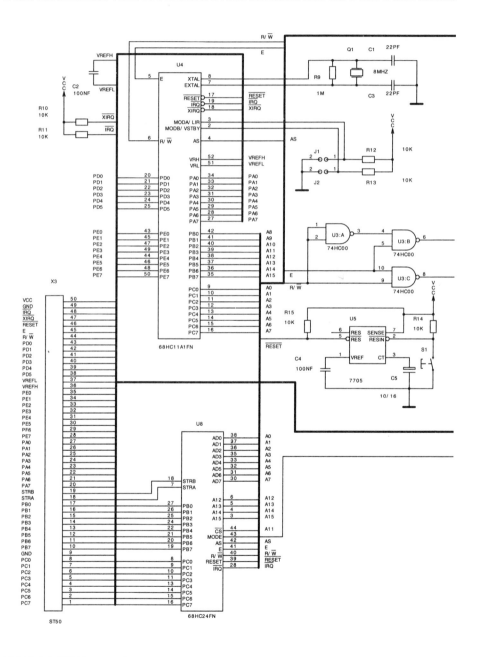

Bild 6.2: Schaltbild des Emulationssystems

6.1 Schaltungsbeschreibung

des externen Daten- und Adreßbusses. Zur Regeneration der verlorenen Portleitungen wird ein Spezialbaustein eingesetzt: der 68HC24. Dieses IC wurde speziell für Applikationen mit dem 68HC11 entwickelt. Es rekonstruiert aus dem gemultiplexten Bus des Mikroprozessors sämtliche Funktionen von Port B und C und stellt diese Leitungen wieder zur Verfügung. Für den Anwender heißt das: die Emulationsplatine verhält sich nach außen hin wie ein 68HC11 im Single-Chip-Betrieb.

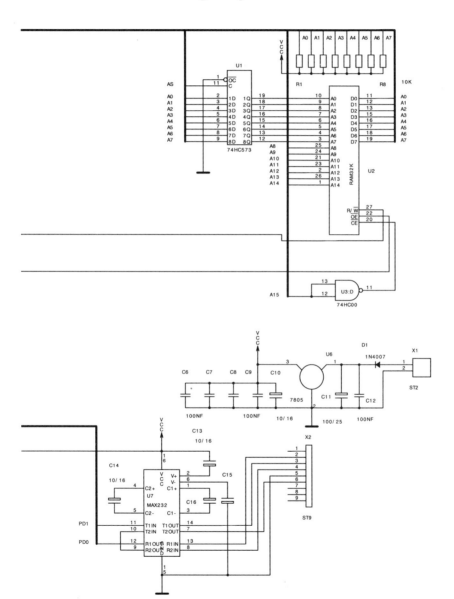

Wie das Schaltbild zeigt, sind nur wenige zusätzliche Komponenten notwendig. Ein 8-fach Latch vom Typ 74HC573 wird als *Demultiplexer* für die Daten und Adressen eingesetzt. Als Steuersignal hierfür stellt der Mikroprozessor das Signal AS zur Verfügung. Zur Ansteuerung des Speichers muß das R/W-Signal des Mikroprozessors in zwei getrennte Schreib- und Lesesignale aufgeteilt werden. Diese Aufgabe übernimmt ein 4-fach Nand vom Typ 74HC00.

Die Kommunikation mit einem externen PC wird über eine serielle Schnittstelle abgewickelt. Um das Netzteil möglichst einfach zu halten, wird ein Spezial-IC eingesetzt: der MAX232 der Firma Maxim. Dieses IC beinhaltet Sender und Empfänger für die RS 232-Norm und zusätzlich die hierfür notwendige Spannungsversorgung von ± 12 V. Es sind nur vier externe Kondensatoren für den Betrieb der internen Ladungspumpen notwendig. Die Verbindung zur Außenwelt wird über einen 9poligen D-Sub-Stecker hergestellt.

Die Stromversorgung des Emulators übernimmt ein Festspannungsregler vom Typ 7805. Eine Gleichrichterdiode in der Zuleitung schützt die Platine vor Verpolung. Durch den Spannungsregler auf der Platine kann die externe Versorgung im Bereich von 9 bis 12 V schwanken, ohne daß dies negative Auswirkungen auf die Schaltung hätte. Der Reset des Mikroprozessors wird mit einem speziellen Überwachungsschaltkreis erst dann ausgelöst, wenn die interne Betriebsspannung stabil steht. Zur Auslösung eines manuellen Resetvorgangs ist zusätzlich ein kleiner Taster vorgesehen.

6.2   Aufbau und Bestückung der Leiterplatte

Alle Komponenten sind auf einer Leiterplatte mit den Maßen 76 x 100 mm untergebracht. Aus Platz- und Verfügbarkeitsgründen wurden für den Mikroprozessor und die PRU SMD-Bauformen verwendet. In der diskreten Version des Prozessors sind außerdem nicht alle Analogeingänge verfügbar sind.

Vor dem Bestücken müssen die richtigen Bauteile beschafft werden:

STÜCKLISTE EMULATOR MC68HC11 V1.1 1994

POS	MENGE	BEZEICHNUNG	HERSTELLER
1	1	IC-SOCKEL 8POLIG	FISCHER, AMP, AUGAT
2	1	IC-SOCKEL 14POLIG	FISCHER, AMP, AUGAT
3	1	IC-SOCKEL 16POLIG	FISCHER, AMP, AUGAT
4	1	IC-SOCKEL 20POLIG	FISCHER, AMP, AUGAT
5	1	IC-SOCKEL 28POLIG	FISCHER, AMP, AUGAT
6	1	IC-SOCKEL PLCC44	FISCHER, AMP, AUGAT

6.2 Aufbau und Bestückung der Leiterplatte

POS	MENGE	BEZEICHNUNG	HERSTELLER
7	1	IC-SOCKEL PLCC52	FISCHER, AMP, AUGAT
8	1	68HC11A1FN	MOTOROLA, TOSHIBA
9	1	68HC24FN	MOTOROLA
10	1	74HC00	MOTOROLA, TI, NS
11	1	74HC573	MOTOROLA, TI, NS
12	1	MAX232CP	MAXIM
13	1	EEPROM 28C256	AMD, FUJITSU
14	1	TL7705	TEXAS INSTRUMENTS
15	1	REGLER 7805	MOTOROLA, TI, NS
16	1	DIODE 1N4007	MOTOROLA, GI
17	1	QUARZ 8MHZ HC49/U	PHILLIPS
18	6	ELKO 10/16 RM 2,5	PANASONIC, VALVO
19	1	ELKO 100/25 RM 5,0	PANASONIC, VALVO
20	7	MKT 100NF RM 5,0	VALVO, WIMA
21	2	KERAMIK-C 22PF RM 2,5	PANASONIC, VALVO
22	14	WIDERSTAND 0207 10K 5%	DRALORIC, VITROHM
23	1	WIDERSTAND 0207 1M 5%	DRALORIC, VITROHM
24	1	TASTER KSA1M210	ITT-SCHADOW
25	1	D-SUB 9POLIG 90	ITT-CANNON, 3M, TUCHEL
26	1	STECKER IDC50 7650-6002	3M
27	2	JUMPER 2POLIG	AMP

Sollte die Beschaffung der Bauteile Schwierigkeiten bereiten, so ist am Schluß des Buches eine Bezugsquelle für komplette Materialsätze und weitere Platinen genannt.

Die Platine des Emulators ist zweiseitig mit Leiterbahnen versehen. Eine Lötstopmaske sorgt für eine gute Qualität der Lötstellen. Auf gute Lötqualität ist unbedingt zu achten! Jeder Kurzschluß kann zu einer Zerstörung von Bauteilen führen, daher unbedingt sorgfältig löten und genau kontrollieren.

Bild 6.3 zeigt den Bestückungsplan der Platine, die nachfolgende Liste gibt die jeweilige Position der Bauelemente auf der Leiterplatte wieder:

MENGE	BAUTEIL	POSITION
1	IC-SOCKEL 8POLIG	U5
1	IC-SOCKEL 14POLIG	U3
1	IC-SOCKEL 16POLIG	U7
1	IC-SOCKEL 20POLIG	U1
1	IC-SOCKEL 28POLIG	U2
1	IC-SOCKEL PLCC44	U8
1	IC-SOCKEL PLCC52	U4

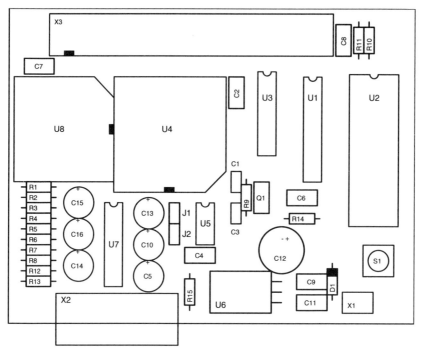

Bild 6.3: Bestückungsplan

MENGE	BAUTEIL	POSITION
1	MC68HC11A1FN	U4
1	MC68HC24FN	U8
1	74HC00	U3
1	74HC573	U1
1	MAX232CP	U7
1	EEPROM 28C256	U2
1	REGLER 7805	U6
1	TL7705	U5
1	DIODE 1N4007	D1
1	QUARZ 8MHZ HC49/U	Q1
6	ELKO 10/16 RM 2,5	C5, C10, C13, C14, C15, C16
1	ELKO 100/25 RM 5,0	C12
7	MKT 100NF RM 5,0	C2, C4, C6, C7, C8, C9
2	KERAMIK-C 22PF RM 2,5	C1, C3
14	WIDERSTAND 0207 10K 5%	R1, R2, R3, R4, R5, R6, R7, R8 R10, R11, R12, R13, R14, R15
1	WIDERSTAND 0207 1M 5%	R9
1	TASTER KSA1M210	S1
1	D-SUB 9POLIG 90	X2
1	STECKER IDC50 7650-6002	X3
2	JUMPER 2POLIG	J1, J2

Zur Bestückung der Bauteile empfiehlt sich aus Sicherheitsgründen folgende Reihenfolge:

- ❑ IC-Sockel
- ❑ Widerstände
- ❑ Kondensatoren
- ❑ Diode, Quarz
- ❑ Stecker und Taster
- ❑ Spannungsregler

Spannungsregler und D-Sub-Stecker sollten vor dem Löten mit Schrauben M3X8 und Muttern M3 mit der Leiterplatte verschraubt werden.

6.3 Inbetriebnahme des Emulators

Die erste *Funktionsprüfung* wird mit leeren Sockeln durchgeführt, also keine ICs einstecken. Alle Messungen beziehen sich auf das Signal GND, abzugreifen am Spannungsregler U6 Pin 2 (der mittlere Anschluß).

Der Emulator wird an X1 mit einem externen 9V-Netzteil verbunden (Polung beachten!). Diese Spannung muß an U6 Pin 1 zu messen sein. An U6 Pin 3 müssen jetzt 5 V ± 5% anliegen (4,75 V - 5,25 V).

Diese Spannung ist die Betriebsspannung für alle ICs:

- ❑ U1 Pin 20
- ❑ U2 Pin 28
- ❑ U3 Pin 14
- ❑ U4 Pin 26
- ❑ U5 Pin 7
- ❑ U6 Pin 3
- ❑ U7 Pin 16
- ❑ U8 Pin 17

Wenn alle Spannungen korrekt gemessen wurden, können nach Ausschalten des Netzteils die ICs vorsichtig in ihre Sockel gesteckt werden. Unbedingt auf die korrekte Ausrichtung nach Bestückungsplan achten!

Nach Wiedereinschalten sofort die Betriebsspannung an U6 Pin 3 kontrollieren. Diese Spannung darf sich gegenüber der ersten Messung nur unwesentlich verändert haben. Treten hier größere Veränderungen auf oder wird sogar der Spannungsregler heiß, dann ist wahrscheinlich ein IC defekt oder verdreht im Sockel. In diesem Fall sofort die Versorgung ausschalten und den Fehler suchen.

Wenn alles korrekt ist, läßt sich am Mikroprozessor U4 Pin 5 der E-Takt messen (Oszilloskop). Bei einem 8 MHz Quarz muß hier ein Rechtecksignal mit einer Frequenz von 2 MHz und einem Pegel von 5 V zu messen sein.

6.4 Installation der Software

Diesem Buch liegt eine Diskette bei, die außer einen Assembler und Linker der Firma 2500AD Software Inc. das Betriebssystem des Emulators enthält. Dieses wird zusammen mit dem Assembler/Linker auf dem PC installiert.

Zum Einsatz der Entwicklungswerkzeuge wird ein Computer-System mit folgenden Minimalanforderungen benötigt:

- ❏ IBM AT386 oder kompatibler Computer
- ❏ 1 Diskettenlaufwerk 3,5"
- ❏ Festplatte mit minimal 4 MB freiem Platz
- ❏ 4 MB Extended Memory
- ❏ MS-DOS Version 3.1 oder höher

Wurde bereits der Assembler/Linker installiert (siehe hierzu Kapitel 4), so kann die getrennte Installation des Emulationssystems entfallen. Das Emulationssystem ist in diesem Fall bereits betriebsbereit.

Zur Installation der Software legen Sie die dem Buch beiliegende Diskette in Laufwerk A: ein und wechseln anschließend auf das Laufwerk, auf dem die Software installiert werden soll, zum Beispiel C:. Geben Sie jetzt ein:

A:install

Das Installationsprogramm erzeugt die notwendigen Verzeichnisse und kopiert die entsprechenden Dateien auf die Festplatte.

6.5 Betriebssystem des Emulators

Die Software für den Emulator besteht aus zwei Teilen: dem PC-Programm HC11.EXE und dem Kommunikationsmodul HC11.BOO, das den Maschinencode für das Emulator-Modul enthält. Dieses Programm wird beim Start von HC11.EXE automatisch in den Emulator geladen.

6.5 Betriebssystem des Emulators

Zum Betrieb des Emulators am PC sind folgende Voraussetzungen notwendig:

- ❏ Verbindung zwischen Emulatorschnittstelle und einer seriellen Schnittstelle des PC über ein Standard-Kabel. Der Emulator unterstützt ausschließlich die Schnittstellen COM1: und COM2:.
- ❏ Beide Jumper J1 und J2 sind gesteckt (Betriebsart Special Bootstrap).
- ❏ Stromversorgung 9...12 V DC ist am Emulator angeschlossen

Der Emulator wird aufgerufen mit

    C:\EMU>HC11.

Er meldet sich mit folgendem Bildschirm:

Emulator für 68HC11A1 V2.1   **(C) 1994 by Michael Rose**
Emulatorschnittstelle COM 1/2:_

Nach Eingabe der gewünschten Schnittstelle 1 oder 2 antwortet der Emulator mit:

Bitte Reset-Taste des Emulators drücken!

Die Reset-Taste des Emulators muß jetzt betätigt werden, um im 68HC11 das interne Boot-Programm zu starten. Anschließend wird als Bestätigung die Taste <CR> des PC betätigt. Der PC beginnt jetzt mit der Übertragung der Emulationssoftware in das RAM des 68HC11 und meldet:

Bitte warten...
Treiber installiert.
>_

Der Emulator ist jetzt betriebsbereit. Kann der PC die Verbindung zum Emulator nicht herstellen, so erfolgt stattdessen die Fehlermeldung

Verbindung unterbrochen.

In diesem Fall bitte alle Verbindungen und die Versorgungsspannung überprüfen.

Sobald der Emulator sich mit seinem Symbol >_ auf dem Bildschirm meldet, steht eine Reihe von Kommandos zur Verfügung:

- ❏ md - Memory Display
- ❏ ms - Memory Set
- ❏ pr - Program
- ❏ go - Go
- ❏ q - Quit
- ❏ ve - Verify

GO — Starte Programm

Syntax: go adresse

Beschreibung: Die Anweisung GO veranlaßt den Emulator, das Maschinenprogramm an der angegebenen Adresse auszuführen.

Beispiel: go 8000

MD — Zeige Speicherinhalt

Syntax: md adresse

Beschreibung: Das Kommando MD zeigt den Speicherinhalt des Emulators an der angegebenen Adresse an. Dabei wird jeweils der Block von 16 Adressen angezeigt, in dem die gewünschte Adresse liegt.

Beispiel: >md 0

```
0000: 8E 00 FF CE 10 00 6F 2C CC 30 0C A7 2B E7 2D 1C   ......o,.0..+.-.
```

Um größere Speicherbereiche anzusehen genügt es, für weitere Zeilen die Taste <CR> zu betätigen.

```
0010: 3C 20 1D 3C 40 8D 32 C1 41 26 09 8D 2C 17 8D 29   < .<@.2.A&..,..)
0020: 18 8F 20 F1 C1 57 26 09 8D 1F 18 E7 00 18 08 20   .. ..W&........
0030: E4 C1 52 26 09 18 E6 00 18 08 8D 14 20 D7 C1 47   ..R&........ ..G
0040: 26 03 18 6E 00 8D 09 20 CC 1F 2E 20 FC E6 2F 39   &..n... ... ../9
0050: 1F 2E 80 FC E7 2F 39 00 00 00 00 00 00 00 00 00   ...../9.........
0060: 00 00 00 00 00 00 00 00 00 00 00 00 00 00 00 00   ................
0070: 00 00 00 00 00 00 00 00 00 00 00 00 00 00 00 00   ................
0080: 00 00 00 00 00 00 00 00 00 00 00 00 00 00 00 00   ................
0090: 00 00 00 00 00 00 00 00 00 00 00 00 00 00 00 00   ................
>
```

MS — Setze Speicherzelle

Syntax: md adresse byte [byte] [byte]...

Beschreibung: Das Kommando Byte schreibt die auf die Adreßangabe folgenden Daten ab der angegebenen Adresse in den Speicher.

Beispiel: ms 0 1 fe c0 8

PR — Programmiere mit Datei

Syntax: pr dateiname

Beschreibung: Das Kommando PR programmiert den Inhalt der angegebenen Datei in den internen Speicher des Emulators. Dabei wird das Motorola-S19-Record-Format vorausgesetzt.

Beispiel: pr testfile.s19

| **Q** | **Programm verlassen** |

Syntax: q

Beschreibung: Das Kommando QUIT beendet das Emulationsprogramm. Ein eventuell noch auf dem Emulationsboard laufendes Anwenderprogramm wird hiervon nicht beeinflußt.

| **VE** | **Überprüfe Speicherinhalt** |

Syntax: ve dateiname

Beschreibung: Das Kommando VE vergleicht den Inhalt der angegebenen Datei mit dem internen Speicher des Emulators. Dabei wird das Motorola-S19-Record-Format vorausgesetzt.

Beispiel: ve testfile.s19

6.5 Betriebssystem des Emulators

Hier noch ein paar wichtige Hinweise zum Betrieb des Emulationsprogramms:

❑ Das Maschinenprogramm, das in den 68HC11 geladen wird, belegt den internen RAM-Bereich von 0000 bis 006F. Wenn Ihre Anwendung diesen Bereich nicht benötigt, kann durch den Befehl JMP 0 die Kommunikation zwischen PC und Modul jederzeit wiederhergestellt werden.

  Beispiel:

	Schritt 1:	Programmieren der Anwendung	pr test.rec
	Schritt 2:	Starten der Anwendung	go e000

  Das Anwenderprogramm führt seine Aufgabe aus, am Schluß des Programms steht der Befehl JMP 0.

	Schritt 3:	Ansehen von veränderten Variablen	md 90

❑ **Interruptbetrieb:** Es ist möglich, den Rücksprung durch einen Interrupt und damit ereignisgesteuert auszulösen, wenn als Interruptvector die Adresse $0000 eingetragen wird. Das Emulatorprogramm setzt den Stackpointer automatisch auf die Adresse 00FF zurück.

7 Programmbibliothek

In diesem Kapitel werden einige oft benötigte Unterprogramme als assemblierter Source-Code aufgelistet. Es handelt sich bei diesen Programmen in der Mehrzal um Public Domain Software. Die Weitergabe dieser Programme ist erlaubt, die Verwendung als Bestandteil eines kommerziell genutzten Produktes jedoch nicht.

7.1 Ganzzahl-Arithmetik

```
Sun Jun 19 15:53:04 1994      Page      1

2500 A.D. 68c11 Macro Assembler      -      Version 5.01e
--------------------------------------------------------------------------------

Input   Filename : arithm.asm
Output  Filename : arithm.obj


  1           ************************************************************
  2           ********* ARITHMETIC SUBROUTINES FOR MC6801/HC11 ********
  3           *
  4    0080                         ORG       $80
  5           *     PRG.ROUTINES: ADD32,ADD32X,SUB32,MULT4B,MULT16
  6           *
  7           *     TEMPORARY STORAGE DEFINED
  8           *
  9    0080   REG1           RMB       2         FOUR 16-BIT REGISTERS
 10    0082   REG2           RMB       2
 11    0084   REG3           RMB       2
 12    0086   REG4           RMB       2
 13           *
 14           *
 15           *     ADD32 - ADDS CONTENTS OF REG3:4 TO REG1:2; ANSWER IN
 16           *     REG1:2 (BUT COULD BE ANYWHERE). NOTE THAT
 17           *     CARRY OUT OF HIGHEST BYTE IS PRESERVED ON
 18           *     RETURN FROM SUBROUTINE.
 19           *
 20    0088   FC 00 82       ADD32     LDD       REG2
 21    008B   F3 00 86                 ADDD      REG4
 22    008E   FD 00 82                 STD       REG2      CARRY IS NOT CHANGED BY STD
 23    0091   FC 00 80                 LDD       REG1      (OR LDD)
 24    0094   F9 00 85                 ADCB      REG3+1    ADD WITH CARRY BIT
 25    0097   B9 00 84                 ADCA      REG3
 26    009A   FD 00 80                 STD       REG1
 27    009D   39                       RTS                 CARRY STILL TRUE FROM ADCA
 28           *
 29           *     ADD32X DOES THE SAME, BUT THE ADDEND IS AT [X]
 30           *
 31    009E   FC 00 82       ADD32X    LDD       REG2
 32    00A1   E3 02                    ADDD      2,X
 33    00A3   FD 00 82                 STD       REG2
 34    00A6   FC 00 80                 LDD       REG1
 35    00A9   E9 01                    ADCB      1,X
```

Sun Jun 19 15:53:04 1994   Page   2

2500 A.D. 68c11 Macro Assembler   -   Version 5.01e

Input Filename : arithm.asm
Output Filename : arithm.obj

```
36      00AB    A9 00                   ADCA    0,X
37      00AD    FD 00 80                STD     REG1
38      00B0    39                      RTS                     CARRY STILL TRUE
39      *
40      *       SUB32 DOES SUBTRACTION IN THE SAME WAY AS ADD32
41      *
42      00B1    FC 00 82        SUB32   LDD     REG2
43      00B4    B3 00 86                SUBD    REG4
44      00B7    FD 00 82                STD     REG2
45      00BA    FC 00 80                LDD     REG1
46      00BD    F2 00 85                SBCB    REG3+1
47      00C0    B2 00 84                SBCA    REG3
48      00C3    FD 00 80                STD     REG1
49      00C6    39                      RTS                     BORROW STILL TRUE FROM SBCA
50      *
51      *
52      *
53      *       MULT4B MULTIPLIES 4 BYTES A, B, C & D TOGETHER
54      *       AND STORES THE RESULT IN REG3:4 (32 BITS).
55      *       THE 4 OPERANDS ARE INITIALLY IN THE BYTES
56      *       COMPRISING REG1 AND 2.
57      *
58      *       METHOD:
59      *       1) CALCULATE 2 SUB PRODUCTS A & B, FROM
60      *       THE BYTES IN REG1 AND 2
61      *       2) MULTIPLY SUB PRODUCT HI BYTES TOGETHER AND
62      *       STORE IN HI WORD OF RESULT
63      *       3) SAME FOR LO BYTES - STORE IN LO WORD OF RESULT
64      *       4) MULTIPLY HI BYTE OF S.P. A BY LO BYTE OF
65      *       S.P. B AND ADD PRODUCT TO MIDDLE 2 BYTES OF
66      *       RESULT
67      *       5) DO SAME WITH LO BYTE OF S.P. A AND HI BYTE
68      *       OF S.P. B.
69      *
70      *       MULT16 MULTIPLIES TWO 16 BIT VALUES IN REG1 & 2 BY
71      *       PERFORMING ONLY STEPS 2 - 5 ABOVE.
72      *
73      00C7    FC 00 80        MULT4B  LDD     REG1
74      00CA    3D                      MUL             FORM SUB PROD. A
75      00CB    FD 00 80                STD     REG1
76      00CE    FC 00 82                LDD     REG2
77      00D1    3D                      MUL             FORM SUB PROD. B
78      00D2    FD 00 82                STD     REG2
79      *
80      00D5    B6 00 80        MULT16  LDAA    REG1            GET HI BYTE OF S.P. A
81      00D8    F6 00 82                LDAB    REG2            AND HI BYTE OF S.P. B
82      00DB    3D                      MUL
83      00DC    FD 00 84                STD     REG3            STORE RESULT
84      *
85      00DF    B6 00 81                LDAA    REG1+1          SAME FOR LOW BYTES
86      00E2    F6 00 83                LDAB    REG2+1
87      00E5    3D                      MUL
88      00E6    FD 00 86                STD     REG4            STORE IN LO WORD OF RESULT; NO
                                                                CARRY POSSIBLE
89      *
90      00E9    B6 00 80                LDAA    REG1            GET HI BYTE OF S.P. A
91      00EC    F6 00 83                LDAB    REG2+1          & LO BYTE OF S.P. B
92      00EF    8D 06                   BSR     MPLY            MULTIPLY AND ADD INTO RESULT
93      *
```

```
Sun Jun 19 15:53:04 1994    Page    2

2500 A.D. 68c11 Macro Assembler     -     Version 5.01e
--------------------------------------------------------------------------------

Input  Filename : arithm.asm
Output Filename : arithm.obj

         94    00F1     FC 00 81            LDD      REG1+1 LO BYTE OF S.P. A AND
                                                     HI BYTE OF S.P. B
         95    00F4     8D 01               BSR      MPLY
         96     *
         97    00F6     39                  RTS
         98     *
         99     *                MPLY SUBROUTINE FORMS PRODUCT AND ADDS IT TO THE
        100     *                2ND AND 3RD BYTES OF THE RESULT, PASSING ON ANY
        101     *                CARRY TO THE MS BYTE.
        102     *
        103    00F7     3D          MPLY    MUL      FORM PROD.
        104    00F8     F3 00 85            ADDD     REG3+1 ADD TO MIDDLE 2 BYTES
                                                     OF RESULT
        105    00FB     FD 00 85            STD      REG3+1
        106    00FE     24 03               BCC      MULOK   MISS INCREMENT OF NO
                                                     CARRY FROM ADDD
        107    0100     7C 00 84            INC      REG3    ELSE INCREMENT MS BYTE
                                                     OF RESULT
        108    0103     39          MULOK   RTS
        109     *
        110    0104                         END

         Lines Assembled : 110       Errors : 0
```

7.2 Fließkomma-Arithmetik

```
Sun Jun 19 15:52:05 1994    Page    1

2500 A.D. 68c11 Macro Assembler     -     Version 5.01e
--------------------------------------------------------------------------------

Input  Filename : bas11fp.asm
Output Filename : bas11fp.obj


          1     ****************************************************************
          2     *     HC11FP                                                   *
          3     *                                                              *
          4     *     Copyright                                                *
          5     *        by                                                    *
          6     *     Gordon Doughman                                          *
          7     *                                                              *
          8     *     The source code for this floating point package for the MC68HC11  *
          9     *     may be freely distributed under the rules of public domain. However *
         10     *     it is a copyrighted work and as such may not be sold as a product   *
         11     *     or be included as part of a product for sale without the express   *
         12     *     permission of the author. Any object code produced by the source   *
         13     *     code may be included as part of a product for sale.                *
         14     *                                                              *
```

Sun Jun 19 15:52:05 1994   Page   2

2500 A.D. 68c11 Macro Assembler   -   Version 5.01e

Input Filename : bas11fp.asm
Output Filename : bas11fp.obj

```
15      *       If there are any questions or comments about the floating point       *
16      *       package please feel free to contact me.                               *
17      *                                                                             *
18      *       Gordon Doughman                                                       *
19      *       Motorola Semiconductor                                                *
20      *       3490 South Dixie Drive                                                *
21      *       Dayton, OH    45439                                                   *
22      *       (513) 294-2231                                                        *
23      *                                                                             *
24      ********************************************************************************
25      *
26      *
27      *
28      0000                            ORG     $0000
29      *
30      0000            FPACC1EX    RMB     1       FLOATING POINT ACCUMULATOR
                                                    #1..
31      0001            FPACC1MN    RMB     3
32      0004            MANTSGN1    RMB     1       MANTISSA SIGN FOR FPACC1 (0=+,
                                                    FF=-).
33      0005            FPACC2EX    RMB     1       FLOATING POINT ACCUMULATOR #2.
34      0006            FPACC2MN    RMB     3
35      0009            MANTSGN2    RMB     1       MANTISSA SIGN FOR FPACC2 (0=+,
                                                    FF=-).
36      *
37      *
38      0001            FLTFMTER    EQU     1       /* floating point format error
                                                    in ASCFLT */
39      0002            OVFERR      EQU     2       /* floating point overflow
                                                    error */
40      0003            UNFERR      EQU     3       /* floating point underflow
                                                    error */
41      0004            DIV0ERR     EQU     4       /* division by 0 error */
42      0005            TOLGSMER    EQU     5       /* number too large or small
                                                        to convert to int. */
43      0006            NSQRTERR    EQU     6       /* tried to take the square
                                                    root of negative # */
44      0007            TAN90ERR    EQU     7       /* TANgent of 90 degrees
                                                    attempted */
45      *
46      *
47      TTL     ASCFLT
48      ********************************************************************************
49      *                                                                             *
50      *       ASCII TO FLOATING POINT ROUTINE                                       *
51      *                                                                             *
52      *       This routine will accept most any ASCII floating point format         *
53      *       and return a 32-bit floating point number.    The following are       *
54      *       some examples of legal ASCII floating point numbers.                  *
55      *                                                                             *
56      *       20.095                                                                *
57      *       0.125                                                                 *
58      *       7.2984E10                                                             *
59      *       167.824E5                                                             *
60      *       5.9357E-7                                                             *
61      *       500                                                                   *
62      *                                                                             *
63      *       The floating point number returned is in "FPACC1".                    *
64      *                                                                             *
```

7.2 Fließkomma-Arithmetik

```
Sun Jun 19 15:52:05 1994    Page    3

2500 A.D. 68c11 Macro Assembler      -      Version 5.01e
--------------------------------------------------------------------------------

Input  Filename : bas11fp.asm
Output Filename : bas11fp.obj

 65        *                                                                    *
 66        *      The exponent is biased by 128 to facilitate floating point    *
 67        *      comparisons.  A pointer to the ASCII string is passed to the  *
 68        *      routine in the D-register.                                    *
 69        *                                                                    *
 70        *                                                                    *
 71        **********************************************************************
 72        *
 73        *
 74        *                       ORG      $0000
 75        *
 76        *              FPACC1EX  RMB      1             FLOATING POINT ACCUMULATOR
                                                           #1..
 77        *              FPACC1MN  RMB      3
 78        *              MANTSGN1  RMB      1             MANTISSA SIGN FOR FPACC1 (0=+,
                                                           FF=-).
 79        *              FPACC2EX  RMB      1             FLOATING POINT ACCUMULATOR #2.
 80        *              FPACC2MN  RMB      3
 81        *              MANTSGN2  RMB      1             MANTISSA SIGN FOR FPACC2 (0=+,
                                                           FF=-).
 82        *
 83        *
 84        *              FLTFMTER  EQU      1
 85        *
 86        *
 87        *      LOCAL VARIABLES (ON STACK POINTED TO BY Y)
 88        *
 89   0000                EXPSIGN   EQU      0             EXPONENT SIGN (0=+, FF=-).
 90   0001                PWR10EXP  EQU      1             POWER 10 EXPONENT.
 91        *
 92        *
 93   C000                          ORG      $C000         (TEST FOR EVB)
 94        *
 95   C000                ASCFLT    EQU      *
 96   C000  3C                      PSHX                   SAVE POINTER TO ASCII STRING.
 97   C001  BD C8 F9                JSR      PSHFPAC2      SAVE FPACC2.
 98   C004  CE 00 00                LDX      #0            PUSH ZEROS ON STACK TO
                                                           INITIALIZE LOCALS.
 99   C007  3C                      PSHX                   ALLOCATE 2 BYTES FOR LOCALS.
100   C008  FF 00 00                STX      FPACC1EX      CLEAR FPACC1.
101   C00B  FF 00 02                STX      FPACC1EX+2
102   C00E  7F 00 04                CLR      MANTSGN1      MAKE THE MANTISSA SIGN
                                                           POSITIVE INITIALLY.
103   C011  18 30                   TSY                    POINT TO LOCALS.
104   C013  CD EE 06                LDX      6,Y           GET POINTER TO ASCII STRING.
105   C016  A6 00       ASCFLT1     LDAA     0,X           GET 1ST CHARACTER IN STRING.
106   C018  BD C1 6C                JSR      NUMERIC       IS IT A NUMBER.
107   C01B  25 28                   BCS      ASCFLT4       YES. GO PROCESS IT.
108        *
109        *      LEADING MINUS SIGN ENCOUNTERED?
110        *
111   C01D  81 2D       ASCFLT2     CMPA     #'-'          NO. IS IT A MINUS SIGN?
112   C01F  26 0B                   BNE      ASCFLT3       NO. GO CHECK FOR DECIMAL
                                                           POINT.
113   C021  73 00 04                COM      MANTSGN1      YES. SET MANTISSA SIGN.
                                                           LEADING MINUS BEFORE?
114   C024  08                      INX                    POINT TO NEXT CHARACTER.
115   C025  A6 00                   LDAA     0,X           GET IT.
116   C027  BD C1 6C                JSR      NUMERIC       IS IT A NUMBER?
```

Sun Jun 19 15:52:05 1994   Page   4

2500 A.D. 68c11 Macro Assembler   -   Version 5.01e

Input Filename : bas11fp.asm
Output Filename : bas11fp.obj

```
117     C02A    25 19                       BCS     ASCFLT4     YES. GO PROCESS IT.
118     *
119     *       LEADING DECIMAL POINT?
120     *
121
122     C02C    81 2E           ASCFLT3     CMPA    #'.'        IS IT A DECIMAL POINT?
123     C02E    26 0B                       BNE     ASCFLT5     NO. FORMAT ERROR.
124     C030    08                          INX                 YES. POINT TO NEXT CHARACTER.
125     C031    A6 00                       LDAA    0,X         GET IT.
126     C033    BD C1 6C                    JSR     NUMERIC     MUST HAVE AT LEAST ONE DIGIT
                                                                AFTER D.P.
127     C036    24 03                       BCC     ASCFLT5     GO REPORT ERROR.
128     C038    7E C0 C5                    JMP     ASCFLT11    GO BUILD FRACTION.
129     *
130     *       FLOATING POINT FORMAT ERROR
131     *
132     C03B    31              ASCFLT5     INS                 DE-ALLOCATE LOCALS.
133     C03C    31                          INS
134     C03D    BD C9 03                    JSR     PULFPAC2    RESTORE FPACC2.
135     C040    38                          PULX                GET POINTER TO TERMINATING
                                                                CHARACTER IN STRING.
136     C041    86 01                       LDAA    #FLTFMTER   FORMAT ERROR.
137     C043    0D                          SEC                 SET ERROR FLAG.
138     C044    39                          RTS                 RETURN.
139     *
140     *       PRE DECIMAL POINT MANTISSA BUILD
141     *
142     C045    A6 00           ASCFLT4     LDAA    0,X
143     C047    BD C1 6C                    JSR     NUMERIC
144     C04A    24 74                       BCC     ASCFLT10
145     C04C    BD C0 D6                    JSR     ADDNXTD
146     C04F    08                          INX
147     C050    24 F3                       BCC     ASCFLT4
148     *
149     *       PRE DECIMAL POINT MANTISSA OVERFLOW
150     *
151     C052    7C 00 00        ASCFLT6     INC     FPACC1EX    INC FOR EACH DIGIT ENCOUNTERED
                                                                PRIOR TO D.P.
152     C055    A6 00                       LDAA    0,X         GET NEXT CHARACTER.
153     C057    08                          INX                 POINT TO NEXT.
154     C058    BD C1 6C                    JSR     NUMERIC     IS IT S DIGIT?
155     C05B    25 F5                       BCS     ASCFLT6     YES. KEEP BUILDING POWER 10
                                                                MANTISSA.
156     C05D    81 2E                       CMPA    #'.'        NO. IS IT A DECIMAL POINT?
157     C05F    26 0A                       BNE     ASCFLT7     NO. GO CHECK FOR THE EXPONENT.
158     *
159     *       ANY FRACTIONAL DIGITS ARE NOT SIGNIFIGANT
160     *
161     C061    A6 00           ASCFLT8     LDAA    0,X         GET THE NEXT CHARACTER.
162     C063    BD C1 6C                    JSR     NUMERIC     IS IT A DIGIT?
163     C066    24 03                       BCC     ASCFLT7     NO. GO CHECK FOR AN EXPONENT.
164     C068    08                          INX                 POINT TO THE NEXT CHARACTER.
165     C069    20 F6                       BRA     ASCFLT8     FLUSH REMAINING DIGITS.
166     C06B    81 45           ASCFLT7     CMPA    #'E'        NO. IS IT THE EXPONENT?
167     C06D    27 03                       BEQ     ASCFLT13    YES. GO PROCESS IT.
168     C06F    7E C1 2C                    JMP     FINISH      NO. GO FINISH THE CONVERSION.
169     *
170     *       PROCESS THE EXPONENT
171     *
```

7.2 Fließkomma-Arithmetik

```
Sun Jun 19 15:52:05 1994      Page      5

2500 A.D. 68c11 Macro Assembler        -       Version 5.01e
--------------------------------------------------------------------------------

Input  Filename : bas11fp.asm
Output Filename : bas11fp.obj

172   C072   08               ASCFLT13  INX            POINT TO NEXT CHARACTER.
173   C073   A6 00                      LDAA   0,X     GET THE NEXT CHARACTER.
174   C075   BD C1 6C                   JSR    NUMERIC SEE IF IT'S A DIGIT.
175   C078   25 15                      BCS    ASCFLT9 YES. GET THE EXPONENT.
176   C07A   81 2D                      CMPA   #'-'    NO. IS IT A MINUS SIGN?
177   C07C   27 06                      BEQ    ASCFLT15 YES. GO FLAG A NEGATIVE
                                                        EXPONENT.
178   C07E   81 2B                      CMPA   #'+'    NO. IS IT A PLUS SIGN?
179   C080   27 05                      BEQ    ASCFLT16 YES. JUST IGNORE IT.
180   C082   20 B7                      BRA    ASCFLT5 NO. FORMAT ERROR.
181   C084   18 63 00         ASCFLT15  COM    EXPSIGN,Y FLAG A NEGATIVE EXPONENT. IS
                                                        IT 1ST?
182   C087   08               ASCFLT16  INX            POINT TO NEXT CHARACTER.
183   C088   A6 00                      LDAA   0,X     GET NEXT CHARACTER.
184   C08A   BD C1 6C                   JSR    NUMERIC IS IT A NUMBER?
185   C08D   24 AC                      BCC    ASCFLT5 NO. FORMAT ERROR.
186   C08F   80 30            ASCFLT9   SUBA   #$30    MAKE IT BINARY.
187   C091   18 A7 01                   STAA   PWR10EXP,Y BUILD THE POWER 10 EXPONENT.
188   C094   08                         INX            POINT TO NEXT CHARACTER.
189   C095   A6 00                      LDAA   0,X     GET IT.
190   C097   BD C1 6C                   JSR    NUMERIC IS IT NUMERIC?
191   C09A   24 13                      BCC    ASCFLT14 NO. GO FINISH UP THE
                                                        CONVERSION.
192   C09C   18 E6 01                   LDAB   PWR10EXP,Y YES. GET PREVIOUS DIGIT.
193   C09F   58                         LSLB           MULT. BY 2.
194   C0A0   58                         LSLB                  NOW BY 4.
195   C0A1   18 EB 01                   ADDB   PWR10EXP,Y BY 5.
196   C0A4   58                         LSLB                  BY 10.
197   C0A5   80 30                      SUBA   #$30    MAKE SECOND DIGIT BINARY.
198   C0A7   1B                         ABA                   ADD IT TO FIRST DIGIT.
199   C0A8   18 A7 01                   STAA   PWR10EXP,Y
200   C0AB   81 26                      CMPA   #38     IS THE EXPONENT OUT OF RANGE?
201   C0AD   22 8C                      BHI    ASCFLT5 YES. REPORT ERROR.
202   C0AF   18 A6 01         ASCFLT14  LDAA   PWR10EXP,Y GET POWER 10 EXPONENT.
203   C0B2   18 6D 00                   TST    EXPSIGN,Y WAS IT NEGATIVE?
204   C0B5   2A 01                      BPL    ASCFLT12 NO. GO ADD IT TO BUILT 10 PWR
                                                        EXPONENT.
205   C0B7   40                         NEGA
206   C0B8   BB 00 00         ASCFLT12  ADDA   FPACC1EX FINAL TOTAL PWR 10 EXPONENT.
207   C0BB   B7 00 00                   STAA   FPACC1EX SAVE RESULT.
208   C0BE   20 6C                      BRA    FINISH   GO FINISH UP CONVERSION.
209   *
210   *      PRE-DECIMAL POINT NON-DIGIT FOUND, IS IT A DECIMAL POINT?
211   *
212   C0C0   81 2E            ASCFLT10  CMPA   #'.'    IS IT A DECIMAL POINT?
213   C0C2   26 A7                      BNE    ASCFLT7 NO. GO CHECK FOR THE EXPONENT.
214   C0C4   08                         INX            YES. POINT TO NEXT CHARACTER.
215   *
216   *      POST DECIMAL POINT PROCESSING
217   *
218   C0C5   A6 00            ASCFLT11  LDAA   0,X     GET NEXT CHARACTER.
219   C0C7   BD C1 6C                   JSR    NUMERIC IS IT NUMERIC?
220   C0CA   24 9F                      BCC    ASCFLT7 NO. GO CHECK FOR EXPONENT.
221   C0CC   8D 08                      BSR    ADDNXTD YES. ADD IN THE DIGIT.
222   C0CE   08                         INX            POINT TO THE NEXT CHARACTER.
223   C0CF   25 90                      BCS    ASCFLT8 IF OVER FLOW, FLUSH REMAINING
                                                        DIGITS.
224   C0D1   7A 00 00                   DEC    FPACC1EX ADJUST THE 10 POWER EXPONENT.
225   C0D4   20 EF                      BRA    ASCFLT11 PROCESS ALL FRACTIONAL DIGITS.
```

Sun Jun 19 15:52:05 1994   Page   6

2500 A.D. 68c11 Macro Assembler   -   Version 5.01e

Input Filename : bas11fp.asm
Output Filename : bas11fp.obj

```
226     *
227     *
228     *
229     C0D6  B6 00 01    ADDNXTD  LDAA  FPACC1MN    GET UPPER 8 BITS.
230     C0D9  B7 00 06             STAA  FPACC2MN    COPY INTO FPAC2.
231     C0DC  FC 00 02             LDD   FPACC1MN+1  GET LOWER 16 BITS OF MANTISSA.
232     C0DF  FD 00 07             STD   FPACC2MN+1  COPY INTO FPACC2.
233     C0E2  05                   LSLD              MULT. BY 2.
234     C0E3  79 00 01             ROL   FPACC1MN    OVERFLOW?
235     C0E6  25 37                BCS   ADDNXTD1    YES. DON'T ADD THE DIGIT IN.
236     C0E8  05                   LSLD              MULT BY 4.
237     C0E9  79 00 01             ROL   FPACC1MN    OVERFLOW?
238     C0EC  25 31                BCS   ADDNXTD1    YES. DON'T ADD THE DIGIT IN.
239     C0EE  F3 00 07             ADDD  FPACC2MN+1  BY 5.
240     C0F1  36                   PSHA              SAVE A.
241     C0F2  B6 00 01             LDAA  FPACC1MN    GET UPPER 8 BITS.
242     C0F5  89 00                ADCA  #0          ADDIN POSSABLE CARRY FROM
                                                     LOWER 16 BITS.
243     C0F7  BB 00 06             ADDA  FPACC2MN    ADD IN UPPER 8 BITS.
244     C0FA  B7 00 01             STAA  FPACC1MN    SAVE IT.
245     C0FD  32                   PULA              RESTORE A.
246     C0FE  25 1F                BCS   ADDNXTD1    OVERFLOW? IF SO DON'T ADD IT
                                                     IN.
247     C100  05                   LSLD              BY 10.
248     C101  79 00 01             ROL   FPACC1MN
249     C104  FD 00 02             STD   FPACC1MN+1  SAVE THE LOWER 16 BITS.
250     C107  25 16                BCS   ADDNXTD1    OVERFLOW? IF SO DON'T ADD IT
                                                     IN.
251     C109  E6 00                LDAB  0,X         GET CURRENT DIGIT.
252     C10B  C0 30                SUBB  #$30        MAKE IT BINARY.
253     C10D  4F                   CLRA              16-BIT.
254     C10E  F3 00 02             ADDD  FPACC1MN+1  ADD IT IN TO TOTAL.
255     C111  FD 00 02             STD   FPACC1MN+1  SAVE THE RESULT.
256     C114  B6 00 01             LDAA  FPACC1MN    GET UPPER 8 BITS.
257     C117  89 00                ADCA  #0          ADD IN POSSIBLE CARRY.
                                                     OVERFLOW?
258     C119  25 04                BCS   ADDNXTD1    YES. COPY OLD MANTISSA FROM
                                                     FPACC2.
259     C11B  B7 00 01             STAA  FPACC1MN    NO. EVERYHING OK.
260     C11E  39                   RTS               RETURN.
261     C11F  FC 00 07    ADDNXTD1 LDD   FPACC2MN+1  RESTORE THE ORIGINAL MANTISSA
                                                     BECAUSE
262     C122  FD 00 02             STD   FPACC1MN+1  OF OVERFLOW.
263     C125  B6 00 06             LDAA  FPACC2MN
264     C128  B7 00 01             STAA  FPACC1MN
265     C12B  39                   RTS               RETURN.
266     *
267     *
268     *
269     *     NOW FINISH UP CONVERSION BY MULTIPLYING THE RESULTANT MANTISSA
270     *     BY 10 FOR EACH POSITIVE POWER OF 10 EXPONENT RECIEVED OR BY .1
271     *     (DIVIDE BY 10) FOR EACH NEGATIVE POWER OF 10 EXPONENT RECIEVED.
272     *
273     *
274     C12C             FINISH    EQU   *
275     C12C  CD EF 06             STX   6,Y         SAVE POINTER TO TERMINATING
                                                     CHARACTER IN STRING.
276     C12F  CE 00 00             LDX   #FPACC1EX   POINT TO FPACC1.
277     C132  BD C1 99             JSR   CHCK0       SEE IF THE NUMBER IS ZERO.
```

7.2 Fließkomma-Arithmetik

```
Sun Jun 19 15:52:05 1994    Page     7

2500 A.D. 68c11 Macro Assembler       -      Version 5.01e
--------------------------------------------------------------------------------

Input  Filename : bas11fp.asm
Output Filename : bas11fp.obj

278    C135    27 2E                      BEQ    FINISH3    QUIT IF IT IS.
279    C137    B6 00 00                   LDAA   FPACC1EX   GET THE POWER 10 EXPONENT.
280    C13A    18 A7 01                   STAA   PWR10EXP,Y SAVE IT.
281    C13D    86 98                      LDAA   #$80+24    SET UP INITIAL EXPONENT (# OF
                                                            BITS + BIAS).
282    C13F    B7 00 00                   STAA   FPACC1EX
283    C142    BD C1 78                   JSR    FPNORM     GO NORMALIZE THE MANTISSA.
284    C145    18 6D 01                   TST    PWR10EXP,Y IS THE POWER 10 EXPONENT
                                                            POSITIVE OR ZERO?
285    C148    27 1B                      BEQ    FINISH3    IT'S ZERO, WE'RE DONE.
286    C14A    2A 0B                      BPL    FINISH1    IT'S POSITIVE MULTIPLY BY 10.
287    C14C    CE C1 A4                   LDX    #CONSTP1   NO. GET CONSTANT .1 (DIVIDE BY
                                                            10).
288    C14F    BD C9 28                   JSR    GETFPAC2   GET CONSTANT INTO FPACC2.
289    C152    18 60 01                   NEG    PWR10EXP,Y MAKE THE POWER 10 EXPONENT
                                                            POSITIVE.
290    C155    20 06                      BRA    FINISH2    GO DO THE MULTIPLIES.
291    C157    CE C1 A8    FINISH1        LDX    #CONST10   GET CONSTANT '10' TO MULTIPLY
                                                            BY.
292    C15A    BD C9 28                   JSR    GETFPAC2   GET CONSTANT INTO FPACC2.
293    C15D    BD C1 AC    FINISH2        JSR    FLTMUL     GO MULTIPLY FPACC1 BY FPACC2,
                                                            RESULT IN FPACC1.
294    C160    18 6A 01                   DEC    PWR10EXP,Y DECREMENT THE POWER 10
                                                            EXPONENT.
295    C163    26 F8                      BNE    FINISH2    GO CHECK TO SEE IF WE'RE DONE.
296    C165    31          FINISH3        INS               DE-ALLOCATE LOCALS.
297    C166    31                         INS
298    C167    BD C9 03                   JSR    PULFPAC2   RESTORE FPACC2.
299    C16A    38                         PULX              GET POINTER TO TERMINATING
                                                            CHARACTER IN STRING.
300    C16B    39                         RTS               RETURN WITH NUMBER IN FPACC1.
301    *
302    *
303    C16C                NUMERIC        EQU    *
304    C16C    81 30                      CMPA   #'0'       IS IT LESS THAN AN ASCII 0?
305    C16E    25 06                      BLO    NUMERIC1   YES. NOT NUMERIC.
306    C170    81 39                      CMPA   #'9'       IS IT GREATER THAN AN ASCII 9?
307    C172    22 02                      BHI    NUMERIC1   YES. NOT NUMERIC.
308    C174    0D                         SEC               IT WAS NUMERIC. SET THE CARRY.
309    C175    39                         RTS               RETURN.
310    C176    0C          NUMERIC1       CLC               NON-NUMERIC CHARACTER. CLEAR
                                                            THE CARRY.
311    C177    39                         RTS               RETURN.
312    *
313    C178                FPNORM         EQU    *
314    C178    CE 00 00                   LDX    #FPACC1EX  POINT TO FPACC1.
315    C17B    8D 1C                      BSR    CHCK0      CHECK TO SEE IF IT'S 0.
316    C17D    27 16                      BEQ    FPNORM3    YES. JUST RETURN.
317    C17F    7D 00 01                   TST    FPACC1MN   IS THE NUMBER ALREADY
                                                            NORMALIZED?
318    C182    2B 11                      BMI    FPNORM3    YES. JUST RETURN..
319    C184    FC 00 02    FPNORM1        LDD    FPACC1MN+1 GET THE LOWER 16 BITS OF THE
                                                            MANTISSA.
320    C187    7A 00 00    FPNORM2        DEC    FPACC1EX   DECREMENT THE EXPONENT FOR
                                                            EACH SHIFT.
321    C18A    27 0B                      BEQ    FPNORM4    EXPONENT WENT TO 0. UNDERFLOW.
322    C18C    05                         LSLD              SHIFT THE LOWER 16 BITS.
323    C18D    79 00 01                   ROL    FPACC1MN   ROTATE THE UPPER 8 BITS.
                                                            NUMBER NORMALIZED?
```

Sun Jun 19 15:52:05 1994   Page   8

2500 A.D. 68c11 Macro Assembler   -   Version 5.01e

Input Filename : bas11fp.asm
Output Filename : bas11fp.obj

```
324     C190    2A F5                   BPL     FPNORM2     NO. KEEP SHIFTING TO THE LEFT.
325     C192    FD 00 02                STD     FPACC1MN+1  PUT THE LOWER 16 BITS BACK
                                                            INTO FPACC1.
326     C195    0C              FPNORM3 CLC                 SHOW NO ERRORS.
327     C196    39                      RTS                 YES. RETURN.
328     C197    0D              FPNORM4 SEC                 FLAG ERROR.
329     C198    39                      RTS                 RETURN.
330     *
331     C199                    CHCK0   EQU     *           CHECKS FOR ZERO IN FPACC
                                                            POINTED TO BY X.
332     C199    37                      PSHB                SAVE D.
333     C19A    36                      PSHA
334     C19B    EC 00                   LDD     0,X         GET FPACC EXPONENT & HIGH 8
                                                            BITS.
335     C19D    26 02                   BNE     CHCK01      NOT ZERO. RETURN.
336     C19F    EC 02                   LDD     2,X         CHECK LOWER 16 BITS.
337     C1A1    32              CHCK01  PULA                RESTORE D.
338     C1A2    33                      PULB
339     C1A3    39                      RTS                 RETURN WITH CC SET.
340     *
341     C1A4    7D 4C CC CD     CONSTP1 FCB     $7D,$4C,$CC,$CD   0.1 DECIMAL
342     C1A8    84 20 00 00     CONST10 FCB     $84,$20,$00,$00   10.0 DECIMAL
343     *
344     *
345             TTL     FLTMUL
346     ****************************************************************************
347     *                                                                           *
348     *       FPMULT: FLOATING POINT MULTIPLY                                     *
349     *                                                                           *
350     *       THIS FLOATING POINT MULTIPLY ROUTINE MULTIPLIES "FPACC1" BY         *
351     *       "FPACC2" AND PLACES THE RESULT IN TO FPACC1. FPACC2 REMAINS         *
352     *       UNCHANGED.                                                          *
353     *       WORSE CASE = 2319 CYCLES = 1159 uS @ 2MHz                           *
354     *                                                                           *
355     ****************************************************************************
356     *
357     *
358     C1AC                    FLTMUL  EQU     *
359     C1AC    BD C8 F9                JSR     PSHFPAC2    SAVE FPACC2.
360     C1AF    CE 00 00                LDX     #FPACC1EX   POINT TO FPACC1
361     C1B2    BD C1 99                JSR     CHCK0       CHECK TO SEE IF FPACC1 IS
                                                            ZERO.
362     C1B5    27 39                   BEQ     FPMULT3     IT IS. ANSWER IS 0.
363     C1B7    CE 00 05                LDX     #FPACC2EX   POINT TO FPACC2.
364     C1BA    BD C1 99                JSR     CHCK0       IS IT 0?
365     C1BD    26 0A                   BNE     FPMULT4     NO. CONTINUE.
366     C1BF    4F                      CLRA                CLEAR D.
367     C1C0    5F                      CLRB
368     C1C1    FD 00 00                STD     FPACC1EX    MAKE FPACC1 0.
369     C1C4    FD 00 02                STD     FPACC1MN+1
370     C1C7    20 27                   BRA     FPMULT3     RETURN.
371     C1C9    B6 00 04        FPMULT4 LDAA    MANTSGN1    GET FPACC1 EXPONENT.
372     C1CC    B8 00 09                EORA    MANTSGN2    SET THE SIGN OF THE RESULT.
373     C1CF    B7 00 04                STAA    MANTSGN1    SAVE THE SIGN OF THE RESULT.
374     C1D2    B6 00 00                LDAA    FPACC1EX    GET FPACC1 EXPONENT.
375     C1D5    BB 00 05                ADDA    FPACC2EX    ADD IT TO FPACC2 EXPONENT.
376     C1D8    2A 07                   BPL     FPMULT1     IF RESULT IS MINUS AND
377     C1DA    24 0C                   BCC     FPMULT2     THE CARRY IS SET THEN:
378     C1DC    86 02           FPMULT5 LDAA    #OVFERR     OVERFLOW ERROR.
```

7.2 Fließkomma-Arithmetik

```
Sun Jun 19 15:52:05 1994      Page       9

2500 A.D. 68c11 Macro Assembler     -      Version 5.01e
--------------------------------------------------------------------------------

Input  Filename : bas11fp.asm
Output Filename : bas11fp.obj

379    C1DE   0D                         SEC                    SET ERROR FLAG.
380    C1DF   20 15                      BRA     FPMULT6        RETURN.
381    C1E1   25 05           FPMULT1    BCS     FPMULT2        IF RESULT IS PLUS
                                                                & THE CARRY IS SET THEN ALL
                                                                OK.
382    C1E3   86 03                      LDAA    #UNFERR        ELSE UNDERFLOW ERROR OCCURED.
383    C1E5   0D                         SEC                    FLAG ERROR.
384    C1E6   20 0E                      BRA     FPMULT6        RETURN.
385    C1E8   B 80            FPMULT2    ADDA    #$80           ADD 128 BIAS BACK IN THAT WE
                                                                LOST.
386    C1EA   B7 00 00                   STAA    FPACC1EX       SAVE THE NEW EXPONENT.
387    C1ED   BD C1 FA                   JSR     UMULT          GO MULTIPLY THE "INTEGER"
                                                                MANTISSAS.
388    C1F0   7D 00 00        FPMULT3    TST     FPACC1EX       WAS THERE AN OVERFLOW ERROR
                                                                FROM ROUNDING?
389    C1F3   27 E7                      BEQ     FPMULT5        YES. RETURN ERROR.
390    C1F5   0C                         CLC                    SHOW NO ERRORS.
391    C1F6   BD C9 03        FPMULT6    JSR     PULFPAC2       RESTORE FPACC2.
392    C1F9   39                         RTS
393    *
394    *
395    C1FA                   UMULT      EQU     *
396    C1FA   CE 00 00                   LDX     #0
397    C1FD   3C                         PSHX                   CREATE PARTIAL PRODUCT
                                                                REGISTER AND COUNTER.
398    C1FE   3C                         PSHX
399    C1FF   30                         TSX                    POINT TO THE VARIABLES.
400    C200   86 18                      LDAA    #24            SET COUNT TO THE NUMBER OF
                                                                BITS.
401    C202   A7 00                      STAA    0,X
402    C204   B6 00 08        UMULT1     LDAA    FPACC2MN+2     GET THE L.S. BYTE OF THE
                                                                MULTIPLIER.
403    C207   44                         LSRA                   PUT L.S. BIT IN CARRY.
404    C208   24 0E                      BCC     UMULT2         IF CARRY CLEAR, DON'T ADD
                                                                MULTIPLICAND TO P.P.
405    C20A   FC 00 02                   LDD     FPACC1MN+1     GET MULTIPLICAND L.S. 16 BITS.
406    C20D   E3 02                      ADDD    2,X            ADD TO PARTIAL PRODUCT.
407    C20F   ED 02                      STD     2,X            SAVE IN P.P.
408    C211   B6 00 01                   LDAA    FPACC1MN       GET UPPER 8 BITS OF
                                                                MULTIPLICAND.
409    C214   A9 01                      ADCA    1,X            ADD IT W/ CARRY TO P.P.
410    C216   A7 01                      STAA    1,X            SAVE TO PARTIAL PRODUCT.
411    C218   66 01           UMULT2     ROR     1,X            ROTATE PARTIAL PRODUCT TO THE
                                                                RIGHT.
412    C21A   66 02                      ROR     2,X
413    C21C   66 03                      ROR     3,X
414    C21E   76 00 06                   ROR     FPACC2MN       SHIFT THE MULTIPLIER TO THE
                                                                RIGHT 1 BIT.
415    C221   76 00 07                   ROR     FPACC2MN+1
416    C224   76 00 08                   ROR     FPACC2MN+2
417    C227   6A 00                      DEC     0,X            DONE YET?
418    C229   26 D9                      BNE     UMULT1         NO. KEEP GOING.
419    C22B   6D 01                      TST     1,X            DOES PARTIAL PRODUCT NEED TO
                                                                BE NORMALIZED?
420    C22D   2B 0C                      BMI     UMULT3         NO. GET ANSWER & RETURN.
421    C22F   78 00 06                   LSL     FPACC2MN       GET BIT THAT WAS SHIFTED OUT
                                                                OF P.P REGISTER.
422    C232   69 03                      ROL     3,X            PUT IT BACK INTO THE PARTIAL
                                                                PRODUCT.
```

Sun Jun 19 15:52:05 1994   Page   10

2500 A.D. 68c11 Macro Assembler   -   Version 5.01e

Input Filename : bas11fp.asm
Output Filename : bas11fp.obj

```
423     C234    69 02                   ROL     2,X
424     C236    69 01                   ROL     1,X
425     C238    7A 00 00                DEC     FPACC1EX    FIX EXPONENT.
426     C23B    7D 00 06        UMULT3  TST     FPACC2MN    DO WE NEED TO ROUND THE
                                                            PARTIAL PRODUCT?
427     C23E    2A 18                   BPL     UMULT4      NO. JUST RETURN.
428     C240    EC 02                   LDD     2,X         YES. GET THE LEAST SIGNIFIGANT
                                                            16 BITS.
429     C242    C3 00 01                ADDD    #1          ADD 1.
430     C245    ED 02                   STD     2,X         SAVE RESULT.
431     C247    A6 01                   LDAA    1,X         PROPIGATE THROUGH.
432     C249    89 00                   ADCA    #0
433     C24B    A7 01                   STAA    1,X
434     C24D    24 09                   BCC     UMULT4      IF CARRY CLEAR ALL IS OK.
435     C24F    66 01                   ROR     1,X         IF NOT OVERFLOW. ROTATE CARRY
                                                            INTO P.P.
436     C251    66 02                   ROR     2,X
437     C253    66 03                   ROR     3,X
438     C255    7C 00 00                INC     FPACC1EX    UP THE EXPONENT.
439     C258    31              UMULT4  INS                 TAKE COUNTER OFF STACK.
440     C259    38                      PULX                GET M.S. 16 BITS OF PARTIAL
                                                            PRODUCT.
441     C25A    FF 00 01                STX     FPACC1MN    PUT IT IN FPACC1.
442     C25D    32                      PULA                GET L.S. 8 BITS OF PARTIAL
                                                            PRODUCT.
443     C25E    B7 00 03                STAA    FPACC1MN+2  PUT IT IN FPACC1.
444     C261    39                      RTS                 RETURN.
445     *
446     *
447     *
448             TTL     FLTADD
449     ************************************************************************
450     *                                                                      *
451     *       FLOATING POINT ADDITION                                        *
452     *                                                                      *
453     *       This subroutine performs floating point addition of the two numbers *
454     *       in FPACC1 and FPACC2.  The result of the addition is placed in *
455     *       FPACC1 while FPACC2 remains unchanged.  This subroutine performs *
456     *       full signed addition so either number may be of the same or opposite *
457     *       sign.                                                           *
458     *       WORSE CASE = 1030 CYCLES = 515 uS @ 2MHz                        *
459     *                                                                      *
460     ************************************************************************
461     *
462     *
463     C262                    FLTADD  EQU     *
464     C262    BD C8 F9                JSR     PSHFPAC2    SAVE FPACC2.
465     C265    CE 00 05                LDX     #FPACC2EX   POINT TO FPACC2
466     C268    BD C1 99                JSR     CHCK0       IS IT ZERO?
467     C26B    26 05                   BNE     FLTADD1     NO. GO CHECK FOR 0 IN FPACC1.
468     C26D    0C              FLTADD6 CLC                 NO ERRORS.
469     C26E    BD C9 03        FLTADD10 JSR    PULFPAC2    RESTORE FPACC2.
470     C271    39                      RTS                 ANSWER IN FPACC1. RETURN.
471     C272    CE 00 00        FLTADD1 LDX     #FPACC1EX   POINT TO FPACC1.
472     C275    BD C1 99                JSR     CHCK0       IS IT ZERO?
473     C278    26 14                   BNE     FLTADD2     NO. GO ADD THE NUMBER.
474     C27A    FC 00 05        FLTADD4 LDD     FPACC2EX    ANSWER IS IN FPACC2. MOVE IT
                                                            INTO FPACC1.
475     C27D    FD 00 00                STD     FPACC1EX
```

7.2 Fließkomma-Arithmetik

Sun Jun 19 15:52:05 1994   Page   11

2500 A.D. 68c11 Macro Assembler   -   Version 5.01e

Input Filename : bas11fp.asm
Output Filename : bas11fp.obj

```
476   C280   FC 00 07              LDD    FPACC2MN+1 MOVE LOWER 16 BITS OF
                                                     MANTISSA.
477   C283   FD 00 02              STD    FPACC1MN+1
478   C286   B6 00 09              LDAA   MANTSGN2   MOVE FPACC2 MANTISSA SIGN INTO
                                                     FPACC1.
479   C289   B7 00 04              STAA   MANTSGN1
480   C28C   20 DF                 BRA    FLTADD6    RETURN.
481   C28E   B6 00 00    FLTADD2   LDAA   FPACC1EX   GET FPACC1 EXPONENT.
482   C291   B1 00 05              CMPA   FPACC2EX   ARE THE EXPONENTS THE SAME?
483   C294   27 26                 BEQ    FLTADD7    YES. GO ADD THE MANTISSA'S.
484   C296   B0 00 05              SUBA   FPACC2EX   NO. FPACC1EX-FPACC2EX. IS
                                                     FPACC1 > FPACC2?
485   C299   2A 11                 BPL    FLTADD3    YES. GO CHECK RANGE.
486   C29B   40                    NEGA              NO. FPACC1 < FPACC2. MAKE DIFFERENCE
                                                     POSITIVE.
487   C29C   81 17                 CMPA   #23        ARE THE NUMBERS WITHIN RANGE?
488   C29E   22 DA                 BHI    FLTADD4    NO. FPACC2 IS LARGER. GO MOVE
                                                     IT INTO FPACC1.
489   C2A0   16                    TAB               PUT DIFFERENCE IN B.
490   C2A1   FB 00 00              ADDB   FPACC1EX   CORRECT FPACC1 EXPONENT.
491   C2A4   F7 00 00              STAB   FPACC1EX   SAVE THE RESULT.
492   C2A7   CE 00 01              LDX    #FPACC1MN  POINT TO FPACC1 MANTISSA.
493   C2AA   20 07                 BRA    FLTADD5    GO DENORMALIZE FPACC1 FOR THE
                                                     ADD.
494   C2AC   81 17     FLTADD3     CMPA   #23        FPACC1 > FPACC2. ARE THE
                                                     NUMBERS WITHIN RANGE?
495   C2AE   22 BD                 BHI    FLTADD6    NO. ANSWER ALREADY IN FPACC1.
                                                     JUST RETURN.
496   C2B0   CE 00 06              LDX    #FPACC2MN  POINT TO THE MANTISSA TO
                                                     DENORMALIZE.
497   C2B3   64 00     FLTADD5     LSR    0,X        SHIFT THE FIRST BYTE OF THE
                                                     MANTISSA.
498   C2B5   66 01                 ROR    1,X        THE SECOND.
499   C2B7   66 02                 ROR    2,X        AND THE THIRD.
500   C2B9   4A                    DECA              DONE YET?
501   C2BA   26 F7                 BNE    FLTADD5    NO. KEEP SHIFTING.
502   C2BC   B6 00 04  FLTADD7     LDAA   MANTSGN1   GET FPACC1 MANTISSA SIGN.
503   C2BF   B1 00 09              CMPA   MANTSGN2   ARE THE SIGNS THE SAME?
504   C2C2   27 5E                 BEQ    FLTADD11   YES. JUST GO ADD THE TWO
                                                     MANTISSAS.
505   C2C4   7D 00 04              TST    MANTSGN1   NO. IS FPACC1 THE NEGATIVE
                                                     NUMBER?
506   C2C7   2A 1C                 BPL    FLTADD8    NO. GO DO FPACC1-FPACC2.
507   C2C9   FE 00 06              LDX    FPACC2MN   YES. EXCHANGE FPACC1 & FPACC2
                                                     BEFORE THE SUB.
508   C2CC   3C                    PSHX              SAVE IT.
509   C2CD   FE 00 01              LDX    FPACC1MN   GET PART OF FPACC1.
510   C2D0   FF 00 06              STX    FPACC2MN   PUT IT IN FPACC2.
511   C2D3   38                    PULX              GET SAVED PORTION OF FPACC2
512   C2D4   FF 00 01              STX    FPACC1MN   PUT IT IN FPACC1.
513   C2D7   FE 00 08              LDX    FPACC2MN+2 GET LOWER 8 BITS & SIGN OF
                                                     FPACC2.
514   C2DA   3C                    PSHX              SAVE IT.
515   C2DB   FE 00 03              LDX    FPACC1MN+2 GET LOWER 8 BITS & SIGN OF
                                                     FPACC1.
516   C2DE   FF 00 08              STX    FPACC2MN+2 PUT IT IN FPACC2.
517   C2E1   38                    PULX              GET SAVED PART OF FPACC2.
518   C2E2   FF 00 03              STX    FPACC1MN+2 PUT IT IN FPACC1.
519   C2E5   FC 00 02  FLTADD8     LDD    FPACC1MN+1 GET LOWER 16 BITS OF FPACC1.
```

Sun Jun 19 15:52:05 1994   Page   12

2500 A.D. 68c11 Macro Assembler   -   Version 5.01e

Input Filename : bas11fp.asm
Output Filename : bas11fp.obj

```
520    C2E8    B3 00 07                SUBD    FPACC2MN+1 SUBTRACT LOWER 16 BITS OF
                                                          FPACC2.
521    C2EB    FD 00 02                STD     FPACC1MN+1 SAVE RESULT.
522    C2EE    B6 00 01                LDAA    FPACC1MN   GET HIGH 8 BITS OF FPACC1
                                                          MANTISSA.
523    C2F1    B2 00 06                SBCA    FPACC2MN   SUBTRACT HIGH 8 BITS OF
                                                          FPACC2.
524    C2F4    B7 00 01                STAA    FPACC1MN   SAVE THE RESULT. IS THE RESULT
                                                          NEGATIVE?
525    C2F7    24 1B                   BCC     FLTADD9    NO. GO NORMALIZE THE RESULT.
526    C2F9    B6 00 01                LDAA    FPACC1MN   YES. NEGATE THE MANTISSA.
527    C2FC    43                      COMA
528    C2FD    36                      PSHA               SAVE THE RESULT.
529    C2FE    FC 00 02                LDD     FPACC1MN+1 GET LOWER 16 BITS.
530    C301    53                      COMB               FORM THE ONE'S COMPLEMENT.
531    C302    43                      COMA
532    C303    C3 00 01                ADDD    #1         FORM THE TWO'S COMPLEMENT.
533    C306    FD 00 02                STD     FPACC1MN+1 SAVE THE RESULT.
534    C309    32                      PULA               GET UPPER 8 BITS BACK.
535    C30A    89 00                   ADCA    #0         ADD IN POSSIBLE CARRY.
536    C30C    B7 00 01                STAA    FPACC1MN   SAVE RESULT.
537    C30F    86 FF                   LDAA    #$FF       SHOW THAT FPACC1 IS NEGATIVE.
538    C311    B7 00 04                STAA    MANTSGN1
539    C314    BD C1 78   FLTADD9      JSR     FPNORM     GO NORMALIZE THE RESULT.
540    C317    24 06                   BCC     FLTADD12   EVERYTHING'S OK SO RETURN.
541    C319    86 03                   LDAA    #UNFERR    UNDERFLOW OCCURED DURING
                                                          NORMALIZATION.
542    C31B    0D                      SEC                FLAG ERROR.
543    C31C    7E C2 6E                JMP     FLTADD10   RETURN.
544    C31F    7E C2 6D   FLTADD12     JMP     FLTADD6    CAN'T BRANCH THAT FAR FROM
                                                          HERE.
545    *
546    C322    FC 00 02   FLTADD11     LDD     FPACC1MN+1 GET LOWER 16 BITS OF FPACC1.
547    C325    F3 00 07                ADDD    FPACC2MN+1 ADD IT TO THE LOWER 16 BITS OF
                                                          FPACC2.
548    C328    FD 00 02                STD     FPACC1MN+1 SAVE RESULT IN FPACC1.
549    C32B    B6 00 01                LDAA    FPACC1MN   GET UPPER 8 BITS OF FPACC1.
550    C32E    B9 00 06                ADCA    FPACC2MN   ADD IT (WITH CARRY) TO UPPER 8
                                                          BITS OF FPACC2.
551    C331    B7 00 01                STAA    FPACC1MN   SAVE THE RESULT.
552    C334    24 E9                   BCC     FLTADD12   NO OVERFLOW SO JUST RETURN.
553    C336    76 00 01                ROR     FPACC1MN   PUT THE CARRY INTO THE
                                                          MANTISSA.
554    C339    76 00 02                ROR     FPACC1MN+1 PROPIGATE THROUGH MANTISSA.
555    C33C    76 00 03                ROR     FPACC1MN+2
556    C33F    7C 00 00                INC     FPACC1EX   UP THE MANTISSA BY 1.
557    C342    26 DB                   BNE     FLTADD12   EVERYTHING'S OK JUST RETURN.
558    C344    86 02                   LDAA    #OVFERR    RESULT WAS TOO LARGE.
                                                          OVERFLOW.
559    C346    0D                      SEC                FLAG ERROR.
560    C347    7E C2 6E                JMP     FLTADD10   RETURN.
561    *
562    *
563    *
564            TTL     FLTSUB
565    ********************************************************************************
566    *                                                                              *
567    *       FLOATING POINT SUBTRACT SUBROUTINE                                     *
568    *                                                                              *
```

7.2 Fließkomma-Arithmetik

```
Sun Jun 19 15:52:05 1994     Page       13

2500 A.D. 68c11 Macro Assembler          -         Version 5.01e
--------------------------------------------------------------------------------

Input  Filename : bas11fp.asm
Output Filename : bas11fp.obj

569     *       This subroutine performs floating point subtraction ( FPACC1-FPACC2)  *
570     *       by inverting the sign of FPACC2 and then calling FLTADD since         *
571     *       FLTADD performs complete signed addition. Upon returning from         *
572     *       FLTADD the sign of FPACC2 is again inverted to leave it unchanged     *
573     *       from its original value.                                              *
574     *                                                                             *
575     *       WORSE CASE = 1062 CYCLES = 531 uS @ 2MHz                              *
576     *                                                                             *
577     *******************************************************************************
578     *
579     *
580     C34A                    FLTSUB      EQU     *
581     C34A    8D 03                       BSR     FLTSUB1     INVERT SIGN.
582     C34C    BD C2 62                    JSR     FLTADD      GO DO FLOATING POINT ADD.
583     C34F    B6 00 09        FLTSUB1     LDAA    MANTSGN2    GET FPACC2 MANTISSA SIGN.
584     C352    88 FF                       EORA    #$FF        INVERT THE SIGN.
585     C354    B7 00 09                    STAA    MANTSGN2    PUT BACK.
586     C357    39                          RTS                 RETURN.
587     *
588     *
589     *
590             TTL     FLTDIV
591     *******************************************************************************
592     *                                                                             *
593     *       FLOATING POINT DIVIDE                                                 *
594     *                                                                             *
595     *       This subroutine performs signed floating point divide. The            *
596     *       operation performed is FPACC1/FPACC2.   The divisor (FPACC2) is left  *
597     *       unaltered and the answer is placed in FPACC1.   There are several     *
598     *       error conditions that can be returned by this routine. They are:      *
599     *       a) division by zero.   b) overflow.   c) underflow. As with all       *
600     *       other routines, an error is indicated by the carry being set and      *
601     *       the error code being in the A-reg.                                    *
602     *                                                                             *
603     *       WORSE CASE = 2911 CYCLES = 1455 uS @ 2MHz                             *
604     *                                                                             *
605     *******************************************************************************
606     *
607     *
608     C358                    FLTDIV      EQU     *
609     C358    CE 00 05                    LDX     #FPACC2EX   POINT TO FPACC2.
610     C35B    BD C1 99                    JSR     CHCK0       IS THE DIVISOR 0?
611     C35E    26 04                       BNE     FLTDIV1     NO. GO SEE IF THE DIVIDEND IS
                                                                ZERO.
612     C360    86 04                       LDAA    #DIV0ERR    YES. RETURN A DIVIDE BY ZERO
                                                                ERROR.
613     C362    0D                          SEC                 FLAG ERROR.
614     C363    39                          RTS                 RETURN.
615     C364    CE 00 00        FLTDIV1     LDX     #FPACC1EX   POINT TO FPACC1.
616     C367    BD C1 99                    JSR     CHCK0       IS THE DIVIDEND 0?
617     C36A    26 02                       BNE     FLTDIV2     NO. GO PERFORM THE DIVIDE.
618     C36C    0C                          CLC                 YES. ANSWER IS ZERO. NO
                                                                ERRORS.
619     C36D    39                          RTS                 RETURN.
620     C36E    BD C8 F9        FLTDIV2     JSR     PSHFPAC2    SAVE FPACC2.
621     C371    B6 00 09                    LDAA    MANTSGN2    GET FPACC2 MANTISSA SIGN.
622     C374    B8 00 04                    EORA    MANTSGN1    SET THE SIGN OF THE RESULT.
623     C377    B7 00 04                    STAA    MANTSGN1    SAVE THE RESULT.
624     C37A    CE 00 00                    LDX     #0          SET UP WORK SPACE ON THE
```

Sun Jun 19 15:52:05 1994   Page   14

2500 A.D. 68c11 Macro Assembler   -   Version 5.01e

Input Filename : bas11fp.asm
Output Filename : bas11fp.obj

```
                                                          STACK.
625   C37D   3C                     PSHX
626   C37E   3C                     PSHX
627   C37F   3C                     PSHX
628   C380   86 18                  LDAA    #24         PUT LOOP COUNT ON STACK.
629   C382   36                     PSHA
630   C383   30                     TSX                 SET UP POINTER TO WORK SPACE.
631   C384   FC 00 01               LDD     FPACC1MN    COMPARE FPACC1 & FPACC2
                                                        MANTISSAS.
632   C387   1A B3 00 06            CPD     FPACC2MN    ARE THE UPPER 16 BITS THE
                                                        SAME?
633   C38B   26 06                  BNE     FLTDIV3     NO.
634   C38D   B6 00 03               LDAA    FPACC1MN+2  YES. COMPARE THE LOWER 8 BITS.
635   C390   B1 00 08               CMPA    FPACC2MN+2
636   C393   24 10        FLTDIV3   BHS     FLTDIV4     IS FPACC2 MANTISSA > FPACC1
                                                        MANTISSA? NO.
637   C395   7C 00 05               INC     FPACC2EX    ADD 1 TO THE EXPONENT TO KEEP
                                                        NUMBER THE SAME.
638   *            DID OVERFLOW OCCUR?
639   C398   26 1F                  BNE     FLTDIV14    NO. GO SHIFT THE MANTISSA
                                                        RIGHT 1 BIT.
640   C39A   86 02        FLTDIV8   LDAA    #OVFERR     YES. GET ERROR CODE.
641   C39C   0D                     SEC                 FLAG ERROR.
642   C39D   38           FLTDIV6   PULX                REMOVE WORKSPACE FROM STACK.
643   C39E   38                     PULX
644   C39F   38                     PULX
645   C3A0   31                     INS
646   C3A1   BD C9 03               JSR     PULFPAC2    RESTORE FPACC2.
647   C3A4   39                     RTS                 RETURN.
648   C3A5   FC 00 02     FLTDIV4   LDD     FPACC1MN+1  DO AN INITIAL SUBTRACT IF
                                                        DIVIDEND MANTISSA IS
649   C3A8   B3 00 07               SUBD    FPACC2MN+1  GREATER THAN DIVISOR MANTISSA.
650   C3AB   FD 00 02               STD     FPACC1MN+1
651   C3AE   B6 00 01               LDAA    FPACC1MN
652   C3B1   B2 00 06               SBCA    FPACC2MN
653   C3B4   B7 00 01               STAA    FPACC1MN
654   C3B7   6A 00                  DEC     0,X         SUBTRACT 1 FROM THE LOOP
                                                        COUNT.
655   C3B9   74 00 06     FLTDIV14  LSR     FPACC2MN    SHIFT THE DIVISOR TO THE RIGHT
                                                        1 BIT.
656   C3BC   76 00 07               ROR     FPACC2MN+1
657   C3BF   76 00 08               ROR     FPACC2MN+2
658   C3C2   B6 00 00               LDAA    FPACC1EX    GET FPACC1 EXPONENT.
659   C3C5   F6 00 05               LDAB    FPACC2EX    GET FPACC2 EXPONENT.
660   C3C8   50                     NEGB                ADD THE TWO'S COMPLEMENT TO
                                                        SET FLAGS PROPERLY.
661   C3C9   1B                     ABA
662   C3CA   2B 06                  BMI     FLTDIV5     IF RESULT MINUS CHECK CARRY
                                                        fOR POSS. OVERFLOW.
663   C3CC   25 06                  BCS     FLTDIV7     IF PLUS & CARRY SET ALL IS OK.
664   C3CE   86 03                  LDAA    #UNFERR     IF NOT, UNDERFLOW ERROR.
665   C3D0   20 CB                  BRA     FLTDIV6     RETURN WITH ERROR.
666   C3D2   25 C6        FLTDIV5   BCS     FLTDIV8     IF MINUS & CARRY SET OVERFLOW
                                                        ERROR.
667   C3D4   8B 81        FLTDIV7   ADDA    #$81        ADD BACK BIAS+1 (THE '1'
                                                        COMPENSATES FOR ALGOR.)
668   C3D6   B7 00 00               STAA    FPACC1EX    SAVE RESULT.
669   C3D9   FC 00 01     FLTDIV9   LDD     FPACC1MN    SAVE DIVIDEND IN CASE
                                                        SUBTRACTION DOESN'T GO.
```

7.2 Fließkomma-Arithmetik

```
Sun Jun 19 15:52:05 1994     Page    15

2500 A.D. 68c11 Macro Assembler    -    Version 5.01e
-------------------------------------------------------------------------------

Input  Filename : bas11fp.asm
Output Filename : bas11fp.obj

670    C3DC  ED 04                     STD    4,X
671    C3DE  B6 00 03                  LDAA   FPACC1MN+2
672    C3E1  A7 06                     STAA   6,X
673    C3E3  FC 00 02                  LDD    FPACC1MN+1 GET LOWER 16 BITS FOR
                                                         SUBTRACTION.
674    C3E6  B3 00 07                  SUBD   FPACC2MN+1
675    C3E9  FD 00 02                  STD    FPACC1MN+1 SAVE RESULT.
676    C3EC  B6 00 01                  LDAA   FPACC1MN   GET HIGH 8 BITS.
677    C3EF  B2 00 06                  SBCA   FPACC2MN
678    C3F2  B7 00 01                  STAA   FPACC1MN
679    C3F5  2A 0A                     BPL    FLTDIV10   SUBTRACTION WENT OK. GO DO
                                                         SHIFTS.
680    C3F7  EC 04                     LDD    4,X        RESTORE OLD DIVIDEND.
681    C3F9  FD 00 01                  STD    FPACC1MN
682    C3FC  A6 06                     LDAA   6,X
683    C3FE  B7 00 03                  STAA   FPACC1MN+2
684    C401  69 03         FLTDIV10    ROL    3,X        ROTATE CARRY INTO QUOTIENT.
685    C403  69 02                     ROL    2,X
686    C405  69 01                     ROL    1,X
687    C407  78 00 03                  LSL    FPACC1MN+2 SHIFT DIVIDEND TO LEFT FOR
                                                         NEXT SUBTRACT.
688    C40A  79 00 02                  ROL    FPACC1MN+1
689    C40D  79 00 01                  ROL    FPACC1MN
690    C410  6A 00                     DEC    0,X        DONE YET?
691    C412  26 C5                     BNE    FLTDIV9    NO. KEEP GOING.
692    C414  63 01                     COM    1,X        RESULT MUST BE COMPLEMENTED.
693    C416  63 02                     COM    2,X
694    C418  63 03                     COM    3,X
695    C41A  FC 00 02                  LDD    FPACC1MN+1 DO 1 MORE SUBTRACT FOR
                                                         TOUNDING.
696    C41D  B3 00 07                  SUBD   FPACC2MN+1 ( DON'T NEED TO SAVE THE
                                                         RESULT. )
697    C420  B6 00 01                  LDAA   FPACC1MN
698    C423  B2 00 06                  SBCA   FPACC2MN   ( NO NEED TO SAVE THE RESULT)
699    C426  EC 02                     LDD    2,X        GET LOW 16 BITS.
700    C428  24 03                     BCC    FLTDIV11   IF IT DIDNT GO RESULT OK AS
                                                         IS.
701    C42A  0C                        CLC               CLEAR THE CARRY.
702    C42B  20 03                     BRA    FLTDIV13   GO SAVE THE NUMBER.
703    C42D  C3 00 01      FLTDIV11    ADDD   #1         ROUND UP BY 1.
704    C430  FD 00 02      FLTDIV13    STD    FPACC1MN+1 PUT IT IN FPACC1.
705    C433  A6 01                     LDAA   1,X        GET HIGH 8 BITS.
706    C435  89 00                     ADCA   #0
707    C437  B7 00 01                  STAA   FPACC1MN   SAVE RESULT.
708    C43A  24 09                     BCC    FLTDIV12   IF CARRY CLEAR ANSWER OK.
709    C43C  76 00 01                  ROR    FPACC1MN   IF NOT OVERFLOW. ROTATE CARRY
                                                         IN.
710    C43F  76 00 02                  ROR    FPACC1MN+1
711    C442  76 00 03                  ROR    FPACC1MN+2
712    C445  0C            FLTDIV12    CLC               NO ERRORS.
713    C446  7E C3 9D                  JMP    FLTDIV6    RETURN.
714    *
715    *
716    *
717           TTL    FLTASC
718    ****************************************************************
719    *                                                              *
720    *      FLOATING POINT TO ASCII CONVERSION SUBROUTINE            *
721    *                                                              *
```

```
Sun Jun 19 15:52:05 1994     Page    16

2500 A.D. 68c11 Macro Assembler       -    Version 5.01e
--------------------------------------------------------------------------------

Input  Filename : bas11fp.asm
Output Filename : bas11fp.obj

 722   *       This subroutine performs floating point to ASCII conversion of   *
 723   *       the number in FPACC1.    The ascii string is placed in a buffer  *
 724   *       pointed to by the X index register.    The buffer must be at least *
 725   *       14 bytes long to contain the ASCII conversion.   The resulting   *
 726   *       ASCII string is terminated by a zero (0) byte.   Upon exit the   *
 727   *       X Index register will be pointing to the first character of the  *
 728   *       string.    FPACC1 and FPACC2 will remain unchanged.              *
 729   *                                                                        *
 730   ****************************************************************************
 731   *
 732   *
 733   C449                    FLTASC  EQU     *
 734   C449   3C                       PSHX            SAVE THE POINTER TO THE STRING
                                                       BUFFER.
 735   C44A   CE 00 00                 LDX     #FPACC1EX POINT TO FPACC1.
 736   C44D   BD C1 99                 JSR     CHCK0   IS FPACC1 0?
 737   C450   26 07                    BNE     FLTASC1 NO. GO CONVERT THE NUMBER.
 738   C452   38                       PULX            RESTORE POINTER.
 739   C453   CC 30 00                 LDD     #$3000  GET ASCII CHARACTER +
                                                       TERMINATING BYTE.
 740   C456   ED 00                    STD     0,X     PUT IT IN THE BUFFER.
 741   C458   39                       RTS             RETURN.
 742   C459   FE 00 00        FLTASC1 LDX     FPACC1EX SAVE FPACC1.
 743   C45C   3C                       PSHX
 744   C45D   FE 00 02                 LDX     FPACC1MN+1
 745   C460   3C                       PSHX
 746   C461   B6 00 04                 LDAA    MANTSGN1
 747   C464   36                       PSHA
 748   C465   BD C8 F9                 JSR     PSHFPAC2 SAVE FPACC2.
 749   C468   CE 00 00                 LDX     #0
 750   C46B   3C                       PSHX            ALLOCATE LOCALS.
 751   C46C   3C                       PSHX
 752   C46D   3C                       PSHX            SAVE SPACE FOR STRING BUFFER
                                                       POINTER.
 753   C46E   18 30                    TSY             POINT TO LOCALS.
 754   C470   CD EE 0F                 LDX     15,Y    GET POINTER FROM STACK.
 755   C473   86 20                    LDAA    #$20    PUT A SPACE IN THE BUFFER IF
                                                       NUMBER NOT NEGATIVE.
 756   C475   7D 00 04                 TST     MANTSGN1 IS IT NEGATIVE?
 757   C478   27 05                    BEQ     FLTASC2 NO. GO PUT SPACE.
 758   C47A   7F 00 04                 CLR     MANTSGN1 MAKE NUMBER POSITIVE FOR REST
                                                       OF CONVERSION.
 759   C47D   86 2D                    LDAA    #'-'    YES. PUT MINUS SIGN IN BUFFER.
 760   C47F   A7 00           FLTASC2 STAA    0,X
 761   C481   08                       INX             POINT TO NEXT LOCATION.
 762   C482   CD EF 00                 STX     0,Y     SAVE POINTER.
 763   C485   CE C5 C2        FLTASC5 LDX     #N9999999 POINT TO CONSTANT 9999999.
 764   C488   BD C9 28                 JSR     GETFPAC2 GET INTO FPACC2.
 765   C48B   BD C5 CA                 JSR     FLTCMP  COMPARE THE NUMBERS. IS FPACC1
                                                       > 9999999?
 766   C48E   22 19                    BHI     FLTASC3 YES. GO DIVIDE FPACC1 BY 10.
 767   C490   CE C5 BE                 LDX     #P9999999 POINT TO CONSTANT 999999.9
 768   C493   BD C9 28                 JSR     GETFPAC2 MOVE IT INTO FPACC2.
 769   C496   BD C5 CA                 JSR     FLTCMP  COMPARE NUMBERS. IS FPACC1 >
                                                       999999.9?
 770   C499   22 16                    BHI     FLTASC4 YES. GO CONTINUE THE
                                                       CONVERSION.
 771   C49B   18 6A 02                 DEC     2,Y     DECREMENT THE MULT./DIV.
                                                       COUNT.
```

7.2 Fließkomma-Arithmetik

```
Sun Jun 19 15:52:05 1994      Page      17

2500 A.D. 68c11 Macro Assembler    -    Version 5.01e
--------------------------------------------------------------------------------

Input  Filename : bas11fp.asm
Output Filename : bas11fp.obj

 772   C49E   CE C1 A8              LDX    #CONST10   NO. MULTIPLY BY 10. POINT TO
                                                      CONSTANT.
 773   C4A1   BD C9 28    FLTASC6   JSR    GETFPAC2   MOVE IT INTO FPACC2.
 774   C4A4   BD C1 AC              JSR    FLTMUL
 775   C4A7   20 DC                 BRA    FLTASC5    GO DO COMPARE AGAIN.
 776   C4A9   18 6C 02    FLTASC3   INC    2,Y        INCREMENT THE MULT./DIV.
                                                      COUNT.
 777   C4AC   CE C1 A4              LDX    #CONSTP1   POINT TO CONSTANT ".1".
 778   C4AF   20 F0                 BRA    FLTASC6    GO DIVIDE FPACC1 BY 10.
 779   C4B1   CE C5 C6    FLTASC4   LDX    #CONSTP5   POINT TO CONSTANT OF ".5".
 780   C4B4   BD C9 28              JSR    GETFPAC2   MOVE IT INTO FPACC2.
 781   C4B7   BD C2 62              JSR    FLTADD     ADD .5 TO NUMBER IN FPACC1 TO
                                                      ROUND IT.
 782   C4BA   F6 00 00              LDAB   FPACC1EX   GET FPACC1 EXPONENT.
 783   C4BD   C0 81                 SUBB   #$81       TAKE OUT BIAS +1.
 784   C4BF   50                    NEGB              MAKE IT NEGATIVE.
 785   C4C0   CB 17                 ADDB   #23        ADD IN THE NUMBER OF MANTISSA
                                                      BITS -1.
 786   C4C2   20 0A                 BRA    FLTASC17   GO CHECK TO SEE IF WE NEED TO
                                                      SHIFT AT ALL.
 787   C4C4   74 00 01    FLTASC7   LSR    FPACC1MN   SHIFT MANTISSA TO THE RIGHT BY
                                                      THE RESULT (MAKE
 788   C4C7   76 00 02              ROR    FPACC1MN+1 THE NUMBER AN INTEGER).
 789   C4CA   76 00 03              ROR    FPACC1MN+2
 790   C4CD   5A                    DECB              DONE SHIFTING?
 791   C4CE   26 F4       FLTASC17  BNE    FLTASC7    NO. KEEP GOING.
 792   C4D0   86 01                 LDAA   #1         GET INITIAL VALUE OF "DIGITS
                                                      AFTER D.P." COUNT.
 793   C4D2   18 A7 03              STAA   3,Y        INITIALIZE IT.
 794   C4D5   18 A6 02              LDAA   2,Y        GET DECIMAL EXPONENT.
 795   C4D8   8B 08                 ADDA   #8         ADD THE NUMBER OF DECIMAL +1
                                                      TO THE EXPONENT.
 796     *                                            WAS THE ORIGINAL NUMBER >
                                                      9999999?
 797   C4DA   2B 0A                 BMI    FLTASC8    YES. MUST BE REPRESENTED IN
                                                      SCIENTIFIC NOTATION.
 798   C4DC   81 08                 CMPA   #8         WAS THE ORIGINAL NUMBER < 1?
 799   C4DE   24 06                 BHS    FLTASC8    YES. MUST BE REPRESENTED IN
                                                      SCIENTIFIC NOTATION.
 800   C4E0   4A                    DECA              NO. NUMBER CAN BE REPRESENTED
                                                      IN 7 DIGITS.
 801   C4E1   18 A7 03              STAA   3,Y        MAKE THE DECIMAL EXPONENT THE
                                                      DIGIT COUNT BEFORE
 802     *                                            THE DECIMAL POINT.
 803   C4E4   86 02                 LDAA   #2         SETUP TO ZERO THE DECIMAL
                                                      EXPONENT.
 804   C4E6   80 02       FLTASC8   SUBA   #2         SUBTRACT 2 FROM THE DECIMAL
                                                      EXPONENT.
 805   C4E8   18 A7 02              STAA   2,Y        SAVE THE DECIMAL EXPONENT.
 806   C4EB   18 6D 03              TST    3,Y        DOES THE NUMBER HAVE AN
                                                      INTEGER PART? (EXP. >0)
 807   C4EE   2E 15                 BGT    FLTASC9    YES. GO PUT IT OUT.9
 808   C4F0   86 2E                 LDAA   #'.'       NO. GET DECIMAL POINT.
 809   C4F2   CD EE 00              LDX    0,Y        GET POINTER TO BUFFER.
 810   C4F5   A7 00                 STAA   0,X        PUT THE DECIMAL POINT IN THE
                                                      BUFFER.
 811   C4F7   08                    INX               POINT TO NEXT BUFFER LOCATION.
 812   C4F8   18 6D 03              TST    3,Y        IS THE DIGIT COUNT TILL
                                                      EXPONENT =0?
```

Sun Jun 19 15:52:05 1994   Page   18

2500 A.D. 68c11 Macro Assembler   -   Version 5.01e

Input Filename : bas11fp.asm
Output Filename : bas11fp.obj

```
813   C4FB   27 05                    BEQ    FLTASC18    NO. NUMBER IS <.1
814   C4FD   86 30                    LDAA   #'0'        YES. FORMAT NUMBER AS
                                                        .0XXXXXXX
815   C4FF   A7 00                    STAA   0,X         PUT THE 0 IN THE BUFFER.
816   C501   08                       INX                POINT TO THE NEXT LOCATION.
817   C502   CD EF 00        FLTASC18 STX    0,Y         SAVE NEW POINTER VALUE.
818   C505   CE C5 A9        FLTASC9  LDX    #DECDIG     POINT TO THE TABLE OF DECIMAL
                                                        DIGITS.
819   C508   86 07                    LDAA   #7          INITIALIZE THE THE NUMBER OF
                                                        DIGITS COUNT.
820   C50A   18 A7 05                 STAA   5,Y
821   C50D   18 6F 04        FLTASC10 CLR    4,Y         CLEAR THE DECIMAL DIGIT
                                                        ACCUMULATOR.
822   C510   FC 00 02        FLTASC11 LDD    FPACC1MN+1  GET LOWER 16 BITS OF MANTISSA.
823   C513   A3 01                    SUBD   1,X         SUBTRACT LOWER 16 BITS OF
                                                        CONSTANT.
824   C515   FD 00 02                 STD    FPACC1MN+1  SAVE RESULT.
825   C518   B6 00 01                 LDAA   FPACC1MN    GET UPPER 8 BITS.
826   C51B   A2 00                    SBCA   0,X         SUBTRACT UPPER 8 BITS.
827   C51D   B7 00 01                 STAA   FPACC1MN    SAVE RESULT. UNDERFLOW?
828   C520   25 05                    BCS    FLTASC12    YES. GO ADD DECIMAL NUMBER
                                                        BACK IN.
829   C522   18 6C 04                 INC    4,Y         ADD 1 TO DECIMAL NUMBER.
830   C525   20 E9                    BRA    FLTASC11    TRY ANOTHER SUBTRACTION.
831   C527   FC 00 02        FLTASC12 LDD    FPACC1MN+1  GET FPACC1 MANTISSA LOW 16
                                                        BITS.
832   C52A   E3 01                    ADDD   1,X         ADD LOW 16 BITS BACK IN.
833   C52C   FD 00 02                 STD    FPACC1MN+1  SAVE THE RESULT.
834   C52F   B6 00 01                 LDAA   FPACC1MN    GET HIGH 8 BITS.
835   C532   A9 00                    ADCA   0,X         ADD IN HIGH 8 BITS OF
                                                        CONSTANT.
836   C534   B7 00 01                 STAA   FPACC1MN    SAVE RESULT.
837   C537   18 A6 04                 LDAA   4,Y         GET DIGIT.
838   C53A   8B 30                    ADDA   #$30        MAKE IT ASCII.
839   C53C   3C                       PSHX               SAVE POINTER TO CONSTANTS.
840   C53D   CD EE 00                 LDX    0,Y         GET POINTER TO BUFFER.
841   C540   A7 00                    STAA   0,X         PUT DIGIT IN BUFFER.
842   C542   08                       INX                POINT TO NEXT BUFFER LOCATION.
843   C543   18 6A 03                 DEC    3,Y         SHOULD WE PUT A DECIMAL POINT
                                                        IN THE BUFFER YET?
844   C546   26 05                    BNE    FLTASC16    NO. CONTINUE THE CONVERSION.
845   C548   86 2E                    LDAA   #'.'        YES. GET DECIMAL POINT.
846   C54A   A7 00                    STAA   0,X         PUT IT IN THE BUFFER.
847   C54C   08                       INX                POINT TO THE NEXT BUFFER
                                                        LOCATION.
848   C54D   CD EF 00        FLTASC16 STX    0,Y         SAVE UPDATED POINTER.
849   C550   38                       PULX               RESTORE POINTER TO CONSTANTS.
850   C551   08                       INX                POINT TO NEXT CONSTANT.
851   C552   08                       INX
852   C553   08                       INX
853   C554   18 6A 05                 DEC    5,Y         DONE YET?
854   C557   26 B4                    BNE    FLTASC10    NO. CONTINUE CONVERSION OF
                                                        "MANTISSA".
855   C559   CD EE 00                 LDX    0,Y         YES. POINT TO BUFFER STRING
                                                        BUFFER.
856   C55C   09              FLTASC13 DEX                POINT TO LAST CHARACTER PUT IN THE
                                                        BUFFER.
857   C55D   A6 00                    LDAA   0,X         GET IT.
858   C55F   81 30                    CMPA   #$30        WAS IT AN ASCII 0?
```

7.2 Fließkomma-Arithmetik

```
Sun Jun 19 15:52:05 1994    Page    19

2500 A.D. 68c11 Macro Assembler    -   Version 5.01e
--------------------------------------------------------------------------------

Input  Filename : bas11fp.asm
Output Filename : bas11fp.obj

859   C561   27 F9                  BEQ    FLTASC13    YES. REMOVE TRAILING ZEROS.
860   C563   08                     INX                POINT TO NEXT AVAILABLE
                                                       LOCATION IN BUFFER.
861   C564   18 E6 02               LDAB   2,Y         DO WE NEED TO PUT OUT AN
                                                       EXPONENT?
862   C567   27 2A                  BEQ    FLTASC15    NO. WE'RE DONE.
863   C569   86 45                  LDAA   #'E'        YES. PUT AN 'E' IN THE BUFFER.
864   C56B   A7 00                  STAA   0,X
865   C56D   08                     INX                POINT TO NEXT BUFFER LOCATION.
866   C56E   86 2B                  LDAA   #'+'        ASSUME EXPONENT IS POSITIVE.
867   C570   A7 00                  STAA   0,X         PUT PLUS SIGN IN THE BUFFER.
868   C572   5D                     TSTB               IS IT REALLY MINUS?
869   C573   2A 05                  BPL    FLTASC14    NO. IS'S OK AS IS.
870   C575   50                     NEGB               YES. MAKE IT POSITIVE.
871   C576   86 2D                  LDAA   #'-'        PUT THE MINUS SIGN IN THE
                                                       BUFFER.
872   C578   A7 00                  STAA   0,X
873   C57A   08             FLTASC14 INX               POINT TO NEXT BUFFER LOCATION.
874   C57B   CD EF 00               STX    0,Y         SAVE POINTER TO STRING BUFFER.
875   C57E   4F                     CLRA               SET UP FOR DIVIDE.
876   C57F   CE 00 0A               LDX    #10         DIVIDE DECIMAL EXPONENT BY 10.
877   C582   02                     IDIV
878   C583   37                     PSHB               SAVE REMAINDER.
879   C584   8F                     XGDX               PUT QUOTIENT IN D.
880   C585   CB 30                  ADDB   #$30        MAKE IT ASCII.
881   C587   CD EE 00               LDX    0,Y         GET POINTER.
882   C58A   E7 00                  STAB   0,X         PUT NUMBER IN BUFFER.
883   C58C   08                     INX                POINT TO NEXT LOCATION.
884   C58D   33                     PULB               GET SECOND DIGIT.
885   C58E   CB 30                  ADDB   #$30        MAKE IT ASCII.
886   C590   E7 00                  STAB   0,X         PUT IT IN THE BUFFER.
887   C592   08                     INX                POINT TO NEXT LOCATION.
888   C593   6F 00          FLTASC15 CLR   0,X         TERMINATE STRING WITH A ZERO
                                                       BYTE.
889   C595   38                     PULX               CLEAR LOCALS FROM STACK.
890   C596   38                     PULX
891   C597   38                     PULX
892   C598   BD C9 03               JSR    PULFPAC2    RESTORE FPACC2.
893   C59B   32                     PULA
894   C59C   B7 00 04               STAA   MANTSGN1
895   C59F   38                     PULX               RESTORE FPACC1.
896   C5A0   FF 00 02               STX    FPACC1MN+1
897   C5A3   38                     PULX
898   C5A4   FF 00 00               STX    FPACC1EX
899   C5A7   38                     PULX               POINT TO THE START OF THE
                                                       ASCII STRING.
900   C5A8   39                     RTS                RETURN.
901     *
902     *
903   C5A9           DECDIG         EQU    *
904   C5A9   0F 42 40               FCB    $0F,$42,$40    DECIMAL 1,000,000
905   C5AC   01 86 A0               FCB    $01,$86,$A0    DECIMAL   100,000
906   C5AF   00 27 10               FCB    $00,$27,$10    DECIMAL    10,000
907   C5B2   00 03 E8               FCB    $00,$03,$E8    DECIMAL     1,000
908   C5B5   00 00 64               FCB    $00,$00,$64    DECIMAL       100
909   C5B8   00 00 0A               FCB    $00,$00,$0A    DECIMAL        10
910   C5BB   00 00 01               FCB    $00,$00,$01    DECIMAL         1
911     *
912     *
```

Sun Jun 19 15:52:05 1994   Page   20

2500 A.D. 68c11 Macro Assembler   -   Version 5.01e

Input Filename : bas11fp.asm
Output Filename : bas11fp.obj

```
913     C5BE                    P9999999  EQU   *           CONSTANT 999999.9
914     C5BE  94 74 23 FE                 FCB   $94,$74,$23,$FE
915     *
916     C5C2                    N9999999  EQU   *           CONSTANT 9999999.
917     C5C2  98 18 96 7F                 FCB   $98,$18,$96,$7F
918     *
919     C5C6                    CONSTP5   EQU   *           CONSTANT .5
920     C5C6  80 00 00 00                 FCB   $80,$00,$00,$00
921     *
922     *
923     C5CA                    FLTCMP    EQU   *
924     C5CA  7D 00 04                    TST   MANTSGN1    IS FPACC1 NEGATIVE?
925     C5CD  2A 16                       BPL   FLTCMP2     NO. CONTINUE WITH COMPARE.
926     C5CF  7D 00 09                    TST   MANTSGN2    IS FPACC2 NEGATIVE?
927     C5D2  2A 11                       BPL   FLTCMP1     NO. CONTINUE WITH COMPARE.
928     C5D4  FC 00 05                    LDD   FPACC2EX    YES. BOTH ARE NEGATIVE SO
                                                            COMPARE MUST BE DONE
929     C5D7  1A B3 00 00                 CPD   FPACC1EX    BACKWARDS. ARE THEY EQUAL SO
                                                            FAR?
930     C5DB  26 07                       BNE   FLTCMP1     NO. RETURN WITH CONDITION
                                                            CODES SET.
931     C5DD  FC 00 07                    LDD   FPACC2MN+1  YES. COMPARE LOWER 16 BITS OF
                                                            MANTISSAS.
932     C5E0  1A B3 00 02                 CPD   FPACC1MN+1
933     C5E4  39              FLTCMP1     RTS               RETURN WITH CONDITION CODES
                                                            SET.
934     C5E5  B6 00 04        FLTCMP2     LDAA  MANTSGN1    GET FPACC1 MANTISSA SIGN.
935     C5E8  B1 00 09                    CMPA  MANTSGN2    BOTH POSITIVE?
936     C5EB  26 F7                       BNE   FLTCMP1     NO. RETURN WITH CONDITION
                                                            CODES SET.
937     C5ED  FC 00 00                    LDD   FPACC1EX    GET FPACC1 EXPONENT & UPPER 8
                                                            BITS OF MANTISSA.
938     C5F0  1A B3 00 05                 CPD   FPACC2EX    SAME AS FPACC2?
939     C5F4  26 EE                       BNE   FLTCMP1     NO. RETURN WITH CONDITION
                                                            CODES SET.
940     C5F6  FC 00 02                    LDD   FPACC1MN+1  GET FPACC1 LOWER 16 BITS OF
                                                            MANTISSA.
941     C5F9  1A B3 00 07                 CPD   FPACC2MN+1  COMPARE WITH FPACC2 LOWER 16
                                                            BITS OF MANTISSA.
942     C5FD  39                          RTS               RETURN WITH CONDITION CODES
                                                            SET.
943     *
944     *
945     *
946             TTL    INT2FLT
947     *******************************************************************
948     *                                                                 *
949     *       UNSIGNED INTEGER TO FLOATING POINT                        *
950     *                                                                 *
951     *       This subroutine performs "unsigned" integer to floating point  *
952     *       conversion of a 16 bit word. The 16 bit integer must be in the *
953     *       lower 16 bits of FPACC1 mantissa. The resulting floating point *
954     *       number is returned in FPACC1.                             *
955     *                                                                 *
956     *******************************************************************
957     *
958     *
959     C5FE                    UINT2FLT  EQU   *
960     C5FE  CE 00 00                    LDX   #FPACC1EX   POINT TO FPACC1.
```

7.2 Fließkomma-Arithmetik

```
Sun Jun 19 15:52:05 1994     Page     21

2500 A.D. 68c11 Macro Assembler      -     Version 5.01e
--------------------------------------------------------------------------------

Input  Filename : bas11fp.asm
Output Filename : bas11fp.obj

 961   C601   BD C1 99               JSR    CHCK0      IS IT ALREADY 0?
 962   C604   26 01                  BNE    UINTFLT1   NO. GO CONVERT.
 963   C606   39                     RTS               YES. JUST RETURN.
 964   C607   86 98       UINTFLT1   LDAA   #$98       GET BIAS + NUMBER OF BITS IN
                                                       MANTISSA.
 965   C609   B7 00 00               STAA   FPACC1EX   INITIALIZE THE EXPONENT.
 966   C60C   BD C1 78               JSR    FPNORM     GO MAKE IT A NORMALIZED
                                                       FLOATING POINT VALUE.
 967   C60F   0C                     CLC               NO ERRORS.
 968   C610   39                     RTS               RETURN.
 969   *
 970   *
 971   *
 972   ****************************************************************************
 973   *                                                                          *
 974   *       SIGNED INTEGER TO FLOATING POINT                                   *
 975   *                                                                          *
 976   *       This routine works just like the unsigned integer to floating      *
 977   *       point routine except the the 16 bit integer in the FPACC1          *
 978   *       mantissa is considered to be in two's complement format.   This    *
 979   *       will return a floating point number in the range -32768 to +32767. *
 980   *                                                                          *
 981   ****************************************************************************
 982   *
 983   *
 984   C611              SINT2FLT    EQU    *
 985   C611   FC 00 02               LDD    FPACC1MN+1 GET THE LOWER 16 BITS OF
                                                       FPACC1 MANTISSA.
 986   C614   36                     PSHA              SAVE SIGN OF NUMBER.
 987   C615   2A 08                  BPL    SINTFLT1   IF POSITIVE JUST GO CONVERT.
 988   C617   43                     COMA              MAKE POSITIVE.
 989   C618   53                     COMB
 990   C619   C3 00 01               ADDD   #1         TWO'S COMPLEMENT.
 991   C61C   FD 00 02               STD    FPACC1MN+1 PUT IT BACK IN FPACC1
                                                       MANTISSA.
 992   C61F   8D DD       SINTFLT1   BSR    UINT2FLT   GO CONVERT.
 993   C621   32                     PULA              GET SIGN OF ORIGINAL INTEGER.
 994   C622   C6 FF                  LDAB   #$FF       GET "MINUS SIGN".
 995   C624   4D                     TSTA              WAS THE NUMBER NEGATIVE?
 996   C625   2A 03                  BPL    SINTFLT2   NO. RETURN.
 997   C627   F7 00 04               STAB   MANTSGN1   YES. SET FPACC1 SIGN BYTE.
 998   C62A   0C          SINTFLT2   CLC               NO ERRORS.
 999   C62B   39                     RTS               RETURN.
1000   *
1001   *
1002   *
1003               TTL   FLT2INT
1004   ****************************************************************************
1005   *                                                                          *
1006   *       FLOATING POINT TO INTEGER CONVERSION                               *
1007   *                                                                          *
1008   *       This subroutine will perform "unsigned" floating point to integer  *
1009   *       conversion.The floating point number if positive, will be          *
1010   *       converted to an unsigned 16 bit integer ( 0 <= X <= 65535 ).  If   *
1011   *       the number is negative it will be converted to a twos complement   *
1012   *       16 bit integer.This type of conversion will allow 16 bit           *
1013   *       addresses to be represented as positive numbers when in floating   *
1014   *       point format. Any fractional number part is disguarded             *
1015   *                                                                          *
```

Sun Jun 19 15:52:05 1994   Page   22

2500 A.D. 68c11 Macro Assembler   -   Version 5.01e

Input Filename : bas11fp.asm
Output Filename : bas11fp.obj

```
1016                    ******************************************************************
1017    *
1018    *
1019    C62C                    FLT2INT  EQU    *
1020    C62C   CE 00 00                  LDX    #FPACC1EX POINT TO FPACC1.
1021    C62F   BD C1 99                  JSR    CHCK0     IS IT 0?
1022    C632   27 46                     BEQ    FLT2INT3  YES. JUST RETURN.
1023    C634   F6 00 00                  LDAB   FPACC1EX  GET FPACC1 EXPONENT.
1024    C637   C1 81                     CMPB   #$81      IS THERE AN INTEGER PART?
1025    C639   25 36                     BLO    FLT2INT2  NO. GO PUT A 0 IN FPACC1.
1026    C63B   7D 00 04                  TST    MANTSGN1  IS THE NUMBER NEGATIVE?
1027    C63E   2B 16                     BMI    FLT2INT1  YES. GO CONVERT NEGATIVE
                                                          NUMBER.
1028    C640   C1 90                     CMPB   #$90      IS THE NUMBER TOO LARGE TO BE
                                                          MADE AN INTEGER?
1029    C642   22 29                     BHI    FLT2INT4  YES. RETURN WITH AN ERROR.
1030    C644   C0 98                     SUBB   #$98      SUBTRACT THE BIAS PLUS THE
                                                          NUMBER OF BITS.
1031    C646   74 00 01        FLT2INT5  LSR    FPACC1MN  MAKE THE NUMBER AN INTEGER.
1032    C649   76 00 02                  ROR    FPACC1MN+1
1033    C64C   76 00 03                  ROR    FPACC1MN+2
1034    C64F   5C                        INCB             DONE SHIFTING?
1035    C650   26 F4                     BNE    FLT2INT5  NO. KEEP GOING.
1036    C652   7F 00 00                  CLR    FPACC1EX  ZERO THE EXPONENT (ALSO CLEARS
                                                          THE CARRY).
1037    C655   39                        RTS
1038    C656   C1 8F           FLT2INT1  CMPB   #$8F      IS THE NUMBER TOO SMALL TO BE
                                                          MADE AN INTEGER?
1039    C658   22 13                     BHI    FLT2INT4  YES. RETURN ERROR.
1040    C65A   C0 98                     SUBB   #$98      SUBTRACT BIAS PLUS NUMBER OF
                                                          BITS.
1041    C65C   8D E8                     BSR    FLT2INT5  GO DO SHIFT.
1042    C65E   FC 00 02                  LDD    FPACC1MN+1 GET RESULTING INTEGER.
1043    C661   43                        COMA             MAKE IT NEGATIVE.
1044    C662   53                        COMB
1045    C663   C3 00 01                  ADDD   #1        TWO'S COMPLEMENT.
1046    C666   FD 00 02                  STD    FPACC1MN+1 SAVE RESULT.
1047    C669   7F 00 04                  CLR    MANTSGN1  CLEAR MANTISSA SIGN. (ALSO
                                                          CLEARS THE CARRY)
1048    C66C   39                        RTS              RETURN.
1049    C66D   86 05           FLT2INT4  LDAA   #TOLGSMER NUMBER TOO LARGE OR TOO SMALL
                                                          TO CONVERT TO INT.
1050    C66F   0D                        SEC              FLAG ERROR.
1051    C670   39                        RTS              RETURN.
1052    C671   CC 00 00        FLT2INT2  LDD    #0
1053    C674   FD 00 00                  STD    FPACC1EX  ZERO FPACC1.
1054    C677   FD 00 02                  STD    FPACC1MN+1 (ALSO CLEARS THE CARRY)
1055    C67A   39              FLT2INT3  RTS              RETURN.
1056    *
1057    *
1058    *
1059            TTL     FLTSQR
1060                    ******************************************************************
1061    *                                                                         *
1062    *       SQUARE ROOT SUBROUTINE                                            *
1063    *                                                                         *
1064    *       This routine is used to calculate the square root of the floating *
1065    *       point number in FPACC1. If the number in FPACC1 is negative an    *
1066    *       error is returned.                                                *
```

7.2 Fließkomma-Arithmetik

```
Sun Jun 19 15:52:05 1994     Page     23

2500 A.D. 68c11 Macro Assembler       -     Version 5.01e
--------------------------------------------------------------------------------

Input  Filename : bas11fp.asm
Output Filename : bas11fp.obj

 1067  *                                                                        *
 1068  *       WORSE CASE = 16354 CYCLES = 8177 uS @ 2MHz                       *
 1069  *                                                                        *
 1070  **************************************************************************
 1071  *
 1072  *
 1073  C67B                    FLTSQR   EQU   *
 1074  C67B  CE 00 00                   LDX   #FPACC1EX POINT TO FPACC1.
 1075  C67E  BD C1 99                   JSR   CHCK0     IS IT ZERO?
 1076  C681  26 01                      BNE   FLTSQR1   NO. CHECK FOR NEGATIVE.
 1077  C683  39                         RTS             YES. RETURN.
 1078  C684  7D 00 04       FLTSQR1     TST   MANTSGN1  IS THE NUMBER NEGATIVE?
 1079  C687  2A 04                      BPL   FLTSQR2   NO. GO TAKE ITS SQUARE ROOT.
 1080  C689  86 06                      LDAA  #NSQRTERR YES. ERROR.
 1081  C68B  0D                         SEC             FLAG ERROR.
 1082  C68C  39                         RTS             RETURN.
 1083  C68D  BD C8 F9       FLTSQR2     JSR   PSHFPAC2  SAVE FPACC2.
 1084  C690  86 04                      LDAA  #4        GET ITERATION LOOP COUNT.
 1085  C692  36                         PSHA            SAVE IT ON THE STACK.
 1086  C693  FE 00 02                   LDX   FPACC1MN+1 SAVE INITIAL NUMBER.
 1087  C696  3C                         PSHX
 1088  C697  FE 00 00                   LDX   FPACC1EX
 1089  C69A  3C                         PSHX
 1090  C69B  18 30                      TSY             POINT TO IT.
 1091  C69D  8D 41                      BSR   TFR1TO2   TRANSFER FPACC1 TO FPACC2.
 1092  C69F  B6 00 05                   LDAA  FPACC2EX  GET FPACC1 EXPONENT.
 1093  C6A2  80 80                      SUBA  #$80      REMOVE BIAS FROM EXPONENT.
 1094  C6A4  4C                         INCA            COMPENSATE FOR ODD EXPONENTS
                                                        (GIVES CLOSER GUESS)
 1095  C6A5  2A 03                      BPL   FLTSQR3   IF NUMBER >1 DIVIDE EXPONENT
                                                        BY 2 & ADD BIAS.
 1096  C6A7  44                         LSRA            IF <1 JUST DIVIDE IT BY 2.
 1097  C6A8  20 03                      BRA   FLTSQR4   GO CALCULATE THE SQUARE ROOT.
 1098  C6AA  44             FLTSQR3     LSRA            DIVIDE EXPONENT BY 2.
 1099  C6AB  8B 80                      ADDA  #$80      ADD BIAS BACK IN.
 1100  C6AD  B7 00 05       FLTSQR4     STAA  FPACC2EX  SAVE EXPONENT/2.
 1101  C6B0  BD C3 58       FLTSQR5     JSR   FLTDIV    DIVIDE THE ORIGINAL NUMBER BY
                                                        THE GUESS.
 1102  C6B3  BD C2 62                   JSR   FLTADD    ADD THE "GUESS" TO THE
                                                        QUOTIENT.
 1103  C6B6  7A 00 00                   DEC   FPACC1EX  DIVIDE THE RESULT BY 2 TO
                                                        PRODUCE A NEW GUESS.
 1104  C6B9  8D 25                      BSR   TFR1TO2   PUT THE NEW GUESS INTO FPACC2.
 1105  C6BB  18 EC 00                   LDD   0,Y       GET THE ORIGINAL NUMBER.
 1106  C6BE  FD 00 00                   STD   FPACC1EX  PUT IT BACK IN FPACC1.
 1107  C6C1  18 EC 02                   LDD   2,Y       GET MANTISSA LOWER 16 BITS.
 1108  C6C4  FD 00 02                   STD   FPACC1MN+1
 1109  C6C7  18 6A 04                   DEC   4,Y       BEEN THROUGH THE LOOP 4 TIMES?
 1110  C6CA  26 E4                      BNE   FLTSQR5   NO. KEEP GOING.
 1111  C6CC  FC 00 05                   LDD   FPACC2EX  THE FINAL GUESS IS THE ANSWER.
 1112  C6CF  FD 00 00                   STD   FPACC1EX  PUT IT IN FPACC1.
 1113  C6D2  FC 00 07                   LDD   FPACC2MN+1
 1114  C6D5  FD 00 02                   STD   FPACC1MN+1
 1115  C6D8  38                         PULX            GET RID OF ORIGINAL NUMBER.
 1116  C6D9  38                         PULX
 1117  C6DA  31                         INS             GET RID OF LOOP COUNT VARIABLE.
 1118  C6DB  BD C9 03                   JSR   PULFPAC2  RESTORE FPACC2.
 1119  C6DE  0C                         CLC             NO ERRORS.
 1120  C6DF  39                         RTS
```

Sun Jun 19 15:52:05 1994   Page   24

2500 A.D. 68c11 Macro Assembler   -   Version 5.01e

Input Filename : bas11fp.asm
Output Filename : bas11fp.obj

```
1121   *
1122   *
1123   C6E0                    TFR1TO2     EQU     *
1124   C6E0    FC 00 00                    LDD     FPACC1EX    GET FPACC1 EXPONENT & HIGH 8
                                                               BIT OF MANTISSA.
1125   C6E3    FD 00 05                    STD     FPACC2EX    PUT IT IN FPACC2.
1126   C6E6    FC 00 02                    LDD     FPACC1MN+1  GET FPACC1 LOW 16 BITS OF
                                                               MANTISSA.
1127   C6E9    FD 00 07                    STD     FPACC2MN+1  PUT IT IN FPACC2.
1128   C6EC    B6 00 04                    LDAA    MANTSGN1    TRANSFER THE SIGN.
1129   C6EF    B7 00 09                    STAA    MANTSGN2
1130   C6F2    39                          RTS                 RETURN.
1131   *
1132   *
1133   *
1134           TTL     FLTSIN
1135   *************************************************************************
1136   *                                                                       *
1137   *       FLOATING POINT SINE                                             *
1138   *                                                                       *
1139   *************************************************************************
1140   *
1141   *
1142   C6F3                    FLTSIN      EQU     *
1143   C6F3    BD C8 F9                    JSR     PSHFPAC2    SAVE FPACC2 ON THE STACK.
1144   C6F6    BD C8 0B                    JSR     ANGRED      GO REDUCE THE ANGLE TO BETWEEN
                                                               +/-PI.
1145   C6F9    37                          PSHB                SAVE THE QUAD COUNT.
1146   C6FA    36                          PSHA                SAVE THE SINE/COSINE FLAG.
1147   C6FB    BD C8 D3                    JSR     DEG2RAD     CONVERT DEGREES TO RADIANS.
1148   C6FE    32                          PULA                RESTORE THE SINE/COSINE FLAG.
1149   C6FF    BD C7 2F    FLTSIN1         JSR     SINCOS      GO GET THE SINE OF THE ANGLE.
1150   C702    32                          PULA                RESTORE THE QUAD COUNT.
1151   C703    81 02                       CMPA    #2          WAS THE ANGLE IN QUADS 1 OR 2?
1152   C705    23 03                       BLS     FLTSIN2     YES. SIGN OF THE ANSWER IS OK.
1153   C707    73 00 04                    COM     MANTSGN1    NO. SINE IN QUADS 3 & 4 IS
                                                               NEGATIVE.
1154   C70A    0C          FLTSIN2         CLC                 SHOW NO ERRORS.
1155   C70B    BD C9 03                    JSR     PULFPAC2    RESTORE FPACC2
1156   C70E    39                          RTS                 RETURN.
1157   *
1158   *
1159   *
1160           TTL     FLTCOS
1161   *************************************************************************
1162   *                                                                       *
1163   *       FLOATING POINT COSINE                                           *
1164   *                                                                       *
1165   *************************************************************************
1166   *
1167   *
1168   C70F                    FLTCOS      EQU     *
1169   C70F    BD C8 F9                    JSR     PSHFPAC2    SAVE FPACC2 ON THE STACK.
1170   C712    BD C8 0B                    JSR     ANGRED      GO REDUCE THE ANGLE TO BETWEEN
                                                               +/-PI.
1171   C715    37                          PSHB                SAVE THE QUAD COUNT.
1172   C716    36                          PSHA                SAVE THE SINE/COSINE FLAG.
1173   C717    BD C8 D3                    JSR     DEG2RAD     CONVERT TO RADIANS.
1174   C71A    32                          PULA                RESTORE THE SINE/COSINE FLAG.
```

7.2 Fließkomma-Arithmetik

```
Sun Jun 19 15:52:05 1994    Page    25

2500 A.D. 68c11 Macro Assembler     -       Version 5.01e
------------------------------------------------------------------------------

Input  Filename : bas11fp.asm
Output Filename : bas11fp.obj

 1175  C71B  88 01                       EORA    #$01          COMPLIMENT 90'S COPMLIMENT
                                                               FLAG FOR COSINE.
 1176  C71D  BD C7 2F                    JSR     SINCOS        GO GET THE COSINE OF THE
                                                               ANGLE.
 1177  C720  32                          PULA                  RESTORE THE QUAD COUNT.
 1178  C721  81 01                       CMPA    #1            WAS THE ORIGINAL ANGLE IN QUAD
                                                               1?
 1179  C723  27 07                       BEQ     FLTCOS1       YES. SIGN IS OK.
 1180  C725  81 04                       CMPA    #4            WAS IT IN QUAD 4?
 1181  C727  27 03                       BEQ     FLTCOS1       YES. SIGN IS OK.
 1182  C729  73 00 04                    COM     MANTSGN1      NO. COSINE IS NEGATIVE IN
                                                               QUADS 2 & 3.
 1183  C72C  7E C7 0A       FLTCOS1      JMP     FLTSIN2       FLAG NO ERRORS, RESTORE
                                                               FPACC2, & RETURN.
 1184        *
 1185        *
 1186        *
 1187        TTL     SINCOS
 1188        ****************************************************************
 1189        *                                                               *
 1190        *       FLOATING POINT SINE AND COSINE SUBROUTINE                *
 1191        *                                                               *
 1192        ****************************************************************
 1193        *
 1194        *
 1195  C72F               SINCOS        EQU     *
 1196  C72F  36                          PSHA                  SAVE SINE/COSINE FLAG ON
                                                               STACK.
 1197  C730  FE 00 02                    LDX     FPACC1MN+1    SAVE THE VALUE OF THE ANGLE.
 1198  C733  3C                          PSHX
 1199  C734  FE 00 00                    LDX     FPACC1EX
 1200  C737  3C                          PSHX
 1201  C738  B6 00 04                    LDAA    MANTSGN1
 1202  C73B  36                          PSHA
 1203  C73C  CE C8 83                    LDX     #SINFACT      POINT TO THE FACTORIAL TABLE.
 1204  C73F  3C                          PSHX                  SAVE POINTER TO THE SINE
                                                               FACTORIAL TABLE.
 1205  C740  3C                          PSHX                  JUST ALLOCATE ANOTHER LOCAL
                                                               (VALUE NOT IMPORTANT)
 1206  C741  86 04                       LDAA    #$4           GET INITIAL LOOP COUNT.
 1207  C743  36                          PSHA                  SAVE AS LOCAL ON STACK
 1208  C744  18 30                       TSY                   POINT TO LOCALS.
 1209  C746  BD C6 E0                    JSR     TFR1TO2       TRANSFER FPACC1 TO FPACC2.
 1210  C749  BD C1 AC                    JSR     FLTMUL        GET X^2 IN FPACC1.
 1211  C74C  18 6D 0A                    TST     10,Y          ARE WE DOING THE SINE?
 1212  C74F  27 0B                       BEQ     SINCOS7       YES. GO DO IT.
 1213  C751  CE C8 93                    LDX     #COSFACT      NO. GET POINTER TO COSINE
                                                               FACTORIAL TABLE.
 1214  C754  CD EF 01                    STX     1,Y           SAVE IT.
 1215  C757  BD C6 E0                    JSR     TFR1TO2       COPY X^2 INTO FPACC2.
 1216  C75A  20 06                       BRA     SINCOS4       GENERATE EVEN POWERS OF "X"
                                                               FOR COSINE.
 1217  C75C  BD C8 5E       SINCOS7      JSR     EXG1AND2      PUT X^2 IN FPACC2 & X IN
                                                               FPACC1.
 1218  C75F  BD C1 AC       SINCOS1      JSR     FLTMUL        CREATE X^3,5,7,9 OR X^2,4,6,8.
 1219  C762  FE 00 02       SINCOS4      LDX     FPACC1MN+1    SAVE EACH ONE ON THE STACK.
 1220  C765  3C                          PSHX
 1221  C766  FE 00 00                    LDX     FPACC1EX
 1222  C769  3C                          PSHX
```

Sun Jun 19 15:52:05 1994   Page   26

2500 A.D. 68c11 Macro Assembler   -   Version 5.01e

Input Filename : bas11fp.asm
Output Filename : bas11fp.obj

```
1223   C76A   B6 00 04               LDAA   MANTSGN1
1224   C76D   36                     PSHA                  SAVE THE MANTISSA SIGN.
1225   C76E   18 6A 00               DEC    0,Y           HAVE WE GENERATED ALL THE
                                                          POWERS YET?
1226   C771   26 EC                  BNE    SINCOS1       NO. GO DO SOME MORE.
1227   C773   86 04                  LDAA   #$4           SET UP LOOP COUNT.
1228   C775   18 A7 00               STAA   0,Y
1229   C778   30                     TSX                   POINT TO POWERS ON THE STACK.
1230   C779   CD EF 03     SINCOS2   STX    3,Y           SAVE THE POINTER.
1231   C77C   CD EE 01               LDX    1,Y           GET THE POINTER TO THE
                                                          FACTORIAL CONSTANTS.
1232   C77F   BD C9 28               JSR    GETFPAC2      PUT THE NUMBER IN FPACC2.
1233   C782   08                     INX                   POINT TO THE NEXT CONSTANT.
1234   C783   08                     INX
1235   C784   08                     INX
1236   C785   08                     INX
1237   C786   CD EF 01               STX    1,Y           SAVE THE POINTER.
1238   C789   CD EE 03               LDX    3,Y           GET POINTER TO POWERS.
1239   C78C   A6 00                  LDAA   0,X           GET NUMBER SIGN.
1240   C78E   B7 00 04               STAA   MANTSGN1      PUT IN FPACC1 MANTISSA SIGN.
1241   C791   EC 01                  LDD    1,X           GET LOWER 16-BITS OF THE
                                                          MANTISSA.
1242   C793   FD 00 00               STD    FPACC1EX      PUT IN FPACC1 MANTISSA.
1243   C796   EC 03                  LDD    3,X           GET HIGH 8 BITS OF THE
                                                          MANTISSA & EXPONENT.
1244   C798   FD 00 02               STD    FPACC1MN+1    PUT IT IN FPACC1 EXPONENT &
                                                          MANTISSA.
1245   C79B   BD C1 AC               JSR    FLTMUL        MULTIPLY THE TWO.
1246   C79E   CD EE 03               LDX    3,Y           GET POINTER TO POWERS BACK.
1247   C7A1   FC 00 02               LDD    FPACC1MN+1    SAVE RESULT WHERE THE POWER OF
                                                          X WAS.
1248   C7A4   ED 03                  STD    3,X
1249   C7A6   FC 00 00               LDD    FPACC1EX
1250   C7A9   ED 01                  STD    1,X
1251   C7AB   B6 00 04               LDAA   MANTSGN1      SAVE SIGN.
1252   C7AE   A7 00                  STAA   0,X
1253   C7B0   08                     INX                   POINT TO THE NEXT POWER.
1254   C7B1   08                     INX
1255   C7B2   08                     INX
1256   C7B3   08                     INX
1257   C7B4   08                     INX
1258   C7B5   18 6A 00               DEC    0,Y           DONE?
1259   C7B8   26 BF                  BNE    SINCOS2       NO. GO DO ANOTHER
                                                          MULTIPLICATION.
1260   C7BA   86 03                  LDAA   #$3           GET LOOP COUNT.
1261   C7BC   18 A7 00               STAA   0,Y           SAVE IT.
1262   C7BF   CD EE 03     SINCOS3   LDX    3,Y           POINT TO RESULTS ON THE STACK.
1263   C7C2   09                     DEX                   POINT TO PREVIOUS RESULT.
1264   C7C3   09                     DEX
1265   C7C4   09                     DEX
1266   C7C5   09                     DEX
1267   C7C6   09                     DEX
1268   C7C7   CD EF 03               STX    3,Y           SAVE THE NEW POINTER.
1269   C7CA   A6 00                  LDAA   0,X           GET NUMBERS SIGN.
1270   C7CC   B7 00 09               STAA   MANTSGN2      PUT IT IN FPACC2.
1271   C7CF   EC 01                  LDD    1,X           GET LOW 16 BITS OF THE
                                                          MANTISSA.
1272   C7D1   FD 00 05               STD    FPACC2EX      PUT IN FPACC2.
1273   C7D4   EC 03                  LDD    3,X           GET HIGH 8 BIT & EXPONENT.
```

7.2 Fließkomma-Arithmetik

```
Sun Jun 19 15:52:05 1994    Page    27

2500 A.D. 68c11 Macro Assembler       -      Version 5.01e
--------------------------------------------------------------------------------
Input  Filename : bas11fp.asm
Output Filename : bas11fp.obj

1274  C7D6  FD 00 07              STD    FPACC2MN+1 PUT IN FPACC2.
1275  C7D9  BD C2 62              JSR    FLTADD     GO ADD THE TWO NUMBERS.
1276  C7DC  18 6A 00              DEC    0,Y        DONE?
1277  C7DF  26 DE                 BNE    SINCOS3    NO. GO ADD THE NEXT TERM IN.
1278  C7E1  18 6D 0A              TST    10,Y       ARE WE DOING THE SINE?
1279  C7E4  27 08                 BEQ    SINCOS5    YES. GO PUT THE ORIGINAL ANGLE
                                                    INTO FPACC2.
1280  C7E6  CE C8 A3              LDX    #ONE       NO. FOR COSINE PUT THE
                                                    CONSTANT 1 INTO FPACC2.
1281  C7E9  BD C9 28              JSR    GETFPAC2
1282  C7EC  20 12                 BRA    SINCOS6    GO ADD IT TO THE SUM OF THE
                                                    TERMS.
1283  C7EE  18 A6 05    SINCOS5   LDAA   5,Y        GET THE VALUE OF THE ORIGINAL
                                                    ANGLE.
1284  C7F1  B7 00 09              STAA   MANTSGN2   PUT IT IN FPACC2.
1285  C7F4  18 EC 06              LDD    6,Y
1286  C7F7  FD 00 05              STD    FPACC2EX
1287  C7FA  18 EC 08              LDD    8,Y
1288  C7FD  FD 00 07              STD    FPACC2MN+1
1289  C800  BD C2 62    SINCOS6   JSR    FLTADD     GO ADD IT TO THE SUM OF THE
                                                    TERMS.
1290  C803  30                    TSX               NOW CLEAN UP THE STACK.
1291  C804  8F                    XGDX              PUT STACK IN D.
1292  C805  C3 00 1F              ADDD   #31        CLEAR ALL THE TERMS & TEMPS
                                                    OFF THE STACK.
1293  C808  8F                    XGDX
1294  C809  35                    TXS               UPDATE THE STACK POINTER.
1295  C80A  39                    RTS               RETURN.
1296  *
1297  *
1298  C80B        ANGRED          EQU    *
1299  C80B  4F                    CLRA              INITIALIZE THE 45'S COMPLIMENT
                                                    FLAG.
1300  C80C  36                    PSHA              PUT IT ON THE STACK.
1301  C80D  4C                    INCA              INITIALIZE THE QUAD COUNT TO
                                                    1.
1302  C80E  36                    PSHA              PUT IT ON THE STACK.
1303  C80F  18 30                 TSY               POINT TO IT.
1304  C811  CE C8 AB              LDX    #THREE60   POINT TO THE CONSTANT 360.
1305  C814  BD C9 28              JSR    GETFPAC2   GET IT INTO FPACC.
1306  C817  7D 00 04              TST    MANTSGN1   IS THE INPUT ANGLE NEGATIVE:
1307  C81A  2A 03                 BPL    ANGRED1    NO. SKIP THE ADD.
1308  C81C  BD C2 62              JSR    FLTADD     YES. MAKE THE ANGLE POSITIVE
                                                    BY ADDING 360 DEG.
1309  C81F  7A 00 05    ANGRED1   DEC    FPACC2EX   MAKE THE CONSTANT IN FPACC2 90
                                                    DEGREES.
1310  C822  7A 00 05              DEC    FPACC2EX
1311  C825  BD C5 CA    ANGRED2   JSR    FLTCMP     IS THE ANGLE LESS THAN 90
                                                    DEGREES ALREADY?
1312  C828  23 08                 BLS    ANGRED3    YES. RETURN WITH QUAD COUNT.
1313  C82A  BD C3 4A              JSR    FLTSUB     NO. REDUCE ANGLE BY 90
                                                    DEGREES.
1314  C82D  18 6C 00              INC    0,Y        INCREMENT THE QUAD COUNT.
1315  C830  20 F3                 BRA    ANGRED2    GO SEE IF IT'S LESS THAN 90
                                                    NOW.
1316  C832  18 A6 00    ANGRED3   LDAA   0,Y        GET THE QUAD COUNT.
1317  C835  81 01                 CMPA   #1         WAS THE ORIGINAL ANGLE IN QUAD
                                                    1?
1318  C837  27 0C                 BEQ    ANGRED4    YES. COMPUTE TRIG FUNCTION AS
```

```
Sun Jun 19 15:52:05 1994    Page    28

2500 A.D. 68c11 Macro Assembler      -      Version 5.01e
--------------------------------------------------------------------------------

Input  Filename : bas11fp.asm
Output Filename : bas11fp.obj

                                                              IS.
1319  C839  81 03                   CMPA    #3           NO. WAS THE ORIGINAL ANGLE IN
                                                              QUAD 3?
1320  C83B  27 08                   BEQ     ANGRED4      YES. COMPUTE THE TRIG FUNCTION
                                                              AS IF IN QUAD 1.
1321  C83D  86 FF                   LDAA    #$FF         NO. MUST COMPUTE THE TRIG
                                                              FUNCTION OF THE 90'S
1322  C83F  B7 00 04                STAA    MANTSGN1     COMPLIMENT ANGLE.
1323  C842  BD C2 62                JSR     FLTADD       ADD 90 DEGREES TO THE NEGATED
                                                              ANGLE.
1324  C845  7A 00 05     ANGRED4    DEC     FPACC2EX     MAKE THE ANGLE IN FPACC2 45
                                                              DEGREES.
1325  C848  BD C5 CA                JSR     FLTCMP       IS THE ANGLE < 45 DEGREES?
1326  C84B  23 0E                   BLS     ANGRED5      YES. IT'S OK AS IT IS.
1327  C84D  7C 00 05                INC     FPACC2EX     NO. MUST GET THE 90'S
                                                              COMPLIMENT.
1328  C850  86 FF                   LDAA    #$FF         MAKE FPACC1 NEGATIVE.
1329  C852  B7 00 04                STAA    MANTSGN1
1330  C855  BD C2 62                JSR     FLTADD       GET THE 90'S COMPLIMENT.
1331  C858  18 6C 01                INC     1,Y          SET THE FLAG.
1332  C85B  33           ANGRED5    PULB                 GET THE QUAD COUNT.
1333  C85C  32                      PULA                 GET THE COMPLIMENT FLAG.
1334  C85D  39                      RTS                  RETURN WITH THE QUAD COUNT &
                                                              COMPLIMENT FLAG.
1335  *
1336  *
1337  C85E             EXG1AND2 EQU    *
1338  C85E  FC 00 00                LDD     FPACC1EX
1339  C861  FE 00 05                LDX     FPACC2EX
1340  C864  FD 00 05                STD     FPACC2EX
1341  C867  FF 00 00                STX     FPACC1EX
1342  C86A  FC 00 02                LDD     FPACC1MN+1
1343  C86D  FE 00 07                LDX     FPACC2MN+1
1344  C870  FD 00 07                STD     FPACC2MN+1
1345  C873  FF 00 02                STX     FPACC1MN+1
1346  C876  B6 00 04                LDAA    MANTSGN1
1347  C879  F6 00 09                LDAB    MANTSGN2
1348  C87C  B7 00 09                STAA    MANTSGN2
1349  C87F  F7 00 04                STAB    MANTSGN1
1350  C882  39                      RTS                  RETURN.
1351  *
1352  *
1353  C883             SINFACT    EQU     *
1354  C883  6E 38 EF 1D             FCB     $6E,$38,$EF,$1D   +(1/9!)
1355  C887  74 D0 0D 01             FCB     $74,$D0,$0D,$01   -(1/7!)
1356  C88B  7A 08 88 89             FCB     $7A,$08,$88,$89   +(1/5!)
1357  C88F  7E AA AA AB             FCB     $7E,$AA,$AA,$AB   -(1/3!)
1358  *
1359  *
1360  C893             COSFACT    EQU     *
1361  C893  71 50 0D 01             FCB     $71,$50,$0D,$01   +(1/8!)
1362  C897  77 B6 0B 61             FCB     $77,$B6,$0B,$61   -(1/6!)
1363  C89B  7C 2A AA AB             FCB     $7C,$2A,$AA,$AB   +(1/4!)
1364  C89F  80 80 00 00             FCB     $80,$80,$00,$00   -(1/2!)
1365  *
1366  *
1367  C8A3  81 00 00 00  ONE        FCB     $81,$00,$00,$00   1.0
1368  C8A7  82 49 0F DB  PI         FCB     $82,$49,$0F,$DB   3.1415927
1369  C8AB  89 34 00 00  THREE60    FCB     $89,$34,$00,$00   360.0
```

7.2 Fließkomma-Arithmetik

```
Sun Jun 19 15:52:05 1994    Page    29

2500 A.D. 68c11 Macro Assembler      -      Version 5.01e
------------------------------------------------------------------------

Input  Filename : bas11fp.asm
Output Filename : bas11fp.obj

1370   *
1371   *
1372   *
1373               TTL     FLTTAN
1374   ****************************************************************
1375   *                                                              *
1376   *       FLOATING POINT TANGENT                                 *
1377   *                                                              *
1378   ****************************************************************
1379   *
1380   *
1381   C8AF                    FLTTAN    EQU     *
1382   C8AF   BD C8 F9                   JSR     PSHFPAC2   SAVE FPACC2 ON THE STACK.
1383   C8B2   BD C6 E0                   JSR     TFR1TO2    PUT A COPY OF THE ANGLE IN
                                                           FPACC2.
1384   C8B5   BD C7 0F                   JSR     FLTCOS     GET COSINE OF THE ANGLE.
1385   C8B8   BD C8 5E                   JSR     EXG1AND2   PUT RESULT IN FPACC2 & PUT
                                                           ANGLE IN FPACC1.
1386   C8BB   BD C6 F3                   JSR     FLTSIN     GET SIN OF THE ANGLE.
1387   C8BE   BD C3 58                   JSR     FLTDIV     GET TANGENT OF ANGLE BY DOING
                                                           SIN/COS.
1388   C8C1   24 08                      BCC     FLTTAN1    IF CARRY CLEAR, ANSWER OK.
1389   C8C3   CE C8 CF                   LDX     #MAXNUM    TANGENT OF 90 WAS ATTEMPTED.
                                                           PUT LARGEST
1390   C8C6   BD C9 10                   JSR     GETFPAC1   NUMBER IN FPACC1.
1391   C8C9   86 07                      LDAA    #TAN90ERR  GET ERROR CODE IN A.
1392   C8CB   BD C9 03     FLTTAN1       JSR     PULFPAC2   RESTORE FPACC2.
1393   C8CE   39                         RTS                RETURN.
1394   *
1395   *
1396   C8CF                    MAXNUM    EQU     *
1397   C8CF   FE 7F FF FF                FCB     $FE,$7F,$FF,$FF   LARGEST POSITIVE NUMBER
                                                                  WE CAN HAVE.
1398   *
1399   *
1400   *
1401               TTL     TRIGUTIL
1402   ****************************************************************
1403   *                                                              *
1404   *       TRIG UTILITIES                                         *
1405   *                                                              *
1406   *       The routines "DEG2RAD" and "RAD2DEG" are used to convert angles *
1407   *       from degrees-to-radians and radians-to-degrees respectively. The *
1408   *       routine "GETPI" will place the value of PI into FPACC1. This    *
1409   *       routine should be used if the value of PI is needed in calculations *
1410   *       since it is accurate to the full 24-bits of the mantissa.      *
1411   *                                                              *
1412   ****************************************************************
1413   *
1414   *
1415   C8D3                    DEG2RAD   EQU     *
1416   C8D3   BD C8 F9                   JSR     PSHFPAC2   SAVE FPACC2.
1417   C8D6   CE C8 F1                   LDX     #PIOV180   POINT TO CONVERSION CONSTANT
                                                           PI/180.
1418   C8D9   BD C9 28     DEG2RAD1      JSR     GETFPAC2   PUT IT INTO FPACC2.
1419   C8DC   BD C1 AC                   JSR     FLTMUL     CONVERT DEGREES TO RADIANS.
1420   C8DF   BD C9 03                   JSR     PULFPAC2   RESTORE FPACC2.
1421   C8E2   39                         RTS                RETURN. (NOTE! DON'T REPLACE
                                                           THE "JSR/RTS" WITH
```

```
Sun Jun 19 15:52:05 1994    Page     30

2500 A.D. 68c11 Macro Assembler      -    Version 5.01e
--------------------------------------------------------------------------------

Input  Filename : bas11fp.asm
Output Filename : bas11fp.obj

1422  *         A "JMP" IT WILL NOT WORK.)
1423  *
1424  *
1425  C8E3              RAD2DEG   EQU   *
1426  C8E3  BD C8 F9              JSR   PSHFPAC2    SAVE FPACC2.
1427  C8E6  CE C8 F5              LDX   #C180OVPI   POINT TO CONVERSION CONSTANT
                                                   180/PI.
1428  C8E9  20 EE                 BRA   DEG2RAD1    GO DO CONVERSION & RETURN.
1429  *
1430  *
1431  C8EB              GETPI     EQU   *
1432  C8EB  CE C8 A7              LDX   #PI         POINT TO CONSTANT "PI".
1433  C8EE  7E C9 10              JMP   GETFPAC1    PUT IT IN FPACC1 AND RETURN.
1434  *
1435  *
1436  C8F1              PIOV180   EQU   *
1437  C8F1  7B 0E FA 35           FCB   $7B,$0E,$FA,$35
1438  *
1439  C8F5              C180OVPI  EQU   *
1440  C8F5  86 65 2E E1           FCB   $86,$65,$2E,$E1
1441  *
1442  *
1443  *
1444        TTL   PSHPULFPAC2
1445  ****************************************************************************
1446  *                                                                          *
1447  *      The following two subroutines, PSHFPAC2 & PULPFAC2, push FPACC2     *
1448  *      onto and pull FPACC2 off of the hardware stack respectively.        *
1449  *      The number is stored in the "memory format".                        *
1450  *                                                                          *
1451  ****************************************************************************
1452  *
1453  *
1454  C8F9              PSHFPAC2  EQU   *
1455  C8F9  38                    PULX              GET THE RETURN ADDRESS OFF OF
                                                    THE STACK.
1456  C8FA  3C                    PSHX              ALLOCATE FOUR BYTES OF STACK
                                                    SPACE.
1457  C8FB  3C                    PSHX
1458  C8FC  8F                    XGDX              PUT THE RETURN ADDRESS IN D.
1459  C8FD  30                    TSX               POINT TO THE STORAGE AREA.
1460  C8FE  37                    PSHB              PUT THE RETURN ADDRESS BACK ON
                                                    THE STACK.
1461  C8FF  36                    PSHA
1462  C900  7E C9 52              JMP   PUTFPAC2    GO PUT FPACC2 ON THE STACK &
                                                    RETURN.
1463  *
1464  *
1465  C903              PULFPAC2  EQU   *
1466  C903  30                    TSX               POINT TO THE RETURN ADDRESS.
1467  C904  08                    INX               POINT TO THE SAVED NUMBER.
1468  C905  08                    INX
1469  C906  BD C9 28              JSR   GETFPAC2    RESTORE FPACC2.
1470  C909  38                    PULX              GET THE RETURN ADDRESS OFF THE STACK.
1471  C90A  31                    INS               REMOVE THE NUMBER FROM THE
                                                    STACK.
1472  C90B  31                    INS
1473  C90C  31                    INS
1474  C90D  31                    INS
```

7.2 Fließkomma-Arithmetik

```
Sun Jun 19 15:52:05 1994    Page      31

2500 A.D. 68c11 Macro Assembler       -     Version 5.01e
------------------------------------------------------------------------

Input  Filename : bas11fp.asm
Output Filename : bas11fp.obj

1475  C90E  6E 00                   JMP    0,X         RETURN.
1476  *
1477  *
1478  *
1479              TTL     GETFPAC
1480  ***********************************************************************
1481  *                                                                     *
1482  *       GETFPACx SUBROUTINE                                            *
1483  *                                                                     *
1484  *       The GETFPAC1 and GETFPAC2 subroutines get a floating point number *
1485  *       stored in memory and put it into either FPACC1 or FPACC2 in a format *
1486  *       that is expected by all the floating point math routines. These *
1487  *       routines may easily be replaced to convert any binary floating point *
1488  *       format (i.e. IEEE format) to the format required by the math   *
1489  *       routines. The "memory" format converted by these routines is shown *
1490  *       below:                                                         *
1491  *                                                                     *
1492  *       31_____24 23 22_____0                          *
1493  *       exponent     s         mantissa                                *
1494  *                                                                     *
1495  *       The exponent is biased by 128 to facilitate floating point    *
1496  *       comparisons. The sign bit is 0 for positive numbers and 1     *
1497  *       for negative numbers.  The mantissa is stored in hidden bit   *
1498  *       normalized format so that 24 bits of precision can be obtained. *
1499  *       Since a normalized floating point number always has its most  *
1500  *       significant bit set, we can use the 24th bit to hold the mantissa *
1501  *       sign. This allows us to get 24 bits of precision in the mantissa *
1502  *       and store the entire number in just 4 bytes.The format required by *
1503  *       the math routines uses a seperate byte for the sign, therfore each *
1504  *       floating point accumulator requires five bytes.                *
1505  *                                                                     *
1506  ***********************************************************************
1507  *
1508  *
1509  C910            GETFPAC1  EQU     *
1510  C910  EC 00                   LDD    0,X         GET THE EXPONENT & HIGH BYTE
                                                      OF THE MANTISSA,
1511  C912  27 0B                   BEQ    GETFP12     IF NUMBER IS ZERO, SKIP
                                                      SETTING THE MS BIT.
1512  C914  7F 00 04                CLR    MANTSGN1    SET UP FOR POSITIVE NUMBER.
1513  C917  5D                      TSTB               IS NUMBER NEGATIVE?
1514  C918  2A 03                   BPL    GETFP11     NO. LEAVE SIGN ALONE.
1515  C91A  73 00 04                COM    MANTSGN1    YES. SET SIGN TO NEGATIVE.
1516  C91D  CA 80         GETFP11   ORAB   #$80        RESTORE MOST SIGNIFICANT BIT
                                                      IN MANTISSA.
1517  C91F  FD 00 00      GETFP12   STD    FPACC1EX    PUT IN FPACC1.
1518  C922  EC 02                   LDD    2,X         GET LOW 16-BITS OF THE
                                                      MANTISSA.
1519  C924  FD 00 02                STD    FPACC1MN+1  PUT IN FPACC1.
1520  C927  39                      RTS                RETURN.
1521  *
1522  *
1523  C928            GETFPAC2  EQU     *
1524  C928  EC 00                   LDD    0,X         GET THE EXPONENT & HIGH BYTE
                                                      OF THE MANTISSA,
1525  C92A  27 0B                   BEQ    GETFP22     IF NUMBER IS 0, SKIP SETTING
                                                      THE MS BIT.
1526  C92C  7F 00 09                CLR    MANTSGN2    SET UP FOR POSITIVE NUMBER.
1527  C92F  5D                      TSTB               IS NUMBER NEGATIVE?
```

Sun Jun 19 15:52:05 1994   Page   32

2500 A.D. 68c11 Macro Assembler   -   Version 5.01e

Input Filename : bas11fp.asm
Output Filename : bas11fp.obj

```
1528  C930   2A 03                   BPL   GETFP21    NO. LEAVE SIGN ALONE.
1529  C932   73 00 09                COM   MANTSGN2   YES. SET SIGN TO NEGATIVE.
1530  C935   CA 80       GETFP21     ORAB  #$80       RESTORE MOST SIGNIFICANT BIT
                                                      IN MANTISSA.
1531  C937   FD 00 05    GETFP22     STD   FPACC2EX   PUT IN FPACC1.
1532  C93A   EC 02                   LDD   2,X        GET LOW 16-BITS OF THE
                                                      MANTISSA.
1533  C93C   FD 00 07                STD   FPACC2MN+1 PUT IN FPACC1.
1534  C93F   39                      RTS              RETURN.
1535  *
1536  *
1537  *
1538              TTL    PUTFPAC
1539  ****************************************************************************
1540  *                                                                           *
1541  *          PUTFPACx SUBROUTINE                                               *
1542  *                                                                           *
1543  *          These two subroutines perform to opposite function of GETFPAC1 and *
1544  *          ETFPAC2. Again, these routines are used to convert from the      *
1545  *          internal format used by the floating point package to a "memory" *
1546  *          format. See the GETFPAC1 and GETFPAC2, documentation for a       *
1547  *          description of the "memory" format.                              *
1548  *                                                                           *
1549  ****************************************************************************
1550  *
1551  *
1552  C940               PUTFPAC1    EQU   *
1553  C940   FC 00 00                LDD   FPACC1EX   GET FPACC1 EXPONENT & UPPER 8
                                                      BITS OF MANT.
1554  C943   7D 00 04                TST   MANTSGN1   IS THE NUMBER NEGATIVE?
1555  C946   2B 02                   BMI   PUTFP11    YES. LEAVE THE M.S. BIT SET.
1556  C948   C4 7F                   ANDB  #$7F       NO.  CLEAR THE M.S. BIT.
1557  C94A   ED 00       PUTFP11     STD   0,X        SAVE IT IN
                                                      MEMORY
1558  C94C   FC 00 02                LDD   FPACC1MN+1 GET L.S. 16 BITS OF THE
                                                      MANTISSA.
1559  C94F   ED 02                   STD   2,X
1560  C951   39                      RTS
1561  *
1562  *
1563  C952               PUTFPAC2    EQU   *
1564  C952   FC 00 05                LDD   FPACC2EX   GET FPACC1 EXPONENT & UPPER 8
                                                      BITS OF MANT.
1565  C955   7D 00 09                TST   MANTSGN2   IS THE NUMBER NEGATIVE?
1566  C958   2B 02                   BMI   PUTFP21    YES. LEAVE THE M.S. BIT SET.
1567  C95A   C4 7F                   ANDB  #$7F       NO.  CLEAR THE M.S. BIT.
1568  C95C   ED 00       PUTFP21     STD   0,X        SAVE IT IN
                                                      MEMORY
1569  C95E   FC 00 07                LDD   FPACC2MN+1 GET L.S. 16 BITS OF THE
                                                      MANTISSA.
1570  C961   ED 02                   STD   2,X
1571  C963   39                      RTS
1572  *
1573
1574  C964
```

        Lines Assembled : 1574   Errors : 0

7.3 EEPROM-Programmierung

```
Mon Jun 20 13:44:07 1994     Page     1

2500 A.D. 68c11 Macro Assembler          -       Version 5.01e
--------------------------------------------------------------------------------

Input  Filename : eeprom.asm
Output Filename : eeprom.obj


1           ****************************************************************
2           *       EEPROGIX.ASC 19/3/87      Revision 1.0               *
3           *                                                            *
4           * Written by R.Soja, Motorola, East Kilbride                 *
5           * Motorola Copyright 1987.                                   *
6           *                                                            *
7           *     This program loads S records from the host to          *
8           * either a 2864 external EEPROM on the 68HC11 external bus,  *
9           * or to the 68HC11's internal EEPROM. It can also be used    *
10          * verify memory contents against an S record file or just    *
11          * load RAM located on the 68HC11's external bus.             *
12          * Each byte loaded is echoed back to the host.               *
13          * When programming a 2864, data polling is used to detect    *
14          * completion of the programming cycle.                       *
15          * As the host software always waits for the echo before      *
16          * downloading the next byte, host transmission is suspended  *
17          * during the data polling period.                            *
18          * Because the serial communication rate (~1mS/byte) is       *
19          * slower than the 2864 internal timer timeout rate (~300uS)  *
20          * page write mode cannot be used. This means that data       *
21          * polling is active on each byte written to the EEPROM,      *
22          * after an initial delay of approx 500uS.                    *
23          *                                                            *
24          * When the internal EEPROM is programmed, instead of data    *
25          * polling, each byte is verified after programming.          *
26          * In this case, the 500uS delay is not required and is       *
27          * bypassed.                                                  *
28          * If a failure occurs, the program effectively hangs up. It  *
29          * is the responsibility of the host downloader program to    *
30          * detect this condition and take remedial action.            *
31          * The BASIC program EELOAD just displays a 'Communication    *
32          * breakdown' message, and terminates the program.            *
33          *                                                            *
34          * When used in the verify mode, apart from the normal echo   *
35          * back of each character, all differences between memory     *
36          * and S record data are also sent back to the host.          *
37          * The host software must be capable of detecting this, and   *
38          * perform the action required.                               *
39          * The BASIC loader program EELOAD simply displays the        *
40          * returned erroneous byte adjacent to the expected byte,     *
41          * separated by a colon.                                      *
42          *                                                            *
43          * Before receiving the S records, a code byte is received    *
44          * from the host. i.e.:                                       *
45          *      ASCII 'X' for external EEPROM                         *
46          *      ASCII 'I' for internal EEPROM                         *
47          *      ASCII 'V' for verify EEPROM                           *
48          *                                                            *
49          * This program is designed to be used with the BASIC EELOAD  *
50          * program.                                                   *
51          * Data transfer is through the SCI, configured for 8 data    *
52          * bits, 9600 baud.                                           *
```

Mon Jun 20 13:44:07 1994   Page   2

2500 A.D. 68c11 Macro Assembler   -   Version 5.01e

Input Filename : eeprom.asm
Output Filename : eeprom.obj

```
53         **
54         * Constants
55   0080                    TDRE      EQU  $80
56   0020                    RDRF      EQU  $20
57   0020                    MDA       EQU  $20
58   0040                    SMOD      EQU  $40
59   0D05                    mS10      EQU  10000/3    10mS delay with 8MHz xtal.
60   00A6                    uS500     EQU  500/3      500uS delay.
61         *
62         * Registers
63   002B                    BAUD      EQU  $2B
64   002C                    SCCR1     EQU  $2C
65   002D                    SCCR2     EQU  $2D
66   002E                    SCSR      EQU  $2E
67   002F                    SCDR      EQU  $2F
68   003B                    PPROG     EQU  $3B
69   003C                    HPRIO     EQU  $3C
70   103F                    CONFIG    EQU  $103F
71         *
72         * Variables. Note: They overwrite initialisation code!!!!
73   0000                    ORG       $0
74   0000                    EEOPT     RMB  1
75   0001                    MASK      RMB  1
76   0002                    TEMP      RMB  1
77   0003                    LASTBYTE  RMB  1
78         *
79         * Program
80   0000                    ORG       $0
81   0000   8E 00 FF                   LDS   #$FF
82   0003   CE 10 00                   LDX   #$1000    Offset for control registers.
83   0006   6F 2C                      CLR   SCCR1,X   Initialise SCI for 8 data
                                                      bits, 9600 baud
84   0008   CC 30 0C                   LDD   #$300C
85   000B   A7 2B                      STAA  BAUD,X
86   000D   E7 2D                      STAB  SCCR2,X
87   000F   1C 3C 20                   BSET  HPRIO,X,#MDA Force Special Test mode
                                                      first,
88   0012   1D 3C 40                   BCLR  HPRIO,X,#SMOD and then expanded mode.
                                                      (From bootstrap mode)
89   0015   BF 00 00       ReadOpt     STS   <EEOPT    Default to internal EEPROM:
                                                      EEOPT=0; MASK=$FF;
90   0018   8D 7D                      BSR   READC     Then check control byte for
                                                      external or internal
91   001A   C1 49                      CMPB  #'I'      EEPROM selection.
92   001C   27 14                      BEQ   LOAD
93   001E   C1 58                      CMPB  #'X'      If external EEPROM requested
94   0020   26 09                      BNE   OptVerf
95   0022   7C 00 00                   INC   EEOPT     then change option to 1
96   0025   86 80                      LDAA  #$80
97   0027   97 01                      STAA  <MASK     and select mask for data
                                                      polling mode.
98   0029   20 07                      BRA   LOAD
99         *
100  002B   C1 56          OptVerf     CMPB  #'V'      If not verify then
101  002D   26 E6                      BNE   ReadOpt   get next character else
102  002F   7A 00 00                   DEC   EEOPT     make EEOPT flag negative.
103        *
104  0032                  LOAD        EQU   *
105  0032   8D 63                      BSR   READC
```

7.3 EEPROM-Programmierung

```
Mon Jun 20 13:44:07 1994    Page    3
2500 A.D. 68c11 Macro Assembler    -    Version 5.01e
-------------------------------------------------------------------------------

Input  Filename : eeprom.asm
Output Filename : eeprom.obj

106   0034   C1 53                   CMPB    #'S'       Wait until S1 or S9 received,
107   0036   26 FA                   BNE     LOAD       discarding checksum of
                                                        previous S1 record.
108   0038   8D 5D                   BSR     READC
109   003A   C1 31                   CMPB    #'1'
110   003C   27 19                   BEQ     LOAD1
111   003E   C1 39                   CMPB    #'9'
112   0040   26 F0                   BNE     LOAD
113   0042   8D 60                   BSR     RDBYTE     Complete reading S9 record
                                                        before terminating
114   0044   17                      TBA
115   0045   80 02                   SUBA    #2         # of bytes to read including
                                                        checksum.
116   0047   8D 6C                   BSR     GETADR     Get execution address in Y
117   0049   8D 59        LOAD9      BSR     RDBYTE     Now discard remaining bytes,
118   004B   4A                      DECA               including checksum.
119   004C   26 FB                   BNE     LOAD9
120   004E   18 8C 00 00             CPY     #0         If execution address =0 then
121   0052   27 FE                   BEQ     *          hang up else
122   0054   18 6E 00                JMP     ,Y         jump to it!
123   *
124   0057                LOAD1      EQU     *
125   0057   8D 4B                   BSR     RDBYTE     Read byte count of S1 record
                                                        into ACCB
126   0059   17                      TBA                and store in ACCA
127   005A   80 03                   SUBA    #3         Remove load address & checksum
                                                        bytes from count
128   005C   8D 57                   BSR     GETADR     Get load address into X
                                                        register.
129   005E   18 09                   DEY                Adjust it for first time thru'
                                                        LOAD2 loop.
130   0060   20 18                   BRA     LOAD1B
131   *
132   0062   F6 00 00     LOAD1A     LDAB    EEOPT      Update CC register
133   0065   2B 25                   BMI     VERIFY     If not verifying EEPROM then
134   0067   27 05                   BEQ     DATAPOLL   If programming external EEPROM
135   0069   C6 A6                   LDAB    #uS500
136   006B   5A           WAIT1      DECB               then wait 500uS max.
137   006C   26 FD                   BNE     WAIT1
138   006E   18 E6 00     DATAPOLL   LDAB    ,Y         Now either wait for completion
                                                        of programming
139   0071   D8 03                   EORB    <LASTBYTE  cycle by testing MS bit of
                                                        last data written to
140   0073   D4 01                   ANDB    <MASK      memory or just verify internal
                                                        programmed data.
141   0075   26 F7                   BNE     DATAPOLL
142   0077   4A           LOAD1E     DECA               When all bytes done,
143   0078   27 B8                   BEQ     LOAD       get next S record (discarding
                                                        checksum) else
144   007A   8D 28        LOAD1B     BSR     RDBYTE     read next data byte into ACCB.
145   007C   18 08                   INY                Advance to next load address
146   007E   7D 00 00                TST     EEOPT
147   0081   2B 05                   BMI     LOAD1D     If verifying, then don't
                                                        program byte!
148   0083   27 43                   BEQ     PROG       If internal EEPROM option
                                                        selected then program
149   0085   18 E7 00                STAB    ,Y         else just store byte at
                                                        address.
150   0088   D7 03        LOAD1D     STAB    <LASTBYTE  Save it for DATA POLLING
```

Mon Jun 20 13:44:07 1994   Page   4

2500 A.D. 68c11 Macro Assembler   -   Version 5.01e

Input Filename : eeprom.asm
Output Filename : eeprom.obj

```
                                                           operation.
151    008A    20 D6                    BRA    LOAD1A
152    *
153    008C    18 E6 00        VERIFY   LDAB   ,Y          If programmed byte
154    008F    D1 03                    CMPB   <LASTBYTE   is correct then
155    0091    27 E4                    BEQ    LOAD1E      read next byte
156    0093    8D 08                    BSR    WRITEC      else send bad byte back to
                                                           host
157    0095    20 E0                    BRA    LOAD1E      before reading next byte.
158    *
159    0097                    READC    EQU    *           ACCA, X, Y regs unchanged by
                                                           this routine.
160    0097    1F 2E 20 FC              BRCLR  SCSR,X,#RDRF,*
161    009B    E6 2F                    LDAB   SCDR,X      Read next char
162    009D    1F 2E 80 FC     WRITEC   BRCLR  SCSR,X,#TDRE,*
163    00A1    E7 2F                    STAB   SCDR,X      and echo it back to host.
164    00A3    39                       RTS                Return with char in ACCB.
165    *
166    00A4    8D F1           RDBYTE   BSR    READC       1st read MS nibble
167    00A6    8D 17                    BSR    HEXBIN      Convert to binary
168    00A8    58                       LSLB               and move to upper nibble
169    00A9    58                       LSLB
170    00AA    58                       LSLB
171    00AB    58                       LSLB
172    00AC    D7 02                    STAB   <TEMP
173    00AE    8D E7                    BSR    READC       Get ASCII char in ACCB
174    00B0    8D 0D                    BSR    HEXBIN
175    00B2    DA 02                    ORAB   <TEMP
176    00B4    39                       RTS                Return with byte in ACCB
177    *
178    00B5                    GETADR   EQU    *
179    00B5    36                       PSHA               Save byte counter
180    00B6    8D EC                    BSR    RDBYTE      Read MS byte of address
181    00B8    17                       TBA                and put it in MS byte of ACCD
182    00B9    8D E9                    BSR    RDBYTE      Now read LS byte of address
                                                           into LS byte of ACCD
183    00BB    18 8F                    XGDY               Put load address in Y
184    00BD    32                       PULA               Restore byte counter
185    00BE    39                       RTS                and return.
186    *
187    00BF                    HEXBIN   EQU    *
188    00BF    C1 39                    CMPB   #'9'        If ACCB>9 then assume its A-F
189    00C1    23 02                    BLS    HEXNUM
190    00C3    CB 09                    ADDB   #9
191    00C5    C4 0F           HEXNUM   ANDB   #$F
192    00C7    39                       RTS
193    *
194    00C8                    PROG     EQU    *
195    00C8    36                       PSHA               Save ACCA.
196    00C9    86 16                    LDAA   #$16        Default to byte erase mode
197    00CB    18 8C 10 3F              CPY    #CONFIG     If byte's address is CONFIG
                                                           then use
198    00CF    26 02                    BNE    PROGA
199    00D1    86 06                    LDAA   #$06        bulk erase, to allow for A1 &
                                                           A8 as well as A2.
200    00D3    8D 10           PROGA    BSR    PROGRAM     Now erase byte, or entire
                                                           memory + CONFIG.
201    00D5    86 02                    LDAA   #2
202    00D7    8D 0C                    BSR    PROGRAM     Now program byte.
```

7.3 EEPROM-Programmierung

```
Mon Jun 20 13:44:07 1994    Page      5

2500 A.D. 68c11 Macro Assembler       -       Version 5.01e
--------------------------------------------------------------------------------

Input  Filename : eeprom.asm
Output Filename : eeprom.obj

  203   00D9   18 8C 10 3F              CPY    #CONFIG    If byte was CONFIG register
                                                          then
  204   00DD   26 03                    BNE    PROGX
  205   00DF   18 E6 00                 LDAB   ,Y         load ACCB with old value,to
                                                          prevent hangup later.
  206   00E2   32             PROGX     PULA              Restore ACCA
  207   00E3   20 A3                    BRA    LOAD1D     and return to main bit.
  208    *
  209   00E5                  PROGRAM   EQU    *
  210   00E5   A7 3B                    STAA   PPROG,X    Enable internal addr/data
                                                          latches.
  211   00E7   18 E7 00                 STAB   ,Y         Write to required address
  212   00EA   6C 3B                    INC    PPROG,X    Enable internal programming
                                                          voltage
  213   00EC   3C                       PSHX
  214   00ED   CE 0D 05                 LDX    #mS10      and wait 10mS
  215   00F0   09             WAIT2     DEX
  216   00F1   26 FD                    BNE    WAIT2
  217   00F3   38                       PULX
  218   00F4   6A 3B                    DEC    PPROG,X    Disable internal programming
                                                          voltage
  219   00F6   6F 3B                    CLR    PPROG,X    Release internal addr/data
                                                          latches
  220   00F8   39                       RTS               and return
  221    *

         Lines Assembled : 221       Errors : 0
```

8 Störprobleme

Viele Schwierigkeiten beim Einsatz von elektronischen Schaltungen haben ihre Ursache in der Verseuchung unserer elektronischen Umwelt mit Störungen. *Hochfrequenzfelder* umgeben uns, ohne daß es uns bewußt wird. Jeder Motor, jeder einfache Lichtschalter ist eine Quelle von elektromagnetischen Wellen.

Alle diese zum Teil energiereichen Signale wirken auf jede elektronische Schaltung ein und beeinflussen sie in ihrer Funktion. Je nach Stärke dieser Beeinflussung und Empfindlichkeit des Objekts können die Auswirkungen unschädlich oder auch zerstörerisch sein.

Die Summe dieser Einflüsse und die Reaktion einer Schaltung oder Anlage darauf faßt man unter dem Begriff *EMV* - elektromagnetische Verträglichkeit zusammen.

8.1 Elektromagnetische Verträglichkeit (EMV)

Jedes neue elektronische Produkt muß heute eine spezielle Untersuchung auf seine Eignung unter Störbedingungen über sich ergehen lassen, das ist schon im Zusammenhang mit den schärfer gewordenen Bestimmungen zur *Produkthaftung* notwendig. Bei diesen Untersuchungen wird unter praxisnahen Bedingungen in einem elektromagnetisch abgeschirmten Raum durch künstliche reproduzierbare Störsignale festgestellt, wie hoch die Schwelle für eine Funktionsbeeinträchtigung des Prüflings liegt. Dabei interessiert die Reaktion auf ein breitbandiges Gemisch von HF-Signalen genauso wie eine selektive Empfindlichkeit in bestimmten schmalen Frequenzbändern. Wird bei einer solchen Untersuchung eine Beeinträchtigung festgestellt, dann sind geeignete Maßnahmen zu ergreifen, wie Filter in Ein- und Ausgangsleitungen oder der Einbau von Abschirmungen.

Ein weiterer Weg für ein Störsignal, um in eine elektronische Schaltung zu gelangen, ist die direkte *Einkopplung* über die Netzzuleitungen. Hier treten auch sehr energiereiche Impulse auf, die durchaus zur Zerstörung von Einrichtungen führen können.

Unter dem Begriff EMV ist also die Summe aller auf eine Einrichtung einwirkenden Störungen zu verstehen, gleich ob es sich um natürliche Signalquellen wie Gewitter, natürliches Rauschen oder Sonnenfleckenaktivität oder künstliche technische Signalquellen handelt. Das Spektrum der Störsignale reicht praktisch vom Gleichstrom bis in allerhöchste Frequenzbereiche.

In Abhängigkeit von der Natur der Störquelle treten unterschiedliche Signalformen auf.

Sinusförmige Dauersignale mit einer festen Frequenz, breitbandige impulsförmige Dauersignale oder statistisch verteilte Einzelimpulse ohne feste Wiederholrate. Für jede dieser Signalformen läßt sich eine geeignete Abwehrmaßnahme ergreifen.

Äußerst wichtig ist die Planung von EMV-Maßnahmen bereits in der Konzeptphase eines Entwicklungsprojektes. Leider kann man nur zu oft beobachten, daß fertig entwickelte Produkte bei Produktionsbeginn nachträglich EMV-fest gemacht werden. Der notwendige Aufwand übersteigt fast immer die Kosten, die bei einer vernünftigen Planung im Vorfeld der Entwicklung entstanden wären. Es ist immer wesentlich schwieriger, bereits eingedrungene Störsignale in ihrer Auswirkung zu dämpfen als von Anfang an die Schaltung so auszulegen, daß sie überhaupt nicht beeinflußbar ist.

Um diese Maßnahmen planen zu können, müssen die Rahmenbedingungen für den geplanten Einsatz des zu entwickelnden Produktes so genau wie möglich bekannt sein. Eine Checkliste kann dann zur Beantwortung der Fragen herangezogen werden:

- sind in der geplanten Einsatzumgebung starke *HF-Quellen* zu erwarten?
- sind in der Nähe größere *elektrische Antriebe* installiert?
- gibt es Einrichtungen, die mit *Hochspannung* arbeiten?
- wie ist die Qualität des *Versorgungsnetzes* beschaffen?
- gibt es *Sicherheitsvorschriften* des Gesetzgebers für das geplante Produkt?
- wie sind die Auswirkungen einer Störung zu bewerten?
- können Personen durch verursachte Fehlfunktionen zu Schaden kommen?

Alle diese Fragen sind so genau wie möglich zu beantworten. Aus diesen Informationen läßt sich dann eine Strategie ableiten, die zu einem Produkt führt, das seinen täglichen Anforderungen im praktischen Einsatz gerecht wird.

8.2 Störquellen

Es gibt verschiedene Arten von Störquellen, die auf elektrische Signalleitungen einwirken können. Induktive und kapazitive Einkopplungen treten genauso häufig auf wie Potentialunterschiede, die durch schlechte Schaltungsauslegung auf den Eingangsleitungen entstehen können.

Am Eingang der Schaltung treten diese Störsignale als *Gleichtakt-* oder *Gegentaktsignale* auf. Gegentaktspannungen sind symmetrische Spannungen am Eingang. Asymmetrische Signale liegen auf beiden Eingangsleitungen mit gleicher Phasenlage und Amplitude. Sie sind nur zwischen den Eingängen und Masse (Erde) nachweisbar.

Unter idealen Bedingungen sind Gleichtaktüberlagerungen ohne Auswirkung auf die elektronische Schaltung. Da sie aber durchaus sehr hohe Spannungswerte annehmen können, besteht die Gefahr von Zerstörungen der Eingangsstufe.

Gegentaktstörungen haben immer einen Einfluß auf das Meßsignal, da sie es überlagern. Wenn zwischen dem Meßsignal und der Störung ein ausreichender Frequenzabstand besteht, kann man eine Unterdrückung durch ein entsprechend dimensioniertes *Filter* erreichen. Liegen dagegen die Frequenzspektren übereinander, dann entfällt diese Möglichkeit. Nicht vernachlässigt werden darf auch der Einfluß des Filters auf das Nutzsignal, selbst bei weit auseinander liegenden Frequenzbändern. Veränderungen der *Flankensteilheit* von Signalsprüngen sind oft zu beobachten. Aktive Filter erzeugen selbst ein eigenes Störspektrum durch das unvermeidliche Rauschen der eingesetzten Bausteine.

Sinnvollerweise wird man daher versuchen, bereits das Auftreten von Störsignalen zu vermeiden. Abgeschirmte Signalleitungen vom Sensor bis zur Datenerfassungsschaltung bewirken meist mehr als das beste Filter. Zur Unterdrückung von Netzbrumm eignen sich außerdem integrierende A/D-Wandler besonders gut. Zur Vermeidung von Erdschleifen empfiehlt sich der Einsatz der *galvanischen Trennung* von Aufnehmerkreis zur weiterverarbeitenden Schaltung.

8.2.1 Induktive Einstreuungen

Induktive Einstreuungen entstehen immer dann, wenn eine Signalleitung parallel zu einer Versorgungsleitung eines anderen Verbrauchers liegt. Da die Stärke des induktiv übertragenen Störsignals von der magnetischen Feldstärke abhängt, ist ein direkter Zusammenhang zwischen Stromstärke in der verursachenden Leitung und entstehender Störenergie vorhanden. Es sind also gerade die Zuleitungen zu großen Verbrauchern, die als Ursache für induktive Einkopplungen in Frage kommen.

Als Gegenmaßnahmen bieten sich verschiedene Möglichkeiten. Die einfachste ist sicherlich, eine andere Leitungsführung zu wählen. Es sollte nach Möglichkeit immer darauf geachtet werden, daß Signalleitungen nicht parallel zu Versorgungsleitungen verlegt werden.

Läßt sich eine parallele Verlegung nicht vermeiden, dann sollten für die Signalleitungen verdrillte Leitungen verwendet werden. Durch die Verdrillung gehen die wirksamen Einstreuungen gegen Null, da nur noch die Differenzen in den einzelnen Schleifen wirksam werden.

Abgeschirmte Leitungen sind eine weitere Hilfsmaßnahme, hier besteht aber die Gefahr von zusätzlichen Gleichtaktfehlern. Eine Abschirmung darf niemals von einem Strom des Nutzsignals durchflossen werden! Zusätzlich tritt eine Antennenwirkung auf, wenn die Abschirmung nicht geerdet ist.

8.2.2 Kapazitive Einstreuungen

Für *kapazitive Einstreuungen* ist nicht die Höhe des Stroms in einem parallel liegenden Leiter ausschlaggebend, sondern die Größe der *Koppelkapazitäten*, der Frequenz des Störsignals und der Spannungsdifferenz.

Zur Minimierung der kapazitiven Einstreuung ist eine Vergrößerung des Abstandes zwischen den Leitungen anzustreben, da dadurch die Symmetrie der eingestreuten Signale in die Einzelleiter zunimmt und sich die Störsignale stärker gegenseitig aufheben.

Als Maßnahme gegen kapazitive Beeinflussungen empfiehlt sich genau wie bei der induktiven Beeinflussung eine Verdrillung und Abschirmung der Signalleitungen.

8.2.3 Erdung

Durch den Einsatz von Meßdatenerfassungssystemen in komplexen Anlagen treten immer häufiger Probleme mit der korrekten *Erdung* des Gesamtsystems auf. Hier ist die Einhaltung der allgemein bekannten Erdungsregeln für jedes Teilsystem als besonders wichtig anzusehen, um das Auftreten von Verkopplungen und *Erdschleifen* zu vermeiden.

Analoge Massesysteme sollten unbedingt sternförmig ausgelegt werden. Verschiedene Abschirmungen werden untereinander verbunden, sofern sie zu einem Stromkreis gehören. Abschirmungen getrennter Stromkreise werden dagegen über getrennte Leitungen zu einem *Sternpunkt* geführt.

Wichtig ist eine möglichst niederohmige und induktionsarme Erdung, da sonst leicht HF-Einkopplungen in das Schirmleitersystem auftreten können.

8.3 Störschutzfilter

Störungen auf Leitungen des Versorgungsnetzes kann man nicht verhindern, sie sind als gegeben anzunehmen. Viele Verbraucher erzeugen Rückwirkungen, die andere, zum Teil weit entfernte Einrichtungen in ihrer Funktion störend beeinflussen können.

Der Weg dieser Störsignale führt in den meisten Fällen über das Gerätenetzteil. Durch die induktive Kopplung des *Netztransformators* gelangen Anteile im unteren Frequenzspektrum besonders gut in die Schaltung. Für die Einkopplung höherfrequenter Signale spielt die Koppelkapazität der Primär- und Sekundärwicklung eine wichtige Rolle.

Zur Vermeidung kapazitiver Einkopplungen eignet sich die Einführung einer geerdeten *Schirmwicklung* zwischen den beiden Spulen. Dadurch werden alle hochfrequenten Signalanteile gegen Erde abgeleitet und treten nicht mehr auf der Sekundärseite des Transformators auf.

Kann eine solche Lösung nicht gewählt werden, zum Beispiel in Geräten ohne *Schutzleiteranschluß*, dann helfen *HF-Drosseln* in jeder Netzzuleitung mit nachgeschaltetem Keramik-Kondensator. Ein solches Hochfrequenzfilter dämpft allerdings nur in einem begrenzten Frequenzspektrum.

Um die Filterwirkung zu erhöhen, können mehrere solcher Einzelfilter in Reihe geschaltet werden. Es sind fertig vergossene Einheiten erhältlich, die nach diesem Prinzip arbeiten.

8.4 Schutz vor Überspannungen

Eine Folge von eingestreuten Signalen können hohe auftretende Spannungen sein, die zerstörerisch auf die Schaltung wirken. Gerade auf Versorgungsnetzen sind schmale Überspannungsimpulse von mehreren tausend Volt zu beobachten.

Um elektronische Einrichtungen vor diesen Störimpulsen zu schützen, werden häufig *Varistoren* eingesetzt. Der Varistor ist ein spannungsabhängiger Widerstand, der bei Überschreiten einer bestimmten Schwelle schlagartig niederohmig wird und das Störsignal praktisch kurzschließt.

Dabei ist ein besonderer Effekt zu beachten: man unterscheidet zwischen energiearmen und energiereichen Störimpulsen. Während erstere keine Schwierigkeiten machen, können die energiereichen Impulse zu einer Überlastung des Varistors führen.

Jeder Varistor ist für eine bestimmte maximale Energie ausgelegt, die er verarbeiten kann. Er muß die aufgenommene Energiemenge naturgemäß in Wärme umsetzen, die er über sein Gehäuse abstrahlen muß. Treten in der Anwendung nur einzelne statistisch verteilte Impulse hoher Energie auf, dann wird das wahrscheinlich nicht zu einer merklichen Temperaturerhöhung des Varistors führen. Wird er aber mit einer periodisch wiederkehrenden Impulsfolge belastet, die wesentlich niedriger sein kann (*Phasenanschnittsteuerung*), dann kann dies zu einer Überhitzung und Zerstörung führen.

Es ist also bei der Auswahl des Varistors auf eine ausreichende Dimensionierung zu achten. In nicht wenigen elektronischen Geräten sitzen ausgebrannte Varistoren, die ihre Aufgabe nicht mehr erfüllen können.

Eine unterstützende Hilfsmaßnahme kann darin bestehen, daß man in die Netzzuleitungen vor den Varistor jeweils einen robusten niederohmigen Drahtwiderstand schaltet, nach Möglichkeit eine Ausführung mit großer Eigeninduktivität. Diese Maßnahme vermindert die Spitzenströme durch den Varistor und dämpft vor allen Dingen die Flankensteilheit, so daß der Varistor in der Lage ist, schnell genug zu reagieren.

Literaturverzeichnis

Widlar, Robert: Drift Compensation Techniques for integrated DC Amplifiers. National Semiconductor

Wolf, Viktor: Datenaquisition mit 10 Bit Auflösung. Design & Elektronik 11/87

Datenblatt Stepper Motor Driver L6506. SGS-Thomson

Datenblatt DMOS Full Bridge Driver L6202. SGS-Thomson

Herpy, Miklos: Analoge integrierte Schaltungen. München: Franzis

Lesea/Zaks: Mikroprozessor-Interfacetechniken. Würzburg: Vogel Buchverlag

Datenblatt Mikroprozessor-Familie 65XX. California Micro Devices Corporation

The Handbook of Linear IC Applikations. Burr-Brown Corporation

MC68HC11 EEPROM Programming from a Personal Computer. Motorola

Mitsubishi Series 740 User Manual Software. Mitsubishi Electric

Linear Circuits Data Book. Texas Instruments

Motorola Linear Circuits. Motorola

Intersil Application Handbook. Intersil Semiconductor

Integrated Circuits for Linear Applications. RCA

Hlasche, Hofer: Industrielle Elektronik-Schaltungen. München: Franzis

MC68HC11 Reference Manual. Motorola

MC68HC11 Technical Data. Motorola

Habiger, E.: Elektromagnetische Verträglichkeit. Heidelberg: Hüthig 1992

Bezugsquellennachweis

Die folgende Liste von Firmen erhebt keinerlei Anspruch auf Vollständigkeit. Alle Angaben sind nach bestem Wissen gemacht und entsprechen dem Stand 06/94.

Software von 2500AD:

    Wilke Technology GmbH
    Krefelder Straße 147   Telefon: (0241) 154071
    52070 Aachen   Telefax: (0241) 158475

Materialsätze, Platinen und Module:

    Massoth Technic Sales
    In der Grube 10A   Telefon: (06257) 85717
    64342 Seeheim   Telefax: (06257) 85718

Mikroprozessoren, Speicher, digitale und analoge Spezialfunktionen:

    EBV Elektronik
    Schenckstraße 99   Telefon: (069) 785037
    60489 Frankfurt   Telefax: (069) 7894458

    Semitron W. Röck GmbH
    Im Gut 1   Telefon: (07742) 8001-0
    79790 Küssaberg   Telefax: (07742) 6901

    Spoerle Electronic
    Max-Planck-Straße 1-3   Telefon: (06103) 304-0
    63303 Dreieich   Telefax: (06103) 304 201

Stichwortverzeichnis

A

A/D-Wandler 15, 25, 40, 47, 74
Abblockkondensator 15
Abgleich 312
Addition 202
Adreßbelegung 269, 362
Adreßbus 82
Adressierung 82
Adreßkonflikte 35
Akkumulator 78
alphanumerisch 201
Analog-Eingänge 14
Analog-Multiplexer 25, 326
Anfangszustand 20
Anode 296
Anschlußbelegung 14
Antrieb 339
Anzeigesystem 291
Applikation 273
Assembler 197
Assembleranweisung 200
Auflösung 26, 74, 347
Aufwärtskompatibilität 77
AUTOEXEC.BAT 198

B

Bandbreite 334
Banking 282
Batterieversorgung 276
Baudrate 56
BCD 285
BCD-Konvertierung 298
Bedienung 285
Befehlssatz 46
Betriebsart 16, 30, 365
bidirektional 19
Binär 201
Bipolarschaltung 342
Bootstrap 20, 30
Break 59

C

Brückenschaltung 319
Bus 275
Busfrequenz 11
Businterface 326
Buskonflikt 53
Bussystem 276
Bypass-Kondensator 16

C

C-Compiler 197
CMR 23
Condition-Code-Register 81
COP 22
Cursor 307

D

D/A-Wandler 329, 352
Datenausgang 297
Datenerfassungssystem 325
Datenerhaltung 15, 17, 275
Datenleitung 52
Datenprotokoll 52, 292
Datenregister 53
Datenrichtungsregister 21, 49, 56
Datenspeicher 275
Datentelegramm 292
Datenübertragung 53, 297
Dehnungsmeßstreifen 324
Demultiplexer 368
Dezimal 201
Dezimalpunkt 296
Dielektrizitätskonstante 322
Differenzverstärker 323
Diode 289
Display 285
Displaytreiber 295
Division 202
Drehimpulsgeber 339
Drehmoment 343

E

Drehrichtung 339
D-Sub-Stecker 365

Echtzeitreferenz 63
EEPROM 39, 278
effektive Adresse 78
Ein-/Ausgabesysteme 285
Eingangsoffsetstrom 315
Einkopplung 419
Einschwingzeit 326
elektrische Antriebe 420
Empfänger 56
Emulation 31, 46
Emulator 198, 362, 365
EMV 16, 419
Endlosschleife 46
Erdschleife 422
Erdung 422
Ereigniszähler 72
Erweiterung 46
Expanded 17, 28, 30, 47
Extended 20, 82

F

Fehlerbehandlung 46
Fehlererkennung 53
Fehlersuche 17
Feldspule 341
Feldstärke 343
Filter 334, 421
flankenempfindlich 47
Flankenerkennung 20
flankengetriggert 24
Flankensteilheit 421
Funktionsprüfung 371

G

galvanische Trennung 421
Gate-Funktion 72
Gegentaktsignal 420
Genauigkeit 26, 64

Gerätefunktion 19
graphische Module 307

H

Halbleitersensor 309, 319
Halbschritt 347, 350
Handshake 28, 47
Hexadezimal 201
HF-Drossel 423
HF-Quelle 420
Hochfrequenzfelder 419
Hochspannung 420

I

I/O-Elemente 77
immediate 82
Impulsbreite 338
Impulsfrequenz 339
indexed 82
Indexregister 78, 85
Induktive Einstreuung 421
inherent 82
Innenwiderstand 27
Input-Capture 62, 66
Interpolation 323
Interpolationstabelle 313
Interrupt 20, 24, 43, 52,
.... 59, 70, 79, 276

K

Kapazität 275
kapazitive Einstreuung 422
Kaskadierung 64
Kathode 285
Klammer 202
Kommentar 199
Kommunikation 52
Kommutierungssignal 349
Komparator 70
Komplement 23
Konfiguration 34
Konstante 200

Konstantstromquelle 343
Konstantstromregelung 350
Koppelkapazität 422
Kraftmeßdose 324
Kraftmessung 323

L

Label 199
Ladungspumpe 40, 354
Layout 15
LCD-Anzeige 307
LCD-Treiber 301
Lebensdauer 42
Leistung 285
Leistungsaufnahme 11
Leistungstreiber 285
Leiterplatte 18
Leitungsführung 16
Lesezugriff 49
Leuchtdiode 285
Linearität 26
Linker 197, 267
Linker-Aufruf 268
LIR 16
Lithium-Batterie 275
Logic-Analyzer 17
Löschvorgang 40

M

Makrobefehl 200
Mapping 20, 34
Maschinenbefehl 200
Maschinencode 197
Maschinenprogramm 269
Master 52
Meßdatenerfassung 308
Meßwert 308
Mikroprozessor 296
Minischritt 353
Modul 267
Monoflop 346
Motorresonanz 348
Multiplexansteuerung 295
Multiplexerbetrieb 326

Multiplexverfahren 29
Multiplikation 202
Multiprozessor 52
Multiprozessorsystem 53

N

Netztransformator 422
Normal Expanded 363
Normalbetrieb 20
NTC-Widerstand 318
numerische Anzeige 291

O

Objektcode 77
Objektfile 197
Offsetdrift 313
Opcode 82
Open-Collector-Ausgang 24
Open-Drain 17, 53
Operand 200
Operationsverstärker 27, 311
Oszillatoranlauf 18
Oszillatorfrequenz 274
Oszillokop 19
Output-Compare 63, 70

P

Parallel-Resonanz 18
Pegelabhängigkeit 46
pegelgetriggert 24
Periodendauer 63
Periodendauermessung 337
Peripherie-ICs 47
Peripherieelemente 11
Peripheriefunktionen 30
Phasenanschnittsteuerung 423
Phasenstrombild 352
POR 21
Port 27, 47, 282
Positionierfehler 353
Positionsabfrage 339
Power-Down 276

Power-On-Reset 21
Power-Up 276
Priorität 43
Prioritätsverteilung 35
Produkthaftung 419
Program-Counter 20, 80
Programmiergerät 362
Programmiermodell 77
Programmiervorgang 40
Programmspeicher 12, 273
Programmstart 282
Programmunterbrechung 79
Programmvariable 84
Prozessorüberwachung 21
Prozeßsteuerung 291
Pull-Down 282, 289
Pull-Up-Widerstand 24
Pulsbreitenmessung 338
Pulse-Akkumulator 47, 72
PWM-Signal 334

Q

Qualität 60
Quarzfrequenz 56
Quelltext 197

R

RAM 39
RC-Glied 23
RC-Oszillator 40, 74
Real-Time-Interrupt 65
Rechenleistung 278
Rechtecksignal 349
Redesign 19
Referenz 199
Referenzelement 320
Referenzspannung 26, 309, 352
Register 30, 77, 276
Registerblock 277
relative 82
Reset 16, 19, 276, 282
Reset-Vector 21
Richtungserkennung 339
ROM 39

Rückkopplungskreis 18
Rücksprungadresse 46, 79
Rückwirkung 19

S

S&H-Stufe 74
Schaltregler 346
Schirmwicklung 423
Schnittstelle 21
Schreibvorgang 278
Schreibzeit 278
Schreibzugriff 35, 49
Schrittmotor 340
Schutzleiteranschluß 423
SCI 47
Seebeck-Koeffizient 309
Sender 56
Senderegister 60
Sensor 318
Sensoranpassung 308
Sicherheitsvorschriften 420
Siebensegmentanzeige 285
Signalaufbereitung 308, 336
Simulator 197
Single-Chip 20, 285
Sinusoszillator 323
Sinussignal 353
Slave 52
Software 282
Software-Interrupt 46
Sonderzeichen 199, 292
Spannungsversorgung 15
Special Bootstrap 362
Special Test 30
Speicher 77
Speicherbank 282
Speichererweiterung 273
Speichermanagement 283
SPI 47
Sprungadresse 86
Sprunganweisungen 80
Stack 46, 282
Stackbereich 79
Stackpointer 20, 79
Stand-By 59

Startadresse 31, 34
Startbit 58, 292
Statorwicklung 343, 346
Sternpunkt 422
Steuerdatei 271
Stopbit 58
Störimpuls 46, 60
Störsignale 314
Streukapazität 18
Stromquelle 317, 320
Stromversorgung 365
Subtraktion 202
Symbol 201
Symbol-Tabelle 269
Synchronisation 66
Syntax 199
Systemtakt 17, 23

T

Taktausgang 53
Takteingang 53
Taktfrequenz 40
Taktleitung 52
Taktoszillator 17, 296
Taktquelle 40
Taktrate 35
Taktsignal 292
Taktüberwachung 23
Tastaturmatrix 288
Tastkopf 19
Teilerfaktor 36
Telegramm 297
Temperaturmessung 309
Temperatursensor 27
Test 58
Texteditor 271
Thermistor 309, 318
Thermoelement 309
Tiefpass 26, 334
Time-Out 22
Timer 20, 62, 337
Timer-System 27, 35, 47
Track-And-Hold-Verstärker 326
Trimmpotentiometer 312

U

Überlauf 64
Übertragungsformat 21
Übertragungsstrecke 60
Überwachung 34, 276
Überwachungsschaltung 22
Umgebungsbedingungen 291
Umgebungslicht 285
Unipolarschaltung 342
Unterbrechungsprogramm 43
Unterprogramm 79

V

Variable 39, 200
Varistor 423
Verarbeitungsgeschwindigkeit 11
Verarbeitungszeiten 77
Vergleichsregister 70
Vergleichsstellenkompensation 309
Verpolungsschutz 365
Versorgungsanschlüsse 15
Versorgungsnetz 420
Versorgungsspannung 276
Verzweigung 86
Vierleitertechnik 318
Voll-Duplex 56
Vorteiler 62, 64

W

Watchdog-Timer 22
Wertebereich 201
Widerstandsthermometer 309, 315
Wiederholfrequenz 285

Z

Zahlensystem 201
Zählfrequenz 64
Zeichengenerator 307
Zeigerregister 78
Zeilenlöschung 40
Zeitmultiplex 285

Zeitpunkt 63
Zeitzähler 72
Zentraleinheit 77
Zugriff 276
Zugriffszeit 274
Zweiweggleichrichter 323